繁榮的背後

財富如何形塑世界，跨越千年的富饒之旅

THE BIRTH OF PLENTY

How the Prosperity of the Modern World was Created

年度商業圖書獎得主 William J. Bernstein 威廉・伯恩斯坦——著 潘勛——譯

CONTENTS

II 各國案例

III 未來展望

Preface

繁榮的誕生

驟然成長的財富

十年前，內人由圖書館借閱歐魯克（P. J. O'Rourke）的書《吃掉有錢人》（*Eat the Rich*），時間比麥格羅—希爾（McGraw-Hill）二〇〇二年出版該書精裝版要早幾年，當時我並不對能在此書讀到歷史洞見，有很高期望。歐魯克先生寫作目的是娛樂讀者，他輕快地巡禮現代世界的經濟成功，寫些賺人熱淚的史實——這確實符合他的寫作初衷。最值得一提的是，他對信用放貸風險的說法：垃圾債就是借錢給你的弟弟，而優質債就是透過甘比諾家族（the Gambino family），借錢給你弟弟。[1]

歐魯克先生輕鬆的行文，掩飾花很大力氣的基本功；散落在俏皮話當中，實有些很好的學術研究段落。有一段短短帶過的數據，是由未享大名的蘇格蘭經濟學家麥迪森（Angus Maddison）所集纂。麥迪森發現大約在一八二〇年，世界經濟成長出現驚人地不一貫。那一年以前，成長基本上可以說不存在，在此之後，成長強勁而持續。

我花好一段時間，翻閱麥迪森摘要式的作品《世界經濟觀察：一八二〇年到一九九二年》（*Monitoring the World Economy, 1820-1992*）。那部裝幀精美的書有如文字量最密集的法院案件摘要，看來乏味、叫人卻步，但是在書中，麥迪森枯燥的數據勾勒出前所未見的最偉大故事——世界經濟的誕生。即使是描寫日本明治維新，及二戰後繁榮期的精美敘述，都未能比擬麥迪森書中所提出的生硬數字——在一戰爆發前的四十年間，日本經通膨調整的人均GDP成長六%，壽命延長近一倍，教育水平成長近四倍，文盲快速消失。

我對西方世界這種財富的驟然改變十分著迷。麥迪森對於解釋「財富為何驟然改變」的興趣不大，只簡短提到科技進展和貿易、金融及人力資本的改善，與人類剝削天然資源，甚至使用更晦澀的經濟學概念如成長會計（growth accounting）。這些說法沒半個能叫我滿意。「科技變化改善經濟」——說了等於沒說。儘管按定義，經濟成長幾乎就脫胎於科技創新。假設電子、運輸及科學突然間不再有所進展，那麼只有透過促進勞工專業化，才能再增進經濟效率。捨此之外，經濟會停止成長。

但我很苦惱的是：為什麼？為什麼世界經濟成長，還有充當其基礎的科技進步，是在那個時代突然爆發？達文西都繪出草圖了，佛羅倫斯人怎麼沒發明出蒸汽機以及飛行機器？古羅馬人冶金技術高超，為什麼沒發現電力，發明電報？古希臘人專精數學，為什麼沒能論述出機率法則（laws of probability）？而沒有機率法則，現代資本市場無法運作。就事論事，雅典人擊敗波斯帝國，到亞歷山大來圍城那一百五十年間，其實擁有眾所公認的經濟成長條

1 譯注：甘比諾家族（the Gambino family）為美國黑手黨，此句表示錢不會不還。

件：民主、財產權、自由市場及自由的中產階級，但為何他們依然相對貧窮？最重要的是，霍布斯描述自然狀態下的生命為「孤獨、貧窮、骯髒、殘酷又短暫」，這幾個詞彙完美地紀錄直到十九世紀，絕大多數人類生活的形貌，但霍布斯成書不到兩百年間，那種生活便由西歐消失了，為什麼？

對於上述問題，保羅．約翰遜（Paul Johnson）在其著作《現代的誕生》（*The Birth of the Modern*）中，或許提供了較佳解答。他出色地描寫了十九世紀初所發生的科學、政治、文學及藝術革命，堪稱比肩於麥迪森的作品《詩人的早期現代發展史》（*Early Modern Developmental History for Poets*）。只是，約翰遜對終極問題，也就是「為什麼是在那個時候，出現了那個最重大的歷史轉折期？」依然三緘其口。賈德．戴蒙另闢蹊徑，在《槍炮、病菌與鋼鐵》一書提出「亞力的問題」：「為什麼白人製造出這麼多好貨？」（亞力是新幾內亞部落居民，而「好貨」在當地詞彙裡，指的是一切科技先進的發明品。最顯著的便是鋼斧、無酒精飲料及雨傘。）雖然戴蒙的書提出驚人概述，讓人得悉生物及地理在人類歷史上扮演多大角色——地理、氣候及是否接觸到病菌，決定歷史優勢。但就歷史及經濟意義而言，建樹無多。畢竟，地理及氣候肯定無法解釋，南韓與北韓的財富差別怎麼這麼大。同理可知，病菌無法解釋何以一五〇〇年以後，歐洲人能宰制亞洲多處。因為到了西元第二個千年中段，歐亞各自的病原庫已大致達成平衡（最早指出這一點的是歷史學家麥克尼爾 [William H. McNeill]）。

因此，筆者在此的任務便是發掘出於十九世紀初匯聚，引發現代世界經濟騰飛的文化及歷史因素。若僅把事實及故事擺出來，無論說得再好，仍不如深刻的紀實文學。紀實文學還能提供有用的工具給讀者，以便了解周遭世界。任何要探究世界富饒起源的治學方法，都會遭逢兩大挑戰。首先，「世界如何發展成今日狀態」這件事本身就極其有趣，任何作家都處理得來。如果作者講述時，讀者提不起興趣，那麼他只能怪罪自己。第二項挑戰是，能否提供讀者一個框架，而此框架能解釋何以任何國家（不光是本書描寫的那幾個）是富裕或貧窮，是民主還是極權，是強是弱，甚至也能分析國民對自己的生活水平是否滿意。作者如果成功了，那麼他的讀者或許還能一窺我們這個星球及人類，未來可能的發展。

財富如何形塑世界？

因此，本書區分為三部：為何如此、何以至此及何去何從。首先，書中試著探討經濟成長的原動力。第二，描演這些原動力如何在各色國家演繹。最後，本書把焦點放在現代世界爆炸般的經濟成長，有哪些社會學、政治及軍事方面的非凡影響。我們會了解，能理解經濟成長的泉源，也給我們強大的洞見力，看透時代的大問題：

- 世界不僅變得更加富裕，還更複雜、步調快速及令人緊張，這會讓一般人的整體福祉及滿意度，受到什麼影響？
- 富裕及民主發展兩者間有什麼關係？經濟取得進展，導致各國之間貧富不均日益擴大，對未來世界政治有什麼影響？
- 現代經濟繁榮的演化，如何影響當今世上的權力天平？美國的軍力優勢，是歷史偶然嗎？能指望持續下去嗎？非西方國家，尤其是穆斯林世界，要動用軍事及政治力量，能有多大效力？

■始於二〇〇七年的經濟危機（金融海嘯）來襲，開發中國家的承受能耐，似乎比西方老牌強權來得好。西方的歷史支配力，還會進一步腐蝕到什麼程度？

Introduction

人類命運的爆炸性變革

歷史最偉大轉捩點

英國皇家海軍「百夫長號」（HMS Centurion）船長普洛克特（George Proctor）對鐘錶匠哈里森（John Harrison），真是千恩萬謝。一七三七年暮春，哈里森攜帶他的H-1型航海天文鐘（一具大型又極精準的時鐘，可以計算經度）來到海上，做第一批實驗。隨著英格蘭海岸模糊地由海平面浮現，百夫長號的導航員憑著傳統的航跡推算，估計船隻正航行在達特茅斯（Dartmouth）以南的安全水域。哈里森不同意。他的航海鐘說他們距離達特茅斯八十英里，因此應正位在英格蘭極西南端的利澤德（Lizard）半島外的危險水域。船長不想冒險，把船隻向東轉——幾個小時後證明，哈里森的計算準確萬分。

同一時代的航海人，應都能理解普洛克特的謹慎。再早三十年，海軍上將雪弗爾（Clowdesley Shovell）的領航疏失，致使艦隊撞上夕利群島（Scilly Isles），兩千多人因此溺死。那起大災難引起英國大眾注意，認為有必要改良導航科技。七年後的一七一四年，議會通過《經度法案》（Longitude Act），成立「經度委員會」（Board of Longitude），懸賞兩萬英鎊（約合今天一百萬美元），給任何能提出方法，將經度測量誤差在零點五度（約三十英里）內的人。

普洛克特除了可能被哈里森救了一命，他也在不知情下，見證歷史最偉大轉捩點之一——一部可靠航海天文鐘的發明。它可與發明蒸汽機、發展出代議民主制度及滑鐵盧戰役並列。航海天文鐘把航海事業由不穩定、經常要人命的冒險行為，轉變成可靠的發財機器。

兩百五十年後，哈里森的天文鐘在格林威治的國家航海博物館（National Maritime Museum）展出，其計時功能依然準確，每天誤差不到幾分之一秒，實在是奇蹟。但是，它在傳奇的一七三〇年到一八五〇年的科技進展時代，卻是最不顯眼的發明。很少民眾曾親眼目睹航海天文鐘，相形之下，其他當代的偉大進展——現代運河系統、蒸汽引擎及電報，卻顯而易見。

自從現代時期破曉以來，人們一直認為自己所居時代的科技進展獨一無二、空前一新——我們這個時代，想法也不例外。然而這是幻象。為了了解科學進展對人類事務的影響，我們只消觀看那一百二十年間發生的科技爆炸，它把社會結構裡人類的生命，從頭到尾全部翻新。運輸速度彈指之間增為十倍，通訊幾乎瞬息完成。直到要轉入十九世紀那麼頃近的時光，傑佛遜由蒙蒂塞洛（Monticello）前往費城（就任美國第三位總統），還要花上十天，花費可觀的隨從開銷，走得腰痠背痛，路途還很危險。到了一八五〇年，蒸汽火車的出現，使同一段旅程一天就可以走完，而開銷、勞累及危險的代價只是以前的零頭。誠如歷史學家安布羅斯（Stephen Ambrose）所述：

一八〇一年，世界的重大事實乃是：沒有東西移動速度能快於馬匹。人類、加工製品、小麥、牛肉、信件、資訊、思想、命令或任何形式的訓示，都無法移動得比馬快。就傑佛遜同一輩人力所知，沒有東西能移動得更快速——自古以來沒有東西能超越馬速。

隨著一八三七年，庫克（William Fothergill Cooke）與惠斯通（Charles Wheatstone）聯合在英國發明電報，即時通訊迅即改變經濟、軍事及政治事務等面向，影響層面之廣，使我們這個時代以飛機及電腦改變世界相形見絀。電報出現以前，人類早期的通訊狀態經常導致或大或小的悲劇。例如一八一五年，傑克森浴血在紐奧良擊敗英軍，是發生在《根特條約》簽字兩個星期之後。

自一八五〇年以來，科技進展的步調是略微減緩，而非加快。生活在一九五〇年的西方世界民眾，要領略二〇〇〇年的科技並不困難。但是，生活在一八〇〇年的民眾，肯定會對一八五〇年的日常生活目瞪口呆。

始於二〇〇七年的經濟動盪倒是產出很多胡說八道，談論成長減緩是「新常態」（new normal）。資本市場健全，的確是經濟成長的重大要素，只是，這次世界經濟由金融海嘯復甦的力道，遠遜於更早一次。恢復力這麼糟的理由很簡單：資本市場的動盪，不會從根本改變經濟成長的終極泉源，也就是相對穩定的科學與科技進展。

對歷史及文化做質性研究，能教我們的就這麼多而已。到最後，要測量進步，終極手法要看統計：一個國家的識字率、平均餘命及財富，取得怎樣的改善？我們端詳這些數字時，態勢變得十分清楚，十九世紀早期，一度發生了重大事件。那個時代之前，人類命運改善速率很慢且磕磕絆絆，之後則很可觀且穩定。

這麼講倒不是貶抑文藝復興後那三百年間的知識與科學進展。但事實很清楚，文藝復興及啟蒙時代早期，一般人的命運只算微有改善。何以見得？讀經濟史就知道了。要測量知識、科學進展的影響，最好的方式便是檢視它留給最基層的印痕。那幾百年間，義大利、法國、荷蘭及英國人均經濟產出，成長了多少？平均餘命有什麼變化？教育水平呢？

本書架構與主旨

拜經濟史學家過去幾十年努力所賜，人類進步的量化像貌已逐漸清晰。那些數字講述一個驚人故事。直到大約一八二〇年，世界人均經濟成長仍近乎零。羅馬帝國衰亡之後那千百年間，隨著很多重大科技消失，歐洲的財富事實上還減少了。其中最重要的是水泥，失傳達一千三百年。

現代以前最大的悲劇在大量的知識佚失幾千年。古騰堡及培根出現之前，發明家欠缺兩項今天我們認為理所當然的重大優勢：健全的資訊累積，以及穩固的科學理論基礎。沒有科學方法，意味著科技進展純靠不斷摸索，因此進展寥寥可數。此外，沒有印刷機，發明家及製造商只能把他們的心血結晶，儲存在不多的幾個地方。結果便是發明經常「遺失」，而古代的科技及經濟條件頻頻退化，幾乎抵消進展。

說實話，大約一〇〇〇年起，人類的福祉一直有所改善，只是太慢又不可靠，以至於在一般人在世那二十五年之間，沒能注意得到。一八二〇年後不久，繁榮開始如不斷高漲的湍流洶湧而至。兒子的生活，看得出要比老爸來得更舒服、見多識廣、穩定可知，而且代代如此。

本書將檢視這種轉變的本質、起因與影響。第一部將鋪陳出這些新數據所講述的迷人故事。我會指出，經濟沉睡幾千年之後，突然活躍成長的時間與空間點。財產權、科學理性、資本市場及運輸通訊的改善，是啟動並維繫經濟成長、人類進步的四大關鍵要素，我也將描述並檢視它們的歷史。

第二部講述這四大因素何時、如何發揮功用。先是在荷蘭，接下來在英國及其文化上的後代國家，第三跟進的是歐洲其他地方與日本，最後是東亞其他各地。每個案例中，我都會解析經濟如何成長起飛，證明唯有前述四大要素都就緒，一個國家才能繁榮。

雖說我全書盡力維持全球視野，很多讀者大概會覺得太以歐洲為中心。發明造紙、印刷術及火藥的，難道不是中國人嗎？他們大幅革新現代以前的世界。當歐洲深陷黑暗時代之際，早期阿拉伯帝國難道不是知識與文化的綠洲嗎？印度數學家制定出來的數字系統，整合了零的概念，豈不是遠比以希臘羅馬字母為本的來得先進？對這些疑問來說，答案都是響亮的「沒錯」！只是那些社會，沒有發展出西方的竅門，無法不斷且長久地提升其公民的生活水平。此外，造就現代富庶的四大因素——脫胎於普通法下的財產權、科學理性、先進的資本市場及運輸通訊大幅進展，大致上都源自歐洲。雖說繁榮已成為全球現象，但無法不面對的事實是，其搖籃是在英國格拉斯哥到義大利熱內亞之間。

最後，自富裕誕生以來，讓個人與國家都出現財富極不公平現象，本書第三部將探索其社會學、政治、經濟及軍事影響。還有，經濟成長會怎樣影響未來。

社會科學近來的進展可謂迷人的窗口，讓我們得以瞧見社會價值、財富及政治的互動。首先是不好的消息：人在愈來愈富庶的世界裡，不必然變得更快樂，在西方尤其如此。但有好消息，開發中國家的個人福祉有顯著改善。隨著國家由第三世界躋身第一世界，其國民的確變得更滿意。此外，我們還會見到，經濟開發促進民主，而非民主促進開發——事實上「太多」民主可能有害於經濟成長。法治是財產權系統健全的重大支柱，而財產權是繁榮的關鍵，繁榮則是民主昌盛的沃壤。二〇〇四年本書一版付梓，我當時認為，有些國家如伊拉克或阿富汗，其傳統文化價值本來就與法治相對峙，樂觀認為民主能在那些國家發展，很可能代價高昂，十分危險。很不幸，過去幾年支持了我的預測。

我想主張，國家命運取決於經濟活力的程度，遠大於戰爭、文化及政治的變幻無常。當前由美國軍力加持的世界霸權絕非偶然。歷史教懂我們，偉大世界強權，最終都不免腐敗傾圮，但是這一點不會發生在美國，除非其他國家既在經濟生產力上超越美國，又有興趣發展軍力投射能力。儘管美國歷經二〇〇七年的經濟動盪，其依然牢牢掌控世界主要海道及航海咽喉點。此外，也沒有其他國家，擁有如同美國可將軍力投射至全球的能力——這種現象短期間不太可能改變。最重要的是在可預見的未來，沒有別的國家能在不招致自己必遭毀滅的前提下，威脅美國存亡。

藉著檢驗我們的世界何時達到繁榮，地點始自何處，我們應該能更好地預測世界即將走向何方。

貨幣小注

本書與任何金融史一樣，必須處理到當時的貨幣——比如英國的鎊、西班牙披索、威尼斯達克特（ducat）、佛羅倫斯的弗羅林（florin）、法國的里弗爾（livre）。我不擬選擇每次都將每個數量轉換成現代貨幣——那麼做一定不太精準，而且讓行文讀來乏味。

有些讀者或許想了解這項資訊，那麼以下的粗略估計應該夠用。縱觀歐洲史，大多數國家的貨幣標準單位是一小枚金幣，比如英國舊金幣幾尼（guinea，幣值比一英鎊略高一點）、里弗爾、弗羅林及達克特，重量約八分之一盎司，價值約為今日的一百三十美元。一五〇〇年到一八〇〇年之間，一名英國士紳的每年生活開銷，大概總計為三百英鎊，而農人、工人則以十五到二十英鎊勉強湊合過活。不過，由於貨幣降值（debasement），使得即使僅以粗略估計，也都極不精確。歐洲有一大例外，那便是荷蘭盾基爾德（guilder），它的價值大約等於幾尼及里弗爾金幣的一半。最後，古希臘的德拉克馬（drachma）粗估等於一個工人或農人一天的工資。

Section I

繁榮泉源

一旦國家抵達那個階段，它就打破貧窮的鎖鏈，
甚至可以說經濟成長就已進入它的文化基因裡。

The Birth of Plenty

光擁有發電水壩、道路、電話線、工廠、肥沃農田，甚至大量金錢，並無法成就繁榮富庶。繁榮也無法靠著把經濟基礎設施的關鍵技術，由一個國家轉移到另一個即可達成。以幾乎最不尋常的案例來看，國家繁榮談的不光是有形的物件或天然資源，而是與制度關係更大——也就是人們在其中思考、互動及做生意的框架。第一部描寫這些制度，鋪陳它們的關聯性。這類制度裡，有四項最為突出，是經濟成長的先決條件：

- 財產權：包含有形的財產、知識財及個人所有的各項公民自由權。
- 科學理性：有系統及有流程地檢驗與詮釋世界。
- 資本市場：要挹注新發明品的研發及生產時，資金來源開放，容易取得。
- 快捷有效的通訊及運輸。

第一章鋪陳上述四要素模型的邏輯，另檢查現代紀元伊始，這個模型的初始模樣。第二章到第五章進一步描述這四項要素的歷史發展。第六章討論這四要素如何交互依存。在此講述的事情，有些是多數讀者很熟悉的領域，尤其是科學理性的歷史。其他的，比如現代財產權在古代世界的起源，則不見得。對這四項要素取得應用知識，有助於讓我們了解這個世界如何、何時又為何富裕。

第一章
A Hypothesis of Wealth
財富的前提

「資產階級在它不到一百年的階級統治中，所創造的生產力，比過去一切世代創造的全部生產力還要多，還要大。」

——馬克思《共產黨宣言》

馬爾薩斯陷阱

人生在世，經常忍不住悲嘆世風日下，尤其當你把注意力放在人類駭人聽聞的事件：暴力戰爭、大規模違法犯紀兼治理失敗，還有貫串人類歷史、最近也發生多起的種族與宗教仇恨事件。

這種時髦悲觀主義最經典的代表，是記者劉易斯（Anthony Lewis）。他的記者生涯漫長而傑出，到末尾時，人家問他是否認為，這個世界比起半世紀前他剛開始報導時，變得更好。

他說：

我對「進步的理想」已喪失信心。我指的是二十世紀發軔時，大家使用那個詞彙的涵義，說人類會更有智慧、更好等等——但是，在盧安達、波士尼亞等另十二個地方發生駭人事件之後，你還敢那麼想嗎？

劉易斯的問題點，在他將主觀標準設得太高——人類還沒達成常春藤盟校或《紐約時報》主筆部門界定的道德完美程度。劉易斯似乎不曉得我們可以測量人類福祉，事實上，這方面我們做得很精采。與他悲慘印象適成相反的是，二十世紀後半葉比起前半，已減少很多人類殘殺事件。此外，世上人口受苦於極權主義、種族屠殺、饑荒、戰爭及瘟疫的比例，在過去兩百年間穩定地減少，而且大多數改善，都發生在叫劉易斯很沮喪的那半個世紀間。

試想由一九五〇年到一九九九年，已開發國家的平均餘命由六十六歲延長到七十八歲，而開發中國家的平均餘命則由四十四歲增為六十四歲。幾乎所有西方人不需靠運氣都能活到老年，應該是過去五十年最偉大的成就。不然，試想那同一段時間，全球人均實質GDP——平均每人生產出來的貨物及勞務數量，經通膨調整，增為接近三倍。也可以想想，在二〇〇〇年，墨西哥的人均實質GDP，要比一九〇〇年號令世界的大英帝國高上很多。此外，假如你對那五十年間，以金錢計算的人類物質進展無動於衷，那麼你至少該注意，你想檢驗的任何社會進步標準——嬰兒死亡率、識字率或教育程度，除了少數依然黑暗的角落，全球都已大幅改善。

在人口與日俱增，每年增加幾千萬嬰兒嗷嗷待哺的壓力下，現代世界似乎舉步維艱。耶穌基督誕生時，地球上人類只略多於二億五千萬，到了一六〇〇年，人口大約五億。大約在一八〇〇年左右，人口來到十億的里程碑，到一九二〇年變成二十億，在一九六〇年達到三十億。目前我們星球上，人口超過六十億。都市生活日益擁擠，尤其在第三世界，總給人一種「世界人口成長率，遠高於二十世紀後半葉的年成長率一．八五％」的印象。

我們星球人口多到擁擠是最近的現象，也是世界新近富裕的產物。現代紀元之前，饑荒、疫病及戰爭經常壓倒人類綿衍後代的行為傾向。人類史的頭兩百萬年，每年人口成長率不會超過〇．〇〇一％太多。一萬年前農業出現，人口成長率增加到大約每年〇．〇三六％，而到一世紀則為每年〇．〇五六％。一七五〇年之後，成長率爬到每年〇．五％，直到二十世紀初才超過一％。

在現代時期，只要提及關於人口增長的悲觀經濟學理論，幾乎就會想到馬爾薩斯。他一七六六年出生於當地士紳之家，一七八八年由劍橋大學畢業。馬爾薩斯跟當時許多年輕優秀大學生一樣，深受亞當．斯密新穎科學「政治經濟學」的影響，而且把一生奉獻在人類的量化研究上。

這位有抱負的經濟學家，其思想形成期的英國，似乎同時盛行著霍布斯式（Hobbesian）及斯密式（Smithian）的思想體系。當時糧食短絀，饑荒嚴重，尤其在鄰近的愛爾蘭島，情況更為嚴重。一七九五年到一七九六年，及一七九九年到一八〇一年，同時爆發戰爭及作物欠收，導致人民為食物而暴動。馬爾薩斯認為，糧食短絀的根本原因很明顯，「人口成長的力量，無限大於地球生產糧食的力量。」人類可以迅速繁殖，相形下農業必須受限於收益遞減率。也就是說，性慾自然會叫人口增加超過其食物供應。（馬爾薩斯著作的普遍概念為，人口以等比級數成長，而食物供應只以等差級數增加。）

馬爾薩斯惡名遠播的「積極的抑制」（positive checks）不限於饑荒、疫病及戰爭，還包括一些較輕微的壞事如不健康的工作條件、壓斷脊樑的重活兒、住居骯髒太擁擠，以及育兒條件惡劣。就算有短暫時期，食物變得很充裕，人口就會迅速增長。然而，過沒多久，勞動力的供應量增加，因而攢低工資，叫民眾快要買不起食物，也不敢結婚，致使人口成長減緩。低工資促使農場主雇用更多務農幫手，讓更多土地能化為田地，生產作物，而再次重啟整個過程，只是人口及食物生產水平略高一點——這就是聲名狼藉的「馬爾薩斯循環」（Malthusian Cycle）。

在馬爾薩斯刻繪的嚴峻世界裡，一國的糧食供應及其人口，就算有成長也很慢，因此生活水平與待養人口數呈反比。假設人口成長了，食物就會不夠，僅能湊合著吃。物價會上揚，而工資及整體的生活水平會下降。由另個角度來看，假如總人口突然劇烈減少，比如十四世紀中葉黑死病肆虐，倖存者的糧食供應、工資及生活水平才會劇烈上升。

馬爾薩斯親身目睹十八世紀末的多次饑荒，事件遞展的次序烙進他的意識裡。圖1-1勾勒出一二六五年到一五九五年，英國人均GDP相對總人口的形貌。資料點呈狹窄的新月型

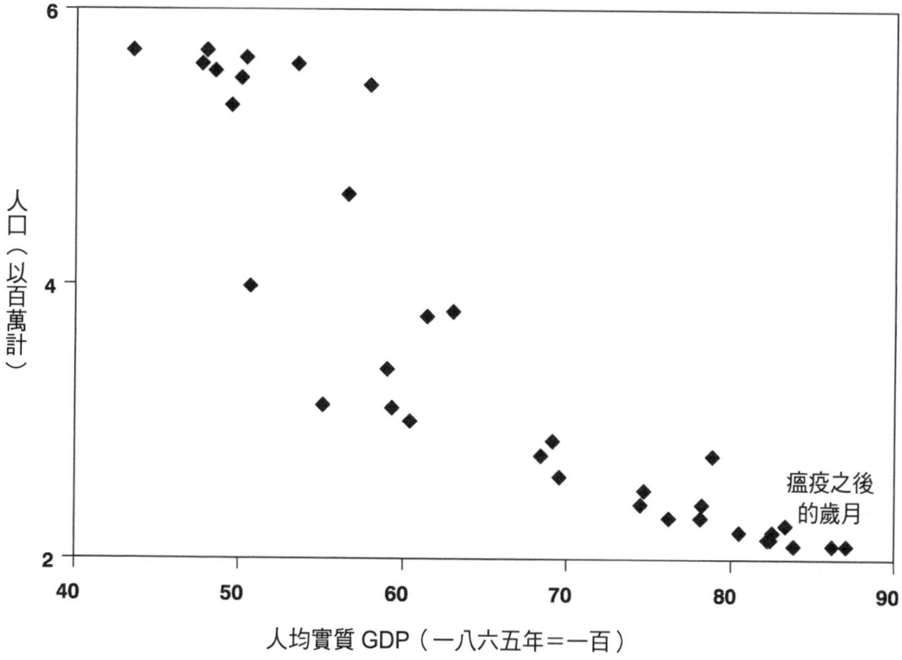

【圖 1-1】一二六五年到一五九五年英國的馬爾薩斯陷阱

資料來源：人口數據取自安德森（Michael Anderson），《由黑死病到今日英國人口史》（*British Population from the Black Death to the Present Day*）。人均GDP則取自克拉克（Gregory Clark），《工業革命祕史》（*The Secret History of the Industrial Revolution*）。

分布，描繪出「馬爾薩斯陷阱」。歷史學家迪恩（Phyllis Deane）把這個概念總結得最俐落：

> 英國工業革命以前，當人口增多時，人均產出會下跌。只是，假如出於某因素（例如發明出新的生產技巧、發現新資源，或打開新市場）使產出上升，但接下來人口成長速度也不會減緩，最後逐漸夷平原先提高的人均收入。

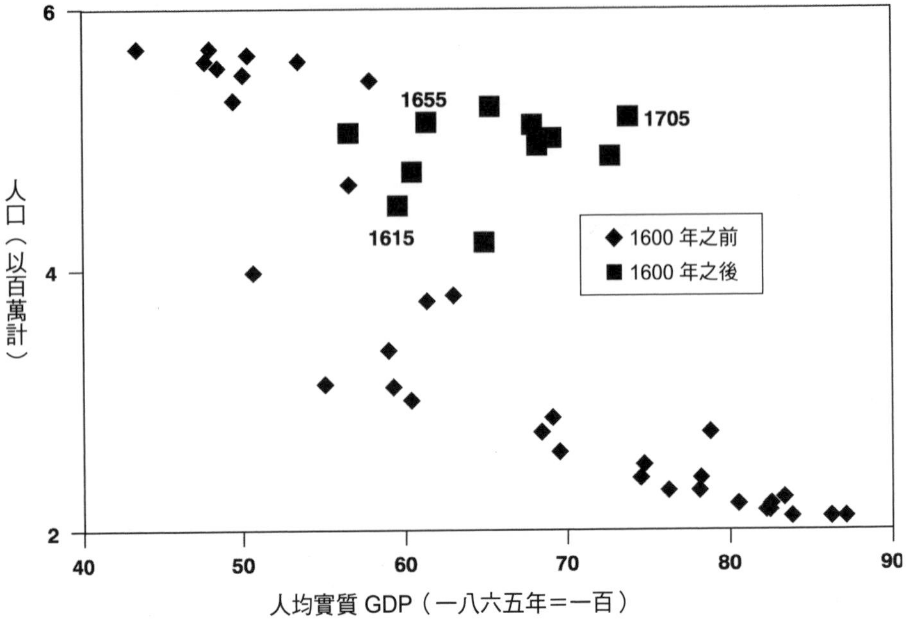

【圖 1-2】一六〇〇年之後馬爾薩斯陷阱裂解

資料來源：人口數據取自安德森，《由黑死病到今日英國人口史》。人均GDP則取自克拉克，《工業革命祕史》。

在這種永恆的循環裡，農業生產可能會上升，但人口亦步亦趨，讓人類落得只能勉強餬口，苟活下去的地步。

弔詭的是，在馬爾薩斯一七九八年出版《人口論》，描述這種陰森的光景將會永垂不朽，沒多久後，它在西歐就突然消失了。圖1-2顯示，大約在一六〇〇年左右，新月狀數據冒出了隆起，而且，誠如圖1-3所示，人口一八〇〇年之後便乾淨俐落地突破新月形，再也沒回到饑荒的邊緣。圖1-3的垂直人口尺表已擴得如此大，以至於原始的新月形在圖

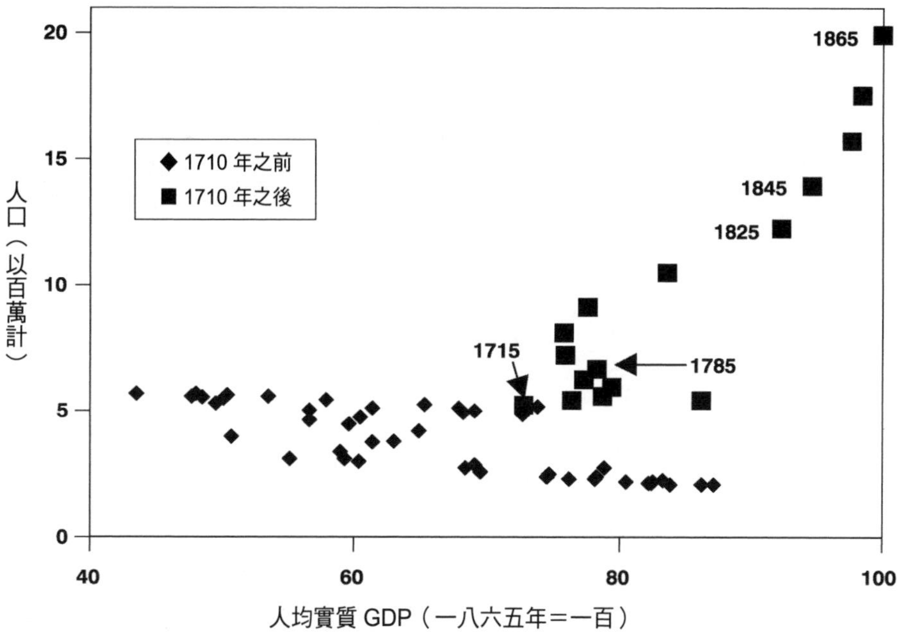

【圖 1-3】一八〇〇年之後突破陷阱

資料來源：人口數據取自安德森，《由黑死病到今日英國人口史》。人均GDP則取自克拉克，《工業革命祕史》。

表的底部，看來像個壓扁的鍋餅。能夠逃脫馬爾薩斯陷阱，靠的不是出生率大增，而是死亡率銳減四〇%。生活水平能大幅改善，一樣是脫胎自經濟成長扶搖直上。

一六〇〇年以後幾百年內，經濟成長的本質變化劇烈。一開始，為「廣泛性」（extensive）成長，國家經濟出現可觀的擴張，而成就它的動力，純粹是因人口增加，但並沒一同改善尋常百姓的財富或物質享受。有史以來第一次，英國經濟糾集的力量，足以跟上人口成長數目。然而到十九世紀，已轉為「密集性」（intensive）成長，成長速度快於人類的生殖慾望，人均收入大有進展，個人層級的物質福利大大增加。

繁榮的四大根基

大約始於一八二〇年，經濟進展的步伐顯著加快，讓世界變成更好過活的地方。發生了什麼事？答案是，科技創新前所未見地大爆炸。我們杜撰一個小學校童，要他定義工業革命，他應該會回答，「一七六〇年，有一波新奇玩意兒橫掃全英倫。」這位男孩說對了一些東西。新科技正是人均經濟成長的發動機。沒有新科技，生產力及消費力不會成長。那麼由首要原則出發，問題可以這樣問：「研發新玩意兒，需要什麼條件？」答案有四個：

一、財產權。發明家及技術工人必須確保，他們的勞動成果，不會被政府、罪犯或寡斷勢力霸道沒收。「確保一個人能保有自己大多數正直所得」是萬權之母。請注意強調的是「大多數」。財產權從來不是絕對的。即使在最講求經濟自由的政府，如新加坡及香港，都還要課些稅、行使某種形式的徵用權、局限某些經商自由。或與此類似的，也可以比封建或社會主義國度更微妙地裁以沒收。一個未能控制通膨或維持適當銀行管制的政府，比如一九八〇年代巴西政府或當今辛巴威，肯定跟（英王）愛德華三世或史達林一樣，巧取豪奪其公民。現代以前的歐洲，壟斷權由政府頒授，此舉雖然極有利於行使壟斷的人，卻叫其他國民提不起勁來。

二、科學理性。經濟進展端賴「點子」能發展及商業化。發明的過程必須有配合的知識框架（可以說成是理性思惟的基礎設施），再加上經驗觀察，還有輔佐科技進展的數學工具。我們視為理所當然的現代西方科學方法，實則為相對新穎的現象。西方人民把自己由極權主義、亞里斯多德式心態的死亡之扼解放出來，只是最近四百年的事。即使到今天，尤其在非洲、亞洲及中東某些地方，真誠進行知識探究，還會因為政府及宗教獨裁的暴力，而置人的生命及財產於極險境地。

三、資本市場。若要大規模生產新商品及勞務，必須能從他方取得數量龐大的資金——「資本」[1]。就算財產權及創新能力得有保障，還是需要資本才能開發種種方案及點子。因為，幾乎沒有一位創業家有足夠的金錢來大規模生產他的發明品。沒有外來的可觀資本，經濟就不可能成長。十九世紀以前，社會上最棒、最傑出、最有野心的個別人等，很少有管道能取得巨量金錢，實現他們的夢想。

四、快捷有效的通訊及運輸。創造新玩意兒的最後一步，就是把它們宣傳並流通給數百或數千英里以外的買主。就算創業家擁有安全的財產權、妥善的思考工具（intellectual tool），也有足夠資本，但如果他們不能快速又便宜地把產品交到消費者手上，他們的創新就會枯萎。要到兩百年前，隨著蒸汽動力開發出來，海上運輸才成為一種安全、有效率又成

1 「資本」這個詞牽纏很多經濟學意義。經濟學家經常援引這個詞的廣義定義，包括人力資本、知識或「智力」資本，與具體有形的資本，如廠房及設備。本書採「資本」最窄之意——可以取用供投資的金錢。

本低廉的運輸方式，而要到大約五十年後，陸上運輸才跟進。

唯有這四項因素：財產權、科學理性、強大的資本市場，及有效率的運輸及通訊都就緒，一個國家才能繁榮。十六世紀，荷蘭首次短暫地結合起這四項因素，要到大約一八二〇年，這些因素才安然立足於說英語的地方。而且要過很久，這四項因素才散播到全球其他地方。

哪怕只缺少其中一項因素，都會危及經濟進展及人類福祉。一國財富安放在平台上，平台的四腳只要被踢掉一隻，就會傾倒。這種狀況印證在，如十八世紀碰到英國海軍封鎖的荷蘭；沒有財產權的共產國家；沒有資本市場及西方理性主義的中東很多地區。最大的悲劇是在非洲很多地方，那四項因素至今實質上都還闕如。

依數字寫的經濟史

這則量化故事的英雄，是一些經濟歷史學家，他們窮一生精力挖掘數世紀內，人類福祉的外貌與輪廓。其中最主要的人物，是一位沒出大名的蘇格蘭經濟學家，名叫麥迪森。他出生在大蕭條時代的新堡市（Newcastle），其成長背景可以讓我們領會他對經濟開發那麼著迷的泉源：

家父當鐵路裝備工，工作穩定，但我有兩個叔叔失業，附近很多鄰居也沒有工作。失業的人不僅很窮，而且很消沉。很多人茫然地在街角消磨日子，形容枯槁，戴著圍巾及布帽，揀菸蒂抽。他們的小孩通常多病，有肺結核。

麥迪森求學時出類拔萃，其思想成形期是待在二戰時的劍橋大學——那個知識豐富的大雜燴。他很愛援引老師庫瑪爾（Dharma Kumar）的話：「時間是個機制，防止一切同時發生；空間是個機制，防止一切都發生在劍橋。」上述四大關鍵因素，每一個的發展都與那所傳奇大學有強烈關聯。若說英國是現代繁榮的誕生地，那麼劍橋就是它的月子中心，產出好多它的主要接生婆：培根、牛頓、科克（Edward Coke）法官，以及數十位對本書故事很重要的人。[2]

一九四八年畢業之後，麥迪森有二十五年服務於「歐洲經濟合作組織」（OEEC）這家二戰後設立來指揮「馬歇爾計畫」資金的機構，還有接替它的「經濟合作暨發展組織」（OECD）。他花很多時間穿梭第三世界國家，尤其是巴西、幾內亞、蒙古、巴基斯坦及迦納。麥迪森行旅時，經常被各國之間財富與福利的巨大差異所震驚。一九七八年，他接受荷蘭格羅寧根大學（University of Groningen）的教授職，開始設計連貫一致的世界經濟發展觀察法。

麥迪森等人描繪的光景，因始料未及而令人震驚。以人均實質GDP來衡量，一般人命運在基督降生後的一千年之間，一點也沒改變。一〇〇〇年到一五〇〇年的五百年之間，

2 反諷的是，二十世紀時，劍橋變成反資本主義說辭的溫床，有時也因為同情極權以致叛國。

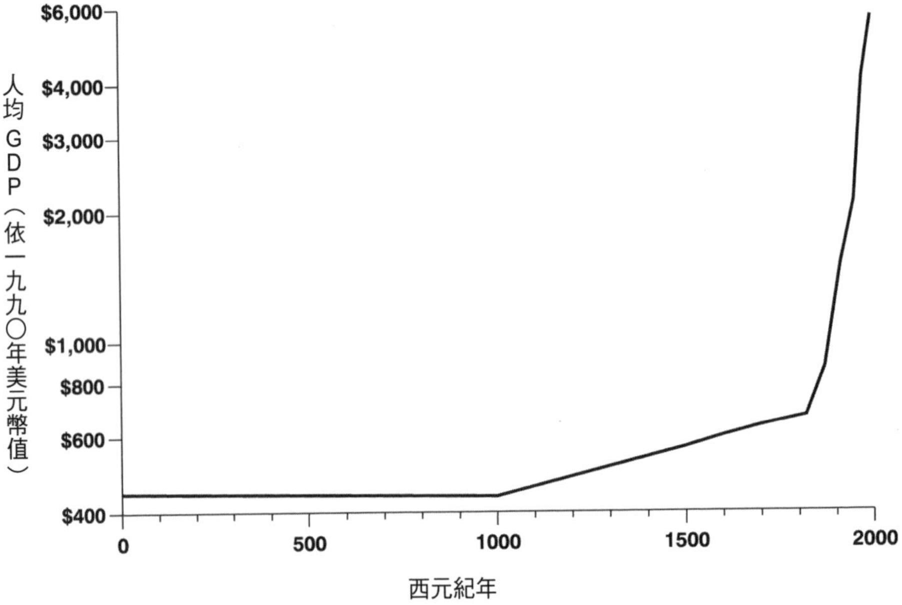

【圖 1-4】世界人均 GDP（經通膨調整）

資料來源：麥迪森，《世界經濟：千年一觀》（*The World Economy: A Millennial Perspective*）。

狀態也沒多大變化。圖1-4標繪出麥迪森自西元元年起，對世界人均GDP的估計，他的做法讓一般人的福祉成為鮮明焦點。一八二〇年之前，十年復十年，百年復百年，物質方面只寒酸地成長。一八二〇年以後，世界穩定地走向更為富庶之地。

數據十分「嘈雜」，把一八二〇年標定為世界經濟成長的奇蹟之年（annus mirabilis），其實相當武斷。英國的數據誠如下文提及，把成長的起始點放得稍晚；美國數據則較早。然而，不管數據如何取捨，態勢很清楚，雖然十九世紀上半葉毀滅性的戰爭、內戰及革命頻

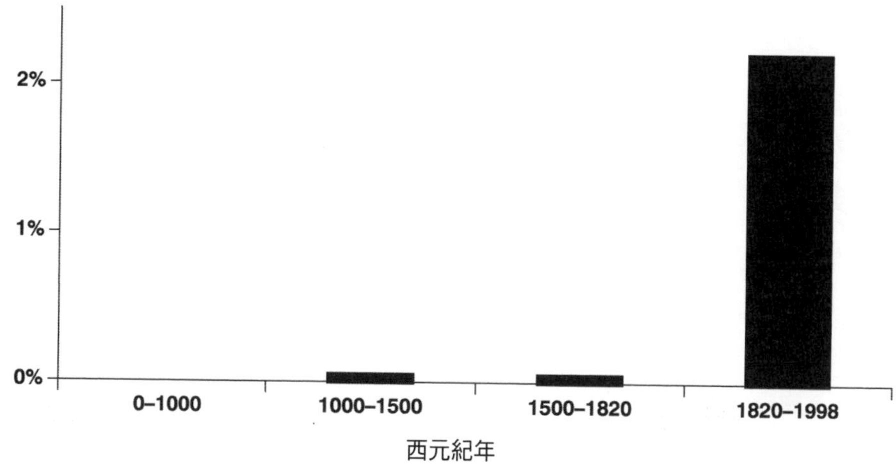

【圖 1-5】世界人均 GDP 成長年表（經通膨調整）

資料來源：麥迪森，《世界經濟：千年一觀》。

傳，但全球經濟仍成長起飛，帶來繁榮。

圖1-5總結全球人均實質GDP的平均年度成長。它由不同的視角，顯示大突破發生在大約一八二〇年。再說一次，一八二〇年以前，一般人的物質福利改善無多。這幅光景與國家人文教育部通常教授的迥異其趣。從羅曼（Romance）語言專家或藝術史學家的角度來看，文藝復興時代顯然是西元第二個千年的關鍵時刻。然而，當時的大作家與藝術家對改善人類營養、強化運輸或預防疫病，幾乎沒有貢獻。在一個尋常人從沒涉險離開距離出生地幾英里的時代，西斯汀禮拜堂的濕壁畫，對於提升人類集體精神，作用不大。

經濟學家已發現，要批評麥迪森對千百年前人均收入及生產的估算，很是容易。畢竟，他是如何能確定，基督降生時，日本的年均ＧＤＰ依當前幣值為四百美元，而非兩百或八百美元？麥迪森本人都承認這一點，他說，「要回溯過去，難免使用較弱的證據，且更加仰賴線索及推測。」

現代則提出更基本的難題。即使最精準的經濟數據，也無法測出新發明的真正價值。十九世紀美國大銀行家摩根願意付多少錢，買巨無霸噴射客機上的廉價座位，由甘迺迪機場飛英國希斯洛機場？莎士比亞會對每天使用麥金塔電腦寫五千字，電郵給幾十個朋友，如何估價？在西方已開發國家，即使最窮公民都有管道取得商品及服務，比如可靠的汽車、電視及網際網路，而那些在一百年前無論付什麼代價，都無法取得。雖說很多現代的商品勞務價值或容置疑，但另些則不然。最晚到一九四〇年，肺炎及腦膜炎兩種病一旦降臨，要擊倒財勢位在最高峰的人，跟殺死窮人一樣容易，而它們在今天，只要打幾美元的抗生素，就能預防。循不同脈絡，試想二十世紀初的大工程師及物理學家若有個人電腦，能創造出什麼成就。

經濟史學者如何估量出古羅馬或加洛林帝國（Carolingian Empire）的ＧＤＰ？畢竟，兩、三千年前並沒有商業部或經濟分析局這類機構。十七世紀，早期人口學家葛蘭特（John Graunt）、諾伊曼（Caspar Neumann）才開始將精算的數據製表，而且要再過兩百年，經濟學家才開始替個別國家蒐集第一批精確的彙總財務數據。

假如你想測量千百年間經濟的進展，首先你必須問的是，要多少錢，才能維持勉強餬口的生存水準？麥迪森估計，一九九〇年一個低度開發國家一年約要四百美元。接下來經濟史學家要動用任何找得到的數據，以判定有多少比率的人口生活在那個水準。當一個社會，近乎百分之百的人全在務農，而且沒輸出任何可觀數量的自產農作物，按定義就活在接近一年四百美元的餬口水準。把相同的人均GDP四百美元，強加在一世紀之始的歐洲、一九五〇年的中國，或今日的布吉納法索，實在太武斷，但麥迪森就那麼做。不過那麼做至少提供一個基準點給歷史經濟學者們，憑以測量經濟成長。

另一種看待方式，在檢視「城市化比率」——有多少比率的人口住在大於例如一萬人的城市，循此推測務農人口比率。希臘羅馬時期的高峰，只有極小部分的平民住在人口大於一萬的城市。到了一五〇〇年，歐洲最大城市是那不勒斯，居民有十五萬人。只有八十六萬五千名歐洲人（全歐洲人口的一%），住在人口超過五萬人的城市。另六%住在人口僅一萬多的城鎮。在中古時期，有九成以上的歐洲人務農。亞洲偉大文明在中世紀期間遠比歐洲文明先進，但務農人口的比率更接近百分之百；人數極少的統治菁英極其富有，但並沒提升領土裡整體富裕水準。所以，在一五〇〇年以前，世界的人均GDP似乎很有可能，接近麥迪森定義的四百美元餬口水準。

在美國，晚近到一八二〇年，整整七成的勞動人口還受僱於農場。（由於美國出口其生產的大部分農產，其人民生活水準遠高於低城市化比率所暗示。）到了一九九八年，那項比率已降到二%。那些把田園生活浪漫化的人應謹記在心，在現代世界裡，務農人口比率是強力的貧窮指標。（文明初露曙光時，情況顛倒過來。當時人類社會在轉型，由更不具生產力的游牧採集漁獵生活，改為較富裕安定的務農生活。當時的漁獵者或許會悲嘆新的務農生活鬆散、令人無精打采——很多美洲原住民部落，都把農活貶抑為女性的工作。）

近些年，經濟史學者已找出一五〇〇年以前，各色不同國家經濟持續成長的時期。經濟學家瓊斯（E. L. Jones）指出，宋代中國（九六〇年到一二七九年）及江戶幕府時代（一六〇三年到一八六七年），都有強健的經濟成長。宋代晚期鐵生產量達到的水平，歐洲要到十八世紀中葉才趕得上。加州大學戴維斯分校教授葛斯通（Jack Goldstone）把諸如此類的時期，稱為「全盛」，那段光陰裡的科技及生活標準進展迅速，至少在統治階級是如此。但即使是瓊斯及葛斯通都承認，現代以前的世界裡，成長很脆弱也很短暫。蒙古入侵以後，中國的經濟陷入長達幾百年的昏迷，直到現在才又崛起。

羅馬帝國崩潰以後，歐洲經濟的確仍有些成長。中世紀早期發生了一些轉變，包含：由二田制改為三田制，發明馬蹄鐵及馬軛、水力磨坊、風力磨坊，而四輪車取代了兩輪車。經濟史學者莫衷一是的是，這些變化何時導致經濟成長？各種估計範圍之廣，由八世紀到十五世紀都有。

雖說它們帶來廣泛性成長，但這些進展只導致人口增加，常民大眾的福祉並沒有變化。羅馬帝國之後，由何時復興成長，見解廣而不一，適足以證明人均成長（個人福祉改善的最佳測量法）沒能持續或者並不可觀。

檢驗長期歷史的妙處在於，此舉「掃除」有關經濟成長更大的不確定性。舉個例子，假如以一千年為期，但我們對初期或末期的人均GDP超估一倍，那麼導致的年成長率誤差不過〇．〇七％。換種說法，自基督降生以來，世界人均GDP成長率絕不可能高達例如〇・五％。如果那麼高，那麼人均ＧＤＰ就會由依當前幣值推算的四百美元，在二〇〇〇年時超過八百六十萬美元！故此，我們可以肯定說，這段期間大多數光陰，成長真的很接近於零。

再換第三種說法。即使以最樂觀的估算，從西元元年到一〇〇〇年之間，全球人均ＧＤＰ成長也不會超過兩倍或三倍。相形之下，一八二〇年以後的一百七十二年間，增加了八倍。同樣那一百七十二年，英國人均ＧＤＰ成長十倍，而美國則成長二十倍。

偉大的經濟轉型

現代經濟成長的精力驚人。縱觀十九世紀，在今日稱為已開發世界的地方，人均實質ＧＤＰ成長逐漸加速到每年二％，並在整個動盪的二十世紀維持那個步調。表1-1列舉出二十世紀期間，十六個國家的人均實質ＧＤＰ成長，把它們分成兩類，第一類是親身遭逢世界大戰或受內戰荼毒，第二類則沒有。

請注意成長率有多麼緊密地圍聚在二％——這十五國當中，十三個的人均ＧＤＰ年成長率在一・六％及二・四％之間。彷彿有一股無法阻擋的力量——一種經濟的巡航定速，推促著它們的生產力向上發展，速度約莫精準地在每年二％——沒更快，也沒更慢。另請注意，受戰爭荼毒及沒受戰火波及的國家之間，平均成長率並無差異。顯然戰爭的破壞對已開發國家的經濟體沒有長期損傷。

表1-1及圖1-6分別展示西方經濟體另一迷人特色——那些在一九〇〇年最富有國家，二十世紀期間往往成長最慢，而那些最不富有的國家在同一期間往往成長最快。換句話說，最先進國家的人均財富往往會收斂。二十世紀初日本在表列國家中為最窮，但其每年生產力成長三・〇%，而一九〇〇年的領袖大英帝國每年卻只有成長一・四%。

西方經濟體韌力（也就是「追趕」的趨向）最顯著的例子，見於大戰之後德國、日本人均GDP的復甦。戰爭歲月降臨，對各軸心國經濟機器的大破壞，由圖1-7的左緣就清晰可見。在二戰伊始，日本人均GDP還有美國的四〇%，到戰爭結束那個數值跌到只一五%。同一段時間，德國人均GDP由美國的八〇%跌到四〇%。到了一九六〇年代，德、日兩國的人均GDP與美國的相對值，都回到戰前標準。

在現代以前的時光，根本不可能由這樣的災難東山再起。宋朝治理下的中國人均GDP欣欣向榮，但蒙古入侵後，七百年間中國GDP數字依然躺平。相形之下，西方的經濟成長機器把被征服的大災難，削減為只算歷史打嗝一下。到一九〇〇年，日本的相對人均GDP已成長到逼近美國的地步。

雖說二戰勝利者們採取開明政策，對日本及德國的迅速恢甦相當重要，但這麼好康的事並無法解釋德國一戰被擊敗後的經濟表現，當時即使有《凡爾賽條約》施加的懲罰，德國只花二十年就復原到能征服大部分歐洲。

受戰損國	人均 GDP 成長
比利時	1.75%
丹麥	1.98%
法國	1.84%
德國	1.61%
義大利	2.18%
日本	3.13%
荷蘭	1.69%
西班牙	1.91%
戰損國成長平均值	**2.01%**

未受戰損國	人均 GDP 成長
澳洲	1.59%
加拿大	2.17%
愛爾蘭	2.08%
瑞典	1.96%
瑞士	1.72%
英國	1.41%
美國	2.00%
未受戰損國成長平均值	**1.85%**

【表 1-1】一九〇〇年到二〇〇〇年人均 GDP 成長年表

資料來源：數據取自麥迪森，《世界經濟：千年一觀》、《世界經濟觀察：一八二〇年到一九九二年》，以及經濟合作暨發展組織資料。

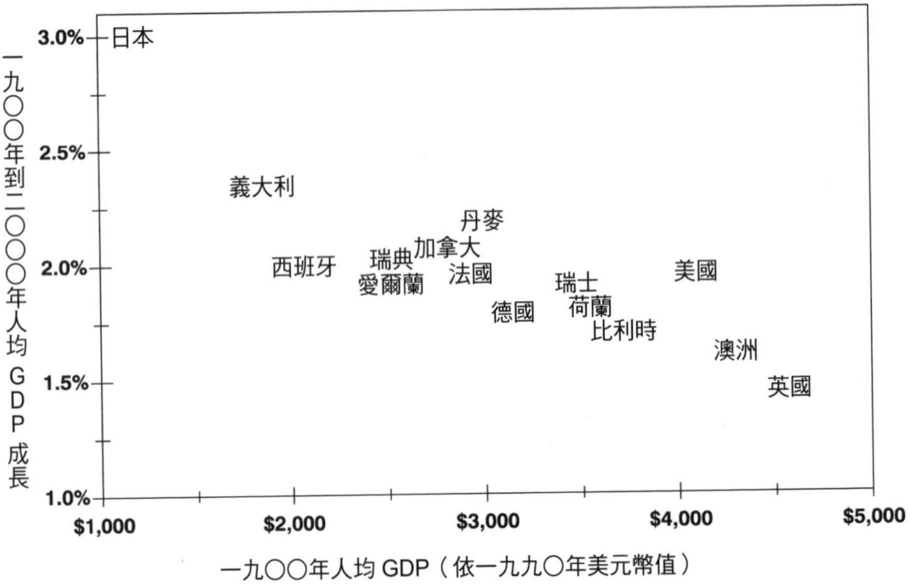

【圖 1-6】經濟成長相對於初始財富

資料來源：麥迪森，《世界經濟：千年一觀》、《世界經濟觀察：一八二〇年到一九九二年》，以及經濟合作暨發展組織資料。

十九世紀之初並未引領全世界各角落都轉型。一開始，只有歐洲及其新世界分枝地方才繁榮。雖然如此，接下來兩百年間，西方各式各樣的經濟成長傳遍全球其他地方。

一八二〇年以前，已有跡象顯示繁榮即將到來。麥迪森估計，一五〇〇年歐洲人均GDP為七百七十四美元，而文藝復興時代的義大利來到一千一百美元。只是義大利的相對繁榮並不持久，一五〇〇年以後就陷入停滯，而荷蘭開始經歷哪怕遲緩也持續的經濟成長。大約同時，英國的成長速率也開始加快，但仍比荷蘭慢得多。

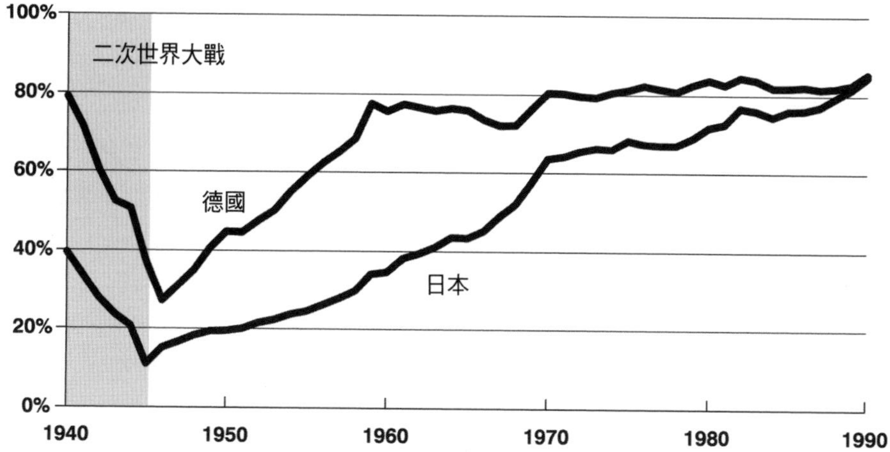

【圖 1-7】德國、日本相對於美國的人均 GDP（美國＝ 100%）

資料來源：麥迪森，《世界經濟觀察：一八二〇年到一九九二年》。

一六八八年的光榮革命為英國帶來穩定的君主立憲制度，「進口」了一位荷蘭裔國王，而最精華的荷蘭金融制度、荷蘭先進的資本市場很快跨過北海跟進。只是，還要過一個多世紀，英國的成長速度才會快速提升。直到十九世紀中葉，英國尋常人日子才過得比荷蘭人好——而且辦得到那一點，還是因為拿破崙拆散、剝削「荷蘭共和國」（Dutch Republic），而英國對荷蘭執行長達十年的海上封鎖所致。英國散播給海外殖民地的不止是人而已，更重要的還有它的法律、知識及金融制度。但要到很久以後，這種偉大的經濟轉型才開始傳播到歐亞大陸其他地方。可以說它的效應極不平均，誠如圖1-8所示，英國、日本及中國的「經濟起飛」分別發生在一八二〇年、一八七〇年及一九五〇年。

為什麼要調查現代早期這段停滯不前

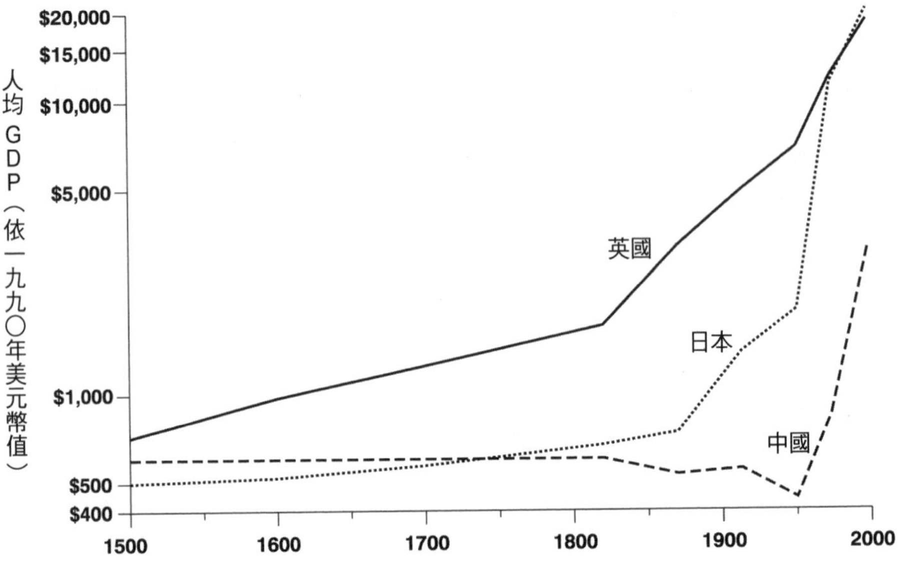

【圖 1-8】人均 GDP（經通膨調整）

資料來源：麥迪森，《世界經濟：千年一觀》。

的現象？原因在大約一八二〇年某時，世界似乎發生翻天覆地的變化；原因在人類在此之前，經濟進展充其量只能比擬為發育不良的矮樹叢，接下來經濟就肖似櫟木般，成長得強健又穩定；原因也在財產權、科學理性、資本市場及現代運輸通訊，終於在十九世紀決定性地匯聚起來，造就現代的「財富機器」，而這與現代生活的關聯至為重大。

一開頭，我們將檢視一六〇〇年以前，西歐每日生活的狀態。請把經濟進步的四個先決條件謹記在心。中世紀時期的歷史，可以總結為一篇篇簡單的極短文，並依四大成長要素鬆散地組織起來。

現代以前沒有財產權

中世紀封建制度雖比完全的奴隸制度好一些，但沒有比它更不承認財產權及個人自由的體系了。今天，「封建制度」這個詞本身，只留下往日威力的一抹陰影而已。試想一下，你是標準的十一世紀小農，跪在主子跟前，而他用雙手握住你的手。接下來你矢言對他忠心不貳、至死方休。你的保證不光指財物或生意方面，毋寧是以你的生命及榮譽為誓。你沒有錢，僅能以自己的勞動力，還有不算罕見的犧牲性命，來換取他保護你免遭外界毒手。

這種封建關係的精髓在它與財務無關。領地幾乎沒有多餘產出可以賣，而且，幾乎一切交換都是以物易物。封建領主們很少以金錢的角度來看待自己的祖產，而硬幣對農奴也幾乎沒有用途。亞當．斯密驚奇地指出，晚近到一七四五年，一名蘇格蘭地主還能以一個莊園一年不到五百英鎊的收入，組織八百男子上戰場。封建權利的殘跡依然存留在巴黎的幾個區，要到法國大革命的早期階段才終於廢除。

領主幾乎跟他的農奴一樣沒有自由。誠如馬克思所說，更逼近真相的是，土地此現代以前最重要的資產繼承了領主，而非領主繼承土地。誠如下文會見到，土地作為一個社會財富的主要倉庫瑕疵極大，要分割、買賣或改良，都不容易。

此外，在這種封建狀態而不使用錢的社會，無法貯存的貨物必須在腐壞前吃掉。相形現代社會透過擁有物質而展現財富，封建社會則透過舉辦狼吞虎嚥的盛宴來展現財富。

在這樣不使用錢的社會，財產權這個重大概念是難以想像的。一個小農的陋舍及農具只不過是他個人的延伸，這個想法存活迄今，是以歐洲人有種傾向，以個人姓名來替自己住處取名。畢竟，連陋舍都屬於主子，而且因為沒有買家、公開市場甚或金錢，農具無法以任何價格賣掉。請想一想亞當・斯密對小農一生的描述：

> 據有土地的一般是奴隸（農奴），而他們的人身及作用便相當於是他（主子）的財產。至於不是奴隸的那些人，則是自由的佃戶，而雖說他們給付的租金，名義上跟免役租（quit-rent）[3]差不多，但實際上它等同於整個領地上的全部產出。他們的領主，承平時隨時可以號令他們來幹活，戰時則要他們打仗。雖說他們住的地方，離領主住宅有段距離。只是他們仰賴領主的程度，跟主子宅內的僕從一樣。整個領地的產出無疑都屬於領主，他可以支配領地上養的人之勞動與服務。

故此，中世紀農奴毫無誘因，去產出比自己莊園責任還要多的農作物，或者增加自己工作土地之生產力。假如領主擁有農奴的人身及他出產的一切，那他幹麼賣力幹活，遑論創新？更關鍵的是，封建結構沒留什麼餘地給國家意識。嚴格來說，政治是地方事務。塔克曼（Barbara Tuchman）寫道，「支持政治結構的紐帶，並非建立在公民對國家上，而是奠基於扈從對領主中。國家要誕生，依然還很拚。」

封建制度非但沒能保障所有權，承認法律之前人人平等，還扼殺基本的消費活動。《禁奢法》標明每個人得依據等第及收入，決定穿戴品項，這更使得主要製造品為紡織物的經濟體為之窒息。在佛羅倫斯，只有貴族、醫生及行政官才准穿貂皮，而在法蘭西，勛爵或夫人一年只准買四套服裝，其中一套必須是夏天衣著，但購買前提是年收入須超過六千里弗爾。英格蘭法律也嚴格規定，要到某收入等級，才准穿某些衣裳。貴族階級似乎算自乘一倍——一名英國貴族假如年收入為五百英鎊，就可以穿特定服飾，相形之下一名商人要年收入一千鎊才能享有同樣殊榮。

西元第二個千年之初，金錢經濟散播開來，腐蝕並摧毀了封建制度。當一個小農能把自己的勞動力出售給叫價最高者時，那時主子與奴僕的關係就消解了。只有那個時候，重大的國家法律及資本機構才能發展出來。能用本國硬幣就買回自己自由的，不僅是個人而已，有時候，整個村子也那麼做，比如一一九七年，法北城市庫西堡（Coucy-le-Château）就用一百四十里弗爾，向貧無立錐的領主遺孀，買下自己的自由特許狀。

國家一定要有稅收。政府怎麼課稅，是攸關一國生死的大事。現代以前的世界，各國普遍是把稅收的重擔，叫最窮又無勢的人來扛，而那些國家無可避免地失敗了。誠如成功的國家是藉著公正不倚地決定所有權，來保障財產權。它們在決定如何向人民的財富及收入課稅時，也必須展現相同的公平心。在中世紀世界，情況絕不是那樣，當時的貴族們，為了具體「保護」他們的農奴，被豁免土地稅。神職人員也有一樣的權利。由於他們在精神上「庇護」農奴，封建課稅制度也放他們一馬，而他們會發大財就不奇怪了。

3 所謂免役租，就是一個農奴為了免除自己向領主該盡的勞務，而給付金錢形式的租金。

中世紀流行的謀生之道

財產權要有效力，必須能不受犯罪活動侵害。中世紀城鎮堪稱難以想像地危險。暴力程度如此高而普遍，凶殺案件要比意外死亡高出一倍。吵架吵出人命，是家常便飯，而騎士們因為長弓及攻城石弩砲的出現，顯得過時累贅，於是馬上比武大會，便成為替代的軍事活動，但又經常淪為全面大屠殺。謀殺犯只有一％受到法律制裁。綁架則成為流行的謀生之道，在失業的騎士當中尤其如此。

捨此之外別無他途。到一五〇〇年，將「執法」視為政府職責，似乎仍是無法想像的概念。英國口語的倫敦警察（London Bobby）是得名自後來當上總理的皮爾（Robert Peel），因他為世上帶來首見的都會警力。[4]在此之前，謹慎的紳士可不敢沒佩劍、匕首及手槍，就涉險走上倫敦街頭。

城牆以外，無法無天才是絕對。攔路盜做生意不間斷，有時成群結幫，有時當獨行盜，而且近乎不受處罰。當戰士沒去當十字軍、介入朝廷世仇或幫教皇遂行野心時，他們能定期壯大攔路盜匪的行列。只有城牆才有力地保護城鎮，讓它看來不至於無法無天。因為蓋城牆很貴，所以城鎮生活盡可能擠塞。街道不啻狹窄、沒有隱蔽的陰溝，其中塞滿了鎮民與疾病。第一批人口統計學家紀錄下，城內傳染病死亡率是城外的兩倍。

大多數人住在小村子裡，到鄰近小塊田地工作。要到一五〇〇年，農人們才清完野狼肆虐的森林。由搖搖學步到上了年紀，人人都在田裡做腰痠背痛的活兒，通常連犁頭都沒得用。在九〇〇年以前，買得起牛隻馬匹，再為其配上挽具來幹農活的小農非常罕見。

中世紀的住所之骯髒汙穢難以想像。根據文藝復興最偉大人道主義者伊拉斯謨所述：

幾乎所有的地板，都是由泥土及沼澤採摘的燈心草鋪成，整修時如此草率，以至於地基有時留存二十年，底下積存著嘔吐、唾沫、酒、啤酒……魚的殘渣等其他難以名狀的穢物。隨著天氣變化，散發出來的氣味，依我看來極不衛生。

一家人就睡在一張汙穢的床上，而煙囪更幾乎是聞所未聞。除了最新的茅舍，幾乎所有房舍四壁都沾滿油煙。由於沒有妥當的排氣裝置，房舍時常發生火災，大量村民在慘呼中被燒死。尤其是婦女，穿著極容易著火的衣服，照料燒木頭的火坑及爐灶。

前幾段描寫的小農環境，還是相對過得好的。沒那麼幸運的人幾乎沒有片瓦遮頭，甚至是餐風露宿。在現代以前只能勉強維生的社會裡，饑荒與疫病不時登門造訪。極度饑荒的時候，人吃人也不是未所聽聞。旅人偶爾會遇害，原因是兇手想吃他們的肉。甚至有紀錄顯示，絞刑台遭到攻擊是因攻擊者想吃被絞死囚犯的肉。

4　編注：由於皮爾在倫敦建立了全球第一個常備警力部隊，故英國人根據皮爾的小名 Bobby，稱警察為 Bobby。

瘟疫定期吞噬歐洲大陸。最出名的一次發生在一三四七年，一支熱那亞船隊停靠在「義大利之靴」尖端墨西拿港的碼頭。船隊的水手要不是已死，就是垂死，因為得了一種陌生的新疾病，後來鑑定出是腺鼠疫。幾十年內，它就造成歐洲近三分之一的人染病身亡。

現代以前的世界欠缺科學理性

今天，「政教分離」似乎是美國建國諸賢（Founding Fathers）時代古色古香的詞彙，與現代的關聯性，僅限於司法規定的一些邊緣事務，如學校禱告、耶誕假期的公共擺飾。而在現代以前的歐洲，教會可是無所不在，叫人窒息，「它是中世紀生活的母體及則律，處處可見，事實上它是強制，是義務。它堅持的原則，是生活屬靈，重點在來世永遠會優於今生，而這一點沒留存到現代世界，不論今天有些基督徒多麼虔誠，也跟古時不同。」

傑佛遜及麥迪遜執著於斬斷教會／國家的紐帶，根源在現代以前的世界裡，有組織的宗教無所不管。弔詭的是，政教分離的觀念自基督教早期本就蘊含著。耶穌對法利賽人講，「讓凱撒的歸凱撒，上帝的歸上帝。」然而，要落實政教分離需要時間。由君士坦丁皈依基督教開始，政府就把土地與財物，灑給上帝在俗世的代表人。教會愈富有，就會愈腐敗冷漠。

今天，異端、褻瀆、信仰審判等詞彙，最常使用於諷刺場合。而一六〇〇年之前的五百年間，它們卻能叫每個歐洲人心神戰慄。霍布斯撰述自然狀態下的生命為「孤獨、貧窮、骯髒、殘酷又短暫」，簡潔地描寫出中世紀民眾的生存狀態。人生的終極獎賞只有在死後才領。

雖說招致教會權威的不悅，可能叫人被綁上木樁，被熊熊烈火燒死，但那種處罰，相形宗教裁判所所編排的五花八門殺人方法，算是黯然失色。最惡名昭彰的刑具叫「老鐵女僕」（old iron maid），使用方式是慢慢地把數百枚倒釘刺進受刑人的肉體，讓那人變成渾身是血、奄奄一息的肉團，再丟進刀刃攪動的坑裡。只是，即使最痛苦的死法，比起害怕死後進地獄、永遠遭烈火焚炙，也好受一些。

犯了什麼罪會受到那種酷刑處死？幾乎觸怒教會，或挑戰其權力的一切，包括但不限於質疑其權威、信念，以及最重要的其財富。犯禁之拐彎抹角令人稱奇。舉個例子，早在十六世紀初，波蘭天文學家哥白尼推算出，地球事實上並非宇宙中心，毋寧是繞太陽運轉。若以當時學者通用的拉丁文發表異端見解，或多或少受到寬容。因為這種古老的語文除了統治的教會、王室及商賈菁英外，幾乎沒人懂，所以爭執不會傳給鄉下人知道。哥白尼本人聰明地不跨越拉丁文與方言的界線，因此受到梵蒂岡當局容忍。即使當代最開明的學者，包括伊拉斯謨、摩爾（Thomas More）都批評他這種新宇宙論。有趣的是，哥白尼更不見容於阿爾卑斯山區以北處，很多宗教改革的領袖，包括馬丁．路德，都叫著要砍他的頭。

當義大利哲學家布魯諾（Giordano Bruno）不明智地四處散發以方言寫作、支持許多異端見解的小冊子——其中也力挺哥白尼日心論，梵蒂岡就辦了一場宗教審判，將他處以火刑。接下來幾十年，教會最後一搏，全力反對日心論但徒勞無功，最後它把日心論最權威的支持者伽利略拽上宗教裁判所。伽利略看到刑具，就公開放棄學說。

一直到中世紀晚期，教會擁有的絕對權力，只怕（蘇聯）史達林、納粹希特勒、赤柬波布都要嫉妒。成語有云，權力導致腐化，絕對的權力導致絕對的腐化。到了一五〇〇年，即使最虔誠的信眾都能清楚看見，教廷的核心缺點。賄賂、買賣神職（販售官位）及敲詐變成教會生活的中心原則。這種腐敗在亞維儂教皇之爭達到最高峰，當時「教會擁有或代表的一切，由樞機的帽子到朝聖紀念物，都可出售。」主教及樞機主教透過十一稅及販售贖罪券（向教會購買罪狀被赦免的證明），斂聚驚人財富。由一三一六年到一三三四年出任教宗、戴著三重冕的若望二十二世（John XXII），他對金線織品及皮草展現的胃口，叫人嘖嘖稱奇。貴族人家會替小孩購買神父的職缺，因此二十歲就當上大主教也非聞所未聞。一三四二年到一三四三年間，教皇頒發的六百二十四件合法性特許狀，有四百八十四件是神職人員替後代買的。十六世紀，英格蘭好些地區的性侵害案件中，有四分之一是神職人員被起訴，這個犯案率，相形他們占人口的比例要高出十倍以上。

反教會腐敗力量雖說相對不作聲又分散，卻慢慢成長，尤其在十四世紀黑死病發作之後，出現天啟後的氛圍。「貝格派」（the Beghards）是很受歡迎的反文化運動，宣稱有條不需要神職人員的救贖之路，其成員有權取得貴族及教會的財產，提倡自由戀愛。教會及統治階級對待貝格派成員，毫不心慈手軟，把很多人燒死在火柱。那個時期最流行的詩作《農夫皮爾斯》（*Piers the Plowman*）等於一部刻畫中世紀人性弱點的型錄，而其中犖犖大者都歸給神職人員。

奠定更扎實異議基礎的人，是十四世紀牛津大學傑出教師威克里夫（John Wycliffe），他反對教會的宰制，但因英格蘭長期與羅馬不睦，而受到庇護。他身為馬丁・路德知識的直系祖先，用塔克曼的話，他寫了《論人間政府》（*On Civil Government*），「堪稱把自己的論點釘在牆上。」這篇論文提倡充公教會的財產，把神職人員趕出政府。最後，威克里夫跟貝格派人士一樣，否定聖餐變質論（transubstantiation），及神職體系的必要性。這讓他在英格蘭或羅馬神職人員當中，都不討喜，他們攻擊他充滿異端思想。

威克里夫另把《聖經》翻譯成方言。很走運，他活在古騰堡以前的時代，所以他的罪狀沒因印刷術而放大。一三八一年，他任職的「貝利奧爾學院」（Balliol College）開除了他——算是相當輕微的制裁。牛津大學那麼做，對自己的傷害比對威克里夫來得大。大學此後兩百年間走下坡，而傳教能力極強的威克里夫直到三年後壽終正寢，依然影響力廣遠。他被開除之後，他的追隨者、人稱「羅拉德教派」（Lollards）信眾轉入地下。故此開啟悠久的英國清教徒／異議者傳統。

「丁道爾事件」讓威克里夫的英文版《聖經》，在古騰堡之後，終於有擺上案頭的一天。一四五七年，日耳曼美因茲人古騰堡發明印刷術，大大強化異端聲浪。丁道爾（William Tyndale）在劍橋、牛津當過古典文學者，一開始提出意見，說王權要高於教會，取悅英王亨利八世。一五二五年，丁道爾跟威克里夫（還有他倆之前，很多不守規矩的僧侶）一樣，把新約《聖經》譯成英文。威克里夫到丁道爾之間那一百五十年，印刷術已改變一切，讓丁道爾異端力量強上一千倍。一想到沒受教育的小農此時可能閱讀及討論《聖經》，就讓神職人員們厭惡。他們期望九成的人口都不識字，盲目服從。

丁道爾祖國英格蘭的出版商可不敢碰他的手稿。他逃到日耳曼，在科隆時，幾乎找到能印刷《聖經》的地方，只是被當地教士們發現。最後在新教徒的據點沃姆斯市（Worms），他成功了，把他的六千冊譯本送回英國，人們飢渴地讀著。在當時仍很虔誠的亨利八世堅持之下，歐陸教士們把丁道爾關了十六個月，審判他的異端罪，接下來公開絞死他——全為了出版英文版《聖經》。（這件事發生在亨利八世為了與王后凱薩琳離婚，跟教廷決裂之前。）

一百七十五本威克里夫《聖經》存留到今天，因此可推測當時必定製作至少幾百本。當時擁有一本，就足以叫那位讀者被定罪為異端。謄寫個幾本，那人就會被處以火刑、活活被燒死，只是，因為這些必定是手抄本，被宗教裁判所逮到的風險相形為小。丁道爾使用印刷術，讓雙邊的賭注升高了。異端分子運用印刷術真是在玩火，不論就比喻或字面義皆然。

馬丁．路德最後使用古騰堡印刷術當攻城槌，撞破教會的權威，但他建立來取代教會的制度，就算沒那麼貪腐，也是一樣可憎的暴政。這種新教徒的狂熱虔誠典範，以在日內瓦掌教的喀爾文為代表。有位雲遊四方的傳教士法黑爾（Guillaume Farel）邀請逃難牧師喀爾文到湖濱這座剛興起新教的城市。現代史學家經常說喀爾文是日內瓦城的「獨裁官」，其實不然。他只出任教區法院（Consistory）的首腦。這種教區法院，通常由負責監督日內瓦共和國道德品性的尋常教眾組成。（事實上，日內瓦甚至要到喀爾文去世前五年，才授予他公民身分。）教區法院在喀爾文指導十六年間，處死八十九人，罪名大致是行使巫術。以當時的標準，這很平常。鄰近的天主教城邦處決更多異端分子，通常還先施以酷刑，而日內瓦當局大致上避免酷刑。或許這段期間最出名的司法插曲，是日內瓦一五五三年審判並處決異端分子塞爾韋特（Michael Servetus），罪名是他否定三位一體及嬰兒洗禮。當他被詢問是要在日內瓦還是法蘭西受審，他雙膝下跪，懇求到日內瓦審判。

喀爾文跟他教區法院創造出來的，可說是前現代版本的保姆國家。對這一小群興高采烈教眾來說，天下沒小事，「微觀管理者」（micromanager）這個詞很適用於稱呼他們。一五六二年，他們逼一位年長、剛喪妻的日內瓦男子邦尼法續絃，娶一個年輕得多的女子。新太太免不了去找年輕男子的愛，日內瓦市便砍了她愛人的頭，並溺死她。還有另件事，五名老男子無法充足地說明新教信仰，教區法院便勒令他們去請個塾師，下一次團契時，要做教義問答。

要做到「國王及議會分權，司法保護個人自由，依法而治，財產有權」，必須先區分上帝與凱撒。宗教戰爭因意識形態狂熱而火上添油——天主教對抗新教、新教徒彼此也抗衡，燎燒歐洲幾乎達兩世紀。這些戰爭讓參與者變弱，耗盡力氣，但也鋪平道路，讓獨立的世俗政府及寓意更寬容的啟蒙運動誕生。

現代以前沒有強力資本市場

今天生意人將很容易由他方取得金錢——資本，視為理所當然。今日，最有信譽的大企業能由債券市場取得長期貸款，來改善營運及擴張，年利率只消五％多，而發展快又穩的小型創業者也只要多付幾個百分點的利息。

金錢首度出現於大約五千年前，但在此之前，人類就開始了借貸。幾千年來，貸出穀物及牛隻便能收取利息。一蒲式耳穀物或牛隻在冬天借出，來年收穫季要取償一倍。如此的做法如今在低度開發國家依然很普遍。

古代信貸市場的歷史既廣又遠。很多來自肥沃月灣——蘇美、巴比倫及亞述的最早歷史紀錄，都跟金錢放貸有關。漢摩拉比著名的《巴比倫法典》是第一部出名的法律合集，其中便有規範商業交易。講幾個古代例子應該就夠了。在西元前三〇〇〇年到前一九〇〇年的蘇美，一筆大麥貸款的利率通常是三三%，相形下銀子的貸款利率為二〇%。兩種利率之間的差異，反應大麥貸款風險比銀子高。後者無法被吃掉，也不會腐壞，「銀子作物」也不可能欠收。

利率這麼高，阻卻了長期事業的發展。以每年二〇%來算，一筆借款不到四年就增加一倍。未來負擔如此沉重，理性的生意人或者企業，是不會考慮借貸來投資一種五或十年內不會獲利的計畫。然而，大多數大型經商創業都得借錢。

經濟史學者西拉（Richard Sylla）表示，利率精準地反應一個社會的體質。效用上，利率隨時間發展的概圖，便是一國的「發燒曲線」（fever curve）。時局渾沌，大眾安全感及信任度較低，利率因而升高。縱觀歷史，所有主要古代文明的利率，都呈現「U」型形態。它們歷史早期利率都高，隨著文明成熟及穩定，利率慢慢降下來，並在全盛時期享有低利率，但到最後，隨著文明腐敗，利率回升。舉個例子，羅馬帝國在一、二世紀來到頂峰，而利率則低到只有四％。前述的順序只以平均及長期而言，才站得住腳，因為短期波動很多。即使在「羅馬治世」（Pax Romana）的高峰期一、二世紀，碰到危機時刻，利率也會突然飆高到一二％。

羅馬衰亡（傳統把年代定在四七六年），帝國的利率竄升。兩百多年後，西方商業又受到另記重擊——穆罕默德離開麥加，阿拉伯帝國崛起，勢力延伸到幾乎吞沒伊比利半島。靠著取得直布羅陀海峽控制權，阿拉伯人有效地切斷地中海貿易。

利率的歷史線索，來到羅馬晚期就消失了，而且直到大約一千年後才再出現，這回是出現在英格蘭。當地，利率超過四〇％的紀錄出現在十二世紀，而在同一世紀稍晚，義大利的利率平均在大約二〇％。第一次隱約出現較合理利率，是後來的荷蘭，當地早在一二〇〇年利率便降到約八％。

利率這麼高，意味事實上沒有資本市場，也桎梏商業及經濟，千百年間掙脫不掉。一如宗教教條掐死知識進展，每日商業也因資本市場闕如而難施手腳。基督教禁止放貸，更是幫倒忙。禁貸的源頭經文上就有，始於《出埃及記》第二十二章第二十五節：「我民中有貧窮人與你同住，你若借錢給他，不可如放債的向他取利。」聖奧古斯丁（Saint Augustine）認定，「做生意本身就是罪惡。」聖耶柔米（Saint Jerome）則倡言，「做生意的人就算有也很少能取悅上帝。」

三二五年，第一次有組織的教會祕密集會「尼西亞公會議」（Council of Nicaea）禁止神職人員放貸，到了八五〇年，教會開始把放貸為業的庶民信眾逐出教會。不過對於歐洲發育不良的商業市場來說，起先對資本的需求倒也不多。

反借貸的指摘慢慢得勢。到了一一三九年，「第二次拉特朗公會議」（Second Lateran Council）甚至說抵押放款都算高利貸。十三世紀中葉出現的神職反資本狂熱高峰，要到列寧、馬克思時才算與之匹敵。十三世紀聖托馬斯·阿奎那（Saint Thomas Aquinas）還重振亞里斯多德的觀念[5]，認為一切大型商業活動本質上就是罪過。

放貸之為人類功能，就如吸毒、喝酒，也一樣難以立法消除。即使在反高利貸的高峰期，當鋪也羅列於中世紀街道。事實上，荷蘭便頒執照給放貸業者，而他們則定期供應資本給治理當地的王子。由於無法對猶太人罰以「逐出教會」，因此他們能自由經營貸款。直到一五七一年，第五次拉特朗公會議解除放貸禁令，投資人才能從事暢旺的商業活動。

現代以前沒有有效的運輸及通訊

羅馬帝國衰亡之後，羅馬興建的道路，雖然毀壞中，但依然長達一千年是歐洲最棒的公路。據歷史學者帕克德（Lawrence Packard）說：

中世紀民眾「安土重遷」。在十字軍時代以前，行旅非常稀少。因為對地理、自己鄰近地點以外極為無知，人們對陌生地區、陌生人存著迷信般的恐懼。真正的危險，比如強盜、海盜、道路惡劣（或者說根本無路）、橋梁損壞（或者說根本沒橋梁），都大大阻礙貿易。尤有甚者，各封建領主還徵收道路通行費，而這些費用讓貨物成本暴增，使穀物無法由富庶之地運往饑荒災區——因成本已吃掉利潤，或讓價格升到飢民買不起。

誠如帕克德指出，缺乏交通這種「機件」，只是整個難題的部分而已。用經濟史學者赫克歇爾（Eli Heckscher）的話來形容，「中世紀貿易最大障礙在通行費。」現代提到「通行費」，會讓人想到用以改善道路的錢，或者邊境關稅。然而，在一八〇〇年以前，通行費是由很多當地統治者厚臉皮地獨斷，也是其大宗收入。他們在關鍵的咽喉點，如可航行河流及隘口設收費站，使商賈無法避而不繳。

北歐沒有道路則是雙面刃。一方面，它保護斯堪地那維亞及大多數日耳曼地區，沒遭羅馬永久占領。另一方面，這種糟糕的運輸狀態扼殺阿爾卑斯山區以北一切商業，尤其是斯堪地那維亞。羅馬衰亡後，有一千年時間，傳送訊息及貨物的速度，就如笨重的掛帆船舶的航行速度——由威尼斯到君士坦丁堡，要花五個星期。運輸到內陸的各地點則更慢、更沒效率——由威尼斯到倫敦，走陸路要花四個星期。大多數小農從沒離開出生的村鎮。只有最強健、運氣最好的人，才能由漫長的海上旅程存活，而只有最富裕的人，才負擔得起馬匹糧秣，走長途陸上行程。晚近到十九世紀轉入二十世紀，福特T型車問世前，美國絕大多數人一生

5 亞里斯多德認為，小農莊或家戶自己做小生意合乎道德，但他譴責零售貿易及放貸。

都沒離開自己出生地二十英里範圍。

一八〇〇年以前，運輸不足不僅危及商業，而且要命。現代世界裡，食物可以從有餘地區，輕易送往不足的地方，作物欠收很少導致大饑荒。相形之下，中世紀一個村鎮可能經歷成群餓死的慘劇，而毗鄰它的河谷村鎮卻告豐收。這種現象特別容易出現在那些沒有河運或海港條件的地區。（來到二十世紀，共產國家因為干涉正常市場及運輸機制，變成史上引發最多大饑荒的地方。）

蒸汽動力出現以前，旅行的開銷、危險、不舒服，還有最重要的速度奇慢，現代人實難以領會。直到十九世紀中旬以前，歐陸大宗運輸一天能走上二十英里，就算運氣很好了。正常之下，貨物由巴黎送去二百九十英里外的里昂，要花大約六星期，相當於一天走不到十英里。驛馬車乘客走同一段路，速度快一倍，真是幸運。

行旅開銷也令人生畏。在一八二〇年，由紐約坐馬車到俄亥俄州西部（當時文明的邊疆），要八十美元，折合兩個月的工資。而在英格蘭，行旅六十英里要花一英鎊，約合一星期工資。（若是旅客願附掛在車廂旁邊，可省大約一半車資。）只有最富裕的人才負擔得起駟馬馬車。

行旅主要的開支，與頻頻更換馬匹有關，那是長途旅行之必然。最後，擁擠的城市因塞滿馬、牛及騾子，造成美觀及衛生問題。千恩萬謝的是，那已經是很久以前的事了。

現代以前的旅行安全更值得考慮。直到十八世紀中葉，攔路匪才由英格蘭道路消失，但打劫馬車廂在歐陸仍以駭人頻率發生，一直到十九世紀才消失。英國赴義大利旅人報告說，在一八一七年前，馬車乘客經常被殺、被剝光全身然後燒死在他們的車廂裡。東西被偷是小事，你得不時提防，而馬車車禍幾乎是家常便飯。一八二九年，有位來往紐約市及辛辛那提的馬車乘客記載不下九起在顛簸木頭路上的翻車事件。車禍死傷天天發生。

長途搭乘馬車及客船的不適感，連最健壯的旅客都叫苦。英國畫家特納（J. M. W. Tuner）寫下一八二九年義大利之旅：

福利尼奧（Foligno）開始下雪。馬車很重，四面八方搖晃。我很快就汗流浹背，衣服濕了又乾，乾了又濕，直到來到薩雷瓦利（Sarre-Valli），馬車翻倒到一條水溝，要往回走三英里，找來六頭牛，才把它拉出來。這件事花了四個小時，所以我們耽誤十個小時才到馬切拉塔（Macerata），不時挨餓受凍，終於抵達波隆那。只是我們的麻煩才剛開始，而非減少。我們坐雪橇穿過塞尼山（Mont Cenis）隘口——冒雪露宿野外，在塔拉山（Mont Tarrat）升著火三個小時，（馬車）才終於搞定，拉了出來。當晚我們再一次落得只能在新降及膝的雪裡徒步跋涉。

打從信史之初，人、貨物及資訊移動的速度，就沒能比馬匹或船帆更快，直到現代破曉才改變。十九世紀中葉，人類駕馭蒸汽引擎，供船隻、火車頭使用，再加上強大的國家級政府剷除收費站，才提供經濟成長四要素的最後一項——鐵路、蒸汽船及電報發展出來，所引發的繁榮，超乎現代以前最樂觀者的狂想所能企及。

土地、勞動及資本

一五〇〇年以前，尋常人的福祉陷入停滯。停滯的根苗現今看來應該很明顯。首先也最重要的是，沒有創造財富的誘因，因為財富並不安全，無法脫逃封建貴族、政府、教會乃至尋常盜匪的掠奪。第二，沒有歐洲人膽敢有創造力或科學地思考，原因在原創的思想經常叫思想家遭殃，今生來世徹底被毀。第三，即使構思出能發財的發明品及勞務，開發資本也無從到手。最後，即使那樣的發明品大量生產了，他們的發明者也無法宣傳廣告，或廉價地把貨物運輸到遠方城市給消費者。

傳統上，經濟學家把財富的生產，分解為三項「投入」（input）：土地、勞動及資本。他們相信，能理解這三項古典經濟學的投入如何表現、互動，就可以揭露全球繁榮的歷史根苗。為了造農田、工廠或人造衛星網，那三項投入都有必要。每個要素的生產力高低，就區分出有錢人及赤貧者。

如果你是創業人士，對你重要的不是「一般」土地、勞工或貸款生產力多高，而是「邊際」土地、工人或貸款多有生產力。「邊際」一詞指的是「眼下你能取得」的土地、勞動或資本。在一個農業區，若是所有良田都已被盤踞，你能取得的全是貧瘠之地，那麼盤算務農沒什麼好處。想在技術工匯聚的地方建造紡織工廠，但當地最棒的工人都樂在其既有的工作，也是一樣。在一個住宅區，儘管現有抵押貸款利率很低，但新貸款案利率已宣布調高，你還打算蓋一批公寓，實為不智。

這三項古典經濟學的投入裡，邊際土地——眼下你能取得的，最沒生產力。因為無論什麼時候，最有生產力的土地已在耕作了，只有品質較次的地才容易購買及開發。新農田幾乎從來不像既有的那麼有生產力。報酬遞減法則極適用於農耕。[6]

另一方面，邊際勞動力比起土地，往往保留更好的生產力。只要還有可以訓練的勞工，後續再將他們投資於工廠，應該跟最早投資一樣有生產力。隨著勞工雇用數量愈多，還可以受惠於規模經濟。以每個工人為基礎，訓練一百名勞工的成本要比訓練十名來得低。此外，邊際勞動力還得利於「學習曲線」。有創造力的工人及他們的上司，設計出愈來愈棒的訓練及工作流程，而變得愈有效率。故此，邊際勞動力經常隨著每次增聘，而變得更有生產力。用現代專業術語來講，勞力密集的工業經濟是「可擴增的」（意思是它們的規模及產出可以快速增加），而農業經濟並不是。工業經濟體成長容易，農業經濟體就算可以成長，也遭逢極大困難。

最後，資本以及充當其基礎的通訊科技，會隨著投資愈形增加，而更有生產力。當資本市場達成「臨界質量」（critical mass），效率便大幅改善。當電話、信用卡、網際網路，還有眾所周知的電腦視窗作業系統，各自散播得夠廣，變成生活必需品時，發生的情況就是如

6　一切有用的泛論都會碰到例外。十八、十九世紀，美國往西擴張，發現巨量的高品質邊際土地，將其用在農業生產。

此。

資本市場也以相同方式來表現。一個國家的儲蓄，假如都收藏在床墊裡，或者地板底下，或者存進沒效率的銀行系統，那麼沒什麼好處。銀行系統沒效率，可見諸工業時代初期的法國，當地人不信任銀行系統，讓累積的大量財富，無法流向值得投資的企業。當某特定商品的所有買家、賣家，同時匯聚在同處時，市場運作最佳。在那種狀況下，商品的定價變得非常「有效率」，也就是說，人人都以幾近相同價格做買賣。這一點最易懂的例子便是黃牛票。國家嚴格執行法律掃蕩黃牛時，黃牛與他們的顧客就會偷偷摸摸、分散多地來交易。結果便是票價差異很大。此外，因為黃牛幾乎總是消息比顧客靈通，票價往往很高。如此的市場被形容為「沒效率」。開明的社會已發現，當黃牛被允許在一定的時間空間——一般就是在賽事快要舉行時，在賽場大門前兜售的票，票價會低而一致。理由很明顯：把售票局限在很短時間及很小空間，讓買賣雙方的資訊流通至最大，因此消滅黃牛的天然優勢。市場效率的「聖杯」（Holy Grail），是讓全世界特定商品的所有買家賣方，同一時間聚在同一地點——換句話說，好比 eBay。

金融市場以相同模式運作。大量買家賣方可以被召喚到單一地點，比如紐約證交所的大廳，那時資本變得較便宜、更可靠。[7]資本的生產力提升了。換句話說，隨著金融活動增加，利率下降走穩。政府在投資過程也扮演重要角色，方法是消滅資本供應及成本方面的不確定性。舉個例子，一九九三年柯林頓總統問（聯準會主席）葛林斯潘，「你打算跟我講，施政成功及本人能連任，關鍵在聯邦準備理事會，以及他媽的一群債券交易商？」葛林斯潘回應，

「沒錯，總統先生，正是如此。」一九九六年，柯林頓壓倒性連任成功，與葛林斯潘的貨幣運作成功，實有不小關係。

相同的情況適用於運輸。用大型船舶載送大量商品，要比用小船載小量貨物更有效率。通訊的情形也一樣——若一家訊息或電報服務公司，能傳送大量的資訊，那麼它供應服務時，會比生意量沒那麼大的公司便宜。這類生意極易擴張。高生產力又容易擴張的終極產業便是軟體。一旦你承受其開發的成本，配銷及銷售事實上不用花錢，尤其當你採用電子配銷時，更是如此。邊際資本的生產力得到現代電信業的加持，又因參與者愈來愈多而受惠，於是它在三種傳統投入因素中，生產力最高。邊際勞動力的生產力次之，而邊際土地的生產力最低。

幾十年前，隨著西方財富、生產力快速又持續的增加趨勢愈來愈明顯，經濟學者了解到古典的三要素模型：以土地、勞動及資本生產力，來解釋經濟產出，已經無法充分解釋當前諸事順心的狀態。經濟學家羅默（Paul Romer）建議，到某個時節，科學及科技知識本身就變成成長的重大因素。他指出，社會受益於科技的「外部性」——產業龍頭採用的最佳措施，其他業者很快會跟進採用。知識累積愈多，其邊際生產力就成長，與資本市場的邊際生產力增加方式類似。在羅默的世界裡，經濟成長只受限於人類的想像力，而且沒有理由認為，它

7 紐約證交所最近成立盤後交易，事態很快就變得明顯，盤後交易的效率，遠不如在大廳進行幾個小時的正規交易。正規交易時成交量高得多。

的成長率應該受限於世上工業化國家歷史的二%實際生產力。

第一階段：採集漁獵

讓我們思索這四項投入（土地、勞動、資本及知識），如何在人類史發揮作用。經濟史學者將人類這齣大戲籠統地區分為四個階段：採集漁獵、農業、工業及後工業。這種四階段範式當然是粗陋的過度簡化。例如至今巴西，仍有很多人分別投入在這四個畛域裡。甚至在世上最先進的國家，後三個階段依然十分重要。

人類出現在地球以來，超過九九%的時間清一色以採集漁獵者的身分存在著。這種經濟活動極講求土地密集，每平方英畝大約只能養活一個人。此外，游牧的採集漁獵者很快就會把一個地點可以吃的動植物掃光，另不時在遷徙。採集漁獵者只保有最少的有形財物，並放棄定居。

就四項經濟投入而言，採集漁獵者最仰賴土地及勞動力，而上述兩者的生產力基本上維持恆定。想叫部落跨自己數千平方英里勢力範圍，增加動物或漿果的數量，並不可能。勞動力也很有限，因此採集漁獵者的生產力很少能被提高改善。雖說特定一塊土地勞動量（採集者及漁獵者的數目）增加，一時能增加土地的產出（以漿果及野牛來衡量），但隨著他們把那塊領地掃個精光，產出很快就會下降。

採集漁獵社會不需要資本。而以經濟條件來看，這樣的社會是殘廢的，原因在他們仰賴四種投入中最沒生產力的土地，而且它們的勞動生產力就算有改善也很慢。最後，一個採集漁獵社會的知識積累速度也如冰河爬行。既然「採集漁獵科技」的進展跨越那麼長的時段，動輒以幾千年計，那麼計算成長率就變得沒有意義。

第二階段：農耕

大約一萬兩千年前，人類首度定居肥沃月灣而務農。農業比起採集漁獵遠有生產力，允許人口密度增加到每平方英里幾百人。當務農族群接觸到採集漁獵者，後者活命的機率很小，原因有四。首先是單純的人口密度——採集漁獵社會每平方英里一個人，軍事上無法與每平方英里幾十人的農業社會匹敵。而且在特殊的案例，如爪哇島及日本本州島，每平方英里住有數百人。第二，農業社會演化出一批相對少數的精銳戰士，他們專精於殲滅其游牧鄰居。人數更少的菁英統治者計畫並指揮這些軍事行動。（農耕社會讓社會角色得以專業化，而這就是所謂的「文明」。）第三，農業社會讓人類與馴化的動物密切接觸，導致病原微生物如天花、麻疹出現。雖說務農的人發展出對這些病菌的免疫力，但它們對採集漁獵鄰居，證實為真是要命。阿茲特克人死於天花的數目，遠比跟科爾特斯交戰陣亡來得多。而在十七世紀，這種病原體在北美洲殺死的美洲土著，可能多達兩千萬人，而他們甚至還沒實際接觸到白人。

最後也最重要的是，很多務農社會採納個人財產權制度。要採集漁獵者在廣袤的野地建立涇渭分明的所有權，近乎不可能。雖說早期務農社會，即使不是大多數，也很多是財產共有制，但我們很快就發現，信史誕生不久，農民開始個別擁有並經營他們的地塊。這樣的農田，遠比集體共有的競爭者有效率，而支持財產權的社會，很快就發現自己擁有龐大的優勢，不僅對採集漁獵鄰居，對實行共有制的務農社會也一樣。

贏得諾貝爾獎的經濟學家諾斯（Douglass North）把這種農業轉型稱為「第一次經濟革命」（第二次便是工業革命），他說：

> 第一次經濟革命算是革命的原因，不在它讓人類的主要活動，由採集漁獵轉移到定居農耕。它堪稱革命的原因，在這樣的轉型使人類有改變的動機。而這項動機源自兩種不同體系的財產權。現有資源若還是歸共同所有，人類就沒有動機，去學取更高科技及知識。

農耕的主要經濟窒礙，在以下事實：它跟採集漁獵一樣，最主要的投入是土地。舉個例子，要是人口成長一〇％，那麼農人們必須找更多土地來耕種，以便維持相同的每人食物攝取量。這種邊際農地不會跟既有的品質相同，結果便是較沒生產力。農人因此必須額外耕種一〇％以上的土地，以便餵飽增加的人口。這倒也不是說農業生產力不可能有進展——先進的灌溉、施肥科技、作物輪種、串列式連接犁具（tandem-hitched plow），都大大增加每畝土地的收穫。但這些進展相隔數百年。誠如歷史學家已指出，假如一〇〇〇年到一五〇〇年之間，農作物收成增為四倍，換算出來的這時期成長率，不過每年〇．二八％。這段期間人口的增加，迫使農民將品質差的邊際土地都用於耕種，而這幾乎抵消那五百年間，大部分的農業生產力的成長。故此，純農業社會的生活水準依然相對停滯不振。

沒錯，大約一萬兩千年前轉換到農業經濟，讓世界人口大增。沒錯，接下來即使些微的農業科技改善，也會使人口增加。然而，這些進展都沒能讓生活水準持續改善。晚近到十八世紀中葉，歐洲還時時發生饑荒。在十九世紀，愛爾蘭大饑荒（Great Hunger）造成一百多萬國民死亡。

中世紀時期是有些「知識增益」（knowledge gains），但太過零散。要到很久以後，十八世紀的英格蘭才出現改良派農民（improving farmer），不時試著使用最新農耕方法。

馬爾薩斯扣人心弦地描寫著，事態是如此愁慘——這個世界，人口成長會壓倒緩慢改善的農業產出。馬爾薩斯經典的「積極的抑制」——饑荒、疫病及戰爭，提供無可避免的解決之道，化解糧食與需求之間的失衡。

第三階段：工業化

到了大約一五〇〇年，由於農業科技仍只有微小幅度地改善，而財產權、資本市場及運輸科技首度萌芽，讓數目可觀的勞工得以離開農田，投入製造業。在北歐及南歐，製造業意味一種事：紡織。在義大利，紡織技術工把蠶絲等異國布料處理成高檔產品。英國人把原毛（raw wool）出口到勃艮第（大約今日的荷蘭、比利時及法國北部），當地技巧嫻熟的匠人把它紡織成上等羊毛布。造船及機械業也逐漸發展。雖說中國人長久以來出口絲織品及瓷器，但這些產業比例不夠大，無法讓可觀比例的中國人口如歐洲那般逃離農業。

製造業需要的土地不算大，它的限制因素在勞動及資本。雖說報酬遞減現象偶爾也發生在勞動上，但勞動力對規模的增加，不像土地那麼敏感。勞工的生產力一般不會因更多人受僱而大為降低。來到現代，勞動生產力還真的隨規模成長而提升，原因在勞工及工作場合密度增加，有助於生產者彼此溝通——看看底特律的汽車組裝線及矽谷的晶片工廠便可得知。

更棒的是，製造業講究資本密集。隨著舊工廠過時，新廠建造時成本高昂。人口密度增加催生出有效率的資本市場。隨著成長，為提高製造業產能而進行的資金周轉，變得漸形容易。最後，在一個工業社會裡，知識變得愈發受肯定，認定它為致富之路，而「最佳做法」是迅速發展、散布它，以提升整體產出。

歐洲及美國在十九世紀某一時間，出現了「良性循環」：科技進展使生產力改善，改良的生產力造出更多財富，而更多財富則產出更多資本，引發更大的科技進步。當工業經濟體愈來愈使用高生產力的資本及知識投入，經濟將自主性（self-sustaining）成長，擋都擋不住。

工業社會經濟迅速成長，令好多世代經濟學家迷醉不已。當然，他們主張，經濟發展之鑰當然是工業化本身。只要蓋更多工廠與現代基礎設施，訓練好員工，應該就能自動導致被吹捧的「經濟起飛」。可嘆的是，誠如現代史上蘇聯工業化，以及很多第三世界用外援來做龐大基礎建設專案所顯示，繁榮不是靠建工廠、水壩及鐵路就能辦到。（畢竟「萬變不離其宗」，在第九章我們將討論，十八世紀鄂圖曼帝國由上而下工業化卻失敗一事。）

一個國家抵達經濟發展的工業階段，不光是工業化本身的成果而已，而是因為其奠基的重大制度，即財產權、科學研究及資本市場，已經存在。一旦國家抵達那個階段，它就打破貧窮的鎖鏈，甚至可以說經濟成長就已進入它的文化基因裡。即使它們經濟體，於外在有形面受到巨大破壞，比如二次大戰軸心國家的遭遇，它們也能迅速振作，重拾並超越以往的繁榮。

比戰爭糟糕得多的是財產權遭侵蝕。德國東部在二十世紀兩次遭世界大戰蹂躪，有形的影響很大，而它們幾十年內便復原。但是要從共產主義復原，還得花幾個世代。

第四階段：後工業化

人類經濟發展又一階段——人稱「後工業社會」，其輪廓在二十世紀後段慢慢浮現。在後工業社會裡，製造業讓位給服務業。後工業經濟需要的勞工及土地，甚至比前一階段工業經濟還要少。雖說這種新制度要求的資本，至少跟舊日工業體制相同，但它對知識投入——主要是以科技創新的形式，其胃口可謂貪婪得很。四十年前電話公司或許要雇用數量龐大的接線生，此時只要少數技術人員，再加上極昂貴的人造衛星、基地台及光纖網絡，來服務大眾。因為資本市場及知識根基在四大要素裡最容易「擴張」，資本及知識密集的後工業社會應能維繫最高的經濟成長率。

西方世界並非一夜之間就抵達這麼怡人的境界。它耗費西元第二個千年大多數時光，來矯正封建主義對財產權的壓制，擺脫教會對知識的扼殺，克服欠缺資本市場的難題，消除沒有強力運輸及通訊的困境。唯有完成這四大任務，新型工業、後工業社會的公民，才能享受自己勞動的果實。

第二章
Property
神聖的財產權

「沒有私人財產就沒有自由社會。」
——傅利曼

公民權及財產權系出同源

在一五七一年秋季陽光明媚的一天，鄂圖曼土耳其艦隊司令官帕夏（Müezzinzade Ali Pasha）在希臘西海岸的勒班陀（Lepanto）的下場卻很悽慘。在一場持續數小時的海戰當中，他的艦隊被「神聖同盟」（Holy League）——西班牙、威尼斯及梵蒂岡合組的海軍吞噬，對方指揮官是奧地利的唐璜（Don Juan of Austria）。這場海戰名列史上最血腥之一，雙方損失四萬條人命——大約每分鐘死一百五十人。好幾艘神聖同盟船隻的水兵，包括唐璜「里爾號」（La Reale）上的戰士，都登上帕夏的旗艦「蘇丹娜號」（Sultana），兩名指揮官親自參與戰鬥。帕夏揮著一張小弓，唐璜持戰斧及闊劍。土耳其司令官腦袋中彈倒下，而他的艦隊驚惶四散。西歐海軍在這場堪稱世界史大型轉捩點的戰役中，壓制土耳其在東地中海節節高升的影響力，而且幾乎肯定阻擋住鄂圖曼征服義大利。

在勒班陀，帕夏輸掉的不僅是戰役及性命，連整個家族的財富也葬送了。跟所有富裕的土耳其人一樣，他把自己的流動資產具體地保管在身邊。那些登上蘇丹娜號的神聖同盟水兵們，在帕夏的錢箱找到十五萬枚金幣。一位海軍司令官怎麼會把自己全部財富，藏在個人艙房？亞當．斯密在《國富論》提出最好解釋：「沒錯，在那些不幸的國家，人們害怕暴虐的上級，因此經常掩埋或藏匿其貲財。這在土耳其、印尼是常見做法，而我相信，其他大多數亞洲國家政府也都如此。」

除了蘇丹，土耳其公民，甚至包括王室姻親帕夏，沒半個是自由人。公民的生命、自由及財產都可以在一瞬間、一怒之下就被沒收。所有極權社會最後會滅亡、支持自由市場制度的力度會增強，終極原因就在於此：若沒有財產權及公民權，除非發明家、生意人自己有迫切需求，否則他沒什麼動機去創造或生產產品。

在現代繁榮的四大根基：財產權、科學理性、容易取得資本，及有效率的運輸通訊中，財產權最早出現。這項最重要的要素，在古代世界就首見天日。而在現代社會，財產權也是四要素裡最關鍵的。誠如偉大經濟學家歐魯克所述，「北韓識字率高達九九％，社會有紀律，吃苦耐勞，而人均ＧＤＰ為九百美元。摩洛哥識字率為四三．七％，社會整天在喝咖啡，還有纏著觀光客兜售地毯，而人均ＧＤＰ為三千二百六十美元。」

單是財產權並不足以鼓勵經濟成長，這可以由希臘及羅馬的停滯衰亡得知，兩個古文明都沒有其他三要素。

財產權與公民權之間的關係很複雜。社會主義者往往否認兩者有任何牽連。十九世紀法國社會主義者普魯東（Pierre-Joseph Proudhon）堅定信仰民權，但仍把財產等同偷竊。雖然傳統觀點斷言，財產權源自公民權，但相反觀點一樣站得住腳。最叫人眼前一亮的社會主義者莫過托洛斯基，他提出相反主張，說民權是隨著財產權出現的。財產權才是保證其他一切權利的權利。個人沒有財產，容易餓死，因此更容易叫飢民、驚弓之鳥屈從於國家意志。國家若是能任性地威脅到一個人的財產，那種權力免不了會用來恫嚇政治、宗教異議人士。

半個世紀多以前，海耶克了解到公民權及財產權系出同源，無法獨立存在。那些放棄自己財產權的人，借用海耶克經典的書名，很快會發現自己踏上「通往奴役之路」（the road to serfdom）。

人道主義者的標準詮釋裡，歸功洛克為「發明個人財產權」此神聖概念的人。但洛克在個人財產權的歷史當中，雖是重要人物，但實為後起之秀。雖說一六九〇年他出版《政府論》（*Two Treatises of Government*），把保護人命、自由及財產，推崇為開明政府的主要職責，但當時財產權已深植在英格蘭普通法幾百年。此外，這些權利的起源，更穩穩扎根在古希臘城邦。

亞伯拉罕的買賣

因為財產權的起源已佚失於時光，要講述它的故事，由何時、如何切入，是很主觀的事。當然，就算不是大多數，也有很多原始社會必定具備「所有權」的精髓，尤其牽涉到土地所有權時。然而，採集漁獵社會就算想維繫財產權也十分吃力，原因在它很花成本。單一部落群體無法巡邏完，自己賴以維生的幾千平方英里範圍。

成功做到保障財產權的部落，很可能比辦不到的部落有效率。類似以下的光景，應該說得通：隨著採集漁獵者更愛的食物來源，大型哺乳類動物在史前時代愈形稀少，任何一群獵人能壟斷、細心經營當地口數減少的長毛象群，那麼相形鄰居們，必定有競爭上的優勢。然而，這種事多屬揣測，而且，因為我們談的是史前時代，不敢確定自己是否真的知曉。

比起討論史前採集漁獵者，我們對文字出現前的農耕社會，有把握多了。歷史學家由最早的土地銷售紀錄，已發現史前社會如何轉移財產的細節。例如在《舊約》裡，亞伯拉罕向他西臺（Hittite）鄰居以弗侖（Ephron）買了塊墓地想安葬他逝世的妻子撒拉（Sarah）。一開始，以弗侖想把那塊土地以餽贈形式，送給亞伯拉罕，但亞伯拉罕堅持要付錢。他秤了銀子，請另位西臺村民在場，宣布交易完成。兩造似乎都展示鄰居的友好慷慨，但亞伯拉罕有強烈動機，堅持付款要有證人。首先，他確立自己對那塊土地擁有永久所有權，以弗侖不能取消移轉那塊地。第二，其他鄰居在場讓亞伯拉罕安心，不會有人爭著說那塊地是他的。第三，付了錢讓亞伯拉罕未來不必還人情。類似的描述，顯示有見證人的地產交易，在古代世界司空見慣。

在信史很早階段，我們已偶然碰到有效財產權的精髓。首先，那些財產權界定清晰——亞伯拉罕及他的後代此時擁有那塊土地，毋庸置疑。再來，那些權利是可以分割的——也就是可以自由買賣。接下來幾千年，各國的命運端賴它們有多尊重這兩個條件。

肥沃月灣及埃及這兩個最古老文明，都是階級森嚴的極權社會。不加批判而閱讀古代史，會認為全埃及土地都歸法老所有。這幾乎可以肯定不是實情。埃及有些土地歸私人持有，而現代歷史學家還在熱烈辯論，古埃及尋常農夫及公民的財產權範圍。

美索不達米亞意思為「兩條河之間的土地」，當地人類最早文明的遺址約略在現代的伊拉克——一塊位在底格里斯河及幼發拉底河之間平曠而乾燥的土地。要在那樣地帶密集耕種，必須有複雜的灌溉科技。而這唯有靠強大的中央政府，才做得到。因此歷史學家評論，歷代美索不達米亞文化都是「水力社會」。千百年間，這些社會很可能是用奴工來建造龐大的土質導水渠道。這些龐大的工程專案讓高生產力的農耕社會，及高密度人口成為可能。

在早期的美索不達米亞，亞伯拉罕及以弗侖那種有見證人、面對面的土地買賣方式，已經被有永久紀錄的買賣方式所取代，而那些紀錄都儲放在公共陳列室裡。考古學家已發現西元前二五〇〇年（大約是最早書寫紀錄出現的五百年後）的政府土地買賣檔案庫。

大規模農業在尼羅河流域的發展略晚，其土地買賣的紀錄也大約出現在西元前二五〇〇年。由於埃及象形文字沒蘇美及巴比倫楔形文字那麼簡潔，因此埃及地產交易就沒蘇美及巴比倫那麼詳細。美索不達米亞從西元前二一〇〇年，便用石碑描繪土地交易及相關法律，登峰造極於西元前一七五〇年的《漢摩拉比法典》。最後，以色列人在《舊約》的前五書《妥拉》（*Torah*）仔細描述他們的土地交易，而其中最早篇章寫於大約西元前一一五〇年。

這三個歷史來源——蘇美人、埃及人及以色列人，都提供古代世界詳細的土地交易紀錄，只是很不幸，沒記下土地所有制的整體架構。舉個例子，儘管蘇美及埃及的神殿都擁有大塊土地，不過私人擁有土地也很常見。我們不知道的是神殿土地及私人土地的相對重要性及生產力，也不知道私人土地受到多大保護，得免遭宗教及世俗權威貪婪的毒手。

《十誡》中的第十誡對這個命題，下了撩人遐思的評語，「不可貪戀人的房子……」即使南美索不達米亞最極權的政權——蘇美的烏爾第三王朝，也於大約西元前二〇五〇年，紀錄下私人房屋及土地的買賣，還有出租、皇室賞地給個別人等。

「摩斯訟案」（lawsuit of Mose）（請別與希伯來的摩西搞混）讓我們一窺迷人的埃及地產法律流程。大約西元前一六〇〇年，法老把土地賞賜給摩斯的海軍艦長祖先。大約三百年後，有個狡猾的官員卡伊向皇家司法、糧倉及國庫部門官員行賄，想把古時候賞給摩斯的土地侵吞為己有。摩斯倒是能在法庭推翻此一惡行，方法是提供從當地政府調出的往日繳稅紀錄。摩斯訟案可謂一驚人案例，顯示古代能保障私人財產不受政府背信傷害，另顯示有司法及紀錄系統存在，力量夠強大，能保護一個家族的土地完整達幾百年。

隨著時光演進，美索不達米亞及以色列的土地買賣限禁逐漸鬆弛。一開始在兩地，宗族成員還能制止族裡其他人買賣。但隨著時間過去，土地由共同持有變成私人、個人持有的趨勢加速，到了西元前七〇〇年到前五〇〇年之間某個時間點，土地已自由買賣。

土地所有權深受地塊的物理本質影響。一端是美索不達米亞乾燥平坦的南方，必須大規模灌溉，如此經常讓所有權集中在相對少數的人。另一端則散布在以色列的山丘地形。在當地，幾乎沒聽說有人擁有大塊地產，持小塊土地才是常則。

民粹元素偶爾會打斷古代土地法。美索不達米亞諸王為了爭取臣民的支持，通常在統治伊始宣布「米沙龍」（misharum），取消債務及土地的主張權。這是造成美索不達米亞利率很高的原因之一，放款人害怕可能會頒布米沙龍，使投資落空，故要求穀物貸款收取三三％的利息，而銀子貸款收取二〇％的利息。

《申命法典》（*Deuteronomic Code*）要求每七年取消債務一次。最激進的是《利未記》（*Leviticus*）裡的「禧年」（Jubilee）諸條款，要求每五十年把土地還給古代的持有者。雖然《聖經》有提及上述內容，這些條文仍很可能是虛構的——假使它們真有執行，那麼古代以色列土地市場就完蛋了。

改變文明發展的希臘小農

古典學家漢森（Victor Davis Hanson）在頗具影響力的《別的希臘人》（*The Other Greeks*）一書中，認為西方民主制度的起源，出現在比伯里克里斯統治時期的雅典，還更早幾百年的農業社會。他的理論認為，古希臘民主根苗能發展起來，是因為山區國家阿提卡（Attica，即雅典及其周遭）的個人財產權力量很強。漢森的理論容或爭議，但仍為我們展示財產權及個人自由之間的重大關聯。這項關聯，更早也分別由托洛斯基及海耶克所觀察到，故此似乎也是一個與古代一樣久遠的理論了。

漢森的假說始於邁錫尼時期（Mycenaean period，大約西元前一六〇〇年到前一二〇〇年）。這個文明的滅亡，導致農人、統治者還有地產之間發生革命，迴響直到今天。邁錫尼社會很多方面肖似美索不達米亞及歐洲封建時代，土地由奴隸及農奴來耕作，而少數貴族持有、管理這些大規模集體化的土地。這個文化大約於西元前一二〇〇年神祕崩潰，田產的控制權落到少數擁地菁英手上。邁錫尼崩潰後引發的混亂，容許膽子大的農人開始殖民邊陲的山丘土地，而俯瞰山下的上等土地、大塊田產。（這讓人想到美索不達米亞及以色列農耕的差異。）這些「新人」以野心及創新，克服自己田地品質不良的問題——這正是自由人整治自己土地時所具備的特徵。他們的生產很快超出舊農田，而且在很多案例還接管舊土地。假設其他條件相同，自由農民相形封建農場主，便更具有經濟優勢。漢森寫道：

> 我相信，務農要成功，再沒有比以下各項更重要的因素：自由意志、能落實新點子、發

展出證實為成功的耕作流程、由工頭的錯誤便學到教訓絕不再犯、免除政府的統籌而摸索出活下去的方法等。佃戶、農奴、賣身僕人或承租人，無法以任何有效的方式，投資資本作物如樹或葡萄。在對自己耕作土地沒有清楚產權的狀況下，他們可不想冒著可觀風險，去研究葡萄栽培技術及樹藝。

當然這個觀念並不新穎。試想亞里斯多德的斷言，「民主最好的素材便是一群農耕人口。若一個地方，人群以務農或照料牛隻維生，要組成民主政體毫不困難。」

這些後邁錫尼時期的早期農人，可以說是第一批「中產階級」——既不貧也不富。最大的弔詭乃是：可供使用的邊陲土地（希臘詞彙叫 eschatia，意思是四方邊緣的土地）的數量，決定了民主政體能否發展，及伴隨而來的能否尊重財產權，而這種土地最充足的地區，就是阿提卡的山丘土地。有錢人沒必要促使四方邊緣土地開花結果，而窮人則負擔不起。希臘河谷土地很充沛的地方，如馬其頓及斯巴達，就發展不出民主政體、私有產權及個人自由。亞歷山大大帝是希臘民主價值的對立面兼摧毀者，他出生在平坦肥沃的北部，絕非偶然。

另外，我們可以推崇早期希臘小農（geôrgos）所開創倡導、宛如古代版新教徒的工作倫理，這在美國農耕文化中也熟悉可見。他們懷著高尚之心及榮譽感，投入在腰痠背痛的務農工作上，而這種認知在任何時代都是異乎尋常。玻俄提亞（Boeotian）農人赫西俄德（Hesiod）在他的長詩《工作與時日》（*Works and Days*）說明這種獻身耕作的價值：「神明與人類都厭惡懶人。」

典型的希臘小農會盡其可能讓生產多元化，種植複雜的葡萄、穀物、豆類及水果組合，再豢養牲畜。然而長期下來，或因自然因素或受命運諸神擺弄，縱使有最多元組合農田且農技最好的自耕農都會被摧毀。對西方文明幸運的是，小農們的競爭（還有希臘大地主們）都沒有現代企業化農業那種風險管理技巧，而且農地所有權並沒有過度集中化——直到亞歷山大的征服把這些古老城邦的自治權一掃而空為止。

在一個財產、權力繼承幾乎總是壓倒才智及幹勁的時代，後邁錫尼時期發生了短暫逆轉。始於大約西元前一一〇〇年，這段時期讓希臘小農得到發展原始資本主義的機會，而且利用機會的人很多。到了西元前七〇〇年，已多達十萬塊小農田茁壯於希臘，平均每塊十畝。希臘小農們極講求個人主義，反對威權，並以多種方式表明他們的獨立性，至今仍深植在現代西方生活當中。而他們也從三個方面改變了文明的發展路線：

一、他們重視私人財產——最重要的便是農田、農具及農產品。還有，只要我們不把他們太理想化，可以說他們也重視奴隸。希臘小農標準上有一或兩個奴隸。古希臘世界奴隸很充裕，尤其在軍事勝利、征服鄰近城邦後，希臘人一般會去買奴隸。由於那種時節奴隸數量「供過於求」，會把奴隸的平均價格壓低到幾十個德拉克馬——價值約合今天的一百美元。（「正常」時節，奴隸售價通常在一百到一百五十德拉克馬。）

二、他們珍惜平等。西方民主的根苗大致是這些不識字、曬得黝黑、衣著破爛的莊稼漢，而與城裡知名的政治家——梭倫、克里斯提尼及伯里克里斯無關，遑論那些偉大的希臘哲學家，他們大多極反對民主。西元前六、七世紀希臘世界的操作概念（operative concept）是「勛閥政治」（timocracy），這套體系以土地持有與否來當投票基礎。希臘的好運在土地持有者所持有的份額很小，且土地分散廣遠。要到前六世紀末期，希臘最激進的城邦雅典，才把完全的公民投票權，擴大給沒有土地的城市窮人。

三、他們軍事上自給自足。鄰近的農人們一般會結夥成，由五十人到六十人組成的重裝步兵方陣，每人都配備「全副武裝」（矛、盾牌、頭盔及鎧甲），以密集的陣形行進，剁碎沿途的一切。

這三種要素——財產權、勛閥政治及軍事自足，彼此間強力的相互作用，足以讓事情改頭換貌。自耕農們讓自己與鄰居並列於三種類似的串聯網：農地、立法會及戰鬥方陣。因為他與鄰居們自組戰鬥單位，所以他們能保護自己的財產權，對付由鄰邦入侵的傢伙，以及有意施逞暴政的人。他們軍事自足還有另個更微妙的好處。大多數戰役在下午打，而且在叫人打瞌睡的西元前六、七兩世紀，戰鬥只每十年或二十年發生一次，因此戰爭花費不多。主要開銷在全套武裝上，成本大約一百德拉克馬（以今天幣值大約五百美元），不過配備可以代代相傳。早期希臘人因此避免後來城邦國家的經濟苦難——徵高昂稅賦來支付軍事開銷。

自耕農們利用新取得的投票權，建立起扎實的法律架構。這種法律結構保護生命、自由及財產，時間比英國法律學者構思出這些基本權利，要早上幾千年。最後，他們的生產力，可能是有史以來第一次，容許很高比例的尋常人——不止統治、宗教及軍事菁英，能完全擺脫農耕生活。希臘社會這種高度發展、都市、非農耕的面向，是後來西方世界非常珍惜的體面代表。請別搞錯！沒有勛閥、農耕基礎，不可能有後來希臘人的城市世界。西方文明的絕對根基——自由公民具備擁有及處分財產的權利，其泉源在早期繁榮的城邦，而那些城邦要比伯里克里斯領導下，雅典最輝煌的時代，還早上幾百年。

去中心化的希臘城邦無法徵召軍力自足的自耕農，來打漫長的對外戰役，它也無法向他們課徵壓死人的雜稅，最重要的是，即使暴君也不能霸凌他們，原因在沒有大家一致同意，諸多城邦無法集結大規模部隊。重裝步兵部隊自我領導，而發號施令的「將軍」一般在方陣裡地位並不突出，要跟同袍一起操戈舞盾。

梭倫的先見之明

我們已見到，阿提卡的農田平均約只有十畝。為什麼它們小得這麼一致？很可能是故意的。大約西元前五九二年，富商家族後代的梭倫當選首席執政官（archon）。為了防止大規模土地法拍及社會糾紛，他取消了讓很多農人揹到喘不過氣的債務，一如以前美索不達米亞及以色列所為。

梭倫或許該為沒有大型農場負起部分責任，話雖如此詳情仍無法確定。到了西元前八世紀，雅典及其他大多數城邦已經把可開墾的土地，分割為很小的地塊，給數十萬農民步兵兼公民去照料。蘇格拉底把幾何學之發明，歸因於必須精準計算農地規模及收穫。小地塊變成神聖制度，即使幾百年後的保守派哲學家，包括柏拉圖與亞里斯多德，仍都尊崇。亞里斯多德還寫了一百多篇政治評論，談論五花八門的希臘城邦。

雅典民主誕生的最重大時刻，是梭倫循著普通雅典民眾集會而組織起司法系統時。甚至當時不得參加治國兼立法的公民大會的無土地、無公民權的自由人，都能參與。雖說民主並非梭倫「發明」，但他發現其存續的祕密——司法超然於城邦行政權力之外。如此的司法機器可以指望用來保護一般人的性命、自由及財產。雅典的歷史充分展現出，儘管這種保護經常不夠完美，但相形過去及後來，已經是重大改善。現代財產權的壁壘是法治及法律之前人人平等，其起源我們無法精確找出，但若要找個可能起源，梭倫的司法改革應該是最適宜的答案。

開銷極其昂貴的伯羅奔尼撒戰爭（西元前四三一到前四〇四年），摧毀了散布遼闊的希臘小塊農地持有形態。高昂的戰爭稅捐，逐漸迫使絕大多數希臘小農放棄自己土地，因而古老的貴族大田產形態再度回歸。到了西元前二世紀，田地綿延數千畝。這些遼闊農田由非公民及奴隸耕作，只養活以往希臘總人口數的零頭。因為這些大型「企業」農田，效率遠不如重裝步兵農民的小塊田地，總稅收大為下降。當局者別無選擇，只能把稅率調得更高，迫使更多農民離開土地，而引發社會急轉而下，終於衰亡。

一個國家要長期成功，端賴其能否把經濟機會擴展給自己大多數公民，或至少也得將機會擴展給可觀少數公民。在農業社會，這只意味著一件事：土地權。不幸的是，土地就那麼多。在古代世界，當土地落入少數人手中，匯聚成大田莊時，最後結果證實會要了希臘城邦的命，也對羅馬晚期有致命影響。在一個主要為農耕社會的國家裡，民主是脆弱的花朵。一旦土地過度集中持有（而那又必不可免），就沒有穩定的政治及經濟。

為什麼我們要在乎古代世界，一個就算影響力大但範圍也很小的地區，其財產權曾短暫繁花似錦？原因在它告訴我們三件事：

一、扎實的財產權必須奠基於超然的司法體制。
二、經濟上有權的公民身分，對社會生產力關係重大。
三、單是財產權，並不足以產出強健持續的經濟成長。

先進如古希臘人並沒有擁有經濟成長必備的其他三要素：適當的科學架構、成熟的資本市場，也沒有有效率的運輸及通訊。還要再過兩千年，四項要素才全匯聚起來，賜給人類可長可久的繁榮。

羅馬的財產權

由大約西元前五〇〇年起，到西元前六〇年凱撒、龐培及克拉蘇的「三頭執政」（Triumvirate）之間，羅馬理論上是共和國，治國的是兩位執政官（consul），由公民大會推舉，任期一年。而稱為「裁判官」（praetor）的法官，階級居次。最高司法權威是都市裁判官，首度設立於西元前三六七年。

表面上，裁判官並不制定法律。羅馬法律最早由俗稱的「十二銅表法」（Twelve Tables）組成，據說公布於大約西元前四五〇年，而歷屆公民大會不絕如縷地通過新的法條。但實際上，裁判官既詮釋又制定法律，方法是壓下舊的訴因（cause of action），或者以通稱「裁判官法」（ius honorarium）的司法章程來創造新法律。

第一批裁判官是祭司，但是到了西元前三世紀，世俗法律傳統已發展出來。這個新系統為財產原則建立了一套複雜的機制，其中很多規定對現代讀者似乎仍顯得相當開明。舉個例子，一個女人的財產在婚姻期間依然在她掌控之下，假使夫妻離婚，財產要完全歸還給她。雖然嫁妝在婚姻期間變成丈夫財產，但離婚了，一樣要還給女方。但對於女性財產權有個奇怪規定，就是女性要進行正式財產交易時，比如賣地賣奴隸，要有個管理人，或稱導師。

羅馬法律其他部分則叫現代人嘖嘖稱奇。家族裡年紀最大的男性成員被稱為「家長」（paterfamilias），其有權力決定其他家族成員的生死。他還在世之際，子女、孫子女不能擁有財產。理論上，即使一名執政官五十歲了，仍得聽他老爸的。然而實務上，這並不是太嚴重的問題，原因在當時人均壽命很短。歷史學家估計，當時四十歲的成年人中，僅有一〇％其父親仍在世。隨著時光流逝，羅馬法逐步放鬆這些限制，先是對戰爭所得及戰士的劫掠品，後來範圍漸漸擴大。

現代人看來最不可思議的觀念是：即使極受敬重的專業人士如醫生、教師及商人，都可能是奴隸。在羅馬世界，「個人擁有自身財產權」可不被視為理所當然，即使社會上最有成就的人也一樣。

針對商業交易及財產權，羅馬人執行嚴格、詳盡且很精密的法律規範。舉個例子，他們很曉得贓物的微妙之處。若執法鬆懈會鼓勵竊盜，但執法太嚴又令誠心的買賣窒礙難行，而妨害商業。羅馬法律仔細地把所有權與持有權分開，如有必要，可以分開判決。

這是史上頭一次，法律區分尋常小交易（對此只要單純的實體讓與就可以）及高價品轉讓（特別是土地），規定後者要有正式書面的要式買賣（mancipatio）。

羅馬人大大改善有關資本市場的法律，細心區別不同等級的債權人。一般來說，一筆滋生利息的銀行存款，羅馬詞彙叫「消費借貸」（mutuum）。既然存款孳息，那麼存款人一定要承受銀行倒閉的風險，而且在倒閉時，能主張拿取的銀行資產較少。而另一方面，一筆存款沒被貸出，只是放在銀行金庫不收息叫「寄托」（depositum），若是銀行倒閉，錢的主人較容易取回其資產。

複雜的法律用來規範貸款擔保協議。在現代社會，大筆貸款要用房地產來擔保，即擔保品。房屋所有人還不起貸款時，債權人可以收取他的房子。在羅馬，所有的擔保都是由人做擔保。此外，貸款幾乎總是由朋友、合夥人或家族成員來做保。倘若碰到借方違約拖欠貸款，擔保人必須負起個人責任。令人好奇的是，債權人只有一次機會向擔保人取償。他們只能控告一人，假如不成功，就無法按名單繼續控告其他擔保人。因此擁有每個擔保人的詳細資訊，對貸方是有利的。在今天，為了貸款而要求人做保，多數可能會造成人際關係緊張，也很可能遭拒。而在羅馬，替人做保是日常社會責任習俗之一。

可想而知，古代世界對欠債不還，處罰嚴峻。在羅馬，哪伯還不起最小的債務，都可能導致借款人的全部房產被抄沒，拿去拍賣。碰到極端案例，借款人得入獄，直到還光債務，這種做法——「負債人監獄」（debtor's prison）在西方持續到十九世紀。故此，欠債入獄不光是法律補救措施，它還是罰則，其嚴厲程度遠超過討回公道所需。雖然嚴厲，它仍比希臘人的做法寬容許多。希臘人處罰還不起債的人，是將其貶為奴隸。

對個人擔保要求得這麼嚴格，大大限制及妨礙創新。所有新事業本身都有很高機率會失敗，而成功的創業家願意接受隱含在那種事業裡的高風險。做生意失敗而錢財賠光，已經夠慘了，但若失敗了會失去個人自由，則更可怕。一千五百年後，英國人廢止負債人監獄，發明有限責任公司。這大大改善資本市場的狀態，出力引發世界經濟成長。

羅馬的致命缺陷

不過，經由把做生意規矩寫得清清楚楚，羅馬法的確讓經商活動變得較容易進行。但在社會及政治兩方面，羅馬法失敗了。我們看見，隨著時間流轉，希臘的參政代表體系日益擴大，而羅馬卻告相反。到了西元前二〇〇年，征服異域已變成共和國時代的經濟驅動力，奴隸及戰利品大量注入義大利。流動性激增促使人民向小農買土地，最後打造出龐大種植場。

羅馬長期把貧窮農人徵召入軍團，不啻向他們「課徵重稅」。富人透過使喚奴隸替他們耕種土地，避開徵兵問題。奴隸不能在軍隊服役，因為害怕他們會因此起來反抗主人。共和國的「平民會議」（Concilium Plebis）的確嘗試改革，西元前一三三年，大會的兩位領袖提貝里烏斯與蓋約．格拉古（Tiberius and Gaius Gracchus）兄弟檔提議把國有土地分給窮人。貴族掌控的元老院立刻派人刺殺提貝里烏斯，而蓋約十二年後也遇到相同下場。共和國被廢除，西元前四五年凱撒獨裁，把最後一絲公信力都摧毀了。它也預示著羅馬司法獨立走到盡頭。

共和隕滅之後，皇帝制定法律。雖說他通常能取得法律專家的協助，但有些羅馬皇帝如克勞狄烏斯（Claudius）、塞維魯（Septimius Severus），其實喜歡親自審案。當然大多數法律案件不必勞皇帝大駕，不同的官府中，皆有許多公職人員，負責處理訴願事項。不管法條多精細，司法機器多複雜，身為絕對統治者的羅馬皇帝，就會叫羅馬法律腐敗。就此觀之，羅馬法與原始部落的規範相差無幾，部落裡，酋長也同時擔任法官及陪審團。

即使在共和時代，裁判官審案也遭逢強大政治壓力。裁判官的位置事實上是墊腳石，以利往上爬去當執政官，而執政官職位本身也只是個過場，最終是想走進全權在握的元老院。共和時代的最後幾年，有八名裁判官競逐兩個執政官的開缺。裁判官消受不起與有力人士為敵，而大多數歷史學者也質疑他們是否真能獨立斷案。以此觀之，沒有關係或影響力的尋常羅馬人，其公民權、財產權真是岌岌可危。

帝國時代，一切貌似司法獨立的東西全消失了。皇帝若是有意的話，既制法也執法。如此的環境危及尋常百姓的性命及財產，他們因此沒什麼創新及投資的誘因。

羅馬法制還有另個重大缺陷：政治及公民權隸屬於財產權，這種安排令社會結構不穩定。一切社會都一樣，奴隸制及徵兵制都會侵蝕財產權的散布。奴隸廉價又能自由買賣，讓形塑大型田產變得容易。更糟的是，羅馬制讓多數大地主們免稅且免役。假如政府可以用數十年兵役及揹不起的賦稅，來整治自由公民，那麼何必費心經營家族農地？把它賣給有錢且免兵役的鄰居，不是更容易嗎？

奴隸制及長期役期是如此深植於羅馬體系，以至於不容嚴肅質疑。相形之下，希臘人雖也允許奴隸制度，但他們逐步降低財產權的標竿，讓人充分享有公民權及政治權。到了伯羅奔尼撒戰爭，大多數城邦都把完整公民權及其全部權利，頒授給當地出生的絕大多數男性。

一個國家靠征服過活，就是刀邊舐血。等到三世紀，當帝國憑以建立的戰利品不再流入羅馬，且再也無法向萎縮的農業商業部門收稅，以彌補國庫赤字時，結果便是西羅馬帝國在五世紀崩潰。

普通法在英格蘭興起

財產權的概念古老一如文明本身，或許前者還更早出現。但個人權利並非如此，古代只有一些希臘城邦才保障個人權利。在古代，「個人權利獲獨立司法支持」這個脆弱概念，曾短暫開花於希臘及共和時代的羅馬，但接下來在帝國治下完全消失，羅馬帝國崩潰後千百年間亦然。

到了一六〇〇年，個人權及財產權強力結合，在英格蘭全面開花，時間點遠早於洛克撰寫出其自然法體系理論。美國人也一樣，把太多功績歸給傑佛遜不驗自明的「生命、自由及追求幸福」的權利。

事實上，在一七八七年的美國憲法辯論中，反對該文件（憲法條文）的人就火大地認為，它並未充分保障他們的自由權，一般被稱為「英國人的權利」。作為向反聯邦黨人（Anti-Federalist）的退讓，《權利法案》——即合眾國憲法前十次修正的合集，被添寫到憲法中。第五修正案特別保證正當程序（due process）及不得非法充公，後來在第十四修正案增加正當程序條款。

現代經濟繁榮的起源，與英格蘭發展出財產權及個人權利（起始點在十一世紀初），兩者交織在一起密不可分。這倒不意味財產權沒在其他地點獨立發展，最值得一提的便是文藝復興時代的義大利，以及後來的荷蘭。但這些權利是在「權杖之島」（Sceptered Isle，指英格蘭）才取得精力、動能及重視，進而永遠改變了世界歷史道路。

要追尋第五及第十四修正案相關條款的根脈，甚至是西方繁榮的絕對根源，我們得回到第二個千年伊始，當時英格蘭約翰王（King John of England）似乎沒能力與臣民及教宗伊諾森三世（Pope Innocent III）好好相處。中世紀時代，大多數西方統治者於神學理論上是教皇的臣屬。實際上，統治者把自己王國的所有權轉移給羅馬，再以封疆之臣身分，付出貢物把國家租回來——以約翰的案例，是每年一千馬克的銀子。這種系統不妨說是神權的勒索勾當。舉個例子，付出這種回扣後，國王就能指望教皇威脅有心叛亂的貴族勳爵，將心懷不軌者咒詛出教。附加紅利還有教皇能庇護國王免於下地獄，永受烈火炙焚之苦。

但是約翰王對這種安排遲疑不決，於是在一二〇九年，伊諾森三世把他咒詛出教。三年後，梵蒂岡正式剝奪他的王國。翌年約翰便向教皇屈服。

一二一四年夏天，約翰開戰想收復諾曼第，卻被腓力二世（Philip Augustus）徹底擊敗，於是焦急地想找資金再打仗。他向臣屬他的男爵們施壓，侵占他們的土地，提高佃戶佃金，還充公他們的土地。約翰犯的錯，便在獨斷地拿取男爵們的東西，而沒走必要過程——今天我們稱為正當程序。更糟糕的是，他頒布及使用的法律溯及既往，沒有警告。他還沒收教會土地，絞死戰俘，把男爵們的後代綁為人質，以確保他們的老爸忠心耿耿。

約翰王於是在男爵及子民當中，博得暴君的名聲，一二一四年末，他們終於挺身反抗他。

在菲茲沃爾達（Robert Fitzwalter）領導下，他們占據倫敦，強迫國王在蘭尼米德（Runnymede）談判協商。一二一五年六月十五日，交戰各造簽署很長的協議書，結束戰鬥。那篇文件總長六十三章，一開始稱為《男爵法案》（Articles of the Barons），接下來稱為《大憲章》（Great Charter，今天則較愛用其拉丁文名稱 Magna Carta）。男爵們逼迫約翰王執行這項協議，原因在他攘奪他們的財產，已公然違反這個國家心照不宣的行為準則——普通法。

最早標示個人權與財產權的《大憲章》

約翰王與他的男爵們在蘭尼米德會晤時，英國法學者已鋪陳好扎實的個案基礎，管理全英國人——一般人、貴族，還有理論上君主自己的權利、責任及處罰。因此，「普通法」指的便是這種由個別案例逐步積累發展的判例法（case law）。普通法獨一無二之處在於，它重視司法判決的積累——直到一六〇〇年，若沒有判決先例，議會很少立法。即使到了當時，議會制定法律也幾乎在彙整、改善既存的判例法。在普通法之下，議會對於未曾有過判決先例的領域很少干涉，亦不曾立下牴觸先例的法律。

備受推崇的十七世紀法學家科克喜歡說，普通法優於成文法（statute law）。在今天，源自英國的海洋法系被拿來對照「大陸法系」（civil law），後者源自羅馬成文法典，並支配歐洲其他地方，還有世上很多地區。海洋法系及大陸法系之間的差異不在本書範圍之內。然而有個泛論說，海洋法系強調司法判決先例優先，另司法及政府其他部門權力要分開；而大陸法系較為集權，立法行動才是首要。兩種法系的主要差異為：想左右大陸法系國家，只消掌握立法部門就行，相形要掌握海洋法系國家，必須影響政府的三權——後者顯然很困難。

以往金雀花王朝（Plantagenet）及諾曼第王朝的君主們給平民及貴族的權力沒那麼多。《大憲章》由劇烈的情勢誕生之後，歷幾百年時間，它在英國人心中取得最高地位。

《大憲章》施展四種救方，化解約翰王及男爵貴族們之間的衝突。首先，它逼迫國王把一切不當所得全吐出來。第二，它要求他不得再犯偷竊、綁架及謀殺。第三，它把「英國人的權利」列成法條，明確地擴大給所有自由人。最後也最重要的是，它詳盡描寫必要的程序，以確保那些權利。

現代人讀《大憲章》的諸多篇章，或許會覺得內容隨意，或者定義模糊。第一章及最後一章保障教會自由，其得免於王家的干涉。第十章及第十一章詳述該怎麼付利息給猶太錢莊老闆。第五十四章言明，沒人可以因為女人的證詞就被捕，除非案子涉及到她丈夫死亡。

然而，特別會引起美國讀者共鳴的是第十二章，它把課稅與國會代表權聯繫起來——也就是說，沒有代表權就不繳稅。《大憲章》明白表示，沒有「全國大會」的同意，不得開徵新稅。

《大憲章》的大部分內容——第十七章到第六十一章，都在處理約翰王濫權最多的領域——司法執行，這不足為奇。例如第二十章，便禁止不公平的罰款，以及禁止充公一個人謀生必備的工具。用什麼判定一筆罰款不公平呢？答案是，「本地的法律」——也就是依據英國普通法下的判決先例。第二十八章到第三十一章，便在禁止國王獨斷地巧取豪奪特定種類的財產。

這是有史以來第一次，國王被限定為不得凌駕法律。最重大的保證寫在第三十九章，它規定，任何自由人不得被「逮捕、拘禁、剝奪財產、認為不法、放逐，或者以一切形式騷擾。除經其同儕依法判決，或依國家法律規定，我們亦不會自己充當軍隊或派軍攻擊他。」

此外，這些保障普及一切自由人，而不光是保障教士、伯爵、男爵。換句話說，國王不得蠻橫地剝奪任何人的生命、自由或財產。《大憲章》比科克、洛克更早便要求正當程序了，比傑佛遜呢，還早六百年。

還有別的壞消息等著國王。第五十二章及第五十三章強迫他在簽署《大憲章》前，把不公侵奪的財產吐出來。或許最叫約翰惱怒的是，第六十一章的條款規定設立一個委員會，由二十五名男爵組成，有權力審核王室的不公不義，如有必要則撥亂反正。

《大憲章》甚至還替自由貿易小小出力一下。第四十一章及第四十二章規定，除非在戰爭歲月，否則國王不得禁止商人行旅貿易——對英國人及外國人皆然。

自從希臘民主政治所帶來的美好日子後，還未曾有這麼多人被授予那麼多的自由權利，而繁榮的機會便隨著那些自由出現。把約翰王一二一五年六月十五日的投降協定，看待成引信，後來點燃世界經濟成長大爆炸，實不為過。

相形之下，希臘個人權利的昌盛，僅局限於四百年期間，而且限制在一小群河谷地區，範圍自雅典廣場走幾天就能到達。羅馬帝國的法律就沒提供如此的保護，想限制皇帝權力，不啻找死，而且不管怎樣不可能成功。打算限制繼羅馬而起的中世紀歐洲國家統治者，同樣也是徒勞無功。就一切務實目的而言，《大憲章》標示著個人人身及財產權利大爆炸的原點，其震波到今天都在全球迴響。

八百年後的今天，世上依然有很廣闊的地區，沒受這次革命洗禮。然而我們別搞錯了，它仍不停地推展。普林斯敦大學政治學家多伊爾（Michael Doyle）鑽研「自由主義式民主政治」（liberal democracy）[1]的歷史，他用這個詞彙指的是代議民主、司法權利及財產權（也就是市場經濟）何時存在。表2-1是受惠國家的數目。直到一七九〇年，世上只有三個國家受惠——英國、美國及瑞士。誠如我們可以見到，過去兩百年間，數目已劇烈增加，只有一次短暫的岔斷期——一戰及二戰之間法西斯主義崛起時。

1 「自由主義式民主政治」的更好定義，來自法蘭西斯・福山（Francis Fukuyama）。他說，「自由主義式」意味著個人權利，尤其財產權，受到國家保障。「民主政治」指的是國家領袖透過大選、多黨競選，並藉由祕密投票推舉出來。依照這個範式，十九世紀的英國有自由，但不算民主制，而伊朗伊斯蘭共和國有民主制，但不自由。

年代	採用自由主義式民主政治之國家數目
1790 年	3
1848 年	5
1900 年	13
1919 年	25
1940 年	13
1960 年	36
1975 年	30
1990 年	61

【表 2-1】自由主義式民主政治國家數目

在蘭尼米德談判的那個春日，自由主義式民主並沒在英格蘭全面開花，這毋庸贅言，不過它的種子已種入沃土。休謨談到影響深遠的《大憲章》時說，「以前諸王的耍野蠻許可權，或許還分潤給貴族，自此多少有所節制。人民取得更多對個人財產及自由權的保障。而政府往保護人民的那一端，較逼近了一些……」

狡詐的約翰王當然無意履行《大憲章》，幾個月內，保皇黨便開始反擊。一二一五年八月二十四日，約翰王收到投資梵蒂岡遲來的紅利——教皇頒布敕令說《大憲章》無效。對英格蘭很幸運的是，這個老流氓一年內就死了。他兒子兼繼承人亨利三世需要攝政大臣。孱弱的少年國王及攝政大臣與男爵們妥協。在幾分威逼之下，攝政大臣兩度承認《大憲章》。等到亨利三世正式登上王座，他在一次特殊典禮重新頒布《大憲章》。一二二五年，他修葺這份文件，減為三十九章，把內容修訂得更流暢。

亨利王一二二五年的《大憲章》，經大多數學者認定為定稿。亨利三世與他的繼承人愛德華一世承認該文件約六次，而議會在接下來幾百年間承認了幾十次。

一二二五年版《大憲章》中的第二十九章取代了一二一五年版的第三十九章。由拉丁文譯為英文、最廣為接受的文字值得在此一提：

除經其同儕依法判決，或依國家法律規定，沒有自由人會被逮捕、拘禁、剝奪財產和自由權，或認為不法，或驅逐，或其他相同的傷害；我們也不會不保護他，也不會加以責難。我們不會出賣任何人，我們不會拒絕或拖延任何人應得的正義或權利。

這是一篇比起原始《大憲章》，遠為全面又強大的權利宣言。新版全面保障了「自由」及「習俗」，取代舊版狹隘的保護。每個人都應享有「正義或權利」。事實上，美國憲法《權利法案》的內容，幾乎皆可由前述的傑出段落推衍而出。新憲章禁止國王獨斷地剝奪自由公民的權利。此後，要限制任何人的自由或財產權，就要依法之正當程序。

一二一五年及一二二五年兩個版本的憲章都確定，應保護人民財產不受王室貪婪所害。兩憲章很多篇章皆詳列國王若要取用私人財產，比如穀物及馬車，必須有的程序及須付的款項。這也構成美國憲法第五修正案「徵用條款」（takings clause）的基礎。

十三世紀編纂《英格蘭法條及普通法》（*The Statute and Common Law of England*，當然，

是用拉丁文撰寫）的法學家布拉頓（Henry Bracton），很早便得悉《大憲章》空前未有的涵義。有史以來第一次，有文件明定國王必須服膺普通法：「王者必不臣屬任何人，而臣屬上帝及法律，因法律立他為王。」故此，無論是自由小農還是國王，法律之前人人平等的理念，首次出現於人類史上。既然這項規定適用於國王，那當然也適用於法官及議會議員，如此又確立財產權的一項支柱——如果法律適用於立法的人，那麼想必他很難任性地批准他人的性命、自由及財物被奪取，以防相同的命運落到他頭上——這是顯而易見的金科玉律。

自古希臘以來，這是法律首度平等對待所有自由人，無論是最卑微的農人還是國王。這樣子事態就與古羅馬及中世紀世界大不相同。那兩個時空，認定人類分為好幾個階級。只有在英格蘭及古希臘一些地方，鏟平社會階級才允許法治崛起，以及伴隨法治的財產權。我們闡述一下邱吉爾的話，它不是暴政的終結，甚至不算終結暴政的起點。然而在一二一五年，首次在英語世界露出專制傾頹的曙光，這個過程以緩慢、時斷時續的方式持續到今天，散播到全球。

接下來五百年，英國君主以不同等級的力道及詭計，來攻擊財產權及法治。要不是一代又一代法學家、哲人及議會議員的捍衛及培養，財產權及個人自由或許就被金雀花王朝、蘭開夏王朝、約克王朝、都鐸王朝或斯圖亞特王朝的君主們扼殺了，而西方的繁榮也就不會誕生。這件事有很多英雄，其中有兩個人最突出——科克及洛克。

雕鑿財產權的人

蘭尼米德集會過後的數百年間，英國人開始把《大憲章》以及接下來的王室、議會憲章，看待成他們個人自由權的保障——英國人的權利。在這種傳統中，科克爵士於一五五二年，誕生於諾福克郡（Norfolk）的邁爾罕（Mileham）。劍橋大學畢業後，他進入倫敦的林肯律師學院（Lincoln's Inn）攻讀法律。他快速崛起，而他的司法技巧及淵博的法學知識，讓他年紀輕輕就扶搖直上，得以處理當時顯赫案件中，最棘手的那些。他很快變成當代最偉大的法律執業人士，進入最高司法及立法機構，包括擔任下議院議長。雖說他很傑出，極為誠實，但他的法庭行為令人吃驚。擔任檢察總長時，他起訴雷利爵士（Sir Walter Raleigh）犯下叛國罪。他輕蔑地對待那位偉人，留了一句名言，「閣下有張英國人臉孔，但心是西班牙的！」

一六〇六年，他獲任命為民事訴訟高等法院（court of common pleas）首席法官，接下來獲任王座法庭（King's Bench）法官。他在那些官署驚世駭俗的表現，更增強其支持司法獨立性，鞏固法院對抗國王及議會的權力。他的判決與意見，強力組成現代三權（行政、立法及司法）分立的基礎。

都鐸王朝首選的起訴工具是樞密院，而樞密院喜歡羅馬（大陸）法，與王國一般法院奉行的普通法相反。羅馬法提供彈性給樞密院及王權的其他代理人，以追求君王的神聖權利，於是十七世紀出現法院、議會及王權彼此大戰的最高潮，換句話說，也是普通法與羅馬法風格的王座法庭衝突的最高峰。

科克法學上的大敵不是別人，正是哲人培根爵士，培根在詹姆士一世治下擔任檢察總長。他倆之間的較勁，最著名的便屬科克的司法反抗王權事件。一六〇六年，利奇菲爾德主教（Bishop of Lichfield）提起訴訟，宣稱詹姆士一世答允給他教士俸祿（主教的薪水及開銷）。國王否認做過這種允諾，而且透過培根，要求判決延緩到（國王）能親自與法官們討論本案。雖說如此的要求會叫現代法院震驚，但是在十七世紀，它並非多不尋常的事。科克拒絕這項要求，而且說服法官同僚們用書面判決宣布，國王的要求為非法。

大為不悅的詹姆士王把法官們召集到他宮中，命令他們撤銷判決。科克的同僚們雙膝發軟跪倒，乞求王上寬恕。但科克沒有退縮。他鎮靜地跟王上講，自己礙難從命。國王進一步施壓，科克堅持他身為法官，必須履行職責。

詹姆士王遂行報復，拔掉科克的官位。科克還能保住項上人頭，純因他博得普通法捍衛者的名聲，而受到無限歡迎。他返回議會，其忠於自己的性格，在那兒繼續保衛議會權利，對抗國王的特權。過些年，來到查理一世治下，科克嘗到奇恥大辱，瞧見一本彙編其報告的著作，竟把他很多意見都刪掉了。[2]

這件事在當代不算獨一無二，但它有象徵性。古希臘人最早了解到，保護財產權是超然司法的職責。「此時，在歐洲歷史上，首度有一名法官擊敗了國王的權力」——科克拒絕在詹姆士一世跟前退縮時，心中可能就存著這個念頭。在更早的時代，那樣的欺君之罪可能被處死。但科克已正確計算，到了十七世紀，那種絕對權力，早已自龍椅消失。

科克最恆久的成就，是他分成四部的《英國法律彙編》（*Institutes of the Laws of England*），寫作於一六〇〇年到一六一五年，時間跨度包含他任職於政府及司法官時期。他的影響力在美洲殖民地特別深。《英國法律彙編》一書構成殖民地法學教育的核心，而科克的思想瀰漫在美國建國諸賢的思惟裡。有位評論家驚訝地指出，即使是科克犯的錯，都會被納入普通法裡。

《英國法律彙編》推崇《大憲章》是普通法的基石。科克喜歡一二二五年的版本，他寫道，那份文件通稱為「《大憲章》，不因它的長度或篇幅浩大……而是……因為文件內含的事體有千鈞之重、隆重又偉大。簡言之，它是本領域各基本法的基石。」

科克的獨特洞見，在於分辨出普通人不僅需要防止國王的侵害，也要防止議會侵權。那種保護的壁壘當然便是普通法：「（它是）臣民擁有的最佳、最普遍的天生權利，不僅憑以防護、保障他自己的財物、土地及收入，也保障他的妻子兒女、他的肉體、名譽及性命。」

儘管各式版本的《大憲章》對一般人的權利規定，有時很含糊，但科克堅定地主張，這些憲章保障一切自由人的權利，不只是保障男爵、其他貴族及教士。他認為一二二五年版《大憲章》的第二十九章為普通法的重心，而且描述它至少包含九項「分支」。而它們保證，任

2　一六二一年，也就是科克與王室對抗的十五年後，查理一世試圖阻止科克出書，原因在「他在人民心中，被奉為偉大神諭官，而他們會被一切帶有如此權威，比如他說或寫的東西，給誤導。」

何案件牽涉到以下五項行為者：監禁、褫奪財產、不給法律協助、流放及處決，皆必須奉行正當程序來處理。此外，他相信第二十九章禁止國王在任何狀況下做四件事：審判或直接處罰、出賣任何人的權利、不奉行司法正義，或者把特殊利益授予任何人。

值得一提的是，一二一五年於蘭尼米德簽定的《大憲章》，第六十一章的其中一項條款是，組成一個男爵委員會來監督國王，而亨利三世的一二二五年《大憲章》倒是沒有這項條款。到了科克寫《英國法律彙編》的時候，司法早已肩負起監督國王的責任。一六二八年，科克對議會講，「有了《大憲章》，可以沒有君王。」

科克的判決及法律意見充斥於英國及美國法律。它們並不好讀，但他的許多意見直接讓現代世界受益。

博納姆醫生案件具現科克的法學匠藝。博納姆（Thomas Bonham）是名在倫敦執業的醫生。亨利八世授權且議會通過，設在倫敦的「皇家內科醫學院」（College of Physicians）有權頒執照給城裡的醫生。雖然博納姆勝任醫師這項職業，但很不幸，他的醫學教育是在劍橋完成。醫學院執行其壟斷權，不頒授執照給博納姆，並對他處以罰鍰及將他囚禁。

一六一〇年，博納姆對醫學院提起不當監禁之訴。科克審理此案件，判決結果對醫生有利。雖然科克同意，醫學院有責任頒執照給醫生，以保護大眾免受庸醫之害，但他判決，醫學院不公地剝奪顯然醫學教育良好的博納姆一項重大的自由權——謀生的能力。科克如此判決，比亞當・斯密早約兩百年，且比《謝爾曼反壟斷法》（Sherman Antitrust Act）早三百年，便主張自由市場不能受壟斷權力所妨礙，它也是人民基本權利。科克判決說，「泛言之，一切壟斷權皆違反《大憲章》，原因在它們阻撓臣民的自由，且違反國家法律。」

皇家內科醫學院曾試著以同業公會的身分，來掩飾自己的壟斷行為。中世紀同業公會的對外形象，便是其為「高專業標準的擔保者」。實際上，同業公會是企業聯合限制他人進入某項生意或專業的管道，且其收費高昂。通常，普通法裁定，當市場只有一個賣家時構成壟斷。但是同業公會由很多賣家組成，因此得豁免不受普通法禁止壟斷影響。王室經常鑽普通法（還有一六二四年議會為防止壟斷寫下的法條）中的漏洞，而授予壟斷權，而這種便利好康的鬼話，一直到十九世紀都妨礙著英國的商業競爭及經濟發展。科克評述，醫學院祭出十英鎊罰款，實際上受款人是它自己，而這也違反普通法的原則，即判決時不得沾上利益。科克判定，沒有一個司法團體得允許主持一件涉及自己利益的事。

現代法學家或許會說，「重要的是過程，不是結果。」在很多判例法裡，最重要的影響在程序方面，而非實體面。科克在他的判決裡開了法學上的一槍，至今槍聲迴盪。他相信議會在授權醫學院能囚禁醫生、處以罰鍰方面，已侵犯普通法的正當程序權利。科克斷言，司法的地位要高於國王及議會。這種異議得勢好些時光，但一六八八年光榮革命之後，下議院最後征服了司法至上原則。壓倒斯圖亞特君主後，議會可不打算把自己新取得的權力，拱手讓給法院。直到今天，議會還占英國法院的上風。只有在英國的美洲殖民地，因其很尊崇科克，司法至上原則才扎根最深。

據說「司法至上」要運作順遂，只有靠成文憲法明確有力支持才行。這一點英國沒有，而美國有。（但美國憲法沒有明文規定「司法至上」，也是實情。毋寧說這是「馬歇爾的意外」所致。馬歇爾是美國最高法院第一位首席大法官。）無論它的終極源頭是什麼，美國憲法中的權力分立原則，是科克贈送並打好司法這項重大元素的哲學地基。

到了十七世紀初，今天我們極為敬重的個人權利及財產權之間的關係，已確立在英格蘭。我們出自現代觀點，會認為科克在普通法力量撐腰下，堅持這些權利，實在先進得了不起。但是很多十七世紀觀察家卻得出相反結論。在當時，受近來重新發現，又再詮釋的羅馬法加持下的新近中央集權化、君主至上的大型民族國家，似乎才合乎現代化當中歐洲的容貌。相形之下，英格蘭被視為落後地區，而科克陳腐的普通法，是幾百年來一大堆中世紀司法案件判例法的合集，因此必定顯得過時而毫無希望。[3]

十七世紀始於科克假普通法之手閹割國王特權，而結束在悲慘的英國內戰之後，英國議會躍登大位。雖說科克的司法至上，因一六八八年議會派在內戰取勝，而受到打擊，但這一點倒沒奪走任何源自王權倒塌的成果。

接下來一百年間，我們會瞧見洛克及美洲殖民地人士把司法權及立法權的福音，傳遍西方世界其他地方。這個近乎持續不斷的過程，用三大分支——行政、立法及司法——來分割並約束國家權力，接下來更強化個人自由及財產的權利。

到了十七世紀中葉英國內戰時，英國人財產之安全，為人類歷史空前未有。只是因為其他三要素還沒好好發展出來，英格蘭並未繁榮。接下來兩百年間，英國將取得其他三要素，登峰造極於十九世紀發明蒸汽推動力以及電報。到那時候，英國跟它誕育的國家，在財產權角鬥場上所具備的優勢，將把它們推上以往世代想像所不能及的繁榮境界。

財產權的裝飾雕刻師

如果說科克是大石匠，幫公民自由及財產權鋪好奠基石，那麼洛克便是裝飾雕刻師，流暢地講出它們的理論基礎，及它們的美，讓普通法迴廊殿堂以外的廣大世界得知。

一六三二年，科克過世後不久，洛克於英國內戰的漩渦中誕生了。內戰叫議會與斯圖亞特王室打得你死我活。洛克清教徒的老爸負責監督兒子在家自學，磨練戰技替議會黨效力。洛克還是小夥子時便寫道，「自我懂事以來，就發現自己置身狂風暴雨，而且它持續至今。」洛克的生涯與艾許利・庫柏（Anthony Ashley Cooper）密不可分。後者是他由牛津時代起的摯友，後來當上沙夫茨伯里伯爵（Earl of Shaftesbury）。伯爵有錢，變成洛克的金主，洛克則當他信得過的顧問。

3 在科克時代，普通法法院與御前會議、大法官法庭及海事法庭彼此爭鬥，競爭誰的地位高。御前會議由君王打理、直接聽命於國王；另兩個法庭主要與商業糾紛有關。御前會議裡最惡名昭彰的「器官」便是「星室法庭」，它跟宗教裁判所一樣，會刑求。普通法法院勝過其他三個對手之後，也採納它們很多由判例所構成的法理，當成判決先例。

沙夫茨伯里伯爵後來發現，自己在內戰最激烈時置身議會派這一邊。他跟洛克在內戰不同階段都逃往國外。伯爵一六七五年失勢之後，洛克在法國度日，之後再返回倫敦及牛津。應該是在牛津的時候，他寫下自己最具開創力的《政府論》，說明他的自然法及財產權理論。一六八一年，沙夫茨伯里因為參與反查理二世的「陰謀小團體」而被囚禁。獲釋之後，因為擔心自己安全，健康又欠佳，沙夫茨伯里便在一六八二年初逃往荷蘭，翌年死在當地。

沙夫茨伯里去世之後，洛克留在牛津，他很害怕國王在那兒的耳目盯著他。事實上，觀唇辨意的人真的固定監視他在大學殿堂裡的私人談話。洛克跟沙夫茨伯里一樣，最後逃去荷蘭。議會派在一六八八年光榮革命最終獲勝，洛克以英雄之姿回到英國，話雖如此，他對王權之害怕揮之不散，導致他要到臨終之前，才承認自己是《政府論》的作者。

洛克大約在一六八〇年開始寫作《政府論》，以回應費爾默爾爵士（Sir Robert Filmer）的《王權天生》（*Patriarcha*）。《政府論》終於在一六九〇年出版。費爾默爾的小本書是搖尾示媚的文章，討論絕對君權的合法性，以「不管普通法還是財產權，都是源自神賜王權」為基礎。洛克在《政府論》中同意霍布斯，認為在自然狀態裡，生命「孤獨、貧窮、骯髒、殘酷又短暫」。出於生存需要，人們組成政府來保護自己。但相形霍布斯提出的解方，是全權的極權國家「巨靈」（Leviathan），洛克則提出一個仁慈的政府，而它的主要目的是護持財產。（但平心而論，霍布斯質疑君權神授，且視政府的合法性是建立在一般人民轉讓其權利。）根據洛克的自然法，政府的合法性完全源自它能履行這項責任。假如政府沒辦到，它可以被換掉，「無論何時立法者絞盡腦汁想取走、摧毀人民的財產……他們就讓自己置身於與人民開戰狀態，人民因此免責於任何進一步的服從。」

假如洛克的《政府論》只是反映一六八八年後英國人的情緒，那麼它在美洲殖民者的耳朵聽來，就是悅耳的音樂了。他們飢渴地抓住《政府論》，當成起義的正當理由。的確，《政府論》的第二論幾乎完封不動地搬進美國《獨立宣言》，包括以下文句：

> 誠如既經證實，人天生就享有完全自由的權利，無拘束地享有自然法則的一切權利及特權，其與世上任何個別人或人群一樣，自然有權保護他的財產——也就是說，他的生命、自由及財物……

請與《獨立宣言》著名的第三段相比：「吾人認為，這些真理不驗自明：人生而平等，造物主賦予他們若干不可割讓的權利，其中包括生命、自由及追求幸福的權利。」

英文用法的改變，讓傑佛遜的措詞聽來更悅耳，但是鑒於這麼相似，只能說真幸運，今天的反剽竊警察，一七七六年還沒出現。

另請注意，傑佛遜如何把洛克的「財物」，變更為更空洞的「追求幸福」[4]。哥倫比亞

4 即使「追求幸福」也不是傑佛遜原創。在早期維吉尼亞州的《人權宣言》（Declaration of Human Rights），顯然欠缺好編輯的梅森（George Mason）就寫道，「享受生命與自由，有管道取得並保有財產，另追求及取得幸福與安全。」

大學歷史學家比爾德（Charles Beard）一九一三年以名著《美國憲法的經濟解釋》（*An Economic Interpretation of the Constitution of the United States*）轟動一時，書中強調美國憲法作者們的經濟利益。洛克迷戀財產權，而他對美國建國諸賢影響力如此之大，以至於大家可以由「關切財產」的視角，來看待美國獨立革命的起源。舉個例子，洛克在第二論裡勾勒合法的政府有權向其公民課稅，但警告說，任何人課稅時「沒有人民的同意，便侵犯了基本財產法。」

洛克以自然法來表達自己對個人自由及財產權的論述。他這麼做，幾乎就等於辨識出普通法的驚人經濟潛力。即使是最小最原始的人類社會，都會自然地發展出規則，以管理可以接受的風俗、行為，最後則是財產。諸如此類的古代規範，便是英國普通法的終極來源與力量。法學者里安尼（Bruno Leoni）寫道，「羅馬人跟英國人共有的想法便是：法律這東西是由探索而得，而非透過制定頒布。故此，沒有人在社會上能強大到，認定自己的意志，就等於本地法律。」循相同脈絡，祕魯經濟學家德·索托（Hernando de Soto）在他名著《資本的祕密》（*The Mystery of Capital*）中指出，人民能不遵守只用命令頒布的法律——成功的法律結構，其根必須扎在社會文化及歷史裡。換句話說，財產法必須讓平民百姓輕易認識並接受。

再沒別套法律，做得跟英國普通法一樣好，既吸收了自己人民智慧，同時保護個人自由及財產。今天，只要普通法活力十足的地方，國家也就財富豐饒。

智慧財產

「財產」不光指有形的物質財產，知識也可以是財產。大約自一七三〇年起，世界瞧見科技創新空前未有的大爆發。大爆發能持續至今，很大部分要歸功於專利法的誕生。經濟學家諾斯指出，發明既為個人也為社會帶來益處——讓社會跟發明家一起得利。假如法律沒替發明家保留比例夠高的獎賞，他不會想發明。藉著慷慨地賚獎發明家，社會也獎勵自己。假如別人能匆匆仿製而不受罰，那麼沒有人會愚蠢到投入龐大的資本、時間及心血，來造出新發明並大量生產。帝制時代的中國情況特別糟。皇帝可以輕易地占用新發明，而那些印刷術、造紙及鈔券的發明家都遭逢了此種厄運。

我們談論「知識財」的時候，指的是三件事：發明（也就是專利）、著述（版權）及商標。本章節中，我們主要集中在專利法，它在經濟上最重要。

這三種知識財都由其所有者獨占發明、著述及商標使用的壟斷權。跟其他任何財產一樣，這種壟斷權可以脫手——可以隨意賣給他人。很不幸，壟斷權經歷過漫長又悲慘的歷史。統治者經常把壟斷權頒給寵臣、同業公會及個別商人，通常是為了換取收入。

我們在第八章會看到，中世紀與現代早期的時候，頒授壟斷權是政府收入的支柱，尤其在西班牙及法國，更是其重要收入來源。然而這種做法在當地適足以妨礙創新，壓制競爭。此外，想監督這種政府頒授的壟斷權，成本高昂，必須龐大的官僚體系才能執行。

我們也將在第七章見到，荷蘭及英國經濟能率先穩固發展，主要原因就在當地政府放棄頒授壟斷權，改以「收取消費稅」作為國家收入主要來源。

如此顯示出專利法的核心悖論：給發明家的保護太少，會損害創造及生產動機，而保護太多則扼殺競爭，悶死商業。最早領略此的是文藝復興的義大利，當時專利保護對貿易及商業的重要性，變得很明顯。一四二一年，佛羅倫斯把史上首載的專利權，授予設計聖母百花大教堂穹頂的著名設計師布魯內萊斯基（Filippo Brunelleschi），保護其設計使用來搬運大理石等物資，從阿諾河（Arno）上溯的大型船隻。[5]以前專利保護沒取得大幅進展，直到一四七四年，威尼斯參議院通過第一部專利法，明白表示：

我等之中有些人才華非凡，擅長發明及發現精巧機械。而且，鑒於我市之壯麗美好，每天都有更多才華洋溢者由不同地點前來。此時若是能立法，為那些人發明的作品及機械著想，而讓他人不能偷偷仿製，奪走發明者的榮譽，那麼更多人會施展才華，發明並製造有極大效用的機械，造福公共利益。

法律規定發明家向威尼斯共和國「整體福利委員會」（General Welfare Board）申請專利。假如發明家能讓委員會滿意，認定機械為原創且功能正常，那麼委員會就提供專利保護十年。仿冒他人的機械須被銷毀，並罰款一百達克特（約今日幣值四千美元）。這條法律實為當時立法壯舉，它認清專利系統的社會價值，明白其能刺激創造財富，並理解只把壟斷權有限期地頒給「原始創作」的重要性。

英國早期壟斷權與專利的歷史經驗，不像義大利那般值得稱頌。王室偶爾把壟斷權頒給有價值的活動，比如十四、十五世紀把權利給佛萊明地區的羊毛與布匹匠人，以便吸引他們來到英倫。只是壟斷權更經常賜給朝廷寵幸，以交換獲利的一杯羹。國王的詔書以「公開文書」（letters patent，又譯專利特許證）聞名，在此「公開」這個詞彙表明狀紙並未密封——也就是攤開的。英國早期這些程序顯然遜於威尼斯的做法。威尼斯依靠的是公家機關及定義完善的申請流程，而英國王室頒授專利則憑興之所至。伊莉莎白一世特別濫用專利狀來自肥。她寵幸很久的雷利爵士就獲得葡萄酒店的壟斷權。

一五七一年，還是伊莉莎白治國初期，議會首度反對這種做法。伊莉莎白沒退卻，繼續簽發專利狀，授予很多行之已久的生產程序，包括鹽、硝石及潤滑油生產的壟斷權。一五九七年景氣蕭條，迫使收入下跌的民眾，仍要付高價購買壟斷產品，則愈發加劇民眾對女王做法的怒火。就在那一年，王座法庭裁決，壟斷權違反普通法。一六〇一年，伊莉莎白退讓，撤銷很多她早年頒授的專利狀。僅在五年後，就發生科克頂撞她繼任者詹姆士一世的事件（本章稍早有討論），實非巧合。十六世紀結束標誌一個時間點，也就是法治在英國讓君權神授完全失色，也叫國家走上內戰之路。

接下來發生進一步的法律攻防，其中最著名的是「達西對阿林」（Darcy v. Allin）一案。法院認定，伊莉莎白把製造與販賣撲克牌的壟斷權頒給她的侍從官達西，違反了普通法。

5 但那艘「遠航怪獸號」（Badalone）不算多成功。它載了一批供建造穹頂的白色大理石，卻沉沒在阿諾河。

法院倒是支持一些壟斷權，給「新發明的方案，如此它們調升國內物資價格，不會與法律相左，對國家無害，不傷及貿易，或導致任何不便」。一六一五年在「易卜斯威治織布工案」（Cloth Workers of Ipswich Case）當中，法院便維持詹姆士一世頒授的特別壟斷權為合法，原因在它頒給新發明品，且效力只在有限期間。

專利保護的兩項必要事項——新穎產品及保護有期限，留存下來，直到今天，而且形成一切西方國家專利法的哲學基礎。一六二四年，議會彙整積累下來的判例法，寫成《專賣法》（Statute of Monopolies），規定除非符合前述兩項標準的壟斷專賣，不然全部廢止。

彙整判例法，並寫為成文法，並沒解決英國專利流程的基本問題：王室依然頒授，君主依然濫用。專利甚至變成英國內戰的小導因，議會派要求限制王家的專利特權。此外，想取得專利，過程也極為累贅。發明者必須跑十個不同官府，衍生的開銷將近一百英鎊，在當時可不算小錢。要到一八五二年，英國王室對專利系統的插手才告停止。

從一開始，美國的專利流程就比母國好。美國獨立革命以前，大多數北美殖民地都有縝密的專利流程，而且在很多案例裡，比英國要流暢有效率。一七八一年擊敗英國人之後，新生的美利堅合眾國在專利法方面，就超越了母國。

《邦聯條例》（Articles of Confederation）限制全國政府的職責在作戰指導、處理外交，而把課稅及規範商業活動，包括專利權的權責，留給個別州方。但這種去中央的系統很快就顯露出其缺乏效率——一個發明家可以在賓州取得某裝置的專利，但是其裝置可以在紐約州仿製，而且仿冒者自己可以申請專利。因此仿冒事件及官司跨越很多州出現，宛如菊鏈，狀況失控且代價昂貴。

建國諸賢很了解知識財十分重要，而最懂這件事的莫過美國憲法關鍵起草者麥迪遜。麥迪遜在維吉尼亞議會時，對專利事項便有廣泛經驗，深知跨越十三個州轄區而支離破碎的專利體制有什麼弱點。在北方實業家們大力支持下，麥迪遜把以下條款納入憲法的第一條：「國會得有權……促進科學及有用技藝之進步，方法是讓發明者及著作者，因其各自的著作及發明，能保有獨享權達一段時間。」

傑佛遜對憲法，及泛言之強大的聯邦政府很不滿，反對該條款。一七八八年十月，麥迪遜回覆傑佛遜，規勸道：

談到壟斷專賣，它確實當名列政府最麻煩事項之一。但是，作為對文學作品以及精巧發明的鼓勵，它們其實不算代價太高昂，因此政府無法完全拋棄這項權利，這不是很明顯嗎？難道在一切案例中，政府替大眾保留權利，未來可以廢止專賣權頒授時就規定好的價格，這樣還不夠嗎？我國比起大多數國家，政府濫用壟斷權的風險，不是遠小得多嗎？壟斷權是犧牲多數來造福少數。只要權力受少數人把持，自然而然地他們會犧牲多數來偏利自己，搞腐敗。但是在我國，權力在多數人，不是少數人，所以危險不會很大，可以用專賣權來讓少數人受益。遠值得害怕的事，在那些少數人會不必要地淪為多數人的犧牲。

一七八九年三月四日，第一屆國會依憲法規定召開，新共和國事關生死的立法及財政事務占滿國會的時間，而全面的知識財產立法事宜被晾在後頭。只是過沒多久，作家及發明家開始尋求「私人立法」（private legislation），憑以取得對他們書籍及裝置的保護。國會首度集會還沒五星期，南卡羅萊納州的塔克（Thomas Tucker）便替他的選民、醫生兼作家蘭西（David Ramsay）提出著作權法案的第一條，保護他撰寫的美國獨立革命史。引發這類私人請求如雪崩出現，向眾議院、參議院要求版權及專利權保護。國會很快便察覺必須制定專利及版權法，而且著手撰寫。

眾議院及參議院大舉較勁鬥智之後，華盛頓總統在一七九〇年四月十日簽署美國第一部專利法。它的條款對現代讀者似乎妙不可言——申請人要先向國務卿提出專利申請，而國務卿與戰爭部長及司法部長共同審查。美國專利法的重點在創造出一個體制、不偏不倚的機制，由就算職位高但也無私的官員主持，他們評估一項申請案時純粹看它的優點。明顯領先於累贅、王權為本的英國專利申請程序。

專利法的操作、執行，落在第一任國務卿傑佛遜身上，真是崇高的諷刺。雖說傑佛遜反對強勢中央政府，尤其反對專利流程中央化，但他很熱中於發明，故此擔任第一位專利審核人，資格之佳獨一無二。他既珍惜又有技巧地投身這項任務。

新專利系統有效率又便宜。一七九一年單單一天，傑佛遜就簽發十四張專利，每件成本在四到五美元之間。與英國專利申請，王室勒索的金額相比，真是天差地別。

一八〇二年，由時任總統傑佛遜監督在國務院下（時任國務卿為麥迪遜），創設專利局（Patent Office）。接下來幾十年內，這套體制變得太有效率——到了一八三五年，專利局已頒出九千多張專利狀。假貨及仿冒橫行。一八三六年，國會創設專利專員一職，添加專業的助手團隊——在當時真是空前一新的概念，並制定更為嚴格的檢查流程。新體制很快就協助催生很多美國最出名的工業機構，比如科爾特左輪槍廠、奧的斯（Otis）電梯，及伊士曼（Eastman）照相機。

英國很快就了解，在專利權賽跑上，它正輸給美國，因此終於在一八五二年改革自己長達三百年的體制。美國及英國在十九世紀頒出的專利數目大爆炸，可見於圖2-1，其照映出兩國日益繁榮。

事後回想，英國祖國會被它鬧革命的後代比下去，可以由美國在創造精力上的略微優勢而預知，這從圖2-1也可明顯看出。

英、美專利權機構提供的保護，大大推進私人財產所有權的概念，以及隨之而起的個人創造財富動機。十九世紀新繁榮的物質表現——工廠、蒸汽船、鐵路及電報，都是新專利制度讓人著迷於有可能發大財的機會，真可謂絕非意外。

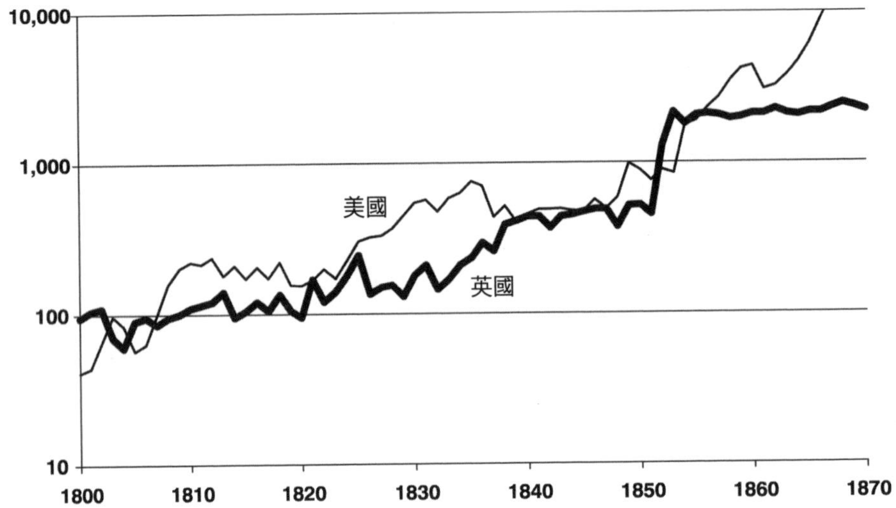

【圖 2-1】一八〇〇到一八七〇年間每年專利頒發件數

資料來源：取自作者個人與學者詹姆士．平林（James Hirabayashi）、美國專利及商標局（Patent and Trademark Office）通訊，另取自郭姆（Allan Gomme），《專利權之發明》（*Patents of Invention*）。

公地悲劇

一九六八年，一位任職加州大學的人文生態學家哈丁（Garrett Hardin），在《科學》雜誌上發表一篇文章，名稱就是本節文章的標題。文章當中，哈丁認為財產權早存在原始牧民當中，並詳細說明財產權的好處。[6]他請讀者想像一塊公有草地，牧人能在草地放養其牛隻。土地能養活一定數目的牛隻，只要戰爭、饑荒及疾病把牧人及牛隻維持在那個數目以下，就沒問題。然而，隨著社會變得愈發穩定及健康，最後導致放牧牲口超過公地荷載量，於是草地品質迅速惡化，最後完全毀掉。

哈丁了解，只要那塊草地公

有，這種悲劇就無可避免。因為個別牧人可以藉著把額外牲口放養到公地，大受裨益，但只受苦於一小部分因額外牲口而產生的草地遞進惡化。他會放養盡可能多的牲口到公地，而不管這件事對別人的傷害。哈丁歸結，唯一修正問題之道，便是「土地權或形式上肖似的東西」。

哈丁的結論很明顯適用於古代及現代農業。文章發表後幾年，「公地悲劇」也被應用在很多領域。舉個例子，它特別適用於健保危機，對健保成本遲鈍的病人「過度啃食」醫療公地，導致全體民眾的健保品質與可利用性惡化。

常識及公地邏輯都認定，個別牧人或農人待在一塊私有的小土地，其生產力將遠高於他工作於公有土地或別人田地。其實沒有必要，叫所有社會都「有意識地」努力制定（如同現代國家所為），有關財產權的政策、法律、習俗。社會當中，風俗及規矩自然會隨機變異，確保有些社會或多或少強調個人所有權。

那麼，縱觀歷史，在其他一切條件平等時，特別強調財產權的農耕社會，比起鄰近社會便更有競爭優勢。因為他們的莊稼收成較高，人口成長較快，而且發展出更有效率的軍隊。更微妙的是，當這些較富庶的社會開戰，為的是保衛它們自己的土地及收成，結果便是公民

6 哈丁的文章〈公地悲劇〉本來以環保人士的角度，呼籲要進行人口管制，以及全球資源管理。弔詭的是，文章最持久的影響，反而是以一篇自由派經濟學宣言而存在。

戰士們有更高的作戰士氣。

這正是發生在古雅典的事，而以我們生存的時代來講，也是冷戰發生時的事，只是冷戰的結果是由經濟戰場而非軍事戰場決定。即使最鬆散地檢驗二十世紀國家繁榮歷史，尤其是共產實驗的歷史，都乾淨俐落地斷定出成敗原因在財產問題。

事實上，今天財產權之重要程度更甚以往。在現代世界大多數地區，區分富國與窮國的根本原因，就在財產權安不安全。舉個例子，在共產世界，繁榮的其他三要素——科學理性、資本充沛及現代的運輸通訊，都穩固存在。在一場殘酷的人類本質經濟實驗裡，二戰以後的東歐政府剝奪它們公民的財產權、個人自由，下場悽慘。

另請謹記於心，過去兩百年間，財產權的詞意已劇烈改變。大約一八〇〇年以前，財產就等同於土地。誠如我們已知，可以取得的土地就那麼多。這也正是古代農耕社會，如希臘城邦及羅馬帝國不穩定的原因。隨著土地變得稀少且昂貴，能擁有土地的人口比例愈來愈少，而窄化公民因擁地而享有社會福利的基礎。一個國家要想興旺，可觀比例的公民必須擁有財產，他們才會因個人利益而來參與國家政治過程，也就是所謂的「利害關係人效應」（stakeholder effect）。在現代以前的世界，若土地耗竭，利害關係人變得稀少，那個國家的日子也就屈指可數了。

另一方面，農業集中化不會叫工業或後工業社會失去穩定。舉個例子，自從大蕭條以來，美國個人農田的數目，變得愈來愈少，但農田面積卻變大。一八七〇年，美國人口調查局開始蒐集相關資料，顯示直到一九三五年，平均農田面積為一百五十五畝。到了一九八七年，它已增為三倍，擴為四百六十二畝。一九〇〇年，九%的美國人擁有農地；今天那個比率降到一%以下。然而很少人會議論說，現今美國的民主制度要比一百年前不穩定。理由很簡單，後工業時期的經濟體不再需要把土地提供給公民，才能讓他們變成利害關係人。只要能擁有不具形財產及資本的所有權（兩者都是無限的），就能達成那項目標。現代能滿足總人口的資本所有權比例，遠大於古代阿提卡曾辦到的（當地只有二十萬畝可耕土地供給二十五萬人）。土地所有權有限；資本所有權則沒有。

現代西方體制大致源自英國普通法，它於過去幾千年漫長又痛苦地累聚而成。此體制能散播到全世界，靠的是英國殖民行為的劍尖，還有美國革命理想的雙翅。隨著共產主義的崩潰，今天很少人會質疑，財產及個人權利是現代世界繁榮泉源的第一要素。

第三章 Reason
理性與科學的啟蒙

「我們主要由希臘人那取得的智慧，不過是知識的兒童期，具有兒童的特徵：它能談論，但沒能衍生。」

——培根《新工具論》（*The New Organon*）

搗破教會知識壟斷權的科學家

全球每一天都有數千人登錄美國航空暨太空總署（NASA）的網站，下載一支小小的軟體程式，以計算下星期當地能看到「國際太空站」幾次。每個月有幾次，在地球北緯六十度到南緯六十度之間，幾乎任何地點，日落之後日出以前，太空站都會壯麗地經過大家頭頂，陽光由太空站龐大的太陽能源板反射，劃過群星。

NASA網站用戶裡，有少數人知道三千年前，任何天體運算必須由世上最偉大數學家殫精竭慮，花上數百小時才行（現在則由尋常的個人電腦即可輕易執行）。十七世紀末，還在嬰兒期的天文演算科學，令大眾沉迷。

天體力學（天體運動的學問）的發展登峰造極於一六八七年牛頓出版《自然哲學的數學原理》（*Principia Mathematica*），及書中的預測獲得驚人的證實，引領西方思惟強力轉折。這門新科學也是現代繁榮肇始時，意義最重大的事件之一。

若說有個常數界定了現代西方，那一定是不停前進的科學發展。實在很難思量曾有一段時間，對自然世界做觀察、實驗、提出理論研究，是不受歡迎的事。只是在十七世紀以前，知識界的狀態就是這個樣子。

直到四百年前，自然界還是令人生畏的主子，人類則是各種力量，包含，疾病、乾旱、洪水、地震及火災無助的犧牲品，而人類無法得知那些力量。甚至該叫人高興的天文事件，比如彗星、日月蝕，都算駭人事件，纏裹著迷信及宗教意義。的確，很多現代天文學先驅，包括哥白尼及克卜勒，都是靠占星預測來維生，而他們的預測被統治者至鄉下耕農，用在日常行事決策。

人類靠著構建信仰系統來對抗無知及恐懼，而文明強化這些信仰系統成有組織的宗教。猶太教、基督教及伊斯蘭能成功，靠的不僅是提供令人滿意的一神論解釋，來闡述降臨人類頭上的種種災難，還因為它們安撫活在世上受苦的人，允諾他們來世能活得更好。不幸的是，直到很晚近，有組織的宗教，尤其是很講究教士等級制度的那些——很少能容忍另類世界觀。

用經濟學術語，幾百年前的很長一段時間，多數宗教宛如一壟斷事業，從事經典的壟斷行為——向追隨者榨取金子、財產及地位，以交換今生的認可與來生的救贖。現代經濟學家把它稱為「競租」。在古代及中世紀的西方與中東，有組織的宗教固化，變成停滯的信仰系統，扼殺探究精神及異議聲浪。無論這些信仰系統如何造福此生的精神生活，它們不足以同時造福攸關生存的物質生活。

本章關切的是，羅馬教會的知識壟斷權如何被打破。而要完成這件事功，不能不打爛教會的方法論——可追溯到亞里斯多德的方法論。一五五〇年後的兩百年，教會的知識壟斷權，終於被一群勇敢的自然哲學家搗破，戰場在看似不可能的天體力學領域。

很多讀者會覺得在一本專門寫經濟史的書中，有這麼一章，未免突兀。然而由根本來談，經濟史就是科技史——畢竟現代的繁榮是搭發明的順風車。經濟成長事實上等同於生產力增加，而生產力增加幾乎完全是科技進展的產物。工人能彈指而駕馭數千匹馬力，或用滑鼠一點，便在電光石火之間跨越全球而通訊，比起不能辦到的人，前者生產力更大也更富有。

大約三百年前，科技創新的步伐大為加快。我們很快就能列完，一七〇〇年以前，重大的機械發明——風車、水車還有印刷機，大概這樣就點名完了。一七〇〇年以後，新發明如洪流般不斷增加，連帶著推動人類的財富。

推促此發明大爆發的動力，乃是西方人觀察自然世界、試圖了解它的方式，出現變革。說西方人、西方文化乃是由科學理性之誕生所界定，實不為過。這場革命要求科學（或用當時的說法自然哲學）斬斷其基督教會的根才行。唯有當人類能剖分開宗教與世俗時，才能繁榮，並要奉行伽利略的信念，「聖靈存乎於心教懂我們，人如何能躋身天堂，而非諸天如何運行。」

二十世紀發明人工照明，讓人類與夜空仳離。在一個沒有明顯戶外照明的社會裡，夜裡可以觀看的，除了天空星辰以外並不多。而在現代以前的世界，夜裡天上星星的運動主宰日落以後的生活。雖說現代早期，僅有為數很少的知識分子在研究物理、化學及醫學等面向，但大多數人對預測天文事件，確實有明顯興趣。

現代以前，民眾那麼關切夜間天體，意味著當新天文學理論的很多預測獲得證實時，是馬上、公開且幾乎大家都會知道。大約一七〇〇年，哈雷跟牛頓正確預測彗星及日月蝕現象時，尤其如此。電光石火之間，人類由上帝及自然奪取諸天之謎，不再完全受自己理解力以外的各種力量所俘虜。這種新科學讓歐洲人的心智由西方基督教的絞索掙脫出來。當時教會的箝禁力量，已遭宗教改革及啟蒙運動的非科學面向給削弱了。

地心論vs.日心論

如今我們經常把中世紀的知識架構稱為「亞里斯多德式」，以表彰它的制定者，而他是柏拉圖最出名的學生，也是亞歷山大大帝的老師。亞里斯多德產量驚人——一套修辭學及三段論證系統，為西方思想的組成基石之一，還有很多論文，談希臘城邦的政治結構。

自歷史破曉以來，人類就很好奇天上的構造。仰望夜空，他瞧見星辰環繞北極星於蒼穹移動。然而它們的位置相對彼此，似乎是固定的，因此產出人類很熟悉的星座。即使最早的文明都曉得這種現象。對古人來說，個別星辰及它們的星座，以乎是嵌在一個完美的球體內部，並以地球為中心。這個球體一天繞行位置固定的地球一次。依這種早期觀點，宇宙是以地球為中心（地心論）。大約與亞里斯多德同一時間，其他希臘世界的哲學家，包括阿波羅尼奧斯（Apollonios）、阿里斯塔克斯（Aristarchus）則抱持太陽為中心的想法，認為太陽是天上系統的中心（日心論）。

地心論宇宙的一大麻煩，在七個天體似乎是亂逛過這個固定系統。月亮的移動路徑，每天與固定的星辰、星座背景相反，太陽的運行軌跡也類似——一切如此清晰明瞭。但很複雜又神祕，超乎理解力以外的是，其他五個星體：水星、金星、火星、木星及土星。這五個都循著跟太陽、月亮相同的路徑——黃道在走，只是它們走黃道穿過列星的運動很不規則。這一點對火星尤其如此，它穿過星群的過程經常出現往回走的環形，誠如圖3-1所示。圖中勾勒出一九八二年，那顆紅色行星穿過星空的光景。希臘哲學家會排斥阿波羅尼奧斯及阿里斯塔

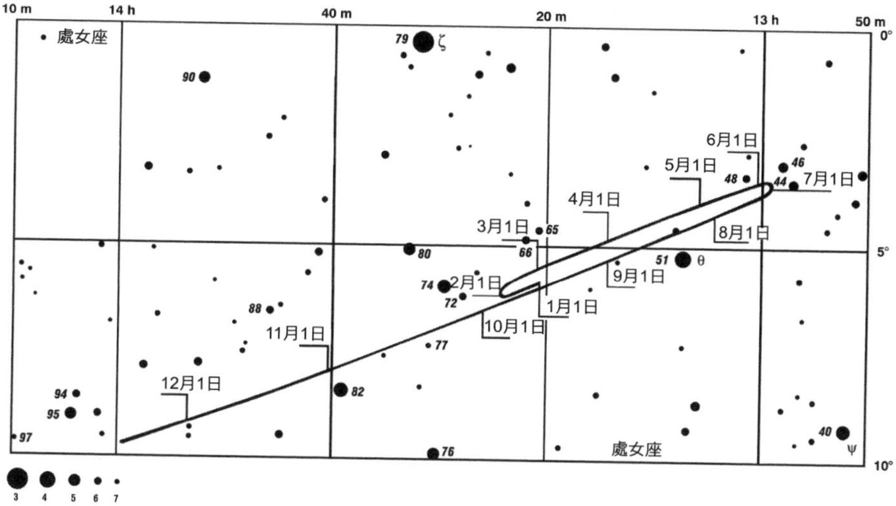

【圖 3-1】一九八二年火星沿黃道路徑圖

資料來源：埃克朗（Ivar Ekeland），《數學與命運》（*Mathematics and the Unexpected*），經出版社授權重製並修訂。

克斯的日心論，可以說正確有理，畢竟就真正觀察而言，日心論預測的行星運動，偏離了十度以上。這種不精準的原因很簡單——日心模型假設行星是在完美的圓形軌道上移動，但事實上它們走橢圓形軌道。

二世紀，一位叫做克勞狄烏斯・托勒邁厄斯（Claudius Ptolemaeus）、後來以托勒密聞名的亞歷山卓天文學家設想出一套精巧的系統，矯正日心論大部分不精準之處，如圖3-2所示。托勒密指出，那七個星體環繞地球時，是以兩種圓形軌道，而非一種軌道運行：較大而主要的圓叫均輪（deferent），還有一個較小的本輪（epicycle）繞著均輪的中心。

托勒密、阿波羅尼奧斯及阿里

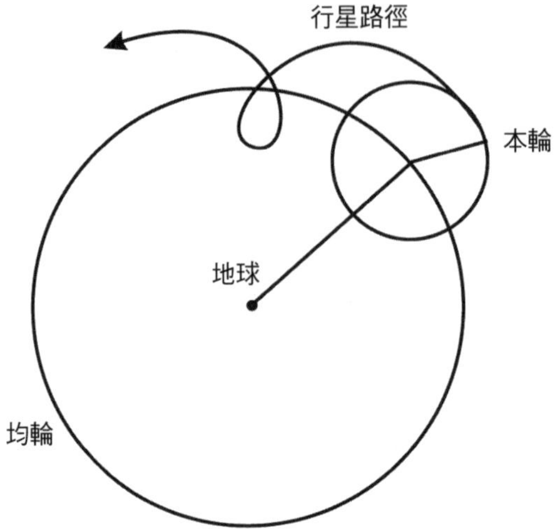

【圖 3-2】簡化的托勒密模型圖

斯塔克斯的系統，被現今科學家稱作「模型」（model）——即以簡化、抽象的方法，來解釋自然現象。在本案例中，模型解釋七個星體如何移動過星群。科學史教懂我們，無論模型能多成功地解釋自然世界，就算不是全部，也是大多數模型，最後會出現瑕疵。接下來它們會由更好的模型取代。形成、測試及肯定或否定這些模型，便構成科學的進步。

只消一個可重製的觀察或實驗，就可以推翻最受尊崇的理論。後來，仰賴公式組成理論模型，接下來再以實證觀察來測試模型，變成最能界定西方人的特徵之一。以此觀之，一個社會有多「西方」，可以由它的信仰系統多遵守這種嚴密做法，而測量出來。

以科學模型而言，托勒密的科學模型大為成功。考量當代觀察及運算能力有限，托勒密系統可謂幾近完美地預測行星運動。[1]托勒密模型無可爭議的「優勢」，在天文學家可以無止境地捏造運轉軌道，及本輪的大小與時機，以符合新觀測。然而，關鍵點在於，托勒密系統僅在「肉眼觀測」下，運作會優於一套有圓形軌道的太陽中心系統。當時幾乎一切有識之士都發覺，托勒密模型比起別的選項，直覺上有魅力得多。

托勒密模型真正的麻煩，倒不在它並不完美（所有模型都不完美），而在它發明以後的一千年間，教會採用了它，而且以神靈權威來加持。任何人想挑戰此模型，將不利於自身性命——不論今生或來世皆然。

隨著千百年來天文學家蒐集更多資料，他們援引亞里斯多德／托勒密系統來解釋日益複雜、龐大的觀察結果。這些要求最後壓垮了該模型。到了一六五〇年，無數觀測結果泉湧自布拉赫（Tycho Brahe）的丹麥天文台與伽利略望遠鏡，要求以不下五十五個同心圓、地球在最內部的托勒密天體來解釋。（最外部的天體叫做「原動者」[prime mover]。它的移動接下來會傳導給較內部的天體，最後抵達地球。）[2]這套被奉祀的系統很明顯地荒謬性日增，而且它最後不堪背累自己的重量而崩潰了。

1 用肉眼看來，太陽及月亮顯然沒有本輪。然而，必須要有很小的本輪，才能解釋它們運行時的季節性加速、減速。本輪如此之小，以至於太陽、月亮並沒造出見諸行星的往後轉運動。

2 中世紀時，大多數受過教育的人都曉得，世界不是平的。亞里斯多德的系統只在地球是圓的前提下，才有意義。

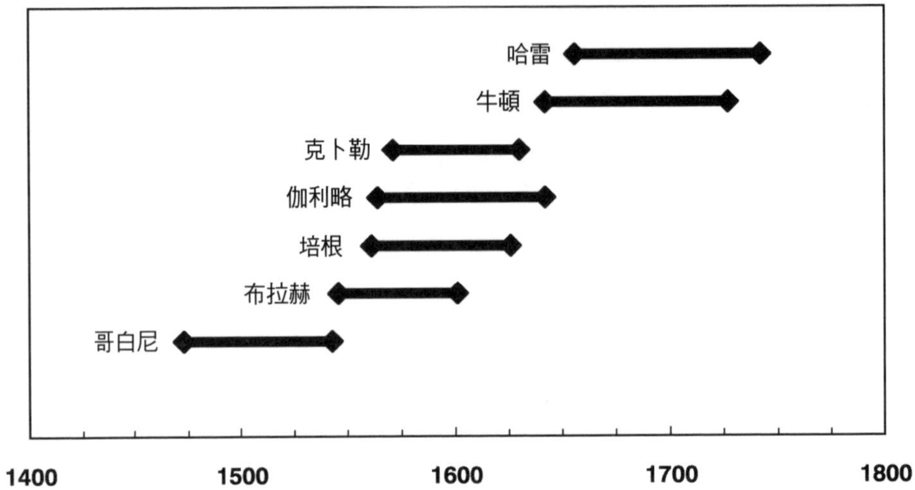

【圖 3-3】科學家的壽命區間

哥白尼：西方科學革命的開創者

大約始於一六〇〇年，在精明的觀察家眼中，托勒密模型的角色是警告全套系統於科學上並非很健全。西歐自然哲學家被迫劇烈決然地改變自己思索身邊世界的方法。圖3-3顯示出這則故事中數位主角的在世時段，並將他們置入歷史脈絡之中。

哥白尼以其日心論、地球繞日而行，而被推崇為率先打通阻塞，開啟革命。革命由下一世代另三位傑出人士傳承下去，他們便是布拉赫、克卜勒及伽利略。他們在理論及觀察科學方面，都有驚人進展。與他們同一時代的培根爵士，雖說只算二流的實驗科學家、律師兼經濟學家，但仍傑出地診斷出當時西方知識架構的瑕疵，並論述出新的科學方法。

繼這五傑之開創性成就的一百年後，牛

頓及哈雷因解開宇宙之謎而震驚西方世界。教會擔任一切俗世知識守衛者的角色，一下子就被粗暴且公開地奪走了。自此以後，西方公民可能還指望宗教來解開來世之謎，但不再信任它可以解釋此生的運行機制。

哥白尼一四七三年出生在普魯士控制的波蘭。他出身富裕，受教於阿爾卑斯山區的南、北兩地——克拉科夫（Cracow）、波蘭、羅馬及帕多瓦（Padua）。我們已討論過何以他並非如一般人認定地發明了日心論，因為日心論幾乎早在兩千年前的希臘，便由阿里斯塔克斯提出。與此類似的是，希臘人已推算出地球是圓的。古人不僅早哥倫布一千七百年便歸結這個優異結論，而且他們估算的地球直徑，不知比那位熱那亞海船船長準確多少。

到了一五〇〇年，很多高明的天文觀察家開始質疑托勒密系統。在帕多瓦，哥白尼遇見諾瓦拉（Domenico Novara），他指出托勒密模型的數大瑕疵。哥白尼回到波蘭，行醫多年，最後定居在波蘭的弗龍堡（Frauenburg），用當時初級的工具觀察天象。他漸漸信服日心論模型的力量，於是在《天體運行論》（*De Revolutionibus Orbium Coelestium*）中提出支持太陽中心的宇宙論。書寫成於一五三〇年，但直到一五四三年哥白尼臨終前才告出版。

跟現今相信的正好相反，哥白尼模型不僅瑕疵頗多，而且也沒能引起多大注意。首先，它直到作者死亡那一年才出版，而且當然是用拉丁文寫成。由於只有神職及商業菁英才懂拉丁文，他的模型並沒大大威脅教會。再來，在宗教審判前，死神即帶走了哥白尼，讓他逃脫了宗教審判的毒手。哥白尼的同夥奧西安德（Andreas Osiander）擔心自己安危，便匿名寫了前言，宣稱書中提出的規律純屬假設。他寫道，地球並非真的繞著太陽轉，但猜想它繞日，能讓天文運算更為精準。

比起托勒密模型，哥白尼模型能更好地解釋行星運動，尤其是水星及金星從未分別偏離太陽達二十八度及四十八度，因為它們都在地球軌道裡。

說到底，哥白尼的宇宙跟托勒密的一樣不夠精細。誠如克卜勒後來發現，疑難點在行星的軌道事實上是橢圓形，而托勒密及哥白尼的模型都假定，軌道是完美的圓形，因此才需要本輪。事實上，哥白尼的系統要三組軌道及本輪。更糟的是，哥白尼接受托勒密的觀念，認為每個行星都依偎著它內外鄰星，還有整個宇宙完全由它們加計的厚度組成。他未能領略太空可能有浩瀚的虛空，而那個概念，要到一百多年後，才由英國人迪格斯（Thomas Digges）提出。

今天我們崇敬哥白尼的天體系統，是因為它與亞里斯多德以地球為中心的宇宙決裂，然而它比托勒密的系統還複雜笨拙。哥白尼系統事實上如此複雜，以至於大多數天文史著作沒能詳盡描述它。最後，兩個系統都有相同弊病。它們的彈性足以容納幾乎任何資料，以至於事實上無法證實它們不對。

值得一提的是，一個科學模型必須可以「否證」。也就是說，應該要能輕易想像出與模型不符的證據。但哥白尼或托勒密模型卻無法被否證，因為它們的軌道及本輪始終可以調整而符合新資料。

現代西方的核心精神在於：自在接受否證論的檢視批判。區別西方社會與傳統非西方社會的不僅是現代學術批評家如布魯姆（Allan Bloom）等人推崇的，熱愛及推崇希臘與文藝復興文化，毋寧更體現在有多少知識，可攤開來接受挑戰。沒錯，在最先進的西方社會裡，很多宗教信仰依然被奉為不可冒瀆，即使在某些科學家當中也不例外。但就大部分來說，現代西方幾乎可以分析任何事物，並改變其心思；現代以前的社會則幾乎辦不到。這種西方特有的面向，由一則疑為杜撰、通常說是出自凱因斯的對話，最能彰顯。一位凱因斯的同事指出，「勛爵，您的意見自相矛盾了。」這位偉大經濟學家據說回答，「當有人說服我，認為我錯了，我會改過。你做得到嗎？」[3]那種觀點對大多數中世紀歐洲人，是無法想像的，今天很多傳統社會依然辦不到。

十七世紀以前，哥白尼及托勒密的系統都無法被否證。要再過將近一個世紀，一種工具，也就是望遠鏡，最終才貶抑了上述兩個系統。哥白尼系統跟托勒密的一樣複雜，而且直覺上更不吸引人。教宗利奧十世（Leo X）敬仰並支持哥白尼，還向哥白尼請教，討論當代最迫切的天文課題，也就是古老儒略曆（Julian calendar）的麻煩愈來愈明顯。[4]

馬丁．路德並沒跟教宗一樣景仰那位波蘭天文學家。路德曾試著鎮壓哥白尼作品的出

3 這些語句聽來像凱因斯講的，但事實上並非出自他。

4 儒略曆的根源始自凱撒治下的羅馬，認定每年為三百六十五又四分之一天——也就是說，我們熟悉的三百六十五天加四年一閏系統。很不幸，真正的地動繞日一年要短上十分鐘。到了一五〇〇年，儒略曆已與四季無法同步整整十天，這項不一致就算對中世紀觀察家都很明顯。哥白尼有技巧地向教宗建議，在修正日曆之前，必先釐清宇宙課題。

版，並想取他項上人頭。阿爾卑斯山以南，義大利天文學家布魯諾不理睬《天體運行論》前言所述的「日心論宇宙只是假設」。布魯諾用義大利語講，它就是事實。誠如我們第一章已知，布魯諾因這個異端而被處以火刑燒死，而他與哥白尼作品的牽連，最終導致天主教會否認日心論。（布魯諾可能是第一位天文學家，主張固定星辰都是恆星——如我們的太陽，只因距離地球太遠而肉眼看來模糊。）

在當時，《天體運行論》影響力不大。然而它卻是第一道真正突破教會對科學研究壟斷權的口子，而且在英格蘭結出最多果實。因英格蘭接納新教，其得以掙脫宗教對於日心論的束縛。

培根：近代科學之父

在英國傑出神童史上，培根是很醒目的一位。他生於貴族之家，父親尼古拉斯·培根爵士（Sir Nicholas Bacon）是國璽大臣（女王的法定官員），舅舅伯利勛爵（Lord Burghley）是伊莉莎白一世的財相兼最企重的謀士。一五七三年培根就進入劍橋大學，時年十二歲。

老師們很早便賞識培根的才華，但他很快就厭倦劍橋大學裡貧瘠的知識氛圍。跟大多數中世紀末期社會一樣，劍橋大學裡已經幾百年停滯不變了。伊莉莎白時代的高等教育，主要課程依然是教授亞里斯多德。如果辦得到，請你想像一下，我們整個教育系統，若不是宗教訓示就是修辭邏輯，主要作家是古代學者如普林尼（Pliny）、西塞羅之流——在十八世紀以前，最棒的年輕學子就是面臨這種情形。（概念上，它跟今日沒那麼先進的部分穆斯林世界學校課程，其實沒多大差別。）

培根大多數時間都在準備「辯論」，也就是跟其他學生用三段論法口舌爭鋒。剩下的時刻他用在研究亞里斯多德宇宙的錯綜複雜，而那個宇宙很快就被哥白尼、伽利略及牛頓搗毀了。

在培根的時代，年輕學子能投身的學域只有一個——神學。即使一個世紀後，洛克進入牛津學習時，六十個高級學子空缺中：一個道德哲學、法律及醫學各兩個，而五十五個在神學。

這麼寒酸的知識食糧，叫培根退避三舍。三年後的一五七六年，他跟隨父親腳步，進入格雷法學院（Gray's Inn）攻讀法律。過沒多久，培根父親去世，讓年輕人落得一貧如洗，只能向較有錢親戚（尤其是他著名的舅舅）及王家借錢。

為了了解培根在劍橋的所學課程，我們必須思索古希臘的知識框架。兩千年前發明的幾何學真是耀眼的成就。基督之前人類便算出地球的形狀，還有幾近正確的直徑，實可名列人類最偉大的傑作。接下來時代——黑暗時代之所以落後，可解釋是因喪失這種知識達一千五百多年。

然而古人在很多方面處於極不利狀態。當時並沒發明出零的概念——希臘人仰仗一套笨拙的字母計數系統，後來被羅馬人繼承。但是，希臘羅馬知識生命真正的瑕疵，是沒具備一絲現今我們稱為科學方法的東西。

希臘人與羅馬人並非由現今稱為「歸納推理」的方法——把觀察蒐集並歸結為模型及理論，理解世界如何運作。相形之下，古人用「演繹法」描述自然世界的運作，由俗稱的第一原理（first principle）——用一些被認為為真、不容置疑的事實，來當進一步推理的基礎。這些人為規律可跟隨邏輯得出所欲結論，方式與依假定的公理（axiom）推導出數學公式多所相同。

這些公理是什麼？就是早培根一百年前，哥白尼碰到的托勒密／亞里斯多德系統。簡言之，它們構成一套信仰系統，瑕疵如此之大，預先排除科學進展。更糟糕的是，這套系統假設人類已清楚宇宙裡可知的一切，至少理論如此。長達一千多年，西方人了解自然世界的治學手法，可以總結為三個字，「別試了」。這種錯誤、自滿自限的系統，誠如布魯諾及伽利略所見，滋生不出嚴謹的異議。亞里斯多德的宇宙當然刺激不了探究。此外它也不容許創意思考，或能為我們的知識體系帶來真正進展，最重要的是，它對尋常人類的生活沒有實質改進。偉大的中世紀史學家赫伊津哈（Johan Huizinga）寫道，「有目的、持續地改善、改革社會的想法並不存在。泛言之制度被視為可好可壞。既然是上帝規定的，它們本質上是好的，只有人類的罪能腐蝕它們。」

十六世紀尋常歐洲人不認為：社會、知識或科學停滯進展已近一千年，是多大困擾。大家普遍假設，人類處境是靜止的。培根耀眼的才華，讓他理解三件事：一、確實是有麻煩，而中世紀人類的狀態絕非「自然如此」；二、該歸咎給推理系統；三、人類對自然世界的知識可以不斷改善，從而改善人類福祉。要改善人類命運，必須汰換掉亞里斯多德框架，用「歸納」系統來取代，而歸納系統中，首先要不預設地蒐集事實，接下來分析。

培根指出，有另條路可以改善人類處境——取得有用的知識。的確，知識就是力量。一六〇三年至一六二〇年間，他相繼完成《新工具論》的草稿，那本書變成他知識上的戰鬥號令。

《新工具論》第一部實為有點冗長的控訴之詞，抨擊那些「重傷科學的人。因為他們成功地引燃信仰，有效地澆熄並阻止探究的熱情……」據培根說，問題很簡單，透過枯燥的理論說明，又與實驗數據脫節，是無法擔當描述真實世界這項任務的，原因在「自然之微妙，遠勝於言詞說理的微妙。」

此外，當時人類的觀察工具有很大瑕疵，而且受制於幾個種類不同的錯誤，或稱「偶像」（idol）：

一、種族偶像：培根把種族定義為人類自己。種族偶像反映人類看待世界的方式。透過一種「錯誤的鏡子」（false mirror），會扭曲我們對世界的領略。總歸一句，便是人性。

二、洞穴偶像：個別男女有多種不同方式來理解物質世界。在此，培根援引柏拉圖的「洞穴理論」：距離洞穴一段路有堆篝火，洞穴及篝火之間有不少事物經過，而人類只由它們投射在洞穴牆壁的陰影，去了解它們的本質。一個美國印地安人瞧見一個大陰影，可能會假定它是一隻野牛；澳洲原住民，會以為它是袋鼠。這便是十七世紀版本的「一個人眼中的聖牛，另一個人卻看成大麥克漢堡肉。」

三、市場偶像：在此指的是「與人互動聯絡而形成」的想法。培根想談一個字詞的意義，隨時間下來所發生的變化。「女巫」這個詞在十七世紀麻塞諸塞州給人的震撼，與今天大大不相同。簡言之便是：時尚。

四、劇場偶像：這種偶像中最迷人的偶像，是「習焉不察系統」的產物，而那些系統「只是很多舞台劇，只代表它們自己創造的世界，還躲在不真實、優美的布景後頭。」培根想打的主要目標可能是亞里斯多德系統，但不禁令人猜想培根舞劍，意中目標也在宗教。

最後，培根雖沒把人性中的一項缺點抬高到偶像地位，但他精采地預先指出人類有個癖性，「認為世上存在的規則、規律，應該比自己找到的來得多。」這比現代行為心理學提出相似觀點還早了三百多年。人類不過是尋找模式的靈長類，有很精準的能力，可以瞧出關聯，懷疑並不存在的陰謀。

在《新工具論》的第二部，培根鋪陳自己歸納推理的新方法。他寫道，最重要的是必須用最可能客觀的手段，來觀察、測量自然——最好是避免直接動用到人類的五官，他認為五官容易導致個人曲解。相形之下，科學家必須使用機器及方法，讓不同的觀察者能取得相同的數據。

培根另肯定，沒有一個人能了解全部真理——那得保留給萬能的神。即使是牛頓（誠如我們下文會提到）也需要一點協助，才能得出他傑出的發現。第二部剩下篇章，由一張叫人昏昏欲睡的表列組成，指出可能的研究領域，還有同樣乏味的描述，說科學進展應由直接觀察赤裸裸的事實入手，再到較小的公理，進而到中等的公理，最後到主要、無所不包的公理。

當然，這倒不是科學方法確實運作的方式。科學界無法讀懂培根在第二部所述的確切方法，很快下結論說，先提出假設——不管是「較小」還是「主要」公理，再直接進入實證測試較為經濟實惠。

到了晚年，培根因娶了有錢老婆而致富，而他的大法官職位也有油水可撈。最後他被控受賄（雖然控告他的人跟他五十步笑百步），但他仍被迫辭去大法官。一六二六年他去世後不久，門生把他的思想制度化，創建「倫敦皇家自然知識促進學會」（Royal Society of London for the Promotion of Natural Knowledge）（今天則以皇家學會聞名），而在一六六二年得到查理二世的特許。皇家學會致力於推動新科學（當時的名稱叫「哲學」），收納各色背景及信念的人。按某位學會內部的早期歷史學者說法，它的宗旨僅在關心「這種新哲學……排除神學及國政上的事。」牛頓後來說，「宗教與哲學該分別保存。我們不擬把神靈啟示導引到哲學裡，也不想把哲學意見帶到宗教。」雖說這些畫地自限似乎對現代讀者滿高尚的，但是它們的起源更可能是務實，學會會員可不想受苦於當代宗教衝突的餘震，尤其是貴格派（Quakers）的狂熱及非國教派（Dissenters）的絮聒不休。

然而，若是把培根及皇家學會成員認定為反宗教，倒是錯了。他們信教虔誠，在自然的一切都能發現上帝之手。學會成員正確地看待牛頓、哈雷發現的天體物理定律，認定它是位處無知汪洋大海的知識孤島，這片無知大海含納幾乎所有其他自然現象，尤其是人體內部的運作。人類本身當然沒能力設計、建造如此神奇的機器。唯有全能的神才有那種匠藝。即使卑微如家蠅的複眼，放在顯微鏡下端詳時，都叫人驚嘆。它由大約一萬四千個不同單眼（或稱「珠狀物」）組成，讓虎克感動地宣稱，「這些珠狀物裡，每一顆的結構及設計，很可能都跟鯨魚或大象的眼睛一樣，而只有造物主可以輕易讓每一顆與另一顆並存……」

顯微鏡讓人類看見一個以往想像不出來的生命形式宇宙——原生生物及很小的多細胞生物，不過這只更增添其對造物主的敬畏。實驗家波以耳發現氣體行為的定律，但他仍看待自己及自然哲學家同事們為「自然的傳教士」。因此，波以耳不在安息日進行他神聖的實驗。

不過，科學與宗教分離獨立的過程已經展開——這對兩者都有恆久的好處。科學只關切「什麼」與「如何」。宗教界定「誰」與「為什麼」。因此，晚後得多，政府與宗教也分道揚鑣，出力清好道路，供經濟繁榮大爆炸。

布拉赫：最敏銳精確的天文觀測者

培根強調有條理地刻苦觀察及測量，事實上早一個世代，卓越的丹麥天文學家布拉赫就有預想到了。一五四六年，布拉赫出生在瑞典西南部很富裕的貴族家庭（當時當地由丹麥人統治），一五六〇年，他還很年輕，觀察到日蝕，很快就下定決心，一生要奉獻在研究天體的祕密。到日耳曼羅斯托克（Rostock）大學求學時，他在一次決鬥中鼻子被割，因而餘生戴著金屬製假鼻。布拉赫求學時讀的是法律及化學，但他私下研究天文，一五七一年返回祖國時，他叔叔替他在家族城堡設置一個小天文台。

布拉赫天生行大運。一五七二年十一月十一日，他在仙后座觀察到「新星」（今日我們稱為超新星）。翌年他把自己的觀察出版在小冊子《談新星》（*De Nova Stella*），到了一五七四年便到哥本哈根王室御前發表演說。他開始旅遊，大肆宣傳自己想定居在瑞士巴塞爾。這招是不是他想逼丹麥王讓步，我們不得而知，但是在一五七六年，腓特烈二世（Frederick II）不想失去這位國之重寶，把位在哥本哈根及瑞典之間、坐落海峽中的文島賜給布拉赫，還替他在當地蓋了烏蘭尼堡（Uraniborg）天文台。為了鞏固布拉赫的忠心不貳，腓特烈王另給他王國其他土地及豐厚津貼。

布拉赫的才華在他的觀察技巧。與他同一時代的天文學家大多只間歇觀察行星，而他則連續不斷標注它們的位置，除非陽光或雲朵讓它們模糊不清。他在烏蘭尼堡天文台使用的全是最高品質的儀器，如配有校準好十字線的巨大象限儀與六分儀。

諷刺的是，布拉赫的偉大理論成就在於了解到：不論做得多仔細、儀器有多棒，測量總是不精準。一切實驗都牽涉到錯誤，而錯誤本身必須量化。布拉赫一絲不苟地測量他的錯誤，而且藉著把它們納入自己的觀察，讓觀察更為準確。

布拉赫試著組成行星運動的理論，但慘敗。他退讓一步，主張雖然水星、金星繞太陽而轉，其他行星則是繞行地球。布拉赫可能是最後一位，仍被宗教迷信束縛的偉大文藝復興科學家。布拉赫按字面義來詮釋《聖經》，視《聖經》斷言說地球靜止為真理。[5]腓特烈二世駕崩後，布拉赫發現繼任國王沒那麼喜愛他，於是餘生在布拉格度過，在當地幸運女神再度展顏，給他一位年輕能幹的助手，名叫克卜勒。

布拉赫贈予隨後幾代天文學者一筆龐大寶藏，也就是高品質的星體觀察。沒有它們，天上星體的運作，還要對人類祕而不宣數百年。

克卜勒：現代天文學之奠基者

命運不像對待他恩師布拉赫那樣寵愛年輕的克卜勒。他一五七一年出生，是早產兒，父母兩人都受苦於嚴重的人格障礙。他的母親幾乎沒受過教育，教養也不好。他爸爸認為家庭生活如此不快，因此在生下克卜勒後不久，就自願加入西班牙阿爾瓦公爵（Duke of Alba）對荷蘭人發動的慘烈戰爭。四歲時，克卜勒得了天花，損及他的視力，且雙手殘廢。鑑於這些官能障礙，他父母讓他去讀神學院，替他安排神職人員的生涯。

對克卜勒及西方文明幸運的是，他的神學院老師們發現他的數學才華。他最後取得一個生產暢銷占星曆書的職位。克卜勒發覺，托勒密系統與他的演算極不切合，而歸結出必定有一股統一這個宇宙的力量存在。得悉哥白尼日心假設後，他著手拆解行星運動的複雜性。他學術生涯的早期重心，主要在日耳曼南部的大學城圖賓根（Tübingen），不過一直受苦於當地如風土病般的宗教衝突。最後，他到布拉格當布拉赫的助理，得到庇護。幾年後，他的老師突然去世，讓他變成歐洲最偉大天文台之一的台長。至此克卜勒不僅取得管道，追尋他的研究，還得到布拉赫獨一無二的觀測資料。

克卜勒回想起古代希臘天文學家拒絕接受，阿波羅尼奧斯及阿里斯塔克斯的圓形軌道日心系統，原因在它預測時誤差達十度以上——即使對肉眼測量的古人都很明顯。後來托勒密系統能獲接受，是因其結果的不準確僅僅幾度。被沿用了一千多年後，布拉赫的測量已經精準到誤差只大約十分之一度。他的數據以嚴酷不屈服的光，突顯托勒密系統存在的問題。克卜勒的獨特才華在了解，假如他想更好地解釋天體運行，必須揚棄以往所有天文模型使用的圓形軌道。

克卜勒特別著迷於火星的軌道。它的軌道是可見行星裡最不正圓的，而這事實在布拉赫的觀測裡十分明顯。[6]克卜勒揚棄加諸兩個系統的本輪，用橢圓形軌道加以取代。接下來他

5 《詩篇》第七十六篇第八節，「你從天上使人聽判斷。神起來施行審判，要救地上一切謙卑的人；那時地就懼怕而靜默。」

6 雖說火星軌道在古人所知五大行星裡最不規則，但它只略微橢圓。它的長軸比短軸長不到一％。然而，因為太陽位在那個橢圓的焦點之一，它大約「離心」九度，使得火星運動的不規則顯而易見。

碰到的挑戰，便是決定這樣安排後的軌道週期。克卜勒懷疑，一個行星在橢圓形軌道的速率，會依據它跟太陽的距離而變異，而且他有條有理地著手檢驗不同行星運動的數學模型。

雖說火星軌道之謎不容易解決，但克卜勒的數學才華結合布拉赫的觀察，終究勝出。比起布拉赫，克卜勒還有一項優勢：他信仰培根以觀察為本的體系。布拉赫雖是當代最有技巧的觀察家，但他跟幾乎所有當代人一樣，繼續接受亞里斯多德／托勒密系統的道德權威。克卜勒不然。他孜孜矻矻研究布拉赫的火星數據幾達十年。它們不符合哥白尼模型，也與布拉赫用盡力氣想修正它不相容。所以，他推論認為，兩個模型都必須丟棄。克卜勒跟他已逝的恩師不一樣，沒有不容侵犯的理論。在現代西方，沒有科學模型或信仰系統神聖到，就算有相左數據時也不能丟棄，這一點如今我們奉為理所當然，而這一點也根本區別西方及非西方社會。克卜勒是採用這種實證框架的第一批自然哲學家之一，而它對現代生活方式是如此基本。當理論與可靠數據衝突時，理論就得滾蛋。

身為擁有專業技能的數學家，克卜勒要想像替代的模型毫不費勁。他試了幾十個，最後歸結出行星運動的三大規律，完美符合布拉赫的資料。這三定律描述行星環繞太陽時的形狀、距離及速度的關係。[7]克卜勒可能預先存想過哪些模型運作較順遂，但他對特定模型的偏好，其實無關緊要。最後他只選定最吻合布拉赫資料的模型。

克卜勒發現行星「如何」運動，但無法解釋「為何如此」。舉個例子，他的第三定律描述何以較靠近太陽的行星，公轉週期比那些離較遠的來得快。但他不知道為何如此，而且他無法解釋為什麼月亮繞地球轉，並沒有遵循跟行星繞太陽相同的定律。

跟哥白尼一樣，克卜勒的成就在他生前並沒影響力。今天，我們能輕易指出三大定律是他登峰造極的成就。但是與他同一時代的人要鑑別出他的才華，則較為困難。這三大定律，被一堆經常很神祕、如同泥淖的推測掩埋住了。有的談星球共舞之音，有的說太陽與諸行星之間有磁性相吸及排斥。借助望遠鏡來進一步推展天文觀測的責任，落到伽利略身上，而由牛頓及哈雷來完善人類對天體運動的理解。他們崇高的貢獻，把科學研究由教會悶死人的教條解放出來，過程中他們又除掉另一個路障，讓人類走向繁榮。

伽利略：實驗科學先驅

文藝復興始於義大利並非意外。一四五三年，君士坦丁堡遭穆罕默德二世（Muhammad II）率鄂圖曼土耳其大軍攻陷，引發拜占庭的財寶及藝品西流。其中最珍貴的便是，圖書館完整的古希臘手稿。只因地理之便，便注定義大利學者成為西歐第一批檢查這批重寶的人，如此重燃蟄伏許久的研究泛希臘藝術、文學及建築的興趣。但是義大利地近分崩中的拜占庭帝國，既是恩賜也是詛咒。義大利在藝術上，尤其是雕刻及繪畫兩方面取得極大進展，教會給有創造力的天才很大空間。至於科學呢，很不幸，嚴厲的宗教教義，箝禁認真的探究。本

7 這三定律為：一、行星以橢圓軌道運行，橢圓有兩個焦點，太陽位居其中之一；二、行星趨前靠近太陽時會加速，自太陽到行星的連線，在相同時間內掃過相等的面積；三、行星公轉週期的平方，與其橢圓軌道半長軸的立方成正比。

章提到的偉大人物，僅有一人的一生大多在阿爾卑斯山區以南度過——他便是伽利略．伽利萊，一五六四年出生於教會與科學衝突震央的佛羅倫斯。

伽利略的父親溫琴佐．伽利萊（Vincenzio Galilei）是托斯卡尼貴族的後代，家道已經式微。一如現今很多爸媽仍常做的，溫琴佐認為家族要重新爬上社會階梯之路，全靠兒子去當醫生。溫琴佐自己便是有才幹的數學家，他瞧見兒子有數字方面的天賦，斷言說如果小男孩接觸到數學之美，就會藐視醫學。溫琴佐沒搞錯。在當地大公爵的宮廷裡，年輕的伽利略偶然聽到一堂本意講給另位學生聽的數學課，就被數學知識之美拐走了。

他後來在比薩找到數學家工作，待遇很差。在比薩他因斜塔的落體實驗，而吸引人注意。伽利略的研究顯示，亞里斯多德學說的「物體墜落速度與它的重量成正比」，其實不對。伽利略無法輕易忍受傻瓜，因批評一具由科西莫．梅地奇（Cosimo de Medici）之私生子設計的港口疏浚機器，而冒犯了大公，很快就被趕回佛羅倫斯老家了。

過沒多久，他在帕多瓦取得大學數學教席，城市當時歸威尼斯統治。伽利略在當地很吃得開，講課時聽眾很多，還發明了第一具密封球莖狀溫度計等等。

一六〇八年，一位荷蘭光學家李普希（Johannes Lippershey）發明一具粗陋的望遠鏡，並在荷蘭申請專利。一年後這項發明的消息傳到義大利。伽利略思索這種光學原理幾個小時後，便設計、製造出自己的望遠鏡，而且不斷改良，直到他把放大倍率提高至三十二倍，遠強於荷蘭的儀器。伽利略造了幾百具望遠鏡，賣到全歐洲。但他透過望遠鏡看到的東西，幾乎要了他的小命。

望遠鏡的影響極其劇烈。天文學家分辨出銀河是好多個別的恆星，發現月亮上有山脈，而且觀察到月亮的磷光原來是陽光由地球反射的產物。望遠鏡揭露行星都呈球形，只是不管放大倍率多高，恆星依然看似一霎一霎的光點。望遠鏡揭露一大堆「新」星，單是在金牛座的昴宿星團裡便超過四十顆，相形下以往只知道七顆。經觀察太陽有黑子，土星則為「三重結構」，後來由荷蘭傑出天文學家兼數學家惠更斯（Christiaan Huygens）理解為土星環。

與伽利略發現木星有衛星相比，上述觀察的重要性相形黯然失色。任何人透過伽利略望遠鏡看出去，都能見到這些新的星體繞著另個天體運行，直接牴觸到托勒密的宇宙。傷口撒鹽的是，伽利略瞧見金星的相位與托勒密模型預測的完全不同。由這些發現浮現一個願望：行星有規律運動，使得它們可以設法用做精準的「天文時鐘」——推算出經度，解決當代航海導航的大問題。

雖然帕多瓦大學提供優渥的薪水給伽利略，想挽留他，但佛羅倫斯的大金主哄誘他回到故鄉，而且把新發現的木星衛星重新命名為「梅地奇諸星」（Medicean Stars）。但伽利略返回佛羅倫斯真是大錯特錯。

一六〇五年，伽利略仍任職於帕多瓦大學時，一場重大宗教衝突讓教皇保祿五世（Paul

V）與威尼斯鬥了起來。威尼斯長久以來不聽教廷管轄。起因很輕微：有兩名威尼斯神職人員被控蓄意誘姦及重傷害。威尼斯想把他們送上民間法庭，但教宗堅持只有教會才能審判神職人員。兩人沒被遞交給羅馬，此時教宗祭出禁行聖事令（interdict），效果上是把整個威尼斯共和國咒詛出教。威尼斯拒絕聽從羅馬命令，當地神父繼續辦彌撒，直接違反禁行聖事令。

共和國挑戰教皇。上帝之手沒能擊倒威尼斯主權國，而它的大膽向世界揭露羅馬宗教體系的無能。最後讓步的是教皇。因為帕多瓦歸威尼斯庇護，它的大學提供世界最自由知識環境之一。相形之下，統治佛羅倫斯的梅地奇家族知道，他們的財富及權力有很大程度要靠教皇的恩典。他們提供伽利略的保護遠少於帕多瓦。

哥白尼或許還可以偽裝，說自己與《聖經》的衝突只是假設性的建構品，但伽利略的種種發現，嚴重挑戰天主教會的教義。衝突無可避免，引信已經點燃，而伽利略奔騰的性子只叫它肯定燒得更快。

雖然他把爭鬥弄到教廷去，但爭執進行得好天真。伽利略致函克里斯汀娜大公爵夫人（Grand Duchess Christina），也就是他金主科西莫·梅地奇二世（Cosimo II de' Medici）的母親，以典型的知識分子風格主張，哥白尼系統事實上與《聖經》相吻合。教會高層早對伽利略支持日心論很不滿。得悉這個沒禮貌的倖進之徒竟敢教人如何詮釋《聖經》，更令教廷惱怒。一六一五年初，梵蒂岡召伽利略到羅馬，把這件事交給宗教審判。

一開始，事態發展對伽利略不算糟糕。起訴人是白敏（Robert Bellarmine）樞機主教，他是樞機主教團最有影響力的人，還與伽利略有私交。宗教裁判官並沒直接處罰伽利略，他們只叫伽利略停止教授哥白尼的《天體運行論》，原因在它討論的僅僅是「理論上的」內容。宗教裁判官只命令伽利略不得「奉行、教授或保衛」那個被禁的典籍。他高興地接受他們的條件。為資回報，白敏提供他一份文書，聲稱宗教審判庭並沒責備或處罰他。

伽利略相信自己已經躲開嚴厲處罰，便返回佛羅倫斯，在當地悶不吭聲七年。當伽利略在樞機主教團最強大的支持者巴爾別瑞尼（Maffeo Barberini）一六二四年當選教皇，伽利略得意洋洋地回到羅馬，受到教廷諸長之雄的款待，而且私下演講時有不下六個聽眾，包括此時改稱烏爾巴諾八世（Urban VIII）的新教宗。他在每個場合都請求撤銷一六一五年禁令。但是在每個場合，烏爾巴諾都斷然拒絕。

令人費解的是，伽利略沒能領會這項暗示。一六二四年羅馬行之後那幾年，他說服自己，認為教宗事實上支持解除禁令。這個幻想還被好意的朋友助長了。一六三〇年，一位名叫康帕內拉（Tommaso Campanella）的僧侶寫信給伽利略，說教宗表達對禁制令的不滿。這讓伽利略以為，自己的認定一直正確。他開始寫作《關於兩大世界體系的對話》（*Dialogo dei due massimi sistemi del mondo*），即托勒密和哥白尼兩種宇宙體系。

對話發生在三個角色之間。第一位是有耐心、條理井然的教師薩爾維阿蒂（Salviati），代表伽利略自己；第二位則是聰明、有同理心的朋友兼測試人，叫沙格列陀（Sagredo）；

第三位則是痴傻學究辛普利丘（Simplicio）。表面上，伽利略以一位亞里斯多德後期詮釋家的名字，為痴傻學究命名，但這種文字伎倆十分明顯。為了把書的影響力放到最大，《對話》是以義大利文寫成，不是拉丁文，而且標榜憑證據——即用新望遠鏡，誰都觀察得到的金星相位，就能否定托勒密的宇宙模型。更糟的是，謠言廣傳，說伽利略筆下辛普利丘的當代模特兒不是別人，就是教宗。

《對話》一六三二年一月出版，馬上引起騷動。教廷八月就禁止其銷售，十月，伽利略再度被召到宗教裁判所。他哀求說自己又老又病，拖到一六三三年二月終於來到羅馬，然後反覆被關押及釋放。那段期間，有人把刑具出示給老邁的天文學家看。六月他終於現身庭上，堅稱自己從未真正相信日心論。他公開撤回主張，接下來被定罪為「幾可疑為異端」（只差異端一步，異端就得綁上木柱燒死了），被罰以無害的苦修。傳說伽利略從其西恩納（Siena）限居處，步出自己馬車時說，「只是它還在動啊！」（也就是地球繞行太陽。）但是，由於一百三十年後才首度有人宣稱他曾這麼說，這件逸事很可能是杜撰的。

教會勝利的代價慘重。雖說伽利略輸了戰役，卻贏得整場戰爭。正如威尼斯早先揭露教廷神學上威力不夠，審判伽利略則暴露它傳授的東西，核心裡缺乏知識的誠實。這起拖長的衝突裡，教廷誠信損失巨大。它再也無法阻撓重大的科學進展。審判伽利略反倒清除巨大路障，讓人類走上進步之路。

雖說人生最後幾年，伽利略瞎了，但仍繼續工作到一六四二年去世——牛頓出生那一年。他的作品產量驚人，但不是沒有瑕疵。他駁斥克卜勒的橢圓形軌道理論，而支持哥白尼的看法，說軌道呈完美圓形，並有重疊的本輪。他無法做出必要的知識大躍進，想像出引力的性質，只隱晦地感受到，讓地球保持繞日軌道的偉大力量，應該跟綁住月亮繞地球、木星衛星圍繞木星的一模一樣。跟布拉赫一樣，伽利略的指標力量，在他的觀察與機械學技巧。要等到天才無匹的牛頓，以伽利略驚人的實務經驗及觀察才華為根基，才解開天體運動的最終祕密。

牛頓：破解天體軌道之謎的天才

牛頓及哈雷的生平及事功，最好放在一起考量。雖說出生於一六四二年的牛頓，比起哈雷年長十六歲，兩人成長到研究科學的年紀時，知識氛圍是一樣的。而且，他們一起破解最重大的當代自然之謎——不光是行星，而是掌管一切天體運動的則律。這兩人當中，牛頓的天賦更為突顯，他的數學能力高強無比，即使現代數學家都會倒抽一口氣，驚訝他怎能在如此短的時間內，累積這麼多成就。他的人格與才華很速配：有疑心病、毫不幽默、武斷、害羞同時又敏感。哈雷則相反，不管什麼階級的人都說他有魅力、慷慨而開放。他的才華深度不如牛頓，卻更寬廣，遠超過基本科學領域。

牛頓的童年家境寒微。他故鄉在林肯郡伍爾斯索普（Woolsthorpe），媽媽在他還沒出生前三個月，就成了寡婦。牛頓早產又羸弱。為了溫飽，乃母被迫改嫁一個更老的男人，而把小牛頓留給外祖母扶養。誰最早發現牛頓的天賦已不可考（有可能是叔伯舅舅，或是他在鄰村格蘭瑟姆[Grantham]上學時的校長），但奇蹟似的，牛頓竟在一六六一年以「半佣半讀生」（subsizar）的身分，進入劍橋大學三一學院——當佣工付學費讀書。

如果說我們對牛頓中、小學時代知悉不多，那麼對他在劍橋的早年生活就知道得更少了。大約在一六六四年的時候，事態很清晰，他已學完能向他人學習的數學及自然界學問。自此以往，他必須自己開疆拓土。

對牛頓來說很幸運，當時英格蘭的亞里斯多德式教育體系已首見裂痕。三一學院率先揚棄這種悶死人的古代教學。一個世代以前，笛卡兒已發明「解析幾何」——破解軌道力學的重大工具。牛頓進入三一學院時，它是英格蘭唯一學府，能自由教授這種新的笛卡兒數學。

一六六五年六月，瘟疫爆發迫使劍橋閉校休課，牛頓則回到故鄉伍爾斯索普，除了翌年短暫返回劍橋，不然他一直留在老家直到一六六七年四月。獨處鄉居的十八個月，他把數學、物理及天文學完全改頭換貌。

他先克服一個叫自己困惑已久的難題：讓月球留在自己軌道的力，有沒有可能也是叫蘋果由樹上掉下來的力？他結論說，沒錯，正是如此，那種力叫重力。（而且，沒錯，他會探究這個，的確是看到蘋果由外婆園子的樹上掉下來，而受刺激。至於牛頓腦袋有沒有被蘋果砸傷，沒有定論。）

他很快發現，解析幾何已不足以處理這種運算，所以他發明了微積分。很不幸，牛頓老毛病復發，犯了心不在焉的錯誤。他無法去大學圖書館查詢資料，而搞錯地球半徑（由地心到樹上蘋果）的值，他以自己對月球運動的觀察為本，因此歸結出不正確的重力估算。受這個錯誤影響，他無法理解天體運動，把自己出錯的計算放在抽屜，他轉去研究別的領域：運動三大定律。在研究這個的時候，順道取得級數的奠基成就。彷彿那樣子成就還不夠多，他另用稜鏡推出光的色彩組合，而發明了現代光學。

哈雷：促進人類繁榮的先驅

哈雷出生於一六五八年，父親是有錢商人，讓他在倫敦東北部的聖保羅公學（Saint Paul's School）受第一流教育。年輕的哈雷於天文學上出類拔萃，到了一六七三年他去牛津讀書時，已取得足夠的天文設備，可以用自己名字，開一家受敬重的天文台。

牛頓避居伍爾斯索普過後將近二十年，行星運動及重力的問題依然困擾著科學家，包括與牛頓、哈雷同一時代最傑出的另兩位人士——虎克（顯微鏡的發明人，後來成為牛頓最狠的敵人）及著名建築家雷恩（Christopher Wren）。哈雷、虎克與雷恩都直覺到引力的本質，但要證明它的存在，牽涉到的數學，即使對這些偉人也太艱巨。

到了一六八〇年代，牛頓的數學天賦已經廣為人知，但很不幸，牛頓與虎克之間的敵意愈演愈深。虎克宣稱，自己對引力的數學問題已有解答，但不肯把它展示給哈雷或牛頓看。

哈雷不信虎克，於是去劍橋尋求牛頓的建議。

哈雷略知牛頓的萬有引力理論——一個行星承受的太陽引力，與兩者質量乘積成正比，而與兩者距離的平方成反比。哈雷問牛頓，一個行星受到這樣的力，軌道樣貌應該如何。牛頓毫不猶疑地回答說，行星軌道會呈橢圓形。這叫哈雷嚇呆了。哈雷跟當代其他科學家一樣，都信服亞里斯多德的想法，也就是一切運行軌道應該是圓形。哈雷問牛頓是怎麼知道的？牛頓回答，二十年前自己逗留伍爾斯索普時，差一點就解答出來。傳說牛頓接下來摸索自己書桌抽屜，取出他出錯的老計算卷，而哈雷很快就瞧出地球半徑的錯誤，歸結出正確等式。當時，學者們開玩笑，全歐洲一直在找天體運動的解答，而牛頓把它丟了。

電光石火之間，人類揭示了天體運動的真正本質。哈雷敦促牛頓出版其書名取得允當的《自然哲學的數學原理》，甚至支付出版費用。（這樣加深牛頓及虎克之間的惡感，虎克譴責牛頓剽竊。哈雷想當和事佬，讓兩人和解，沒能成功。這段惡毒關係只有到虎克一七〇三年去世才結束，此後牛頓接下虎克的皇家學會會長一職。）

著迷的歐洲，瞧著以往想都想不到的事發生了。一件又一件精準的天文預測得到證實。即使是天體，似乎都很合作。假如你想展現這種新科學的威力，再沒比一七一五年四月二十二日全日蝕掃過倫敦更好的機會了。哈雷出版日蝕路徑「之前」與「之後」的地圖。他的第一張圖付梓於日蝕發生前約兩星期，重製於圖3-4，展示出預料中的日蝕路徑。這張地圖有雙重目的。首先也是最重要的，哈雷希望先向民眾發警報，以向他們保證即將到來、英格蘭幾百年來頭一次的全日蝕，不是什麼上帝不悅的象徵。出版日蝕圖的宗旨在：

當黑暗突如其來，然而將可以看見太陽附近的星辰，或許人們就不會吃驚。而假如人們未經廣告周知，往往會把它視為惡兆，詮釋為上帝存心警告，我國君主喬治王及其政府的惡行。廣告周知之後，他們會把日蝕看待成自然，不過是太陽、月亮運動必然的產物，此外無他……

再來，哈雷使用這次日蝕來徵集英格蘭南部的觀察者，測量它的進展，觀察全日蝕持續期——太陽會完全被月亮遮住多久。哈雷收到幾十件這類報告，藉此他就能判定，自己早先的預測有多準。

這些觀察產出第二張圖，如圖3-5所示，它幾乎與第一張圖一模一樣。哈雷的預測近乎完美，只是在日蝕的確實路徑方向及寬度上略有不準。第二張圖還有意外之喜，它展示出下次日蝕的路徑，並預計發生於一七二四年，由西北掃向東南。

哈雷對日蝕路徑的準確預測，叫大眾著迷了。它是致命一擊，象徵培根科學歸納方法的勝利：觀察、假設，然後測試。到了十八世紀中葉，這種新科學已擊敗亞里斯多德的推理系統，連帶削弱教會在科學事務上的影響力。

至少還要再過一百年，政教才完全分離。跟當代大家一樣，哈雷及牛頓信教虔誠，相信

【圖 3-4】哈雷對一七一五年日蝕路徑的預測

資料來源：經哈佛大學霍夫頓圖書館（Houghton Library）授權重製。

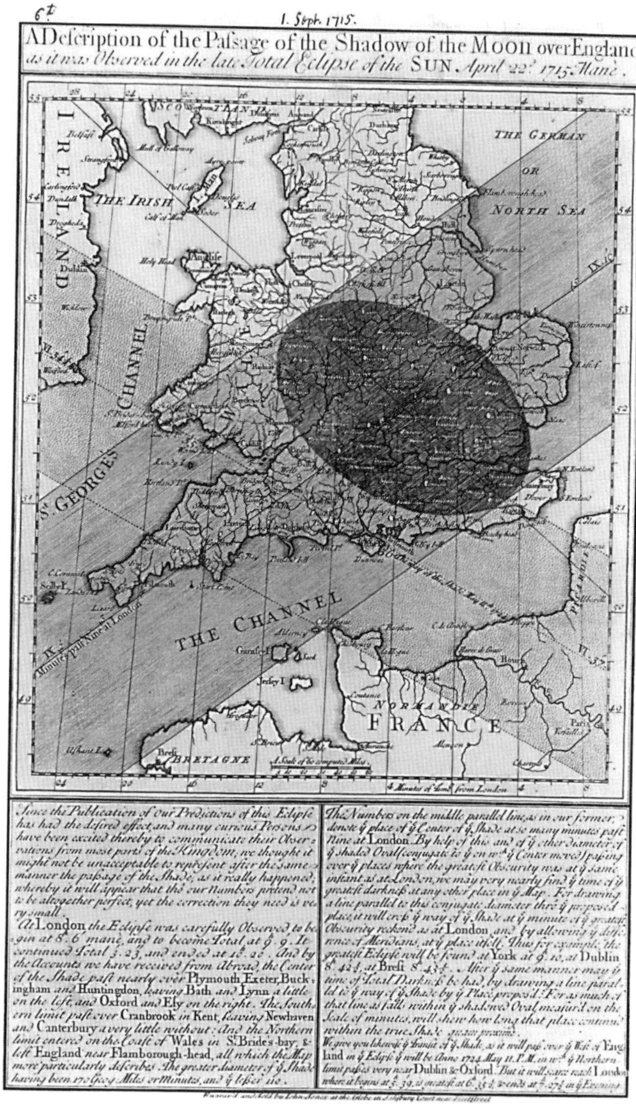

【圖 3-5】一七一五年日蝕的確實路徑

資料來源：經哈佛大學霍夫頓圖書館授權重製。

是全能的主預先定好天體運動的定律。此外，他倆都由字面相信《聖經》為實。舉個例子，哈雷相信《聖經》記載的大洪水，係地球與一顆彗星離得太近之故。牛頓不同意，認為是另種行星的碰撞所致。十八世紀繼任牛頓當盧卡斯數學教授的惠斯頓（William Whiston）便在倫敦，對著大批聽眾演講，談天文現象及《聖經》事件之間的關聯。即使牛頓都無法完全逃脫中世紀迷信的控制。他大部分研究生涯及著作，都與煉金術有關，而他也跟其他科學啟蒙運動傑出人士通訊，津津有味地談論煉金術之謎，其中有洛克，還有未斷絕來往前的波以耳。

撇開他與牛頓的合作不論，哈雷的成就、參與的事本身就很驚人。一六八二年，他發現那顆後來以他為名的彗星，計算出它的橢圓形軌道週期為七十六年。因此一五三一年及一六〇七年在歐、亞瞧見的是同一顆彗星。他預測，即使加計木星、土星引力造成的略微延遲，彗星仍會在一七五八年耶誕節時分重返。因為屆時他已作古許久，他呼籲後世天文學家別忘了他的預測。

他不必擔心。自古以來，彗星就被賦予宗教及歷史意義。舉個例子，一〇六六年黑斯廷斯戰役（Battle of Hastings）發生前七個月，哈雷的彗星就曾出現。後來，此天文奇觀被刺繡上貝葉掛毯（Bayeux Tapestry），那件輝煌的刺繡品描述著諾曼征服英格蘭。彗星一七五八年準時重返，又加添一塊磚，到大眾信仰新科學方法的大廈上。

有個閒暇時刻，哈雷蒐集來自日耳曼布雷斯勞市（Breslau）的死亡紀錄，整理成第一批保險精算表，那對當時正要成形的新保險業極其關鍵。身為皇家天文學家，他當然也是經度委員會的成員。在這角色上，他提供亟需的鼓勵、建議及金錢支持給哈里森，讓他得以造出可靠、準確的航海鐘。

還有，彷彿那樣一生的成就還不夠似的，他出力促成歐洲人發現一個大陸。他建議，一七六一年到一七六九年間（他死後二十年）派遠征船隊到太平洋，觀察金星凌日，以便更精準地測量地球與太陽間的距離。庫克船長帶領這幾次航海，過程中變成第一位造訪太平洋很多地點的歐洲人，包括澳洲及夏威夷群島。因為哈雷在開發現代繁榮四基石的三項——科學理性、資本市場及現代運輸，扮演重大角色，把他認定為本書的中心人物，不算太誇張。

超出天文力學以外的成果

雖說新科學方法造就許多輝煌的進步，但這項革命還要再過兩百多年，才開始大大增加世界財富。一八五〇年以前，投身於工業的科學家寥寥可數。大多數的發明，都由有才華的匠人、發明家創造，如愛迪生及斯密頓（John Smeaton）。斯密頓是羅馬衰亡後，重新發現混凝土的人。十九世紀的鋼鐵業，率先固定使用現代工業科學實驗室，配備全職研究員，要求他們不斷監視礦砂品質與最終產品。鋼鐵大王卡內基（Andrew Carnegie）興高采烈地說，他的實驗室讓他競爭時勝出。他說：「我們聘請化學家指導多年，（競爭對手）說他們負擔不起聘用化學家。假如他們知道真相，他們就該知道，沒請上一位才真消受不起。」但是要到進入二十世紀很久，人手及資金充足的研究機構，才變成大型製造工廠的常態配備。

自哥白尼以來，世態改變的程度，以馬丁．路德譴責那位偉大波蘭天文學家的話來總結，真是再好也不過：「那個傻瓜想推翻整個天文科學。」在路德的世界裡，顛覆祖傳智慧是砍頭之罪。而在三百年後，膽敢那麼做的「犯人」，可能會得到榮譽及財富。在一個可能是虛構的故事中，拿破崙問他的天文學家拉格朗日，有沒可能再出現另個牛頓。拉格朗日的回答總結了那個時代：「不可能，陛下，因為可供發現的宇宙只有一個。」

就這樣，在人類對天上星體的好奇帶領下，我們最終有能力在電腦鍵盤敲個幾下，就計算出人造衛星的運行軌道。這項進展大部分發生在十七世紀，不啻讓人類與周遭環境的關係空前一新。英格蘭科學家及巧匠的知識與財產權，原已有普通法保護，此時另擁有適當的知識工具以利創新。

接下來兩百年間，發展中的資本市場會資助他們的心血努力，而即將到來的現代動力、運輸及通訊則把他們的貨物傳播到全國及全球，如此造出第一波現代財富。

第四章
Capital
資本、市場與霸權

將創意轉化成經濟現實需要資本

簡而言之，市場資本主義需要資本——有必要的錢財，才能帶動生意企業。不管大小，企業必先購買設備及原料，接下來才能生產貨品及服務。正如自古以來，農民借錢買種子及工具，才能收成、出售作物。一家企業把資本花出去，到收入流回企業，兩者之間經常有很長的時間差。即使在純農耕社會，由種植到收成，可以拖長達幾十年，比如種植葡萄就是如此。

在工業社會，資本花出去到有收益，兩者時間差很長是司空見慣的事，而且需要的金錢數量遠大得多。現代西方經濟裡，很大比例的收入，是來自上個世代並不存在的發明，而且幾乎所有收益都來自一百年前沒有的發明。而將這些產品推上市場，需要大量的資本。試想一九〇〇年到一九五〇年那段期間。一九五〇年主宰經濟的汽車、飛機及家用電器業，一九〇〇年還不存在。一九〇〇年真存在的是發明家及創業家，他們夢想著把這些新創產物，帶給尋常民眾。

有個事實怪不好意思的，就是不管任何時候，西方世界的繁榮極大部分是源自一些天才的才智，那些人真的是百萬人中僅僅一人。要把他們的點子轉化成經濟現實，需要數量驚人的資本，而那些錢，只有投資人信任、強健的金融系統才供應得起。

愛迪生一八七九年發明白熾燈泡便是切題的例子，生動展示現代資本的運作過程。（跟大家認定的並不一樣，發明電燈泡的並非愛迪生。早在兩年前，名叫雅布洛奇科夫 [Paul Jablochkov] 的俄羅斯電氣工程師，就以弧形燈管照亮一條巴黎大道。）愛迪生雖是有錢人，也只負擔得起製造少數燈泡的費用。要替大眾市場生產電燈泡，必須蓋大型工廠，聘請數千名技術工，購買大量原物料，這項任務即使是全國最有錢的個人也無法獨力辦到。更糟的是，沒有可靠的供電，電燈泡根本無用武之地。任何想銷售第一批電燈泡的人，必先建好發電站及輸電網路來傳送電力。突然之間，願意拿自己資本冒險，讓愛迪生願景落實的投資人，變成珍稀貨色。

美國十九世紀末葉，大型企業所須的資本投資，一般來自摩根。然而就算摩根的個人財富，也不足以加持「愛迪生電燈公司」（Edison's Electric Light Company），那家為了商業化愛迪生發明品而成立的公司。（摩根一九一三年去世，石油大王洛克斐勒聽到他留下的遺產值八千萬美元時說，「想想，他甚至稱不上有錢人呢。」）

然而，摩根家族能提供的，遠多於能立即變現的資產。十九、二十世紀之交，摩根在美國銀行業的領導地位鞏固崇高，因此他可以糾集各路銀行組成聯貸銀行團，提供巨額資本。經濟史學家經常指出，美國自一八三七年第二銀行許可狀屆期失效，到一九一三年設立聯邦準備系統之間（真巧，與摩根生卒年份相同），並沒有中央銀行。那段期間很多時候，摩根實際上充當美國的中央銀行，甚至一度替美國財政部紓困。

摩根可以輕易調動數億美元，提供建造鐵路、公用設施及鋼鐵公司所須的資金，將美國推動到工業化國家的前列。他另知曉，替新科技周轉資金的提案，最常以失敗收場，就好比一整世代網際網路及科技投資人最近才又學到的教訓。這不算新聞。英國科技投資史就是一部充滿詐欺、不幸及損失的故事，始於十七世紀的潛水公司[1]，再到十八世紀的運河公司股，而登峰造極於一八四〇年代的鐵路股投機泡沫。結果便是，摩根只為穩當的科技技術融資。

但摩根為愛迪生的案子破例。他對電力很熱情，在自己紐約市麥迪遜二一九號的住宅裝設第一代白熾燈泡。那麼做要求在房子背後裝一台很吵又氣味難聞的發電機，而且房子的電線經常走火，有一次還燒掉他的書桌。他資助興建曼哈頓第一座大型電廠，該廠供電給位在華爾街二十三號的摩根銀行各辦公室。摩根自豪地向媒體介紹這些設施的時候，很小心地隱藏發電機超出預算二〇〇%這個事實。

1 一六九〇年代，英國股市熱中於銷售一些成立來打撈海底沉寶的公司股份，是第一次有記載的股市狂熱。

摩根／愛迪生的好戲，另突顯資本市場扮演的建設性角色。摩根及投資銀行家威拉德（Henry Villard）出力幫忙愛迪生一八八〇年代的早期創業冒險，接下來把原始的愛迪生電燈公司整併成「愛迪生通用電氣公司」（Edison General Electric）。到了一八九〇年代初期，對摩根及其同儕來說，事態很明顯，愛迪生或許是個傑出發明家，做生意卻笨得很。當時直流電及交流電發電機、家用電器在角逐電氣市場的接受度。因為直流電以較低電壓就能運作，愛迪生青睞它，勝過交流電系統。很不幸，直流電極不適合長途傳輸，市場潛力受限。對手「湯姆森—休斯頓公司」（Thomson-Houston）則經營兩種電都生產的電廠。一八八三年，一款變壓器可以「降低」長途高伏特交流電，供各地使用，並在英國取得了專利。幾年之內，威斯汀豪斯（George Westinghouse）在美國授權那套系統，而湯姆森—休斯頓就用它來吃掉愛迪生的市占率。

摩根與他的同儕很快就了解，要縮小愛迪生通用電氣公司的損失，唯一之道便是讓它跟湯姆森—休斯頓公司合併，新公司名為「通用電氣」（General Electric）。即使在一八九〇年代景氣衰退期，通用電氣持續取得資本，直到它變成龐然巨物，支配美國電氣市場達一百多年。性情始終如一的愛迪生，在公司合併之後一陣盛怒下，很快賣掉他的股份，把錢投入接下來的發明。後來人家告訴他，假如當時他握住自己的通用電氣股份，現在有多值錢，據說他回答，「嗯，股份全沒了沒錯，但我們曾花得好爽，對吧！」這件逸事指出愛迪生公司的銀行家們，不僅提供周轉，還在企業發展處於重要關頭時，提供重大指引，就跟之前、往後一代又一代創投資本家一樣。

誠如摩根在這件逸事的角色所示，投資人不僅提供資本，還得為此承擔風險。事實上大多數案例裡，他們的投資是打水漂了。誠如最近的網際網路泡沫刻骨銘心指出，絕大多數新公司創業都失敗了。只有用後見之明，比如我們聚焦在成功的故事如愛迪生電燈公司／通用電氣、通用汽車及微軟，投資新企業似乎才有利可圖。以此觀之，新企業的資本市場表現起來很像大家買樂透。幾百萬人買彩券，但只有一些幸運兒獲獎。在我們這個資本導向的社會裡，公開及私募資本簡便易得，這件事本身就提供強烈誘因，去創新及發明。

愛迪生、摩根及威拉德表演的這支金融舞曲，標誌十九世紀末期資本市場的顛峰。本章將鋪敘這套系統古代的誕生、中世紀晚期及現代早期的發展。就最基本來說，這則故事談三個要素：成本、風險及資訊。

資本的成本

經商做生意都要花錢。錢跟其他任何商品一樣有成本——即利率。春天欠缺種子及犁具的農人，償還借貸時必須付息。利率高的時候，我們說錢很「貴」；利率低的時候，就說錢很「便宜」。資金便宜可鼓勵經商投資，但錢貴的時候會叫人打退堂鼓。利率高到一定程度，農人會棄耕，商人延緩做生意。

決定資本成本的因素很多，最基本的便是供需水平。放款的人多，借錢的人少，錢就便宜；而放款的人少，借錢的人多，錢就貴。圖4-1追蹤一二〇〇年到一八〇〇年間，英國、荷

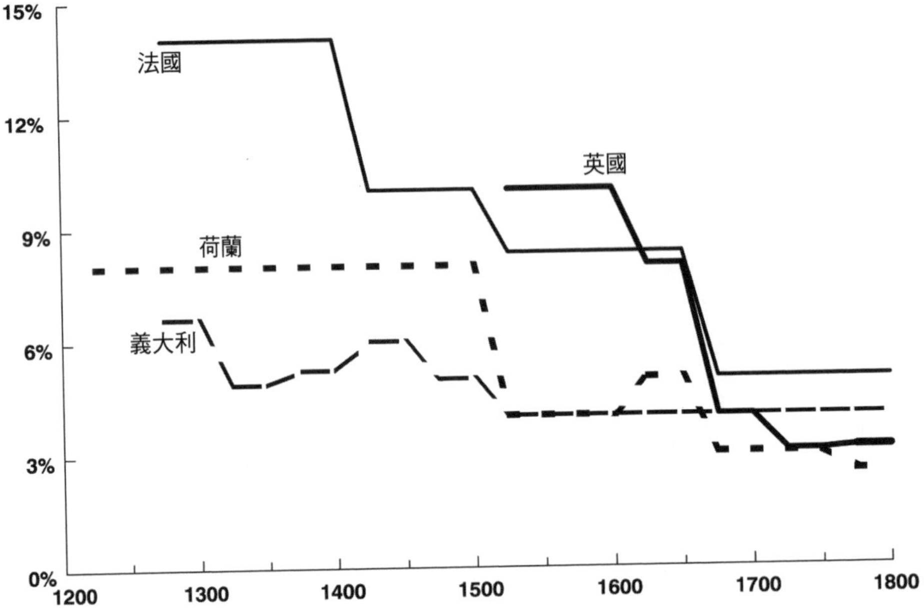

【圖 4-1】一二〇〇年到一八〇〇年歐洲利率走勢

資料來源：數據取自霍默爾（Sidney Homer）與西拉，《利率史》（*A History of Interest Rates*）。

蘭、義大利及法國利率的起落。利率逐漸降低的原因很多。最重要的便是投資資本供應量增加，也就是說，可以取用在放貸的錢增加。資本成本的降低會增加商業活動及經濟成長。

最早期的經濟學家便很懂利率的重要性。蔡爾德爵士（Sir Josiah Child）名列英國最早經濟觀察者之一，一六六八年便指出，「今天所有國家是貧是富，與它們付多少借貸利息（通常都履約），適成正比。」

對蔡爾德來說，這是數學關係。假如一個商人負擔得起既定數額的利息錢，那麼利息為三%，代表他可以借得比利息六%多一倍的資本。歷史學家阿什頓（T. S. Ashton）說：

> 假如我們找單一理由（那麼做應該不對），解釋為什麼大約在十八世紀中葉，經濟加速開發，那麼答案必定是低利率。工業革命礦產挖那麼深，工廠蓋得堅固，運河構工完善，還有那麼多房子，都是資本相對便宜的產物。

關於貸款給個人、政府及企業發行債券的資本成本概念很容易了解。成本就是貸款或債券牽涉到的利率。很多投資人不太了解，資本成本適用於所有權份額（公司股），但它的確適用。先從以下觀念入手：每一股份（也就是能分一份公司營利的權利）的價格，是以「每股多少元」來表達。接下來只要把表達方式顛倒過來，想想「每元多少股」——公司必須把多少所有權給投資人，以換取每一元的投資來購買廠房、設備及勞動力。

當股價高的時候，股票資本——公司藉銷售其股份取得的錢的成本就低，而公司會很高興發行新股給投資人，換取投資資本。這正是最近網路／科技大泡沫時發生的事，新公司把貴到可笑、數量多到發瘋的股份，賣給股民大眾。

反過來，當股價低的時候，資本的成本就高了。公司必須把更大塊的所有權讓與給外人，以換取融資，而投資腳步還慢吞吞。這種現象發生在一九八〇年代。當時股價如此之低，以至於公司經營者事實上是以垃圾債的形式借錢，向大眾購回他們既有的股份。

有時候（一如一九九〇年代末期），比起出售債券或者向銀行貸款，公司透過銷售股份，來取得資本的成本較為低廉。有時候則反過來。只是無論資本打哪兒來，總之得付成本。而成本則決定做成多少生意，還有財富成長多快。

資本的風險

單純的供需無法道盡全貌——創業風險也是影響資本價格的重大角色。一筆貸款借給可信可靠的借方，比借給未獲信任的人，利率要低得多。美國政府的公債殖利率，遠低於如川普賭場發行的債券殖利率。但碰到內憂外患的時候，所有的債券（包括公債）風險都變高，而利率則上升。誠如第一章所述，一個國家的利率曲線，可以視為它的「發燒圖表」，提示它的社、經及軍事體質。

風險可以集中或稀釋。假設你正在考慮一個有五分之一成功率的商機。它要求你投資或借貸十萬美元。假如你成功了，最後會有一百萬（也就是說，獲利九十萬）。聽來很誘人，但你也曉得有八〇%的失敗機率，那種狀況下，會導致你輸掉整整十萬塊錢。因為有二〇%的機率獲利九十萬元，八〇%的機率賠十萬元，本投資案的期望收益為十萬元——即「平均而言」，你能將你的錢翻倍。[2]當然，除非你無法取得平均收益——你要不是大虧，就是賺到更大的利潤。

即使有這麼看好的期望收益，你對是否追求這個商機可能還是猶豫不決。假如你無法輕易撥出或借到那十萬元，那麼虧掉或者欠人十萬元的痛楚，可是要比賺到九十萬元的橫財之樂還要深刻。再想像一下，你活在現代以前的歐洲，還不起債就意味要關進負債人監獄，或者你活在古希臘，還不起債就得當債主的奴隸。

由於風險高度集中，現代以前很少有人敢冒險。英國金融業者十九世紀敏銳地了解還不起債務的下場嚴酷，嚴重妨礙到投資，於是由下議院制定破產法。除去負債人監獄的威脅後，引燃投資活動大爆炸。

現代以前還不起債務而人生毀滅的，不光是創業家。直到相形很晚近的時候，公司股東也一樣。假設某公司失敗，而單純只是擁有公司股份的你，就有可能受到嚴苛處罰，並要負起公司一切責任，那麼顯然你提供資本、購買公司股份的意願就會低得多。解決之道是現代的有限責任公司，十九世紀出現相關的法律進展，保護股東不受公司債權人的侵害。本章稍後將探討它的發展。

我們回到前面的例子。假設你不需自己完全負擔損失十萬元的風險，而能合夥負擔風險，也就是說，與其他很多投資人分擔。假設分為一百股好了，每股碰到失敗只承擔一千元的損失，而成功時可得到九千元利得。藉著分散風險，更多投資人會願意投資。

2 算式是：$900,000*0.2+(-)$100,000*0.8=$100,000。

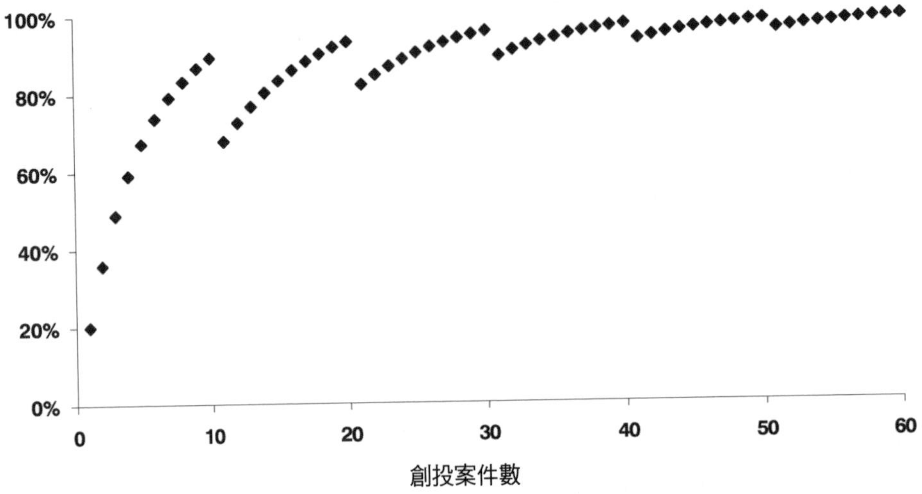

【圖 4-2】分散投資案增多時的成功機率

最後，試想身為投資散戶，你可以在很多這樣的合夥案裡，分散你的風險。只有當上述九成的投資都失敗，你才會賠錢，你整體虧錢的機率因此大為降低。創投案數目愈多，你虧錢的機率就愈低。圖4-2指出在本案例當中，成功（定義為賺錢或不賺不賠）的機率如何隨著可得的創投案數目而上升。投資四家時，你的賺錢機率超過五〇%；而投資十八家，你的成功率就來到九〇%。[3]

若是你可以購買很多不同聯合集資新創事業的股份，你成功的機率就大為增加，你也就大大可能提供資本給有需要的事業體。十七世紀出現的股份公司，正是這兩項需求（聯合承擔及分散風險）的答案，故此增加提供給新創事業的投資資本量。

資訊與資本

就算資本便宜充裕，市場還是得媒合貸方與借方，就好像市場還得替賣股份及債券的公司，牽頭有意購買的投資人。這可不是小事一樁。資本市場的運作，正如果菜、二手車或鑽石市場。隨著買主賣主磋商並交換資訊，市場建立合宜價格。

市場據說能達成這些目標——媒合買賣雙方，建立價格，不過它的效率等級五花八門。一個有效率的市場是這樣的：買家賣家用幾乎相同的價格，自由且公開做生意，且交易量龐大。加油站便是有效率市場的絕佳例子。一般通勤者只消每天開車上班，就能清楚知道一加侖標準無鉛汽油的合理市價。一個沒效率的市場是這樣的：不盡相同的貨色，其買賣頻率低，而且大致避開大眾目光——成屋市場就是例子。

十七世紀以前歐洲大多數地方，資本市場極沒效率。它們撮合借方及貸方只靠口耳相傳，或者瞎撞運氣——即使兩造經常住在同一城市。結果便是，資本的使用者及提供者無法輕易評估資本的真正成本，而且因為這種不確定性，兩造不願交易。下場則是流入新創事業的資本稀少可憐。

人們大可理直氣壯地說，在中世紀歐洲，幾乎一切商品（不光是資本）的市場不僅沒有

3 這張圖逐步升高的本質不免令人狐疑，其實是因為它係專屬這個案例的人工製品——有十件創投案，你只要一家成功就能避免虧錢，但十一件創投案，你就得有兩家成功，對此機率就降低了。

效率——市場事實上不存在。今天，公道價格（proper price）是「打通市場」的價格，也就是說，吸引最大數量的買方賣方一起來交易。大約一四〇〇年以前，「公道」價格並非由市場決定。相反地，有個武斷的道德系統壓倒一切。經濟史學家羅森堡（Nathan Rosenberg）及伯澤爾（L. E. Birdzell）評論說，「這套系統的意識形態，具現在『公正價格』、『公正工資』這樣的詞彙裡。價格及工資表達出道德的價值判斷。一般而言供需無關緊要。」

羅森堡及伯澤爾進一步指出，只有在饑荒時刻，糧食供應量筆直下降，價格才會上揚。而這種現象適足以指引大眾的怒火，燒向今天我們稱為「自由市場經濟」的概念。

經濟學家長久以來就知道，市場運作最有效率的時候，是它們能把盡可能最多的買家賣家同一時間吸引到同一地方。著名的中世紀集市符合這個功能（有些還存留到今天）。你或許也曾注意到在很多外國地方（甚至在某些美國城市，比如紐約市西四十七街鑽石區叢集的小店鋪），肉商或珠寶商都緊密聚集在同一條街。在一個沒有電話及報紙的世界，對買賣雙方而言，叢聚在一塊兒可以把定價資訊放到最大，並增加整體的交易量。在十七世紀，荷蘭很好地利用這種現象，方法是把多家金融交易所，設在阿姆斯特丹彼此相鄰的幾小區當中。

對荷蘭人而言，真悲哀，地理之便最多辦到如此。在複雜的現代經濟裡，強迫買家賣家行旅過不同街道或城市，以買賣眾多貨物及金融商品，極無效率。十九世紀中葉，上述問題透過發明電報及鋪設跨大西洋電纜而解決，徹底轉換資本市場形貌。資本的消費者及供應商（還有其他貨物）不再需要碰頭晤面，甚至不必住在同一個大陸。參與者愈來愈感受到價格公平，而且資本流動呈倍數成長，交易幾乎在瞬間完成。

資本市場的古代起源

自從人類信史在肥沃月灣展開以來，甚至很可能再更早幾千年，資本市場就存在、列屬人類固有法寶。《漢摩拉比法典》便介入資本市場的交易，誠如我們在第二章所見，它設定利率的最高點：銀兩貸款為二〇%，而穀物貸款則為三三%（主要的交易媒介）。我們在此首度碰到風險及收益間的紐帶。假如作物歉收，那麼穀物貸款就泡湯了，所以對貸方來講，穀物風險比銀子高。這種額外風險，正是要求更高利率的原因。

西元前七世紀小亞細亞呂底亞人（Lydian）發明鑄幣之前，古人用稱好的銀丸銀條作為象徵存款，放在他們的寺廟裡，而寺廟充當他們的中央銀行。現代投資人很習慣的資本市場，既涉及到債務——也就是要給付固定利息並償還本金的貸款及債券，也涉及到權益，或稱合有的所有權，它以一部分生意利潤來給付。在現代世界，權益最常指普通股股票。股份公司這種安排首見天日於羅馬及中世紀的法蘭西，但要到十七世紀在荷蘭廣受歡迎之後，才流傳開來。在古代，簡單的合夥權，是一方提供資本給事業的經營者，以換取營利的一份，達成目的與現代股份公司差不多。

由信史之初到相當晚近，人們其實很少採用，不管何種形態的權益融資。以債務而非權益，才是較受喜愛的融資方法。權益融資碰到的問題很容易理解——經濟學家稱它為「資訊不對稱」。經營企業的人——營運夥伴，發現很容易能隱藏獲利（或者虧損）不給投資人知道；而投資人則發現，要監督這種安排，確保自己應得的那一份沒被騙走，很耗時耗財。誠如最近的大企業會計醜聞所示，相同的狀況（只是規模大得多）依然是現代投資人真正關切的事。

另一方面，債務融資則沒那麼複雜，也更直接，它就是單純的貸款加利息償還，並以借方的財物及人身做擔保——投資人要監督也更容易。放款人及借款人都料想得到既定的付款要在既定的日期執行。抵押放款尤其吸引人，原因在放款人可以在借款人還不起款時，抄沒他的房地產。

在古代世界，權益融資相關的資訊及履行成本高不可攀。因此二十世紀之前，債務（貸款及債券），比起權益，更常用在周轉創業活動。[4]

至少由投資人的角度來看，《漢摩拉比法典》也讓債務融資變成供應資本管道中更青睞的方法。原因是法條規定，借款人要向債主提供土地、屋宇、奴隸、妻妾甚至子女，充當擔保品。然而，如此高效擔保的法條也有其缺點。鑒於有可能失去人生最寶貴的事物，人們不願涉險，但冒險卻是經濟有朝氣的命脈。

貨幣的崛起

可靠的貨幣在現代是家常便飯，所以很難想像，呂底亞人把第一批琥珀金丸（金與銀的合金）壓鑄成硬幣之前，世界該如何運作。

試想一個原始經濟體裡，只有十種不同商品在交易。沒有貨幣系統，商販必須把這些商品搭對來以貨易貨：六捆棉換一頭母牛、兩蒲式耳穀物換一車柴薪，不一而足——總共有四十五種可能組合，每一組合自有其價格。[5]更糟糕的是，舉個例子，一個需要向他人買棉的人，必須也擁有對方想要的東西。鑄幣金錢簡化這種交換過程。有了貨幣，只剩十種價格，而買方不必再操心得把自己想買的東西，與他人的搭對起來。用經濟學不討喜的術語，金銀鑄幣變成「交易媒介」。人類沒有金錢能生活那麼久，真是了不起。

另種管理風險的技巧就是保險，由希臘人所發明，形式叫「船舶押款契約」（bottomry loan），用來周轉出海做生意。假如船隻沉沒了，押金就被沒收。這些借貸可被視為與貸款結合的保險契約。因為這種保險特色隱而不宣，所以資本價格不菲。在承平時候，利率為二二．五%，戰時則為三〇%。這種貸款的獨特結構，係因現代以前資訊稀缺而形成。如果沒有這種保險特徵，當船舶沉沒時，放款人必須收拿借款人的其他資產。如此需要先進行一項

4 現代以前偏愛債務勝過權益，還有其他原因。現代以前，人難以預測其能活多久，因此不利於藉由長期擁股而獲利，故此投資擁股的風險也大得多。

5 這條計算N種不同商品可能搭對數目的方程式是：N*（N-1）/2。

不可能的任務，就是判定每個船東的財務實力。把一致的「保險附加收費」當成船舶押款契約該有的費用，就此一了百了，事情便容易多了。

在人類史很早階段，便遇見資本市場的基本問題：資訊。當借款人的財務實力、合夥人的誠信、作物收穫量、現行利率，及一大堆雜七雜八事項的訊息都簡單可得時，放款人就情願出借，而借款人樂於貸款。沒有意外的話，經濟就繁榮。然而在現代以前的世界，資訊要不是很昂貴，就是根本得不到。那樣子注定債務融資利率很高，而高利率便會阻礙經濟成長。

羅馬的資本市場

羅馬的一切都在變。帝國社會相對穩定，讓利率在一世紀降到接近四%。很不幸，帝國主要收入來源是戰利品。在二世紀，征服逐漸減少之後，羅馬財政幾乎不時承受危機。羅馬人接下來靠著向農田收稅，還把收稅作業外包給民間組織。諷刺的是，羅馬生意人為此組成第一批有紀錄的股份公司，在卡斯托爾神廟（Temple of Castor）進行股份交易。

剝削般的稅率不時壓迫羅馬農人。更早時候，本來可以輕易熬過的穀物歉收及景氣疲軟，此時壓迫農人放棄土地，致使鄉間人口流失，毀壞農業活動，而它在一切現代以前社會裡，是收入的主要來源。羅馬滅亡的原因大致是財政困難。羅馬治世的低利率，不足以抵消一個經濟體植基於征服（而非商業）的不良影響。

中世紀早期的經濟體，以及它們的資本市場（由於宗教禁止高利貸而受限）功能之不良，更甚於羅馬。資本可說完全停止流動，只是有些亮點，最戲劇性的早期進展便是市集，它們很快變成每年商業曆日的高潮。地方統治者保護參加市集的外國商販，這在一個鄉間無法無天近乎絕對的時代，真是不小的特權。

這些市集另靠著發展出結算方法，解決中世紀商業大問題之一——金銀硬幣之稀少。每個商人都登記買賣帳，再提交給一個官員，而官員會注銷不平衡的交易。舉個例子，假如有個商人購買價值一千五百弗羅林的貨物，而出售貨物時只取得一千四百弗羅林，那麼他只要付那一百弗羅林的差價，就能擺平債務。

信用潤滑了商業之輪。沒有信用的地方，機器幾乎怠轉；潤滑充沛的地方，輪子就運轉順利。市集的結算機制創造了能刺激貿易的信用形式。後來的歐洲人把這些早期市集的信用機制，發展成力量更強大的金融工具。

隨著全歐洲恢復商業活動，教會逐漸對限制支付利息的命令，制定例外條款。假如放貸出去的錢可以用在其他用途而獲利，那麼教會法律便允許那筆貸款收取利息。舉個例子，假如貸方必須出售田地來籌出款項，那麼貸方可以向借方收取利息，因為賣出去的田地可用別的方式替貸方滋生收入。政府攤派的貸款也可以付息。隨著國債的做法散播開來，教會發現要維持高利貸禁令，愈來愈困難。

五世紀，隨著日耳曼部落肆虐整個義大利半島，愈來愈多難民托庇在亞得里亞海西北端，暗藏於孤立瀉湖中的群島之上。四五二年，匈人王阿提拉（Attila the Hun）征服扼亞得里亞海北部的阿奎萊亞（Aquileia）羅馬要塞，讓本來如小溪前往各島的羅馬難民激增為洪流。羅馬帝國消亡後那紊亂的一百年間，當地的控制權在哥特人及東羅馬帝國（由君士坦丁堡發號施令）間拉鋸角力。

身處時代的大混亂，瀉湖區的居民只能設法自保，所以變得極為獨立。一開始，最大屯墾區就設在阿奎萊亞以南的格拉多（Grado），當地難民創建鬆散的社區聯盟。領導權逐漸移往西南的里亞爾托（Rialto）諸島，威尼斯市就建立在那裡。一開始威尼斯還接受君士坦丁堡管轄，但是在七二六年，拜占庭皇帝利奧三世（Leo III）下令搗毀偶像及宗教圖像之後，威尼斯反抗。這座新城市推選奧爾索（Orso）為司令官及領袖，授其「達克斯」（dux）的稱號，這個頭銜後來變成共和國總督（doge）。奧爾索是接下來一百一十七位城邦統治者中的第一人。當地另成為歐洲金融創新最豐富的泉源，而且有時候還是抗拒教廷最堅強的意識形態堡壘。

威尼斯動盪歷史的特色，同時也是威尼斯資本市場的特徵是，國家用貸款支持幾乎連續不斷的戰爭。到了十三世紀，共和國強制向其最富有公民貸款，而籌到大量金錢。這些貸款稱為「軍事公債（prestiti）」，從沒屆期贖回，並永久支付利息。持有人可以向國內外資本市場出售其軍事公債（通常以遠低於當初付給威尼斯國庫的價格）。這些銷售紀錄綿亙三百年，讓經濟史學家取得近乎未中斷的圖像，了解歐洲最重要資本市場之一——威尼斯的利率圖景。

威尼斯很快就成長為軍事強權及航海經商巨擘，支配東地中海達五百年。其他義大利城市如佛羅倫斯、米蘭、比薩及熱那亞後來跟進。它們全都繼承有瑕疵的羅馬商業法體制，那種體制會嚇阻大規模經商事業。羅馬法強制公司（或會社）的所有夥伴，必須為公司的債務負責。由於還不起債務會導致個人所有財產被抄沒，碰到極端案例，合夥人及他家人還會變成奴隸，所以會社通常把會員權局限於家族團體，畢竟親戚關係仍能提供幾許信賴。

但即使生意只限制給親密誠實的家族成員，對經商失敗的極端處罰，還是嚇阻人們審慎承擔風險的意願，然而它卻是經商及經濟進步的絕對基礎。所以，第一批大型經商事業會以「家族經營商人銀行」的形式而崛起，實無足為奇，前者可以由佛羅倫斯的梅地奇家族為代表。家族結構減輕「一顆老鼠屎壞了一鍋粥」的機率，而經營銀行生意的好處，在可以由存款戶輕易取用資本。

匯票

在十六世紀初期，匯票變成歐洲商業的命脈。這些票據單純只是本票，由某地的債務人簽發，交付給另一地的債權人（經常在外國）。雖說匯票的起源已不可考，但到了信史之初，匯票在肥沃月灣已經常使用。巴比倫商人使用銀子及大麥做通貨，當他們取得以亞述通貨（鉛）結算的票據，才出發去亞述做生意。

希臘人也廣泛運用票據，但把票據用途發揮到淋漓盡致的是，文藝復興前的義大利大銀行。為了了解票據如何派上用場，我們先由以下故事談起：一個佛羅倫斯蠶絲商人想買一船價值五百達克特的生絲，那批貨剛由威尼斯蠶絲進口商運到碼頭。但他手頭沒有那五百達克特，佛羅倫斯商人必須借這筆錢，於是他寫張票據（事實上是借條）給那個威尼斯進口商。

但那個威尼斯人為何願意接受一張他不認識的佛羅倫斯人借條？答案是，大約在一五〇〇年，安特衛普的商人為匯票導入一個耀眼的創新概念——他們讓這些票據可以轉讓。也就是說，它們可以轉手給原始債權人以外的人。這項進展在義大利大受歡迎。那張佛羅倫斯商人寫的票據，此時在威尼斯蠶絲大盤商手中，功能有如現金。

威尼斯進口商事實上是大盤商，接下來他可以持這張票據到地區銀行，兌換成現金。當然，他無法完全取得票據上寫的五百達克特——銀行會少給他一些。他會少收多少達克特，要看三件事：佛羅倫斯蠶絲商的信用程度、票據的到期日、交付銀錢的地點。到期日愈近、發票人信用愈牢固、贖回地點離銀行愈近，那張票據愈值錢。

與蠶絲進口商達成這筆交易，威尼斯銀行按行話便是替票據「貼現」。我們在此舉的例子相形單純。更常發生的情形是，一張票據以兩種不同貨幣交易，為期長達幾個月。碰到這種狀況，票據還牽涉到兩種貨幣間的匯率，也得考量發票日及最終兌現期間的利率。在十七世紀，世上最熱絡的商業路線之一，位在阿姆斯特丹及倫敦之間。圖4-3顯示，兩城市間的票據流動，如何與貨物、債務及現金流動連動。

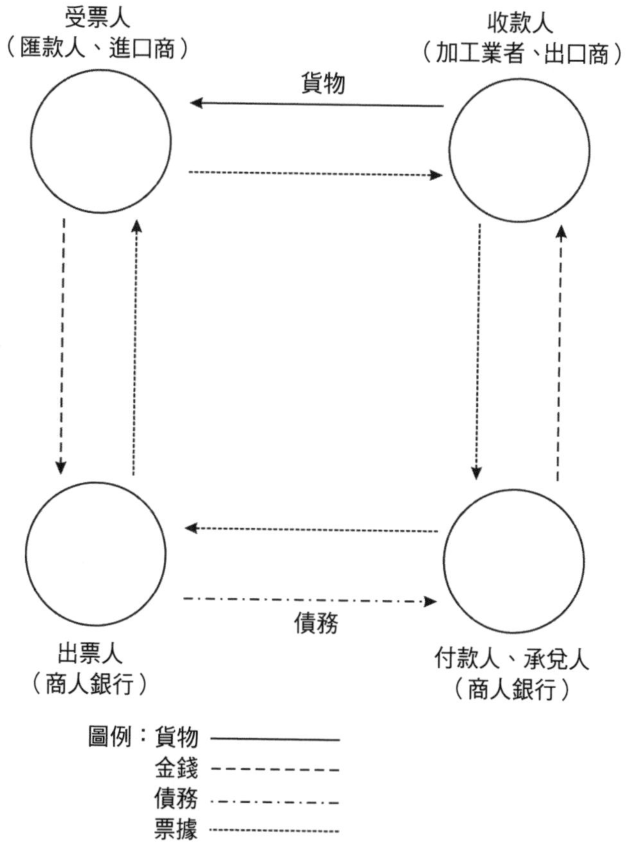

【圖 4-3】票據與貨物、債務及金錢之流動關係

資料來源：摘自尼爾（Larry Neal），《金融資本主義之崛起》（*The Rise of Financial Capitalism*）。

金融之興起

十五世紀末葉，資本流逐漸北移，先是到漢薩同盟各城市——環繞不來梅及漢堡那塊日耳曼區域。接下來，福格（Fugger）家族靠著採礦賺到巨富，再由放貸賺得更多。他們資助數不完的戰爭及航海探險，最出名的便是贊助麥哲倫環繞地球。十五、十六世紀沒欠福格家族錢的各國統治者，實在不多。梵蒂岡名列歐洲最好動武國家之一，福格家族自然成為它的大債主。至此教廷不再能維持它的高利貸禁令。一五一七年第五次拉特朗公會議，便廢止大多數禁止放貸取息的條款。

十五、十六世紀之間，北歐金融中心逐漸由漢薩諸邦轉移到安特衛普。西班牙軍隊一五七六年攻陷安特衛普時，新荷蘭聯邦的中心阿姆斯特丹，承擔起金融領頭羊的角色。最消耗荷蘭資本的便是軍隊，十六及十七世紀很多時間，荷蘭為了獨立，與西班牙打了血腥的戰爭。

荷蘭金融的特殊才華便是動員人人參與。任何有額外盾幣的人，會想購買政府債券的意願，就好比今天大家有意把儲蓄投進金錢市場，或股票共同基金。荷蘭各省及城市發行三種證券：荷蘭文拼成「Obligatien」的短期債券是不記名債券，持有人可以輕鬆地在任何時候賣給銀行或要求券商變現。拼成「Losrenten」的是永久年金，很肖似威尼斯的戰爭公債。跟不記名債券不同的是，Losrenten 持有人會把名字登記在公家會計總帳，收取固定利息。它們也可以在二級市場出售，持票人去世時可以傳給繼承人。最後是「Lijfrenten」，它像是 Losrenten，差別在隨持票人去世而停止付息。

荷蘭人看待「永久」一詞，可不會掉以輕心。一六二四年，一位名叫喬里斯多奇特（Elsken Jorisdochter）的女子投資一千二百弗羅林，購買發行要修繕堤壩的公債，利率為六・二五％。公債一律免稅（類似現代的都市公債），她把債券傳給後代。大約一百年後，隨著利率下跌，荷蘭政府磋商把利率降到二・五％。一九三八年，那份債券落入紐約證券交易所手中，晚近到一九五七年，證交所在烏特勒支把它拿出來，當成利息給付。

Lijfrenten 要求更高的殖利率——一開始為一六・六七％，原因在其利息所得隨持有人去世而停止。Lijfrenten 的利率一六・六七％，與 Losrenten 的八・三三％，兩者間的差距透露出當時歐洲的平均餘命。雖說荷蘭金融市場很先進，但還沒世故到根據購買人的年紀，而變動 Lijfrenten 的利率。到了一六〇九年，這兩項利率分別降到一二・五％及六・二五％。一六四七年荷蘭停止與西班牙戰爭，翌年西班牙承認荷蘭獨立，對利率有正面影響。不僅荷蘭共和國的存續有了保障，而且它對資本的需求也大為減少。到了一六五五年，政府以四％的利率就能借到錢，那種利率自羅馬帝國顛峰之後就沒在歐洲見過。荷蘭金融最後的偉大進展發生在一六七一年，當時既是荷蘭大議長（主要行政官）又是第一流數學家的德・維特（Johan de Witt）把帕斯卡（Pascal）的機率論用在金融上。德・維特歸結出一道方程式，以購買者的年齡來決定 Lijfrenten 付的利息。德・維特起而掌權一事，就彰顯荷蘭人懂得拔擢他們最傑出最棒的人，擔任政府高層官員的重要性。[6]

6 很不幸，德・維特起而掌權並無善終。一六七二年法國入侵荷蘭，人們感覺是德・維特失政，而槍擊且吊死德・維特以洩憤，他的屍身還被暴民支解。

荷蘭商業本就活絡，低利率更為它注入精力，連同北歐也受惠。當時的帳戶資料透露，有信譽的荷蘭公民可以用跟各省、市政府一樣低的利率借到錢。那時候最先進的科技——排水再生土地專案、建設運河、泥炭開採及造船，皆大大受惠於便宜資本。低利率也造福想買房子、地產及農田的尋常公民。更重要的是，能輕易地以低利取得信貸，意味商人可以維持龐大庫存貨物。阿姆斯特丹及其他荷蘭貿易城市，在歐洲便以「能隨時買到任何東西」而聞名。

荷蘭人處理貨幣交易的效率，讓阿姆斯特丹變成歐洲金融中心。到了一六一三年，《價格表》（*Price Courant*）——相當於十七世紀版的《華爾街日報》，以一週兩次為基礎，報導匯率。到了一七〇〇年，十種貨幣已定期報價，另十五種也堪稱定期報價。舉個例子，當英國融資叫日耳曼諸邦參與十八世紀中葉的「七年戰爭」，帳單就是透過阿姆斯特丹結算。跨過北海，英格蘭人卡斯塔英（John Castaing）一六九七年出版《匯兌過程》（*Course of the Exchange*），一週兩次列舉五十二檔不同股票、政府年金與匯票的價格，此外還列有外幣匯率。

《價格表》及卡斯塔英的《匯兌過程》提供最有力的金融潤滑劑——資訊。沒有資訊這項關鍵要素，投資人不會供應資本，資本主義便戛然停止。在此之前，沒有一個地方的金融服務之集中有如阿姆斯特丹。離市政府幾區範圍內，可以找到威索爾銀行（Wisselbank）、證券交易所（Beurs）及商品交易所（Korenbeurs），還有大型保險、經紀業、貿易公司的辦公大樓。在電報發明以前，資訊流通緩慢的時代，荷蘭大型金融機構彼此距離之近，讓它們相形外國競爭對手，取得近乎無法超越的優勢。[7]即使在現代，如此的地理優勢就一定程度上還能自我維持，因為愈來愈多同一學域的專家會匯聚到相同地方。好萊塢、矽谷及曼哈頓要喪失現代電影、電子產品及金融的龍頭地位，還得過很長時間。

故此，好幾種金融創新，包括：海事險、退休金與年金、期貨及選擇權、跨國證券上市，及共同基金，初見天日於十七、十八世紀的荷蘭，就不意外。最重要的進展則是現代投資銀行業的誕生。這是有史以來，貸款的風險能分包給數千個投資人，而投資人也可以在投資銀行業者出售的不同債券裡，多元化自己持有的證券，而降低投資風險。投資風險降低使得投資意願升高，如此又讓利率更為降低。

荷蘭對外投資的胃口很大。經濟史學家德．弗里斯（Jan de Vries）便估計，一八〇〇年荷蘭的海外投資約十五億盾幣，是荷蘭年度GDP的兩倍。相形之下，今天美國在海外的投資，還不到美國GDP的半數。在任何時代，資本都是由經濟體成熟、財富過剩的國家流往需要資本來開發的國家。一如英國在十七世紀由政經落後地區，轉型為世界強國，主要的資本之河，是由阿姆斯特丹流向倫敦。到了十九世紀，已高度開發的英國經濟提供資本，給開發中的美國。美國接下來則在二十世紀變成主要的資本來源國，給開發中國家。世界便如此而開發。

7 在倫敦及阿姆斯特丹，位在碼頭附近的咖啡館便充當非正式的證券交易所。喝飽咖啡的經紀人在那兒可以等資訊一抵達碼頭，就有所行動。

一七七〇年以後，荷蘭金融的遭遇一點也不愉快。那一年之後，荷蘭喪失其金融優勢的原因很複雜，但有兩點很突出。首先，阿姆斯特丹從沒有強力中央銀行，及職司保護投資大眾的監管機構，而那些官方機關後來在英、美發展出來。第二個兆頭更不祥，荷蘭人發現自己被北海對面慢慢崛起的軍事、金融巨怪壓倒了——那個巨怪還是他們用自己資本出力創造的。

很不幸，荷蘭引領現代金融另種趨勢：利用投資銀行剝小型投資人的皮。十八世紀末的外國戰爭公債中，很多無論哪一邊贏得戰事都會倒債，收益只比國內公債的安全利率四%略高一點——對承銷人有利可圖，但是對容易上當的小型投資人而言，因有倒債風險，實為爛買賣。一九九〇年代末期虛偽的投資銀行業者，向易受騙的大眾兜售捧過頭的網際網路股，這種事情對一八〇〇年荷蘭一般投資人來說，實無足為奇。

英國財政復甦的原因

十七世紀把荷蘭打造成世界貿易及金融巨擘，但對英國就沒那麼仁慈了。那個世紀上半葉，議會及法院與斯圖亞特王朝的兩個國王——詹姆士一世及查理一世衝突不斷。此一衝突登峰造極於一六四五年，議會派軍隊於納斯比（Naseby）擊敗保皇黨部隊，一六四九年砍了查理的頭。內戰另重創英國經濟。

即使在內戰爆發前，英國國家財政也搖搖欲墜。對現代讀者似乎不可思議的是，英國王室跟幾乎其他每一個歐洲君主一樣，沒有可靠的財政來源。前邊我們已經讀到，王室收入的主要來源在販售壟斷權，以及出售或租賃國有土地，並向進出口課徵關稅——這些做法適足以扼殺進取精神及貿易。英國君主跟各地王公沒兩樣，都借錢來支付他們昂貴的軍事冒險行動。他們經常賴債不還，因為向在位君主討債很難，所以利率一向很高。一六六〇年斯圖亞特王朝復辟之後，英國國債高漲到難以償還的地步。如此導致英國史上最難堪的倒債事件：一六七二年查理二世頒布「財政止付令」（the Stop of the Exchequer），使得借貸給他的銀行幾乎都倒閉了。

一六八八年的光榮革命，讓將近一世紀的國內衝突畫下休止符，英國人「邀請」荷蘭總督威廉三世登上英國王座，是為「奧蘭治的威廉王」（William of Orange）。（總督是荷蘭特有的建制——其獲指派擔任荷蘭統治者，有時會世襲。）前往英倫的不只威廉一人，荷蘭金融菁英，包括霸菱（Barings）及霍普（Hope）家族，意識到阿姆斯特丹身為世界金融之都的日子已經屈指可數，就隨他橫渡北海。阿姆斯特丹的葡裔猶太人，被宗教裁判所先由西班牙趕到葡萄牙，再趕到荷蘭，此時大批抵達倫敦。經濟學家大衛．李嘉圖之父亞伯拉罕．李嘉圖可能是其中最出名的葡裔猶太移民。

荷蘭的點子隨他們而至。英國人熱情複製「荷蘭金融」，歷經十七世紀破壞性極大的內戰之後，短短幾十年間，英國的資本市場就令荷蘭黯然失色。英國既有勢力的金融業者自然與新來者發生摩擦。英國作家笛福（Daniel Defoe）就在詩句中抱怨：

吾人責我王，
施政參異邦。
國政諸大事，
英賢沒商量。

光榮革命之後，英國財政狀況迅速改善。首先，以前王室仰賴的短期貸款，被荷式長期政府公債取代，而利息及本金由消費稅支撐給付。接下來英國財政部開始與銀行界合作，測試哪類債務最為投資大眾接受（也就是說，以最低利率吸引投資人）。「議會至上原則」恢復了國民信任。成功的商人充塞於下議院。若議會議員會因政府倒債而大失血，他們就不可能放任它發生。最後在一七四九年，時任財政大臣的佩勒姆（Henry Pelham）精簡那批令人困擾的政府債務，變成單一系列的債券，即著名的永久債券（consols），它們像威尼斯的戰爭公債及荷蘭的 Losrenten，從沒期滿贖回，並提供永久的利息。直到今天，倫敦仍有交易永久債券。

雖說政府舉債乍看之下與商業借貸無關，但健康的國債市場，事實上對融資業至關重要。這一點有雙重理由：

一、因為政府的信用程度廣為周知，而公債的交易量如此之高，所以最容易定價及銷售。而且，由於商業資本的定價及銷售機制跟政府公債、票據一樣，成功的政府公債市場必先存在，接下來商業債券市場才能運作順遂。在開發中的前現代經濟體裡，公債充當「輔助輪」，以供應資本給創業家。

二、政府公債為「無風險」投資提供重大指標。公債及政府票據交易活絡，則能不斷提供商人及創業者衡量指標，知悉完全安全的事業體要求的報酬率。如此組成「基準線」，另再加上「風險溢酬」——根據貸款風險所要求的額外利息。舉個例子，佩勒姆整併國債時，永久債券殖利率為三%。這代表最受信賴的借款人（一六八八年後的英國王室）能取得的最低可能利率。故此，一個略有風險的經商創業可能要六%利息，而投機性事業就要超過一○%了。有簡單易懂的無風險利率（也就是政府公債）存在，讓貸款給創業者更容易定價。

首先建立體質良好的政府公債市場有多重要，可以鮮活地由美國內戰時代顯示出來。一八六二年，林肯的財政部長蔡斯（Salmon P. Chase）未能賣出五億美元的戰爭公債，他便請金融業者庫克（Jay Cooke）幫忙。這位知名的費城投資銀行家，用電報指揮由兩千五百名經銷商組成的大軍，把那些債券直接賣給民眾。一八六五年，庫克發行更大一筆公債，並在一八七○年初用相同技巧，為賓夕法尼亞鐵路（Pennsylvania Railroad）籌集資本。他的方法是把任務拆分成兩群。第一群由承銷商組成，他們以折扣價買公司的債，承擔銷售失敗會持有大量賣不出去的債券的風險。第二群是大量的經銷商，把發行的債券直接賣給大眾。以此方式，滿足新生的美國所需的龐大資本。

股份公司的興起

十七世紀跨過北海出口到倫敦的所有金融手段裡，以「股份公司」對後來的經濟發展影響最大。龐大跨國企業普遍的影響力，事實上定義了我們現代的生活方式。的確，一個區分已開發世界生活及未開發世界生活的表徵，便是尋常百姓每天與這些龐大公司打交道的量。撇開被大型跨國企業激起的強烈政治感受不論，由它們主宰的經濟體比起沒有的，要更為穩定繁榮。（本書稍後回答人們在這種現代大企業國度裡，有沒有更快樂這個問題。）

為何現代商業如此盛行這種巨大組織？理由跟本章稍早討論的企業聯合及分散風險有關。把經商風險打碎成幾千小塊，會增加投資人承擔風險的意願。降低個人應攤金額便擴大可能投資人的範圍。另外，可以購買那麼多不同企業的股份，進一步降低散戶投資人的風險等級，讓他們更願意提供資本。

此外，現代的上市公司都是有限責任企業，也就是說，股東個人不必負擔事業體的責任。他可以只賠掉他的投資，公司債權人不能追討他的個人財物。在沒有有限責任制的世界——每個生意合夥人跟尋常股東都得完全為彼此的行動擔責，而且生意失敗會導致坐牢甚至淪為奴隸——大型、不帶個人色彩的企業不可能發生這種事。碰到這種狀況，唯一行得通的經商組織（即使規模很小），便是彼此信任的家族團體。

撇開信任的角度，家族對大型生意的長期發展，不算格外合適。經商要成功，領導人必須聰明、具領導力及有視野。在一般人當中，都已很難找到三項優點都具備的決策人物，而一個家族要歷世累代，確保穩定供應那樣的人才，說實在並不可能。

有能力經營任何大型企業，實在是很珍貴的技能，而十八、十九世紀工廠崛起，便需要一種甚至更難得的東西：有能力組織數百甚至數千勞工組成的勞動大軍，人人執行極專業化的任務，成為運作有效率的有機體。工廠出現之前，只能在最優秀的高階軍官裡，找到這種人才。要單一家族提供大量有如此才華的中階管理者，其困難直如登天。理由在發財成功，往往會腐蝕掉家族後代成員的雄心及節儉能力。成語說「富不過三代」就是這個意思。

要民眾踴躍地購買公司股權，有限責任是近乎絕對必要的制度；若是沒有，民眾不會願意供應股本來培養公司。一七二〇年的《泡沫法》（Bubble Act）規定，任何行號若是沒有議會特許狀，不得擁有六名以上的合夥人，而且其中每一人都有責任用盡他的「最後一塊錢與土地」，以為企業負責。碰到這種環境，大型而有活力的公司行號並無法茁壯。

股份公司倒也不是全無缺點。公司經營階層擁有的股份可能不多，甚至完全沒有，而他們的利益也可以與股東們的大不相同。股東要的只是瞧見股價及分紅能上升。現代經濟學家把這種無效率稱為「代理成本」（agency cost）。最極端的狀況是，經營階層可以厚顏無恥地打劫公司，比如最近發生在世界通訊（WorldCom）、安隆及阿德爾菲亞（Adelphia）的事情。還有更狡猾的，如經理人可以浮報開銷，或者投資公司資本時，更大興趣在建立商業帝國，而非賺取利潤。時代華納與美國線上的合併，就是這種現象的絕佳例子。要因應如此明目張膽的無良企業行為，理論上股東可以投票把無能或自肥的管理階層趕走，而限制代理成本。然而，這種情況很少發生。

因此，現代股份、有限責任公司透過上述機制大幅降低投資風險。撇開曾提及的顧慮，它也應該藉由挑出精實幹練的「新人」（而非家族企業裡，那些愈來愈死氣沉沉、好逸惡勞的後人）來擔任領導者，增加公司生產力。後者可以擁有股票，但不是實質控制權。

一六八八年光榮革命後，這樣一套體制還沒有卓然成形。跟今天市場基本教義派宗奉的正統信仰適足其反，一個強健的股票投資文化，必須有政府經營的機構來確保股東不受「資訊不對稱」所傷害——換句話說，他們不被公司經理人欺騙。近來多起會計醜聞便鮮明地顯示，即使股份公司已經活躍存在四百年，離完美無瑕還差得很遠。股東及政府兩方面都應更強力地糾察企業。

股份公司的起源已經無從考證。為了收稅、供應養分給帝國而成立的羅馬公司，至少是間歇性地出售股份。大約一一五〇年，法蘭西南部巴札克勒（Bazacle）有三百年歷史的水力磨坊便把它的所有權分割成股份。自大約一四〇〇年起，那家公司股價的紀錄近乎持續不斷，到現在都還能取得。那家公司在巴黎證券交易所（Paris Bourse）買賣直到一九四六年，當時的法國政府既對資本市場欠缺理解，也沒歷史概念，才把磨坊國營化。

第一批股份公司做的都是令人擔驚受怕的事，並托庇於壟斷權力底下。英國王室一二四八年成立的「倫敦纖維」（Staple of London），用以控制國家羊毛貿易，就是早期一例。一三五七年，愛德華三世把向其他羊毛生產者收取出口稅的權利，賜給倫敦纖維，以換取其將財務挹注他在法蘭西的軍事冒險，接下來倫敦纖維同意給愛德華進一步的貸款。公司營運基地設在加萊（Calais），而這種以羊毛壟斷權，換取提供王室貸款的交易持續了兩百年——直到加萊一五五八年落入法國人手中。

最初的現代股份公司，則可能是荷蘭東印度公司及英國東印度公司（ＥＩＣ）。荷蘭東印度公司縮寫為ＶＯＣ，正如低地國家居民及經濟史學者所知道的，它是第一個靠著發行長久分紅股份而籌到大量資本的公司。在十八世紀初，學者們估計公司的市值約六百五十萬弗羅林，由大約兩千股組成，每股值現金三千弗羅林。[8] ＶＯＣ給股東的收益很驚人——長達一百多年，股票股息約二二％。ＶＯＣ股票的豐厚報酬，反應兩種不同的風險。首先，進行新而極為危險的長程貿易，營運本質上就有諸多危險。第二，這種新型合股制度本身就包含很多不確定性。高收益自有其不利之處，一向如此。它們對投資人是恩物，但這麼高的資本成本則對需要資本的公司是災難。一個事業體真的必須極其成功，才能保持每年分紅二二％給股東！

十七世紀英國資本市場的開發程度，遠遜於北海對岸，而ＥＩＣ的歷史，最能說明最初的股份公司所遭逢的問題。ＥＩＣ營運著高風險生意——在英國、印度及印尼群島間進

8 約合今天一億四千萬美元。

行香料、布匹三角貿易。標準上用西班牙銀元來買印度棉布，再用棉布到印尼交換胡椒、肉豆蔻及丁香。這些貨物再運回英國出售，取得銀元。EIC另跟中國及其他東南亞港口做糖、咖啡、茶、靛藍染料及蠶絲貿易，補充基本的三角貿易路線。

這個三角貿易的龐大利潤被面臨的巨大風險抵消了。撇開商業正常的變幻莫測不講——棉布價格在爪哇大跌，伴隨香料短絀，就是個大災難——旅程本身就充滿危險。船員因疾病與船難，死亡率必然很高，更不用提當地海盜的打劫，還有極不友善的荷蘭、葡萄牙及印度海軍。船隻消失得無影無蹤並非異常事件。

每趟出海返航，營運期為十六個月，循季風而安排。相關的資本運作相形簡單。每次航行約十二艘船的裝備，及每趟旅程初始所需的白銀，都是大筆開銷。假如一切進行順利，十六個月後，同樣這批船會滿載香料及其他來自東方的貨色，揚帆返抵泰晤士河。由於需求多供應少，而確保這些貨物能賣到好價錢，獲取豐厚利潤。

VOC及EIC兩公司很快就發現，這種貿易風險如此之大，因此盡可能把它限制在亞洲，只把最後產品——金銀貴金屬，運回歐洲就好。這麼做有兩個優點：第一，把大部分貿易限制在印度洋，可以降低要命的成本（金銀財寶及人命皆然），損失在頻繁來回好望角航線上。第二，在亞洲當地貿易，即不必由歐洲運出金銀來給付香料及紡織品。這麼做吻合當代的重商主義精神，它把一國的財富等同於金銀庫存數量。

ＥＩＣ的處女航始於一六〇一年。雖說荷蘭各公司透過其老練的資本市場可以自由取得資本，但同一時期的英國市場還在初級階段。一六〇一年，英國沒有管道取得荷蘭資本，而荷蘭人不管怎樣，不可能將資金周轉給ＶＯＣ的對手。ＥＩＣ發現無法取得長期資本，被迫把每一趟出海生意，都化為股份。標準上每趟旅程要花大約五萬英鎊的資本，其分割成五百股，每股售價一百鎊。十六個月後貨物返抵倫敦時，公司先將貨物貯存在貨棧裡，逐步拍賣，以免市場上貨太多而壓低價格。以此方式，盈利在接下來一年左右在股東之間分配。這些定期拍賣變成倫敦商業行事曆的固定大事。後來這些拍賣會充當另一個，或許可能是更重要的功能：由於拍賣會吸引大量股東前來，它們發展成合理有效率的市場，供交易公司股份所用。

這些個別投資的貿易之旅，幾乎都替股東取得很高收益（事實上只有一次虧錢）。舉個例子，一六一一年的第十次旅程，讓每股售價一百鎊的股份取得二百四十八鎊的收益。這一點彰顯當代資本市場的中心特色：高投資收益意味著公司付出很高的資本成本。ＥＩＣ倒是更喜歡用低息貸款，來周轉出海做生意，而把龐大利潤留在公司。很不幸，十七世紀初倫敦弄不到便宜資本，尤其沒有資本供高度投機的風險事業。隨著ＥＩＣ展現自己有能力「把貨弄來」，它的資本成本便下降，開始以合理利率成功賣出短期債券。

最初的股份公司除了是壟斷事業之外，還以另種方式隸屬政府——透過債市。英格蘭銀行就是絕佳例子。與公司名稱涵義恰成其反，銀行當初是民營股份公司，直到工黨政府一九四六年把它國營化（你會想起，同一年法國人把巴札克勒磨坊國營化）。

光榮革命後的那幾年，英格蘭銀行尚是年資淺、脆弱的組織，它率先使用「轉換」（engraftment）技術。銀行開始購買政府公債，因此實務上，這意味著那些擁有政府公債及票據的民間人士，用政府公債及票據來交換英格蘭銀行的股份。這些公債提供股東穩定的收入來源，間接地為進一步借款做好準備，而且還讓銀行得悉政府未來有什麼借錢需求——真是珍貴的資訊。

EIC採取相似的轉換營運。南海公司也採取轉換做法，一七一一年它取得與南美洲貿易的壟斷權，代價是承擔可觀的公債。不過由於西班牙及葡萄牙也同樣擁有南美洲，那種壟斷權事實上並沒有價值。一七一九年南海公司進行更大規模的轉換作業，導致惡名昭彰的「南海泡沫」。天真的投資人，因為對南海公司的南美貿易壟斷權印象深刻，所以把他們的公債拿來換該公司飆上天的股票。泡沫不免爆破時，數千股東被剝了皮。其中之一正是皇家鑄幣大臣牛頓爵士，他說：「我能計算天體運行，卻無法計算人類的瘋狂。」[9]

英國政府另保護遠洋貿易公司的股東，包括南海公司及EIC。一六六二年，政府首度授予這些公司有限責任的地位，這一招犧牲債權人但造福股東。議會雖對股東及債權人的權利也都很敏感，但推理認為，這些貿易公司因持有轉換的政府公債，即使破產，也足以保障債權人權益。由於大多數公司沒持有轉換公債，議會除了那些貿易公司外，並沒有授予其他人有限責任的地位，要到一八五六年《公司法》頒布，才終於把有限責任擴大給大多數公司的股東。在美國，倒是很早便提供有限責任的保護——它獨立後很快就授予很多公司有限責任制。到了一八三〇年代，事實上所有美國公開募股企業都取得有限責任的保護。

英國作家布坎（James Buchan）在其著作《冰凍欲望》（*Frozen Desire*）中，對金錢本質有傑出的研究，另生動地紀錄下股東因沒受到有限責任保護，而面臨的大災難。布坎出生於書香世家，祖上很多作家，其中一位便是他的高祖父約翰・布坎（John Buchan），他的不幸在持有格拉斯哥市銀行（City of Glasgow Bank）股份。一八七八年，銀行因發生一連串經營者詐騙事件而倒閉，虧欠存戶逾六百萬英鎊。依法約翰・布坎因此要負擔兩千七百鎊——這筆金額約合他淨資產的總和，遠超過他持投的價值。法院裁決《公司法》不適用於他的案例。幾年之後，他破產、怨恨且一貧如洗地死了。

這則股份公司簡史再次鮮明地顯示，要建立及維持有效率的資本市場，政府有多重要。在十七世紀的英格蘭，沒有壟斷權保護、政府公債轉換，以及有限責任持股（在貿易公司的案例），沒幾個投資人願意把資本注入當時的風險創業。前兩項制度已隨時光而絕跡，但第三項留傳迄今。近來股市發生的事強化兩個觀念：一、在經濟的自然狀態中，公司經理人會欺騙股東；二、若政府沒有法規大力監管證券業，投資人不願擴大投資證券。

英國資本市場的開發始於十七世紀，十八世紀不斷發展下去，十九世紀來到全盛期。當時，英國資本被召喚來為維也納會議之後發生的工業大擴張提供資金。瓦特及博爾頓（Matthew Boulton）的蒸汽機將推動製造業及運輸的轉型，而當代的奇蹟——運河、鐵路及

9 原先南海公司的每股股票，由它持有公債的獲利約五英鎊。以當時普遍利率為三%，意味著每股價值約一百五十鎊——這幾乎也是由泡沫高點、每股一千鎊摔下來後的價錢。

蒸汽動力工廠，吞吃巨額資本。英國紡織工廠的動力織布機數目，在一八一三年到一八五〇年間增加一百倍，而鋼鐵產量在一八〇六年到一八七三年間增加逾三十倍。不僅是英國鐵路、工廠及運河，歐洲其他地方，以及開發更迅速卻缺錢孔急的前殖民地，都是英國資本支付的。

英國資本市場的全盛時期

在南海公司事件（一七一九年到一七二一年）的恣意亂搞後，英國議會規定，唯有經其特准，一家公司才能有六名以上的股東。國會另禁止賣空及選擇權交易等能提升市場流動性及效率的操作。直到一八二〇年開始的一系列立法，議會才逐步解除一七二〇年《泡沫法》的各項限制，簡化了成立股份公司的程序，放寬有限責任的保護傘，及其他有益於貿易及商業的立法。一八四六年，議會終於廢止《穀物法》。那些法條保護國內糧產業者，用管制及徵收穀物進出口稅來敲詐消費者，長達四百年。

最後，大家還目擊十九世紀取消負債人監獄，但這一點幾乎全被經濟史學家忽視。在英國，一八六九年的《債務人法》（Debtors Act）大致達成這個目標。（假如可以在法院證明，債務人顯然有足夠財力可以償付，那麼本法還是准許把他關起來。）幾乎同一時間，美國各州及許多西歐國家也通過類似法條。廢止還不起債就監禁的規定，因而大大鼓勵創業者去承擔風險。

國家	存款數量
倫敦	120,000,000 英鎊
巴黎	13,000,000 英鎊
紐約	40,000,000 英鎊
德意志帝國	8,000,000 英鎊

【表 4-1】四大金融中心可取用的存款數量

到了十九世紀末，英國已成為世界上最優秀的投資資本來源國。世上最有才華的商人、發明家匯聚到倫敦尋找資金周轉，而英國變成全球經濟引擎。記者兼經濟學家白芝浩（Walter Bagehot）在一八七三年出版的《倫巴底街》（*Lombard Street*）（書名源自義大利倫巴底的早期銀行家），對當代英國資金市場進行了最迷人的描寫：

> 要描寫倫巴底街，最簡單真實的方式便是，它乃是有史以來經濟力量與經濟脆弱性的偉大結合……大家都承認，它擁有能隨意支配、能輕易獲得的現金數量，遠比其他任何國家多。但是很少人了解，在英國的現款餘額（ready balance）——可以借給任何人做任何事的流動借貸資金，要比世上其他任何地方多出多少。

白芝浩列出一八七三年初，四大金融中心已知可取用的存款數量，如表4-1所示。

任何人想尋覓，英國十九世紀經濟及軍事能支配全球的原因，真可以就此停止了。英國創業者能自由自在地追求自己選擇的生意點子。假如他信用令人滿意，市場會供應他大量資本，足以讓他的計畫開花結果。在白芝浩獨到的行文中，它便是資本「可以借給任何人做任何事」。

上述表格的數字裡，最令人印象深刻的便是，鑒於當時英國經濟規模只比法國大二八%，倫敦、巴黎金融市場的差異竟達九倍。事實上這些數字還低估了差距。英國除了倫敦以外，還有很活躍的金融市場，而法國鄉間的資本活動小到幾可忽略。為什麼法國人（還有德國人）資本市場這麼小？據白芝浩說，理由在文化及歷史：

> 要測量金融市場的資源，銀行存款當然並非嚴格精準的尺度。相反地，德、法兩國銀行以外的現金更多，所有沒有銀行體系的國家也一樣，但英格蘭、蘇格蘭不同，兩地銀行業已發展起來。只是這麼講好了，游離銀行之外的錢不是「資金市場的錢」，它無法被取用。法國人除非碰到巨大災難，或者自己的證券要很大筆貸款，不然別想把法蘭西的積蓄，由法國人的看守榨取出來。

換句話說，法國人及德國人不信任他們的金融機構，剩餘的法郎、馬克會被藏進床墊，而非進入企業。法國及德國的創業家相比英國同儕，一樣聰明、苦幹實幹，只是取得資本的管道較少。白芝浩一針見血地點出，資本集中在國家大銀行裡，是英國獨一無二的優勢，原因在：

> 一百萬元在單單一個銀行家手中，力量很大。他可以馬上把款項投入想要的領域，而且

借款人可以來找他，原因在他們知道（或相信）他有那一百萬。但是，相同金額分散在全國幾十人、幾百人手中，就一點兒力量也沒有。沒人曉得該去哪找資金，或向誰借錢。

白芝浩對事態如此十分興奮：「這種奢侈，別的國家未曾享受過，史上也無與倫比。」他進一步指出，資本輕易可得，提供機會給「胼手胝足小人物」。十九世紀，這些小人物取代安逸的貴族階級。（貴族中很多人一兩世代以前也是小人物）。「英國商業粗鄙的結構，正是其生命之祕密，原因在它含有『歧變的傾向』，而這種傾向在社會一如在動物界，正是進步的原理。」這些胼手胝足的「新人」，不僅賣東西比有規模的商賈便宜，還把創新的果實帶給大眾。簡言之，可取得的資本很充裕，餵養出不間斷的科技與商業創新河流——即經濟成長。實際上，資本變「盲目」了。十九世紀以前，借款人及放款人彼此認識，而白芝浩描述的新系統雙方則互不知名。有史以來第一次，愈形複雜又有效率的中間人系統，分離開資本的消費者與提供者，正如工業化愈來愈讓商品的生產者跟消費者不必碰頭。

那麼，何以荷蘭人、英國人及美國人會把自己的積蓄存在銀行，從金融市場賺取利息，而法國人、德國人、印度人及土耳其人卻不那麼做？白芝浩沒談這個主題。要回答這個問題，我們必須審視現代以前的國家治理歷史。

請回想一下，土耳其欠缺資本市場及財產權，而迫使帕夏得把自己的錢財帶在身邊。鄂圖曼帝國、文藝復興以前的全世界，甚至今天很多非西方國家的腐敗，此時更引人矚目了。當初或現在沒保護個人財產的地方，就沒有創新誘因。就算在愚昧的土地上，也有發明家的心在躍動，但卻沒有資本來開發他的產品，讓發明上市。整個國家的資本會冷藏在床墊底下，變成佩戴的珠寶及裝飾品，甚至安放在私人——尤其是皇帝的金庫裡。

伊斯蘭禁止利息，讓土耳其人拴上另一項羈軛。沒有利息就沒有貸款，沒有貸款就沒有投資。到了帕夏戰死的勒班陀戰役時代，那些禁制大致已在西方解體。而在穆斯林世界並非如此，它相形西方經濟表現這麼差，大致上是財產權、資本市場處於初級階段所致。依我們所知的私人財產、金融市場及銀行業，在一八五六年以前不存在於鄂圖曼帝國，那一年，最早一批設在土耳其的銀行，還是歐洲人開的。

歷史對鄂圖曼土耳其人的判決，可能用勒班陀戰役最出名參與者（即使只是個小兵）塞凡提斯（Cervantes）的話來總結最好，「整個世界學懂，以前錯得多離譜，原以為土耳其人百戰百勝。」土耳其既不是第一個，也不是最後一個落到如此下場的國家。隨著其他似乎不可能征服的國度——十七世紀的西班牙，以及很快就浮上我們心頭的蘇聯，其因為沒有自由的公民權及有效率的市場，最終凋敝枯萎，塞凡提斯的觀察迴響於好多時代。

第五章
Power, Speed, and Light
動力、速度與訊息之光

默不作聲的小媳婦

幾年前，一種外觀難看的新發明品，名叫「多功能平台」，開始出現在西非洲的村落。這項機具由一位瑞士人道救援工作者發明，它媒合一具十馬力的汽油引擎與五花八門的工具——漏斗、研磨機、攪拌機及活塞。當地婦女會通常能取得並操作這些機器，而它們所到之處，讓生活不復舊觀。舉個例子，一名村婦可以租這部機器十分鐘，代價約當地貨幣二十五分錢，來研磨及攪拌十五磅的花生，做成花生醬——這項工作以往要花一整天勞力，做得腰痠背疼。因為那種賤役傳統上歸家中地位最低的女性去做，村民便把新機器戲稱為「默不作聲的小媳婦」。

事實證明，這些機器帶來的好處難以估計。擁有產花生田地的家族，可以大量增加他們賣給公開市場的花生醬。年輕婦女由無休無止的賤役解放出來，並有時間及金錢上學。年紀較大的女性則取得時間，擴大她們的生意，還能種植新作物。

這些機器轉動了發電機，供電給燈泡，允許商店日落後做生意，另小孩晚上出生也較安全了。即使通常與這些機器沒什麼關係的男性，他們也都很高興。有位先生說，「我們的太太不再那麼勞累，而且雙手更光滑。我們喜歡這樣。」

這些裝置可以讓現代讀者理解，橫掃十九世紀西方世界日常生活的巨大轉變。它們也有助於釐清何以世界經濟在十九世紀扶搖直上地成長，但在此之前並沒有的根本原因。現代繁榮的另三個基礎——財產權、科學理性及有效率的資本市場，已經在英語世界及歐洲很多地方確立。創業人士萬事俱備，缺乏的只是運輸、有效率的通訊，以及可靠的加工生產動力。蒸汽引擎及電報的到來，提供最後要素給現代西方經濟成長，馬上且止不住地扭轉人類已過了數千年的生活方式。

動力

不管你是種大豆、澆鑄鐵，還是組裝精密的電子迴路，你要有動力才能生產。動力愈多愈好。沒有牛的農夫會落後於有牛的，而有台拖拉機的農夫，就能以機器帶來的產出，淹沒他趕牛的競爭者。

直到大約一〇〇〇年，幾乎所有農耕、工業、土木建築及打仗的工作，都由人力來執行。人類能造出多大動力？答案是，少得可憐。腳踏車的測功電瓶通常饋電給不怎麼亮的燈泡，而它現在是科學博物館的固定展品。假如你體能狀態絕佳，你可以長時間產出大約十分之一

來源	持續馬力
人類用機械幫浦	0.06
人類用絞盤	0.08
驢子	0.20
騾子	0.39
牛	0.52
役馬	0.79

【表 5-1】人類及馱獸的持續動力量

馬力，而不會不舒服。你也可以在很短時間內，提升產出到二分之一馬力，但幾秒鐘之後，你的腿就會很瘦，而且肺部感覺像要爆炸了。

古人，尤其是希臘人，的確發明了一堆精巧裝置，以螺桿、滑輪及槓桿為基礎，把人類微小的力量放大到極致。然而現代以前，要完成大規模、繁重的任務，主要手段還是動用歷史學者委婉稱為「社會裝置」（the social device）的東西：徵調並控制大量勞工，一起建築廟宇、金字塔、運河與高架渠。

精巧裝置及集體人力極限就只如此。只要人力動力是唯一來源，農業、製造業就不可能持續成長。直到十九世紀中葉，歐洲政府還沒廢止惡名昭彰的徭役——非自願的人力勞動，用來建設道路。

古人為了補充人力，還動用馱獸。表 5-1 彙整以動力計測量，如今能由人類及各色馱獸取得的持續動力量。

雖說古代世界已用到獸力，但它既昂貴又沒效率。不管是古典時期還是中世紀的世界，人類及馴化的動物體型都比今天來得小。幾千年前，馱獸產出的動力可能只有今天的三分之一。馬匹很貴，希臘人及羅馬人留牠們來做負重輕但需要速度的工作。此外，馬具品質差，及馬蹄欠缺保護，也讓古人無法充分使用馬力，而傳統的牛軛甚至會讓牛隊窒息。要到十二世紀，農人使用的馬具才有功效。

轉動財富之輪

人類也未有效率地使用自己的力量。古代世界，不僅人都生長得較為矮小，不夠健康，他們也沒什麼幹勁。大多數工作都由沒財產權的奴隸及小農執行。經濟史學家計算過，奴隸的生產力，是自由人做相同工作的一半。

動力生產的第一次真正進展體現在「水車」上。最早兼最沒效率款式，是俗稱諾里亞（noira）的水車，如圖5-1所示。它出現在希臘化時代末期、約西元前一五〇〇年的希臘。縱觀歷史，磨坊的主要工作就是磨穀物。有位歡欣的古人描寫道，「不用再磨了，在磨坊裡辛勞的女人們。多睡點吧，即使公雞黎明啼叫也一樣。」這真是呼應到現代西非人的「默不作聲的小媳婦」。雖然這位不知名的紀錄者很熱情，但水車這種新裝置在希臘、羅馬相形之下派不太上用場，原因在其設計太粗陋，動力輸出很低。

接下來兩千年間，水車的設計在西歐經歷幾次改進，終於在大約一五〇〇年出現熟悉的

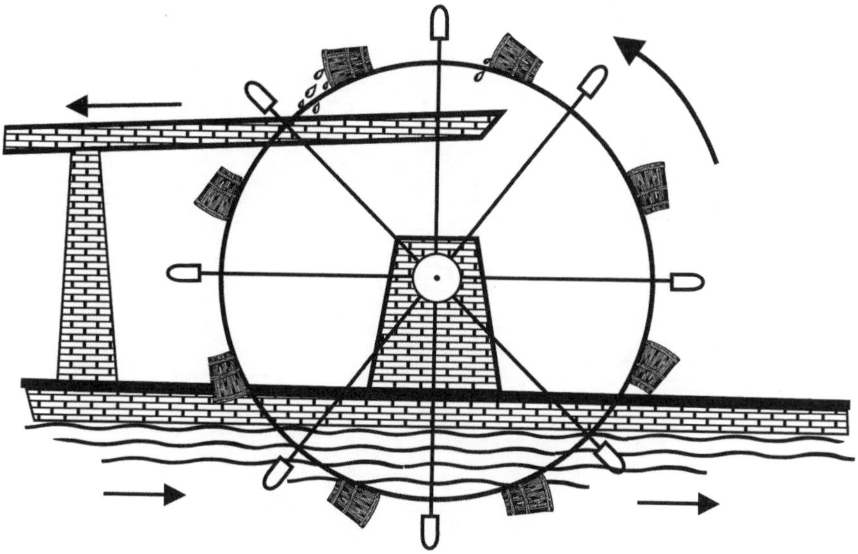

【圖 5-1】諾里亞水車

齒輪上射式水車，如圖5-2所示。只有最湍急的溪流有辦法推動較早期的無齒輪水車磨坊，但加裝齒輪讓流速慢的溪河畔也能設立磨坊。

即使是小水車，動力生產僅幾馬力，都能幹幾十個人的活兒。早期粗陋的「底射」設計（水流過水車底下的輪葉或桶子）磨坊，一小時能磨四百磅的穀物——相當於三馬力。相形下一個「驢子磨坊」配備兩個勞工，一小時只能磨出十磅。到了中世紀，水車不僅用來磨穀物及小麥，還用來推動鑄造廠、鋸木機，壓碎鐵礦砂。

一〇八六年，《末日審判書》（*Domesday Book*）紀錄英格蘭南部有五千六百二十四台水車，服務著約一百五十萬人口。每具水車產出五馬力，相當於每居民享有〇．〇二馬

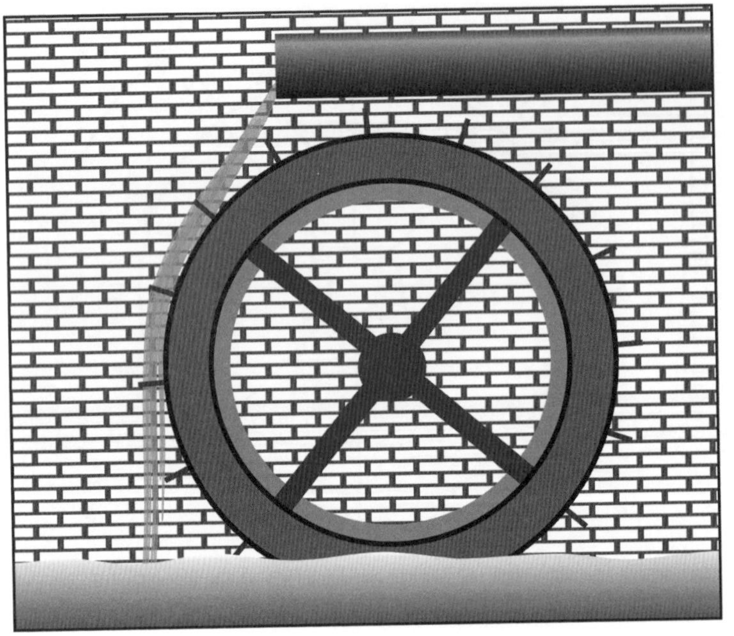

【圖 5-2】上射式水車

力。人類此時快要能擺脫體力限制。直到十九世紀好一段時光，水車還是西方生活的必備品。倫敦橋一具上射式水車供應著倫敦水源，直到一八二二年。

取用風力

雖說自遠古以來，人類就駕馭風力來推動帆船，但風力能源被取用來做機械工作，算是相形晚近的事。十世紀，波斯人首度把風力用在工業用途。風車本質上有兩個缺點：首先也最明顯的是，它們無法以日復一日的基礎，供應可靠的動力。第二，它們必須不時調整風向。最早的「柱式」風車使用笨重的單件設計，操作者必須轉動整個沉重的裝置。後來，只由頂上轉動的六角塔狀風車在荷蘭廣獲使用。最後在一七四五年，愛德蒙．李（Edmund Lee）發明了尾風車（fantail），它是一個大型垂直的安定舵，自動調整風車的葉片，即使到今天，它在美國農地上仍是熟悉的定置物。

雖說風車有助於改善生產力，但它在大多數事情上仍無法取代人力。它平均只能產出約十馬力，因此相形水車並沒多大改善。十七世紀的荷蘭約有八千架風車，主要用來排除海水，服務的人口超過一百萬——每個居民享有約十分之一馬力，已經是《末日審判書》時期，英格蘭人均享有動力量的五倍。

大自然的喜怒無常，限制風車與水車可以在哪裡及何時運用。現代以前最強大的風車是路易十四的馬爾利機（Machine of Marly），它用來推動凡爾賽宮的噴泉，據說產出多達七十五馬力。西方經濟仍得等到開發出一種能不受限於地點或天氣，並供應更大動力的技術，才會起飛成長。

蒸汽為現代經濟升溫

古人曉得沸騰的水可以幹具體活兒。大約西元前一〇〇年，亞歷山卓的希羅（Hero of Alexandria）就描寫兩種蒸汽動力裝置。第一種如圖5-3所繪，是一種安裝在垂直軸上的圓形容器，即大家很熟悉的汽轉球（Hero's Engine）。加熱的時候，呈正切安裝的噴氣孔就會指引蒸汽噴出，使容器旋轉。

【圖 5-3】希羅蒸汽機

第二種古代蒸汽引擎，是一種戈德堡式（Rube Goldberg）裝置，用來打開及關閉亞歷山卓寺廟的門。蒸汽驅使水由一個大容器進入一個較小桶子，後者接下來因重力而掉落，透過一套由滑輪及柱子組成的複雜系統，推動廟門開關。

希羅著作《氣動力學》（*Pneumatica*）描述的這兩種器械不確定是否存在過。就算有，也只是展覽物件——充其量只是玩具，無益民生。直到十七世紀末期，人類才把蒸汽派上實際用途。那個時代最迫切的工程問題，便是該如何把水由煤礦排出去。幾百年來，礦工們曉得自己無法把水從超過三十英尺的深處泵出。這種限制致使無法有效率開採深層煤礦。科西莫・梅地奇手下的工程師們想抽掉深處的水，卻怎麼試都辦不到，便向伽利略求助。伽利略把問題轉給自己傑出的助手托里切利（Evangelista Torricelli）。雖說托里切利無法打造出有效的幫浦，嘗試過程中卻發現更珍貴的東西：三十英尺極限是大氣壓力的產物。那股氣壓施加的阻力，每平方英寸逾十四磅，正好等於高三十英尺水柱產生的壓力。

一六五四年，日耳曼科學家格里克（Otto von Guericke）藉一個巧妙的實驗，展示大氣大量的潛力。他拼合兩個直徑二十英寸的金屬半球，再抽掉兩者間的空氣。這樣造出來的真空如此強大，甚至用兩隊駿馬由相反方向扯，都無法分開兩個半球。

科學家很快便了解，駕馭真空的力能產出龐大的動力。惠更斯首先進行嘗試，藉著點燃一個汽缸裡的火藥，而造出局部真空。方法是由一個瓣閥排出熱氣及周遭空氣，冷卻之後，瓣閥關閉，造出局部真空。這個辦法雖有助於展示所用，但卻無法比用機械幫浦造出真空更有效率。（惠更斯的裝置倒可以稱為第一具內燃機。）

惠更斯的助手帕潘（Denis Papin）主張，就造出真空而言，蒸汽應該是更有效率的方式：

> 水有這樣的屬性：少量的水加熱後轉為蒸汽，它擁有膨脹力如空氣，但隨著接下來冷卻，會再度分解為水，以至於沒有半絲所謂的膨脹力留下。我歸結認為，我們可以打造一些機器，其中的水不必借助太強的熱（也就是成本很低），即可造出完美真空，而那種真空是絕無法靠火藥達成的。

寫下這些重大的語句後沒多久，帕潘便造出第一具管用的活塞式蒸汽引擎模型。汽缸裡少量的水沸騰後，把活塞上推。活塞衝程到頂時，把火移開，並由一個栓子幫助活塞固定。接下來整個裝置進行冷卻。蒸汽凝結，故此造出真空。等完全冷卻時，鬆開栓子，驅動活塞猛力下落。嚴格來說，這個裝置不是蒸汽引擎，毋寧是真空引擎。帕潘的蒸汽活塞並非由加壓的水蒸汽推動，而是被蒸汽凝結成水時，造出來近乎完美的真空所推動。其水與蒸汽的密度比例約在一千二百比一。

帕潘的引擎跟希羅及惠更斯的一樣，因太笨重、太慢而不實用。但用不了多久，別人就修改他的裝置，成為可堪派上經濟用途的機器。十七世紀，伍斯特侯爵（Marquis of Worcester）及塞維利（Thomas Savery）設計出以蒸汽來操作的幫浦，話雖如此，侯爵的幫浦是否真是由他本人打造，迄今還不清楚。雖說塞維利造出管用的款式，但他並沒發大財。儘管如此，有些歷史學家仍推崇塞維利發明第一部管用的蒸汽機。比起侯爵及塞維利的技術或商業成就，更重要的是他們都替自己的裝置取得專利。塞維利在漢普頓宮（Hampton Court）向王室貴冑展示機器後，取得自己的專利。

十七世紀末期，發明家都強烈受「有望取得工業專利而發大財」所吸引，加快科技創新的步伐。固然帶頭點亮科學革命的人，都受過高深教育，而且其中很多出生於貴族富室，但工業革命的偉大工程師及發明家幾乎毫無例外，都是沒受過教育的工匠。他們的發明動機，主要是希望經商發財。紐科門（Thomas Newcomen）跟他同代人塞維利一樣，都是這方面的代表人物。紐科門社會地位低，但這並不妨礙他與當代最偉大科學家之一的虎克通訊，談論帕潘及伍斯特侯爵的作品。紐科門了解到早期的設計之所以會失敗，原因在那些汽缸都由外部冷卻，而他設計的引擎則是由內部注入冷水來冷卻。因為塞維利的專利範圍很廣，幾乎把紐科門能設想的任何設計都涵蓋了，紐科門被迫與塞維利合作。

然而，幾乎沒有他們第一部裝置的歷史紀錄。但是在一七一二年的某天，在伍斯特郡達德利堡（Dudley Castle）的煤礦坑中，世界第一部管用的常壓蒸汽引擎，開始由礦場深處把水泵出來。在此關鍵詞是「常壓」。紐科門的引擎如圖5-4所示，跟帕潘的一樣，運作時完全靠周圍的氣壓。靜止不動時，活塞位處冷卻的汽缸頂上。來自鍋爐的高溫蒸汽被注入汽缸，把冷空氣由圖5-4左邊的瓣閥驅走。此時汽缸充滿蒸汽，而活塞在其衝程之頂，下一步由圖示右邊的瓣閥注入冷水，蒸汽因此凝結，造出近乎真空。這種近乎真空產生的壓力再把活塞強力拉下，而傳輸給幫浦機制。接下來再次注入蒸汽至汽缸，而活塞緩和地升起。下一個週期則由再一次注入冷水而推動。故此，引擎運轉純粹由大氣壓力——活塞之推動並非由高溫的蒸汽，而是由蒸汽凝結時產出的真空。

紐科門引擎的主要貢獻在具備自動操作的瓣閥，其開閉則由主要驅動梁的動作來控制。這部機器每分鐘循環十二次，造出約五．五馬力。雖然沒比水車或風車強大，但它可以隨時隨地幹活兒。人類此時可以隨心所欲地使用動力，不受大自然的喜怒干擾。新的專利法獎勵創新及改良，促使發明家推出遠超越其最初原始設計的產品。幾十年內，紐科門引擎生產出來的動力已多達七十五馬力。

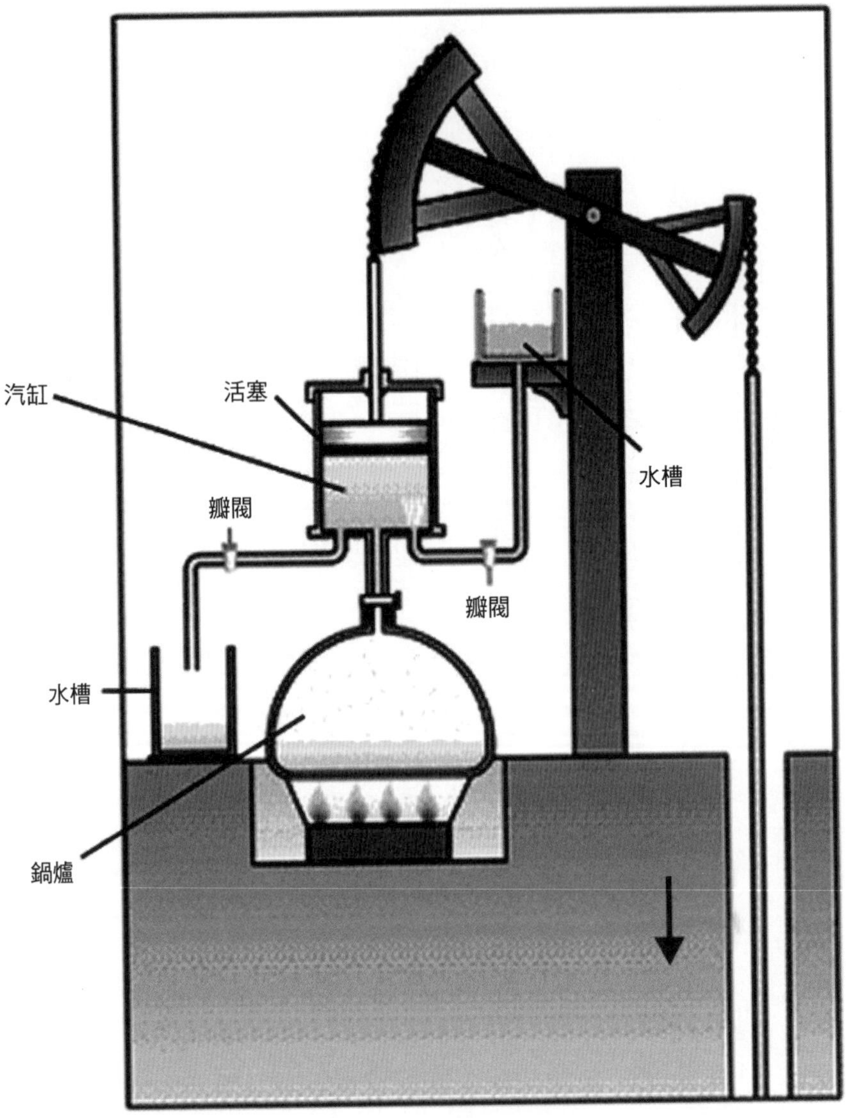

【圖 5-4】紐科門的引擎

紐科門的引擎堪稱製造業及運輸革命的震央，永遠改變了世界經濟成長的輪廓。然而從經濟面來看，它極不實用。那種設計需要整個汽缸交替加熱冷卻，本質上沒效率，而且因為是氣壓式引擎，動力產出有限——活塞表面壓力每平方英寸僅十四．七磅。引擎消耗的煤量龐大，所以只能運用於泵出煤礦的水，因為那兒燃料很充足。更糟的是，這部引擎只在下行衝程時產生動力，讓它無法用在推動車船。用一位歷史學者的話來形容，它是一種「有希望的怪物」。

紐科門引擎雖有諸多局限，但仍是當時最先進的，不過它發明之後的兩個世代間，使用無多。一七六九年蒸汽引擎集纂表只列舉了六十七部。儘管技術上有瑕疵，引擎的基本概念穩妥完整，接下來由各世代的匠人逐步改善它的動力及燃料效率。

其中一位匠人便是瓦特。一七三六年他出生在蘇格蘭，家裡經商卻很窮，家境維艱，逼使他要找一門營生。十九歲時，瓦特前往倫敦，在當地學習製作「哲學設備」——今天我們則稱為科學儀器。等他返回格拉斯哥想自己開店時，當地同業公會拒絕讓他加入。幸運的是，他擁有突出的機械天賦，格拉斯哥大學因此雇用他修理及製作儀器。

他的新職位使他得以接觸到蘇格蘭最偉大的科學家，他們帶領他熟悉蒸汽的物理學。一七六四年，命運降臨，要他修理一具大學的紐科門引擎模型。瓦特馬上察覺出，它的無效率是源自汽缸要交替加熱及冷卻——假如可以設法使它運轉時持續是熱的，就會減少許多煤的消耗量。之後沒多久，瓦特在一次現已被說成是「傳奇的格拉斯哥綠地漫步」中，他靈光一現——假如蒸汽可以冷凝在汽缸外，則汽缸本身的運轉循環就可以保持是熱的，大大節省燃料。翌日，他返回自己實驗室，用一個小的黃銅醫療注射筒，展示外部冷凝器的可行性。瓦特所設計的重要外部冷凝器如圖5-5所示。

瓦特試著生產他的裝置時，碰到一百多年後，叫愛迪生受阻的相同難題。發明已經夠困難了。對瓦特來說，更為困難的是找到技術工，大量生產他的引擎。最困難的是取得足夠資金，大量製造引擎。一開始，瓦特與當地另位發明家羅巴克（John Roebuck）結夥，但製造這種活塞汽缸的資本需求好像無限大，尤其是精密機械加工相當昂貴，害得兩人破產。

破產後，為謀生，瓦特去找了一份土木技師的工作。命運祝福他不止一次，而是兩次，十年後的一七七四年，他否極泰來。去倫敦做例行生意時，他碰到伯明罕的實業家博爾頓，他對瓦特的發明有興趣。此外在那一年，槍炮製造家威爾金森（John Wilkinson）精練了鑿炮膛方法，使其能符合活塞汽缸引擎要求的精細公差。幾個月內，瓦特及博爾頓已造出工業級的蒸汽機，使用的是威爾金森的精準組件。第一台成品送去替威爾金森的高爐鼓風，以償付他供應的汽缸。

把「協力」這個概念運用得最好的，莫過鋼鐵及蒸汽兩科技的互動了。蒸汽改善鋼鐵的質量，品質更好的鋼容許更精準的活塞汽缸機械加工，以及更高的應力耐受度（stress tolerance），接下來則促使更有效率的蒸汽動力。

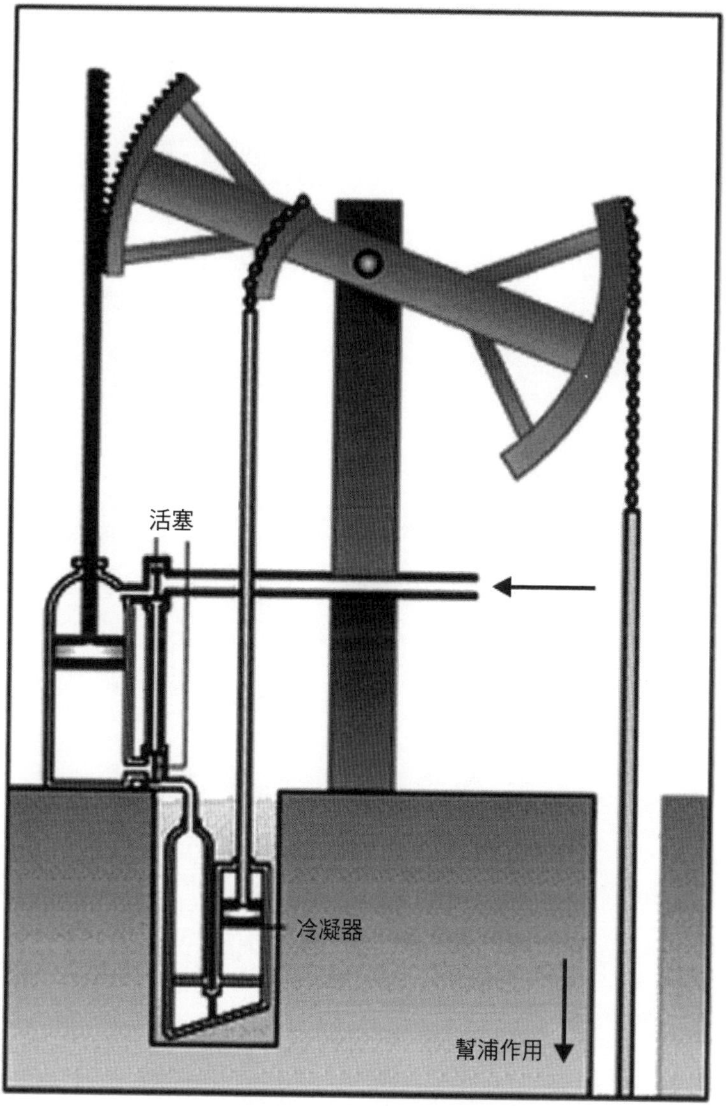

【圖 5-5】瓦特的引擎

即使下議院都來合作。到一七七四年，瓦特原始的專利只剩八年，不足以讓博爾頓－瓦特蒸汽機獲利。議會准許再提供他們二十五年的專利保護。到延展期結束，四百九十六部蒸汽機已在英國運轉，推動礦場幫浦、鋼廠高爐及各類工廠。

博爾頓－瓦特蒸汽機創造出來的工業機會，讓創新如洪水出閘湧現。瓦特設計出旋轉式蒸汽機——對工廠及運輸至關重要。而且它是在正蒸汽壓下工作，不僅僅是在常壓（負值）。話雖如此，瓦特仍對使用遠超過一大氣壓的蒸汽感到遲疑。礦業工程師特里維西克（Richard Trevithick）就不如此了。一八〇二年，也就是議會頒給博爾頓－瓦特的專利過期兩年後，他就替一台在每平方英寸一百四十五磅壓力（十倍於標準大氣壓力）運作的蒸汽機申請專利。

時序轉入十九世紀時，人類已斷然逃離人力、水力及風力施加的古老限制。一個在工廠操作機器的工人，或者拿氣動鑽煤鎚的礦工，其產出比起前輩要多出幾十倍，甚至一百倍。船隻不再聽命於大自然的喜怒。更重要的是，這種產出大量機械能源的新能力，激發出來的發明是以往想都沒想過的。這些發明的其中兩項——鐵路火車頭及發電機，很快就改變每日生活的本質，過程中收穫最後一塊拼圖，補全舉世繁榮。

速度

消費性商品再豐饒，假如無法有效率地在各地搬移，也沒什麼價值。無論衣物、食品、電器設備生產效率多高，若是無法快速便宜地送去給使用者，依然會貴得叫人卻步。

發生在工業革命前半期的情況就是如此。一八二一年底，英國作家杭特（Leigh Hunt）一家人前往義大利，暴風雪讓他們兩個月後還沒離開英倫海岸，而且要到翌年七月才抵達利佛諾（Livorno）。

同一時期，走陸路可能比海路安全舒適，但好不到哪兒去。至遲到一八二〇年，在英國攔路打劫依然常見。在歐洲大陸，事態就更惡劣了。法國商品出貨，照例要請保鑣，義大利公路上殺人不算罕見的事。直到蒸汽火車頭出現之前，歐陸遊客攜帶槍械是家常便飯。

雪上加霜的是爛透了的路況，大多數不過是車輪痕很深的泥土路。除了拖慢旅行速度，並導致身心不適，路面不平坦也讓道路不安全。馬車即使在慢速時翻覆，經證實也會輕易叫乘客喪命。直到大約一八二〇年，馬卡丹（John L. McAdam）發現用細細壓碎的石子鋪路面很平順、抗車輪壓痕，才翻新修路科學。

走海路或許比陸路更危險，但是在蒸汽動力發明以前，海路明顯更廉價，就管陸路可以直通，也是如此。即使鐵路出現幾十年以後，行旅倫敦及愛丁堡之間，走海路依然比陸路便宜。

新世界發生的狀況也類似。在當地，阿帕拉契山脈是內陸行旅望而生畏的障礙。這一點由圖5-6的行旅時間就可以清晰顯示。循海岸行船五百英里要花一個星期，而由內地走相同距離，要花三個星期。

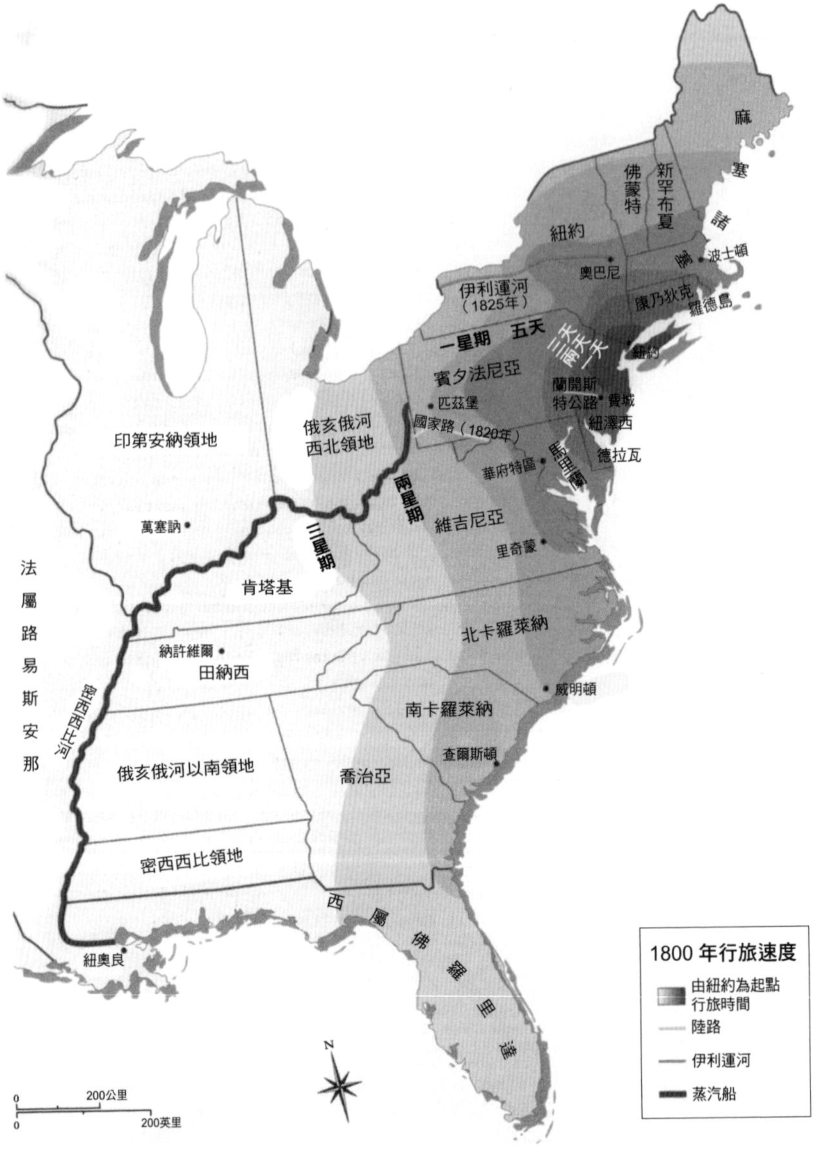

【圖 5-6】一八〇〇年以紐約為起點的行旅時間

資料來源：經出版家史多佛（John F. Stover）授權重製，《羅德里奇美國鐵路歷史地圖》（*The Routledge Historical Atlas of the American Railroads*）。

然而在十八世紀，運輸方面倒不是完全沒有進展。自古以來，統治者便開鑿運河，提供即使慢也便宜的內路行船。蒸汽科技的降臨，使得燃料需求大增。要從偏遠的礦區搬來數量龐大的煤，挑戰可謂不小。一七六七年，布利吉瓦特公爵（Duke of Bridgewater）突然想到，在自己位於沃斯利（Worsley）的煤礦與三十英里外設在朗科恩（Runcorn）的紡織工廠間，開鑿一條運河。這條運河太成功了，直到今天都還營運。二十年間，英國人便建造了超過一千英里長的運河。

然而這跟十九世紀初美國的運河時代相比，真是小巫見大巫。在獨立革命以前，由於資本長期短絀，殖民者並不是非常中意運河。運河初始構工貴得驚人。然而到了一八二〇年，慢慢擴張中的美國經濟開始帶來愈來愈多的資本流入，而且生意人開始夢想一套巨大的內陸運河系統，供大量運輸。一八二五年伊利運河（Erie Canal）完工，踏出實踐夢想的第一步。伊利運河是當代最大工程專案之一，由奧巴尼往西開挖長三百六十四英里人工河道，延伸到廣袤野地，獲歷史學者泰勒（George Taylor）稱為「信仰行為」——不這麼稱呼，該叫什麼？

運河的故事也像史詩。聯邦政府認為工程計畫太草率，不願支持。如此讓當地政治人物、紐約州長柯林頓（De Witt Clinton）只能用州方力量背書，來發行必要的龐大公債，替運河融資。今天自由派人士忘了，在低度開發國家（比如十九世紀初的美國），很少有人願意借錢給民間企業。州政府經常是唯一能以合理利率吸引到資本的一方。

儘管伊利運河尚未全線竣工，財務上就已大為成功。雖然後來碰到鐵路的競爭，然而鐵路的載重量要到一八八〇年才到巔峰。運河最顯眼的遺緒，便是龐大的紐約市。運河開鑿之前，紐約還排名在波士頓、費城之後，後來甚至輸給華府。伊利運河讓紐約市成為中西部龐大農產的貿易中心。農產由運河載送到哈德遜河，再送到城市的碼頭，以便轉送到最後目的地，通常是東岸其他地區或者歐洲。

然而，這些運河固然成功，但不算空前一新的改良。首先，它們只在相形平緩的內陸地帶才有用——伊利運河的海拔最高值為六百五十英尺。另外運河上的航行速度也不快。運輸真正的變革，還要等蒸汽運用在海上及陸上運載才出現。

蒸汽運輸的來臨

在世界大洋中，風帆動力可沒輕易向蒸汽引擎投降。一七八七年，達班侯爵（Marquis Jouffroy d'Abbans）造出第一艘明輪蒸汽船，接下來一百多年，風帆船還成功打敗它們。事實上，競爭壓力鼓勵風帆船隻改良科技，改變的激烈程度幾乎跟蒸汽推進力一樣大。十九世紀的快速帆船可以載貨重達幾千噸，而速度達到二十節。要到十九世紀末期，大多數世界大洋人貨才由蒸汽來載送。

要媒合蒸汽引擎跟海船船身，困難真不小。早期蒸汽引擎極重，讓船隻不穩定，並需要吞噬大量的煤。頻繁加煤對河流或沿海蒸汽船，或許還不算大麻煩，但是對大洋運輸就是另回事了。第一批航行跨大西洋航線的蒸汽船之一「大英王后號」（British Queen），載貨五百噸，而燃煤則為七百五十噸。通知一下就可開拔進行遠海戰爭的海軍，一開始對蒸汽科技敬而遠之。當時最大船隻是巨怪般的鐵殼船「大東方號」（Great Eastern），它以明輪、風帆及推進器為動力，船身長六百九十二英尺，排水量兩萬兩千五百噸。最後，頻繁又昂貴的停靠補煤，叫大東方號虧損連連。

隨著高壓海上蒸汽引擎以及螺旋推進器趨於完美，蒸汽動力終於變得實用。事實證明，特里維西克原始的高壓引擎設計太昂貴，而且使用起來也不安全，但到了一八七〇年，每英寸活塞受壓達一百五十磅已是慣常之舉。至世紀之交，就在燃油渦輪機出現以前，皇家海軍標準的「巴伯卡克及威爾遜」（Babcock and Wilson）蒸汽槽管已能產出每平方英寸二百五十磅的力量。

蒸汽船使運輸量增加，足以使英國及美國的三項經濟基本投入——土地、勞動及資本的市場形成均勢。在一個勞工及商品無法輕易移動的世界，國家之間商品及工資的價格差異懸殊，甚至相鄰城市都落差很大，而導致地價不均。此外，假如又缺乏有效通訊，那麼投資收益就會因地而異，大不相同。

因欠缺足夠的跨洋運輸，一八七〇年以前的世界經濟狀態，正是如此價格不均。由於英國土地稀少，而美國土地充裕，因此英國的土地價格和糧食價格便高得多。但另一方面，英倫勞動力很充沛，美國則勞動力稀少，因此英國勞工的工資，要遠低於他們美國表親的工資。如此，英國工資低而物價高，一個工人掙的錢能買到的遠比在美國少。（同樣的事也發生在資本。因為英國資本遠比美國充沛，它的收益就比在美國來得少。）

蒸汽運輸的來臨鏟平英、美兩地的物價及工資差異。在一八七〇年，牛肉價格在倫敦要比辛辛那提貴上九三％；到了一九一三年，差異只剩一八％。這段期間，美國地租增加了一七一％，但在英倫下跌了五〇％，這個跌勢，跟英國地價下跌一樣劇烈。

兩國之間不僅物價、地價及租金達到均勢，實質工資也一樣。這一點不光因美國食物廉價而已，還因英國勞工移民能力增加，叫英國當地勞動市場緊俏。最後，英國資本的收益，隨著資訊及運輸條件改善，提供它更多、更有利可圖的海外投資。[1]今天我們談到「全球經濟」時，指的是一個世界裡，各國間的工資及物資商品、加工品的價格往往會收斂。十九世紀後半葉，隨著蒸汽動力把大量貨物及人口搬過世界各大洋，全球首度往這個方向邁開大步。

鐵路時代的來臨

蒸汽很快便征服陸上運輸，影響更深遠。發明家幾乎是立刻想把蒸汽用在陸路載人載貨。這項任務很艱巨，原因是陸上交通工具能提供給引擎的空間，要比船舶來得小。一八〇一年，特里維西克終於用他一具早期高壓蒸汽機，成功提供動力供陸路運輸。到一八〇四年，他已經營長十英里的鐵軌，以每小時五英里的速度拉動十噸鐵及七十個人，來回於威爾斯潘尼達蘭（Penydarren）鑄造廠及一條鄰近運河之間。一八〇八年，他還在尤斯頓廣場（Euston

Square）附近，向倫敦民眾兜售搭車，一次五先令。

開發出鐵道火車頭的大師是喬治．史蒂芬生（George Stephenson）。一七八一年他出生於煤礦場的窮人家，從小在礦場長大，老爸是「蒸汽機人」。他深深著迷於蒸汽發出來的美妙聲音，長大後也去管理礦場幫浦。最後他會見並求教於設備的設計者霍桑（Robert Hawthorne）。

史蒂芬生的才華很快就引起英國政府注意。煤礦生產事關對拿破崙作戰的勝敗，到三十歲的時候，史蒂芬生便掌管新堡巨大煤礦「高坑」（High Pit）的蒸汽機。史蒂芬生不識字，但他的成功讓兒子羅伯特能去受教育，而兒子很快就教父親讀書寫字，還有數學及科學知識。

英國煤礦場提供完美的搖籃供研發鐵道火車頭。在日耳曼及英國，運煤車於木軌上推送的歷史已有數百年。十八世紀，木軌慢慢被鐵軌取代，而礦坑也勢必會以蒸汽引擎取代昂貴又不聽話的馱馬。那種轉型很大部分落在史蒂芬生肩上。

開發出實用軌道引擎的最直接觸媒，是因為拿破崙戰爭導致馬匹秣料價格上揚，還有隨

1 「商品價格的收斂，會造成三項經濟基本投入——勞動、土地及資本的價格收斂」此一理論被稱為「赫克歇爾—奧林模型」（Heckscher-Ohlin Model）。一開始這是兩位瑞典經濟學者在第一次世界大戰後的推想，此推想後已被當代經濟學家所證實。這種晦澀的理論，在愈形整合的世界經濟裡，不可謂不重要。

之而起的煤價攀升。史蒂芬生最早設計的火車頭動力如此之低，經常要很多人推才會跑。一八一四年供大眾嘗鮮搭乘的「布呂歇爾號」（Blücher）就是如此。史蒂芬生跟他兒子羅伯特不斷改良他們的蒸汽引擎，每一台力量都比前一台來得強。他們最出名的產品「火箭號」（Rocket）速度達到每小時三十英里以上，深受英國民眾矚目。女伶肯布勒（Fanny Kemble）的反應堪稱代表。她描寫自己第一次搭火箭號時的經驗：

……我忍不住想輕拍這個噴著氣的小動物。它以極速每小時三十五英里奔馳，疾逾飛鳥。你很難想像那種劃破空氣的感受。行進平順極了！我本可以讀書或寫字，但我站起來，摘下帽子「暢飲」迎面而來的空氣。我閉起眼睛，這種飛行的感受十分怡人、陌生，難以言喻。雖然那麼陌生，但我有十足的安全感，一絲害怕也沒有。

一八二一年，議會把經營達靈頓（Darlington）到蒂斯河畔斯托克頓（Stockton-on-Tees）的鐵道經營許可，頒給一個商人集團。達靈頓的煤礦場因為地處偏遠，一直沒有開發，不過這個問題很快將由鐵道及蒸汽解決。鐵道三年後落成，幾乎馬上開始賺錢。連接曼徹斯特與利物浦的更遠大計畫，很快就跟進。這條鐵路連接全國工業中心及其港口，堪稱雄心萬丈。為了奠高路基，開鑿鐵道山路，工程師們必須挪動數量龐大的土石，另興建龐大的高架橋。史蒂芬生則以火箭號贏得火車頭競爭，它拖動沉重貨物走六十英里，平均時速超過十四英里。

這條鐵路一八三〇年九月十五日通車，雖說典禮因第一起鐵路致死事件——熱愛鐵路人士、議會議員赫斯基森（William Huskisson）被火箭號輾死，而掃興。但事態很明顯，鐵路已翻新現代生活。十年後，英國境內已有兩千英里的鐵道在營運。跟蒸汽船只略微增加速度及舒適度不一樣，鐵路絕對改變旅遊的本質。以前行旅時間以週以日來計算，此時變成以小時而計，而且還取得新的修飾詞「鐵路時間」（railway time），象徵現代生活步調突然加快（類似較晚近的「網路時間」）。以往只有富人能長途旅行，此時變得人人都負擔得起。一八三五年，英國有一千萬人次搭驛站馬車旅行。到一八四五年，達三千萬人次搭乘火車旅行，一八七〇年則為三億三千萬人次。

一八三〇年，蒸汽火車頭把格拉斯哥到倫敦的旅程，由辛苦的幾天削減成輕鬆的二十四小時。《鐵路時報》（*Railway Times*）揄揚說，「任何通情達理的人，還會再奢求什麼？」

訊息之光

有個歷久不衰的傳說這麼講，一八一五年六月十八日午夜後不久，一隻孤單的信鴿低飛過英倫海峽，把拿破崙兵敗滑鐵盧的消息帶到英國。據說這麼重大的消息，目的地既不是媒體也不是在等候的民眾，甚至不是內政及軍方部門，而只給一個人過目，沒有第二個人——他便是金融家納坦．羅斯柴爾德（Nathan Rothschild）。

當天早晨，證交所成員便猜想，羅斯柴爾德很可能知道戰役的結果了。羅斯柴爾德曉得金融市場懷疑他已搶先取得消息，就故意引發恐慌，拋售永久債券。這位狡猾的操盤人接下來不作聲、有條不紊地把它們買回來，曉得在翌日勝利的消息抵達金融市場時，價格會大漲特漲。[2]

現代紀元伊始的通訊狀況就是這樣。即使在兩個鄰近國家之間，最重大消息都要花幾天才傳到，這件事意味著對於擁有資訊的人來說，資訊就宛如銀行裡的錢，沒有資訊的人則慘兮兮。

自從發現電力以來，科學家便夢想用它來傳輸資訊，自十八世紀中葉以來，即有無數的相關嘗試。一七四六年，法國長老諾雷（Jean-Antoine Nollet）叫兩百名教士各拿長二十五英尺的鐵棒，將它們連起，組成全長超過一英里的隊伍，接下他對第一個僧侶施以電擊。叫他驚訝的是，最後一名僧侶與第一位同時感受到電擊——電顯然是同時傳輸。

除開電擊神職人員，到了一八〇〇年，電子通訊依然遙不可及。有三大難題存在：

一、無法取得可靠的電力來源。
二、科學家發現，要把電流轉換成可用的信號，極為困難。
三、誠如諾雷實驗所示，要探測及解讀那些信號的能耐至為粗陋。

發電的問題最早解決。一八〇〇年以前，只有靠著把東西一起摩擦，偶爾才能產生微弱的靜電。到了那一年，伏特正確地推斷，伽伐尼（Luigi Galvani）實驗的蛙腿會扭動，是因為在鹽液裡接觸到兩種不同金屬所致。伏特開始有條有理地測試不同金屬配對，發現兩種組合——鋅銅及鋅銀產出來的電流最強最可靠。藉著把這兩種金屬薄板交替疊層在浸鹵水的法蘭絨或紙張裡，它能產出持續供應的電力。事實上他造出第一個電池。

下一個障礙是接收端解讀電流的問題。這可不是芝麻小事。請回想一下，諾雷長老只能聽被電僧侶的口頭報告。十九世紀早期，手指摸電線依然是電信技士能用的最好科技。

一八二〇年，丹麥科學家厄斯特（Hans Christian Oersted）發現，電流流經電線，會叫磁針偏離方向。這樣子就可以測量電流。剩下來要做的，便是找出方法形塑電流，讓厄斯特磁針顯示可以解讀的訊息。到了約一八二五年，一個名叫施靈（Pavel Lvovich Schilling）的俄國人設想一款厄斯特型裝置，其指針能左右擺動。這些脈衝的多種結合，可用來提示每個字母或數字。施靈甚至成功說服沙皇資助他的計畫，但裝置還沒建造出來前，他就死了。

要造出終於能在實驗室以外管用的電報，還要等兩個不同團隊的科學家來完成——在英

2 實情遠為複雜。羅斯柴爾德家族的確用到信鴿，但僅傳送例行的價格數據，並非合夥人之間的重大通訊。滑鐵盧的消息，事實上是由布魯塞爾的報紙客戶，透過他們的信差傳遞給羅斯柴爾德辦公室，比起英國政府及民眾得悉要早兩天。雖然納坦．羅斯柴爾德的確因先知道這則資訊，購買永久債券而小賺，但拿破崙始料不及的迅速兵敗，對羅斯柴爾德家族則近乎災難，他們本以為戰事會拖長，因此購買大量黃金，而金價在戰事結束下跌。這則傳說指稱羅斯柴爾德靠滑鐵盧搞豬羊變色，現代讀者聽來無不敬佩其金融技巧，但其根苗要從當代五花八門反猶太作家的作品裡去找，其中最突出便是巴爾札克。十九世紀讀者的感情，因為羅斯柴爾德據說由戰爭的無常而獲利，深覺憤怒。因為這個理由，維多利亞女皇拒絕提供萊昂內爾．羅斯柴爾德（Lionel de Rothschild）貴族頭銜。

國是庫克及惠斯通，在美國是由摩斯率領的團隊。

摩斯一七九一年出生於麻州查爾斯頓，求學及就業時都是畫家。到了三十四歲時，他已贏得幾項著名的繪畫委託案，包括替拉法葉（Lafayette）畫肖像。但摩斯胸膛中跳動著發明家的心臟，他已經設計出一種新巧的引擎及機器，可以複製大理石雕像。一八三二年他由歐洲返國時，船上同伴跟他談到諾雷及厄斯特的實驗。摩斯了解到，透過厄斯特的磁針解讀簡單的開閉碼，應該可以用來傳輸字母及數字。

到了六星期海上行程結束時，他已歸結出以他為名的著名代碼概念。幸運的是，他在電報方面是徹底的外行人，而不曉得在他之前那麼多人試著以電進行通信而失敗。此外，他根本沒有科技專業，來自行造出管用的裝置。他有的只是無窮的精力、熱情及想落實以電通訊的衝勁。

英國人庫克與摩斯真是志同道合。摩斯的神悟是一套透過單一電線運作的密碼系統。庫克則幸運地在一八三六年親自參加施靈裝置的展示會。他馬上察覺出它的實務運用。幾個星期內，他就造出由三根磁針連接三條電線組成的工作模型。（因為每根針可以指向左、右或筆直不動，因此就有二十七種可能組合。故此，字母表上的所有字母都可以用代碼表示。）用現代術語，摩斯已發明軟體，而庫克則開發出硬體。

到此時，摩斯一樣深入硬體的開發，只是他跟庫克都碰到相同的難題：信號無法傳送超過幾百碼。兩位發明家都沒有任何技術訓練——庫克是解剖學家，而身為肖像畫家的摩斯毫無科學背景，兩人都不懂自己電池的電壓太低。

正如今天每個國中生都曉得，解決方法就是串聯起幾顆電池，但摩斯跟庫克當時並不知道。到了一八三〇年代，科學家已能用高壓電，把電流傳過數英里之遠。成功做到這一點的人之一，便是倫敦國王學院的傑出「實驗哲學」（大約就是物理學）教授惠斯通。當庫克造訪惠斯通時，他倆立刻了解到，庫克的創業動力與惠斯通的機械專業實為理想組合。不過他們也馬上討厭對方，而且終生如此。惠斯通把庫克看待成無知的生意人，而庫克眼中，惠斯通是裝腔作勢、學院派的傲慢鬼。然而幾個月內，他們便設計出五針五線式裝置，可以快速把信息傳到遠方。

雖說摩斯領先庫克及惠斯通四年，但是他把時間優勢浪擲在設計過於複雜的傳送裝置。他也未能解決距離／電壓問題。大約與庫克及惠斯通造出他們第一具管用模型同時，已屆就到紐約大學教文學及藝術的摩斯，碰到在大學教化學的葛爾（Leonard Gale），還有維爾（Alfred Vail）這位慧眼視珠的有錢年輕人。三人組成團隊，改良電池設計，把摩斯的密碼去蕪存菁到今日為人熟知的模樣，另簡化鍵入裝置，以便一根手指就能快速操作。

一條電線串聯整個世界

大西洋兩岸都頒出專利，兩團隊接下來展開激烈競爭。在這個階段，美國人做出重大改良——繼電器（relay）。基本上就是第二個電報鍵，靠自己的電池推動，忠實地複述並傳出一切收到的信號。一系列仔細連接的繼電器，可以把信號傳送到幾百甚至幾千英里外。

到最後，摩斯有繼電器的單線式電報設計，證實在兩套系統中更為實用。要維持一個連結完整無誤已經夠困難了，要長時間、遠距離地維持庫克－惠斯通的五連結裝置，幾乎不可能。庫克與惠斯通漸漸發現，機器減少線路也能運作，最後他們也安身立命於單線科技。

在大西洋兩岸，電報都碰到質疑的堅牆。原因不難理解。電報跟蒸汽引擎不一樣，前者很難令人信服地展示眾人。在一場標準的公開展示會上，「電報員」由一個房間，透過荊棘般的線路捎信息到另個房間，而接收端只展示一些顫動的針。報紙及政客不止一次譴責摩斯跟庫克在耍詐。美國國會最終補貼三萬美元給摩斯，也在華盛頓及巴爾的摩之間架展示線，不過到最後，美國及英國團隊反而都把自己資產投入架設第一批線路網。

庫克把注意力轉到最明顯的客戶：鐵路。為交換使用路權，鐵路公司免費取得電報服務。一八四〇年代初期，庫克沿倫敦鐵道建造短短的電報線。最長由帕丁頓（Paddington）連到西德雷頓（West Drayton），長十三英里。

同一時間，摩斯、葛爾及維爾開始連通由巴爾的摩到華盛頓的鐵路路基，總長四十英里的線路。國會懷疑摩斯團隊欺騙它，指控滿天飛。政府任命一個名叫柯克（John Kirk）的人擔任觀察員。他建議在一八四四年五月一日，於巴爾的摩舉行的輝格黨代表大會上，測驗一下新系統。維爾由尚未竣工的線路東端終點站，把被提名人的姓名電傳給位在華府的摩斯及柯克。摩斯宣讀全國代表大會的結果，時間比搭巴爾的摩鐵路傳來的同樣消息早半小時以上——這時候對電報的一切懷疑全數散去。

在英國發生的事件次序也很相似。美國輝格黨代表大會三個月後，電報員由溫莎傳出維多利亞女王生次子的消息，訊息速度遠快於搭火車的信使。過不了多久，這種新裝置就以各色奇蹟，叫民眾目瞪口呆：那些認為鐵路運輸是萬無一失的逃逸手段的罪犯，被逮捕了；被錯誤告知親人已去世消息的人，可以馬上確定親人還活著；安在二十英里外的大炮可以接到電傳命令後發射。

同一年，庫克已能說服海軍部，在倫敦與樸茨茅斯（Portsmouth）之間興建長八十英里的電報線。接下來經濟學家李嘉圖的遠親兼金融業者約翰・路易斯・李嘉圖（John Lewis Ricardo）幾乎是立刻以十四萬四千英鎊的價格，徹底買斷惠斯通及庫克的專利（而非只求授權），組成「電傳電報公司」（Electrical Telegraph Company）。公司隨即建造電報網，連通英國各大城市。

這種新媒體大爆炸，用作家兼記者斯丹迪奇（Tom Standage）的話來形容，為「維多利亞時代的互聯網」。電報線的總里數急速成長。一八四六年初，美國唯一管用的電報線，是摩斯連通巴爾的摩及華府的四十英里線路。到了一八四八年，電報線已長約兩千英里，而到一八五〇年為一萬兩千英里。一八六一年，跨北美大陸電報線已經連通。幾天之內，驛馬快信（Pony Express）就沒生意可幹了。

這個時代登峰造極的成就，便是一八五八年鋪設第一條跨大西洋電纜，它連通起美洲與歐洲的電報網。由密西西比河到烏拉河，幾乎所有文明世界的人，在那年八月五日兩大陸的連接系統開通時，都震驚了。紐約人史壯（George Templeton Strong）在他的日記寫道：

昨天的（紐約）《先鋒報》說，電纜無疑就是《啟示錄》中的天使，一腳跨在海裡，一腳在陸地，宣布時間不復存在。中庸的人只說，這是人類歷史最偉大的成就。

第一條跨大西洋電纜事實上表現遠沒那麼醒目。線路在它登陸點紐芬蘭，其實沒接上美國系統達好幾天。直到八月十六日，維多利亞女王才能傳送一則九十九字長的信息給布坎南總統，而且要過很久，世界才曉得那則信息傳輸花了十六個小時以上。電纜啟用後不久，傳輸品質進一步惡化。到了八月下旬，好多日子空度，沒有可辨悉的信息流量。到了九月一日，信號終於啪啪噗噗一陣而亡。

工程師們判定要用更粗更持久的電纜才行，於是在一八六五年，唯一能裝載幾千英里長粗大新纜線的船「大東方號」，出發鋪設電纜。一八六五年的任務也失敗了，電纜遺失在兩英里深的海裡。工作人員多次嘗試想把它抓取到海面，都徒勞無功。然而，翌年那艘巨船不僅成功鋪設一條新纜線，還修復舊纜線，於是建立兩條線路。到了一八七〇年，大東方號已拉條海纜到印度，再過一年，把澳洲也加入十九世紀的全球資訊網。

由人類言詞往返的角度考量，國家的分量在一八四〇年代末期縮小到幾乎無形，而到一八七一年，全球本身也成為一體。很多地方的基礎設施，幾乎是一夕之間冒出來。成千上萬的信使，還有數百英里蒸汽驅動的氣動管，把一個複雜的電報站網絡連接起來。

結果便是最早的電報服務，價格貴到令人卻步。一則跨大西洋訊息要價約一百美元——是一名工人幾個月的工資。跟羅斯柴爾德的信鴿一樣，最先進的通訊科技只捎遞最有價值的資訊——幾乎總是金融資訊。一八五〇年代早期，世界最繁忙的線路來往在倫敦股市及中央電報站（Central Telegraph Office）之間。早期跨大西洋電報往返內容，九成以上與做生意有關，它們幾乎全部化約為簡潔的代碼，以節省費用。一八六七年，電報業者卡拉漢（E. A. Callahan）發明一種專精的機器，傳遞連續不斷的股價紀錄。這種機器獨特的撞擊聲，讓它獲得留傳迄今的名稱——Stock ticker（股價自動報價器）。

正如今天過於興奮的空想家想像，人類在偉大互聯網和平幸福的擁抱下，可以愈靠愈近，十八世紀的記者們，也喜悅無比地談論電報有潛力終結人類一切衝突。這真是絕大諷刺。不幸的是，電報並沒終結世界衝突，一如二〇〇一年九一一事件所示。有件事痛楚而明顯，一個讓不同文化能面對面的連網世界，絕非創造和諧世界的穩妥處方。

一八二五年到一八七五年那半個世紀，人類生活方式的翻轉改變，比史上任何時期都要多。今天，我們認為這時代科技演變之快獨一無二。這一點遠非真相。兩個世代以前的一般民眾，要理解電腦、噴射客機甚至網際網路，毫不困難。相形之下，一個活在一八二〇年代的人穿越來到一八七五年，在目睹鐵路行駛之迅速，全球通訊進行之即時，一定會啞口無言，而這一切都發生在僅僅五十年間。人類被拉扯進入未來的力道及速度，從來沒像一八二五年後那幾十年間如此強烈。以後也不可能再出現。

究竟是什麼事，引發十九世紀初革命式的變革，和隨之而來世界財富毫無減緩跡象地穩定增長了兩百年？冒著渲染一個比喻的危險，我相信到了一八〇〇年的時候，西方經濟已經肖似一個堤壩，後頭一直膨脹的潛力如庫水在蓄積。這種「庫水」包含了始自《大憲章》以來，英國普通法幾百年的進展，因科克及其踵續者的傑出而放大，再加上判例法及管理壟斷權及專利的法規。堤壩裡也含有科學啟蒙的驚人知識進展，還有義大利、荷蘭及英國對資本市場的連續改善。

這些成就雖然改善了個人福祉，不過速度相當緩慢。一五〇〇年到一八二〇年之間，一般西歐人的年均GDP成長均速約每年〇．一五%。沒錯。財產獲強力保護能驅使匠人創新，科學理性提供他們幹活工具，而資本市場為他們美妙的發明供應資金。欠缺的便是自然的物理力量，去推動他們的工廠、運輸他們貨物，還有協調整個過程的通訊速度。

蒸汽引擎及電報的發明，假如你高興那樣形容的話，叫堤壩決口，釋放出前所未見的經濟成長湍流。舊堤壩再也無法重建，而西方成長的湍流可不會很快靜止下來。

第六章
經濟成長的綜合成分
Synthesis of Growth

最重要的富饒要素

重要的是制度，如財產權、個人自由、法治、隱含在科學理性的知識寬容，及資本市場的結構。上一章的焦點在談現代初期戲劇性的科技進展，絕非有意貶抑這點。惠更斯及帕潘若不能自由地探究知識，瓦特及摩斯要是沒能取得專利及財產權保護，或者資本市場沒能融資給庫克及惠斯通，便無法建立起偉大的鐵路、電報及電力網。

曼徹斯特—利物浦鐵路突顯科技革新對資本市場的依賴。一八二五年，幹線構工中途爆發財物危機，要是沒有英國政府緊急貸款十萬英鎊，就得捨棄已耗在上頭的心血。

知識財產權的使用分歧不小。誠如我們在第五章所見，原始的發明家經常不是最能好好利用其心血的人。例如電報，在它專利權易手之前，本來沒找到市場。新電報科技的授權人——在英國是約翰·路易斯·李嘉圖，在美國是年輕有錢的創業家肯德爾（Amos Kendall）。他們行銷電報的能力，遠比庫克、惠斯通及摩斯強。肯德爾及李嘉圖替摩斯、庫克及惠斯通賺到的錢，也比三位發明家靠自己能賺得多。

即使這些制度的微妙之處都重要。蒸汽時代之初，大多數觀察家都認為，蒸汽動力的公路用車，成功希望大於鐵軌車廂。第一批「公路蒸汽車」運作起來，跟第一批軌道火車頭一樣好，而且到了十八世紀初，馬卡丹跟道路橋梁設計大師泰爾福德（Thomas Telford）用英國收費公路信託的錢，已造出平順、不受天候影響的可觀公路網。中意道路運輸的泰爾福德說服蒸汽工程師格尼（Goldsworthy Gurney）設計出輕量級引擎，重量「僅僅」三千磅，來推動那些新式的道路車。

另一方面，鐵路網必須從零做起。此外，鐵道幹線本質上就是壟斷事業，必然要排除其他公司的火車頭，鐵道利益各造必須克服普通法對壟斷權的排斥。相形之下，道路蒸汽車、公用道路及收費道路容許被很多擁有者操作，則更吻合普通法的精神。

到最後，議會的詭計與特殊請願得勝。鐵道及馬車業遊說團主張，疾駛的蒸汽車將危及人身安全，強迫立法通過，向這種新穎的道路車課徵令人生畏的費用，於是斬殺掉那些車輛的研發。即使在當時，那也是險勝而已。幾年之後，議會差一點廢除反道路車的法律，只是泰爾福德一八三四年去世，英國道路用車的命運隨而蓋棺論定。當初制度面因素的天平如果稍有不同，英國很可能發展出一套高速公路系統，而非鐵路網。

四大要素相輔相成

點燃西方經濟持續成長的四大要素——財產權、科學理性、資本市場，及蒸汽與電報科技，當時乃至到今天，哪一項最重要？長久以來，經濟史學家奮力想解決這個問題。羅森堡及伯澤爾在《西方現代社會的經濟變遷》（*How the West Grew Rich*）青睞後出的科技因素，原因在它們的進展，大致與世界經濟成長平行，而財產權的保護，若說有區別，在二十世紀反而惡化了。經濟史學家葛斯通也強調，蒸汽及內燃機是十九世紀成長大爆炸的主要因素。但是其他人，像作家貝特爾（Tom Bethell）與經濟學家德．索托就毫不懷疑地說，沒有財產權，經濟不可能進步。

反思一下就會發現，大家說得都對，也都不對。現代經濟成長可以比擬為摩天大樓的晶格結構，每個元素都支撐其他元素，沒有一個元素在整體不穩固下仍能穩屹。

蒸汽鐵路及電報的發展最能清晰展示這個概念。這些重大發明，沒有財產權提供的鼓勵、科學心態及資本市場的周轉，都不可能發生。再說一次，即使每項制度的微妙之處都很重要。舉個例子，布利吉瓦特公爵得到一七六七年，才能完成他的運河，因當時七年戰爭結束，利率下跌，使他能取得最後的構工融資。資本市場一樣獲利於穩固的財產權。英國現代金融制度，是在一六八八年光榮革命限制王室的行竊能力之後，才快速誕生。嚴格的科學及數學知識框架（也就是經濟科學）也支持資本市場。例如哈雷的精算表，讓保險業能在十八世紀迅速成長。沒有保險業，生意界就無法管理風險；沒有管理風險的能力，新創事業就無法取得資本。

最後但一樣重要的是，金融的命脈流淌在資訊的洪流裡，而後者是靠現代通訊才成其可能。今天，我們把「能即時了解全球幾乎所有貨物的供需」視為理所當然——哪兒東西寡少，而哪裡又很充裕。現代以前，消費者跟商販一樣，要幾個星期或幾個月後，才知道重大的市場資訊，結果得承受慘重的沒有效率。（來到二十世紀，類似的事情還發生在社會主義國度。那些國家靠命令來指揮生產，因此對市場價格本質裡的珍貴資訊，就像戴了眼罩般看不見。）有效率的運輸也減輕對資本（及其成本）的需求。產銷之間的間歇期縮短，容許創業者借貸較少，所需時間也較短。金融資訊無法即時自由流動的地方，投資人不會投入資本。大型上市公司自十九世紀末開始，變成資本主義主要的推動者。在此之前，那樣的企業——一開始全是貿易公司，得有壟斷地位，才能維持營運及吸引資本。全靠電報及蒸汽引擎提供的龐大通訊運輸能耐，大型生意組織才可能在沒有政府的庇護存活下來，營運遍及全球，取得足夠的融資。

科學理性與其他三要素的關係較不明顯。科學探究可以造成顛覆，原因在它挑戰現況。這一點在現代之初的西歐格外真實。在那兒，一項新穎的理論，甚至是科學設備的進展，如伽利略的望遠鏡，都可能叫你落入宗教裁判的火刑款待。即使到現代，還是有些國家，就算進行不涉利益的知識探究也可能會喪命。科學心態最欣欣向榮的社會，都重視異議及個人自由、資訊移動最快速，而這兩項特色，都與財產權並行同在。個人自由與科學探究的關聯，能部分解釋美國的弔詭：它可謂自我陶醉式地崇尚「個體」，雖然教育系統惡化中，科學創新繼續領先世界。

最後，支持財產權的論據，本身既屬歸納又是實證，也就是說，以科學理性為本。即使漫不經心地看一下世界，都看得出保護財產權的國家最為繁榮。要妨礙國家財富成長最有效率的方法，便是斬斷貨物及資訊開放、自由的流通渠道。馬克思意識形態，按其本質得在推論式信仰上搞大躍進，只消最短暫地考量一下實證資訊，它就崩潰了。

今天，財產權顯然是經濟成長的關鍵成分，但這只是現代現象。今之時日，其他三項因素遠比財產權容易取得。我們在第九章會讀到，在很多國家，由於其根深柢固的文化因素，使得國家難以保護個人自由及財產權。恰恰相反的是古希臘人與中世紀英國人，在其政經發展很早階段，便取得財產權，但因為他們沒那麼幸運取得另三項因素，所以沒有成長。

最後分析一下，要判斷那四項基本要素哪一項對國家開發較為重要，這麼做之無聊，好比發問，麵粉、糖、酥油還是雞蛋，究竟哪一個才是蛋糕最關鍵成分。四項都重要，大家互補。四項成分不全，就沒有好吃的糕點了。

Section II

各國案例

首先最為重要的便是，
尊重遊戲規則——
法治、法律之前人人平等，
及尊重公民自由權的程度，
決定了國家的繁榮。

過去兩百年間，這個世界變得相當富饒，然而其過程並不均衡。有些國家在十八世紀初開始快速成長，有些晚近得多，而又有一些根本沒有成長。如此已造成世界富國及窮國的巨大落差。一五〇〇年，世上最富裕國家是義大利，它的人均GDP還不超過世上最貧窮國人均GDP的三倍。一九九八年，美國的人均GDP是世上最貧窮國人均GDP的五十倍。當代世界媒體無所不在，已令世上最貧窮國挨到富裕西方國家的櫥窗邊，貪婪地看著。讓世上最窮及最富國家面對面，強化了貧富不均造成的傷害，同時，也使世上許多文化、政治及宗教衝突為之升溫。

本書第二部要檢視貧富差距擴大的根源——怎麼有些國家最早成長，其他次之，而有些根本沒有成長。各自的代表國家會闡明這個過程。第七章探索何以現代財富率先誕生在兩個國家：荷蘭及英國。第八章聚焦在跟隨兩國腳步的三個國家：法國、西班牙及日本。在第八章，我們將標認出阻撓經濟成長的障礙，並指出這些障礙最終如何被克服。第九章細細解剖穆斯林世界及拉丁美洲的失敗，另解析宗教、文化、政治及殖民殘留影響與經濟之間的密切影響。

受限於篇幅，無法詳述很多重大事件，比如德國的早期發展與恢復力，或者幾乎困擾著所有撒哈拉以南非洲地區的貧困。然而，本書的結構至少提供一個框架，可以適用於任何國家，指引有興趣的讀者正確方向。

第七章
繁榮先驅：荷蘭及英國
The Winners—Holland and England

脫穎而出的荷蘭

十六世紀，荷蘭經濟開始持續成長。在馬爾薩斯精心闡述其陰森的「人口陷阱」前兩百多年，荷蘭就已成功地逃開陷阱了。雖說相較於三百年後英國的爆炸式成長，荷蘭的成長溫和得多。然而，經濟學奠基之父亞當．斯密跟他同一時代大多數英國人一樣，大有理由羨慕荷蘭的財富：

荷蘭一省……以比例來看它的領土範圍及人口數目，它是比英國還富裕的國家。當地政府借貸利率為二％，而信譽良好的私人利率為三％。荷蘭人的工資據說要比英格蘭人的工資高。

十七世紀結束時，英國剛由凶殘內戰及斯圖亞特復辟復原。相形之下，荷蘭已享有一百多年即使是寡頭統治也共和的政治，而它的人均GDP幾乎是北海對岸較大鄰國的兩倍。

	一五〇〇年	一七〇〇年	一五〇〇到一七〇〇年成長率
荷蘭	$754	$2,110	0.52%
英國	$714	$1,250	0.28%
法國	$727	$986	0.15%
義大利	$1,100	$1,100	0.00%
中國	$600	$600	0.00%

【表 7-1】十六、十七世紀人均 GDP 成長（單位：美元）

雖然荷蘭人並未重拾他們在十七世紀保有的軍事、經濟宰制力，但他們直到今天還是世上最富裕的民族之一。荷蘭是如此富饒，以至於在一八一五年，即使歷經英國幾十年的禁運制裁，及接下來法國的征服剝削，它的生活水準依然大約等於英國。

麥迪森的數據如表 7-1 所示，它總結荷蘭人的經濟成功，勝過任何文字敘述。

雖然比起後來標準，十六、十七世紀的荷蘭經濟成長力道，顯得微弱，但比起羅馬衰亡後，歐洲陷入經濟停滯一千年，荷蘭在一五〇〇年到一七〇〇年，能維持〇．五二％的平均成長率，已是了不起的改善。

義大利在本書受到如此冷落，很多人文主義者無疑會很失望。義大利城邦在歐洲商業、知識及藝術的成就，難道不是最先進的嗎？義大利不是文藝復興的誕生地嗎？沒錯，但悲哀的事實沒改，除了威尼斯共和國（還有梅地奇占領前的佛羅倫斯）以外，義大利是以利劍來統治，不是法治。傭兵首領控制著鄉間，直到進入現代，義大利旅人仍得雇用武裝保鑣。結果便是，義大利從未發展國家等級的政治、法律及金融制度，而且，由它的缺乏成長所示，一五〇〇年之後，義大利漸漸成為經濟落後地區。

經濟力量的中心如何移往阿爾卑斯山脈以北？荷蘭如何辦到先脫穎而出？荷蘭商業支配力的興衰，能給現代世界什麼教訓？為了回答這些問題，我們首先得檢查十六世紀初荷蘭的「在地實情」。

中世紀末期，勃艮第公爵取得荷蘭低地的控制權，而在一五〇六年，西班牙王卡洛斯一世（Carlos I）繼承這些領土。十三年後，卡洛斯變成神聖羅馬帝國的皇帝查理五世（Charles V）。十六世紀初是歷史重大分水嶺之一，五個重要人物湊在一起：查理五世、法國的法蘭索瓦一世（Francis I）、英格蘭的亨利八世、教皇利奧十世及馬丁．路德。前三人都在激烈競爭虛銜的神聖羅馬帝國皇帝一職，而選舉則由利奧十世監督。同一時間，利奧教宗與馬丁．路德的大較量則改變了基督教國度，並對世界政治、軍事及經濟產生了深遠的影響。荷蘭為了向查理的哈布斯堡家族繼承人爭取自由，進行了一場史詩般的抗爭，而路德的異端則提供歷史及文化背景，讓荷蘭能躍升為經濟強權。

荷蘭獨一無二的地理位置，對它早期經濟崛起至關重大。荷蘭是低地國家，由它位在萊茵、瓦爾（Waal）、馬士（Maas）、艾瑟爾（IJssel）諸河龐大水系注入北海之處，就可清晰得知。荷蘭地形劃分成三種：

■在海的邊緣：一群充作屏衛的沙丘，比海平面要高約二十英尺。
■沙丘後的區域：約當半數今日荷蘭陸塊，俗稱海埔新生地（polder），大致上低於海平面。
■海埔新生地外的區域：沙地平原，剛好高出海平面，由大河千百年沉澱的薄土層組成，土地貧瘠。

大約一三〇〇年以前，今日的海埔新生地還沉在水底。接下來三百年間，村民使用新近發明的風車動力幫浦科技，建築了著名的堤壩，向大海爭來海埔新生地。荷蘭人接下來挖掘並燒掉覆蓋新取得土地上的泥煤層。過程中，他們取得某些歐洲大陸最肥沃的良田。

這種獨特的意外之喜，還帶來經濟與社會革命的種子。它創造出一個沒有封建體制的富裕、獨立的社區網絡。倒不是說查理五世，他兒子西班牙王腓力二世也沒試著強加封建體制。腓力二世一五六八年入侵荷蘭，本意在鎮壓馬丁．路德的宗教改革，不想讓它傳入勃艮第，但竟在荷蘭北部諸省引發起義，燎燒直到一六四八年，達八十年。西班牙終於正式准許荷蘭人獨立。

嚴格來說，「荷蘭」指的是那七個北部省分裡，最大的省分。獨立戰爭前，安特衛普一直是那個地區的商業樞紐及反西班牙中心。隨著安特衛普一五八五年遭西班牙人攻陷，荷蘭省省會阿姆斯特丹很快就擔起當地領導角色。其他六個主要省分——澤蘭（Zeeland）、烏特勒支、菲士蘭（Friesland）、格羅寧根、海爾德蘭（Gelderland）、上愛塞（Overijssel）的總合人口，約略比荷蘭省多一點。但即使荷蘭省擁有的人口在荷蘭共和國裡不到一半，它卻能支配其他省分，原因在其高到不成比例的財富。它供應共和國約六成歲入，以及提供反抗西班牙起義所需貸款的七五%。

荷蘭造西班牙的反，也是標準的當代宗教戰爭，是不好說出口的野蠻勾當。一開始，反叛諸省本希望統一勃艮第所有十七省分，但頭腦較清醒的人了解到，把這些西班牙省分分成兩個國度比較好，一個歸北方的新教徒，一個給南方的天主教徒。南部像贅瘤，包含安特衛普，經濟上全毀於西班牙統治，連帶又跟富饒的北方鄰省仳離。南方諸省的控制權，在一七一三年「西班牙王位繼承戰爭」（War of the Spanish Succession）之後轉給奧地利，法國大革命後一七九四年又轉給法國，而拿破崙兵敗滑鐵盧後，一八一五年又轉回荷蘭。十五年後，南部反抗荷蘭的統治，最後取得獨立，成為比利時國。

北方反西班牙諸省，於一五七九年組成結構鬆散的烏特勒支同盟後，邦國成形。它採納一個驚人的新概念，就是包容一切宗教（或者說，至少是西方的宗教）：新教、天主教及值得一提的猶太教。這種宗教自由除掉亞里斯多德心態的桎梏，允許學者及商人探險進入千百年來被封鎖的道路，沒有終途。

更值得一提的是，早在一五六八年獨立戰爭開打之前，荷蘭經濟就開始成長。事實上，荷蘭繁榮的高峰期，出現在一六四八年掙脫西班牙的時候。此外，荷蘭諸省是以獨立邦國、並無管用中央政府的身分，與巨獸般的西班牙哈布斯堡王朝打仗求生。歷史學家赫伊津哈就訝異地說，「還有別的文明，能在國家成形之後，這麼快就達到高峰嗎？」

此外，這個演化中的國家，因為河流、海洋、堤壩相互影響，還有打獨立戰爭的結果，其地理及政治景貌不停變動。有時候，它一點也不像今天我們稱為荷蘭的單體。荷蘭的政治史不在本書範圍之內，但我們大可以說，在十九世紀以前，掌握權力的是省方及市方。過去荷蘭沒有強大的國家級政府。最常出現的情形是，由一小群商業菁英任命地方官。權力以世襲模式轉移，也是常有的事。

與海爭地的戰鬥

造出新土地成就非凡，而孕育出新人類（new men）證實更具革新意義。荷蘭人建造堤壩時，他們必須蓋排水渠道，排走滲出來的水。這些渠道接下來變成新造農田的田界。堤壩完成後，留下結構緻密的自由小農網絡，他們控有自己的農田，沒有封建莊園的義務。故此舊日封建制度的力道，隨著人們自南部省分出走，往北部到海邊去，而漸漸式微。填海造地的初期階段，採掘及焚燒泥煤則供應受歡迎的燃料，供國內消費兼出口。

填海造地的計畫也降低陸地高度，導致陸地偶爾會被海洋奪回去。堤壩的維修保養是艱巨的任務，大致上由自治的當地與地區議會指揮堤壩的保養，而它最容易辨認的特色，便是荷蘭風車。

澇水疏浚委員會支撐已經獨立的荷蘭政治統一體。這讓人回想起希臘自由農的起源——大約西元前九世紀，他們開墾邊陲坡地，俯瞰大塊封建田產。在古希臘，農人幹勁十足地耕作他自己的那小塊地，努力克服土質貧瘠的問題。相形之下，獨立的荷蘭農人耕作的海埔新生地則品質絕佳。

這個新國家不僅受惠於沃土，也得益於小農們自封建制度致命之手，及教會僵固教條解放出來。自羅馬衰亡以來，共和國的自由公民第一次能享受其大部分的勞動成果。創新成功的農民，能取得充分報酬。荷蘭小農只要高興，愛想什麼、說什麼，都辦得到。

與海爭地的戰鬥漫長辛苦，甚至還經常受挫。一四二一年，一場洪水淹沒三十四個村莊，及幾乎兩百平方英里的陸地，其中很多從沒再造地回來。一七三〇年，堤壩被船蛆（Teredo Limmoria）感染，害得堤壩必須以極昂貴的石質牆面來鞏固。

但是荷蘭立國以來，大多數時光都很幸運。一五〇〇年之後，人稱「小冰期」（Little Ice Age）的氣候現象降低全球氣溫，極圈冰帽擴張吸走海水，導致海平面下降。長時間下來大大減輕堤壩保養的負擔。十六世紀荷蘭有紀錄的淹水為十四次，十七世紀為七次，十八世紀僅四次，而十九及二十世紀各僅一次。

荷蘭人在另個重要方面也很幸運。大約一四五〇年起，歐洲物價開始上漲。經濟學家描述一項特定商品時，經常談它的「彈性」（elasticity）。我們舉個例子，不管怎樣，你的收入就是減少了，雖然你可能減少旅遊次數，少買些電子產品，但你大概不會減少吃喝。經濟學家會說，你對食物的供需曲線極沒「彈性」，原因在你的食物需求不會受它價格影響太大。另一方面，旅遊之樂及消費電子品就是需求價格彈性大的商品。假如你收入減少，或消費電子品價格升高，你就會少買那些新巧玩意兒。

十五世紀中葉物價開始攀升的時候，穀物價格漲最多。中世紀時期，穀物是必要商品，因此也是需求價格彈性相當小的商品。按彈性大小來排序，由小而大依序是牲口、工業作物如亞麻及木材，最後則是加工商品。最後一項是所有商品彈性最大的。換句話說，商品變得稀少時，加工品價格漲幅最小，而穀價則漲幅最大。

十五世紀末葉，節節升高的穀價大大增加農地的價值。如此導致自羅馬時代以來，前所未見的土木工程科技進展。新近能力加強的荷蘭農人，採納一種新款風車「布芬克伊爾」（bovenkruier），它只要求車頂轉動（與單一結構風車不同）。荷蘭工程師們一樣也改善堤壩的構工。最早的風車系統只能抽走大約一英尺深野地的水。到了一六二四年，先進風車系統並聯運作，可以抽走深達十五英尺的水。

堤壩及風車都很昂貴，要花幾十年來償還建造成本，此外，若要還得起這些貸款，取得時利率要低。誠如我們在第四章所見，到十六世紀中葉，荷蘭貸方能夠注資給大型營建專案的利率為四％到五％，而農人則以稍高利率取得抵押貸款。（亞當・斯密說的做生意貸款約三％，政府貸款二％，指的是稍晚時期，而且即使那時候，數字也略微誇張了。）一六一〇年到一六四〇年間，荷蘭投資人把驚人的一千萬荷蘭盾幣——國家財富相當大的一部分，投入排水工程，遠超過對荷蘭東印度公司的投資。

在另個重大領域——運輸，荷蘭也是幸運兒。整體而言，當時（現在亦然）水運比陸運便宜，蒸汽動力出現之前尤其如此。別的國家搬運貨物，都不如荷蘭快速及便宜。那個小而平坦的國家滿是運河及水渠，其中很多是填海取地活動的產物。對這種近乎天然的水運系統，荷蘭人還加上一套配有曳船路的運河，連接起幾乎所有沿海主要城市。

一開始，荷蘭運河運輸因大家熟悉的收費行為而受阻，第一章對此有所描述。在這種情況下，「犯人」則是沒受惠於擬議路線的城市政府。然而在一六三一年，荷蘭主要城市達成一項自由貿易協定後，運河開始大行其道。運河貨運與泥煤開採緊密相關，因為數量龐大的泥煤，只能靠船運這種廉價運輸。當泥煤需求量大，及這一行有利可圖時，運河就造得多，而當價錢下跌時，運河企業人士就會捨棄開鑿案，這經常導致投資人下場悽慘。到一六六五年，荷蘭人已建造約四百英里長的曳船路，讓國家取得全世界最棒的國內運輸系統。

到了一七〇〇年，荷蘭已成為有史以來世界最富裕的民族，人均GDP比第二名（英國人）多了近一倍。此外荷蘭人還擁有舉世無匹的金融、運輸及城市基礎設施系統。雖說那兩百年迅速成長期中很多時光，荷蘭人為活命而打仗——先是與西班牙帝國打獨立戰爭，接下來則與法國、英國起衝突，但荷蘭都市景觀是全歐洲最優美的。

回想起第一章，我們知道要測量遙遠古代富不富裕的最佳方法之一，是計算人口住在都市的比率——城市化比率。這個比率愈高，社會愈富庶。到了十七世紀中葉，荷蘭海岸地區——阿姆斯特丹、哈倫（Haarlem）、萊頓（Leiden）、海牙、台夫特（Delft）、鹿特丹、豪達（Gouda）、烏特勒支——以「蘭斯台德」（Randstad）或緣線城市而聞名。它們組成原型版的美國東北走廊，住有全荷蘭共和國約三分之一的人口。一七〇〇年，三四％的荷蘭人口住在市民數超過一萬的城市。這個比率遠超過英國的一三％、法國的九％，或義大利的一五％。

荷蘭繁榮的興起與衰落

任何社會中，最重要的商品價格便是貨幣的價格——貸款及債券的現行利率。當錢變得昂貴（利率高）時，消費者不願花錢，生意人不願借貸來擴張他們現有生意，或創造新生意，社會受苦。金錢變得便宜（利率低）時，消費者跟生意人就可能借貸，從而有助經濟擴張。

利率由什麼決定？首先也是最重要的，就是借款人的信用狀況。銀行願意以較低利率，借錢給可信賴又有絕佳擔保品的人，而不太願意借錢給信譽可疑、瞧不出有資產的人。過去七百年左右，西方世界最大借款人向來是有迫切軍事需求的政府。一個債務少、稅基歲入穩固、擁有土地的政府，能以低利率借到錢。

若以前借的款項還有很多沒還，那借款人再貸款就得多付利息。貸方害怕借方無力償還龐大債務，就會要求較高利率以補償風險。一個深陷債務的政府很快就會發現，它陷入財政惡性循環，必須償還龐大利息債務，而龐大債務會導致借新貸款時，利率升高，接下來則導致利息愈付愈多，最後倒債。

荷蘭獨立戰爭勉強進行了將近八十年，牽涉到的龐大開銷叫各省金庫吃緊。荷蘭發現，自己幾乎總是在借錢。雖然荷蘭處境維艱——一堆弱小而剛獨立的邦國結夥對抗世上最偉大帝國之一，但它們卻有兩大財政優勢。第一是稅基，其日常消費品都徵營業稅。而且，這個稅基獲得愛國人民支持，大家願意繳付。第二則是名字取得有趣的「教會財產局」（Office of Ecclesiastical Property），它握有充公而來的天主教會土地，然後進行拍賣，通常價格會很高。民眾及後來的外國投資人，願意借錢給荷蘭政府，在於他們認為，荷蘭握有上述兩項絕佳的擔保品。幾乎從一開始，荷蘭利率就是歐洲最低。

荷蘭自一五〇〇年後驚人的繁榮，其泉源此時看來很明顯：

一、人民享有健全的財產權保障，可堪媲美的只有英國人。

二、宗教改革讓荷蘭人由教會教條解放出來。荷蘭宗教寬容的態度，讓當地得免發生宗教分裂最凶惡的暴行。那些暴行在很多早期新教徒國度留下傷痕，尤其在日耳曼。

三、荷蘭資本市場提供豐沛的投資資金，還因低利率及強力的投資人保護，而更精力充沛。

四、平坦的國家地形，擁有便利而廉價的水路運輸。

誠如前文所述，從一五〇〇年到一七〇〇年，荷蘭的人均實質ＧＤＰ年成長〇・五二％，只是現代西方成長率的四分之一。雖說相形之前的停滯已大為改善，但〇・五二％的增幅，也稱不上是已開始邁向，今日人均ＧＤＰ持續的二％成長水準。

此外，荷蘭的成長很多是靠著向海爭地，及大宗商品價格上揚而成就的。一旦結束向海爭地，物價回穩，成長就停了。荷蘭成長相形不文不火的步調，是因為缺乏要再兩百年才出現的科技：蒸汽動力推動工廠、快速的陸上運輸，以及電子通訊。沒有上述技術，荷蘭無力企及現代這種快速成長。

在對西班牙的八十年戰爭期間，荷蘭經濟成長穩定但溫和，一六四八年荷蘭取得獨立後不久，就陷入停滯。十八世紀荷蘭人敏銳地了解到，他們最美好的時代已成過去，回首一六四八年，不勝懷念，把當時當成荷蘭黃金時代的顛峰。證據顯示，雖說富有的寡頭人物變得更富裕，但自從獨立之後的好多世代，尋常百姓的福祉改良無多。此外，到了一七五〇年，雖說他們仍名列世上最有錢民族，但是在世界經濟及軍事舞台上，荷蘭不再是要角。

荷蘭式微的原因既複雜又有爭議。首先，誠如我們已知的，就算荷蘭依人均為基礎很富有，但競爭國擁有的人口遠多得多。更糟糕的是，荷蘭人口成長率遠低於較大的對手國。一七〇〇年，荷蘭總人口才一百九十萬，相形下法國人口為兩千一百五十萬，而英國人口則是八百六十萬。因為荷蘭人口數太少，其總和ＧＤＰ從沒超過英國ＧＤＰ的四成或法國ＧＤＰ的二成。

第二，不管怎樣討論荷蘭的國內外商業，一定會牽涉到「壟斷權」這個詞彙。荷蘭人謹慎地看管東印度香料生意。當代最惡名昭彰的外交風波之一，牽涉到一六二三年，荷蘭人摧毀英國人在安汶島（現今印尼）的屯墾區。荷蘭人折磨英國屯墾民，叫英荷關係著火了幾十年。在荷蘭本國，壟斷權也妨礙商業活動。舉個例子，荷蘭政府只授權一家公司生產航海圖——這項安排持續到一八八〇年。

第三，荷蘭的繁榮沒仰賴科技的進步，而科技進步正是現代西方財富的偉大發動機。荷蘭諸省是有一套專利系統沒錯，但它的不作為令人稱奇。這段期間，它的造船業者的確有真正的科技進展，比如福祿船。但總體來說，荷蘭科技創新零零星星。在十七世紀中葉黃金時代的高峰，政府每年頒出約十二張專利狀，而一七〇〇年以後，每年只有頒授零星數張。荷蘭的繁榮來自貿易，尤其是與波羅的海區的貿易。當地提供穀物讓荷人轉運，還有提供木材在荷蘭新式風車作坊切割。與東印度群島做生意而獲利多多，讓荷蘭現金流轉更為完美。

第四，荷蘭金融業未免「太」成功了點兒。政府可以輕易借到錢，且利率又低，以至於到了十八世紀，國家債務已淹過頭頂。因為政府用消費稅來擔保貸款，所以只好加稅。調高消費稅導致物價及工資上揚，讓荷蘭的貨物及勞務失去競爭力。

最後，荷蘭的政治體分散成七個半自治的邦，成為一個位處危險歐洲大陸邊緣的鬆散政治聯盟。欠缺強大中央政府及有力的國家專利系統，就會導致明顯的經濟劣勢。美國建國諸賢沒忘記這個教訓。十八世紀荷蘭政治機器失去中心，導致政治方面下場悲慘，適足以成為實例教學，供聯邦黨人參與美國制憲辯論使用。在他們眼中，荷蘭苦惱於「政府失能；諸省不睦；外國影響兼欺辱；和平時國家存在都岌岌可危，戰爭時災難就更慘重。」

十八世紀荷蘭經濟是「傾斜的」。活力充沛又獲利很高的貿易部門產出來的資本，遠多於國內經濟所能吸收。而國內經濟又受阻於科技相形欠缺進展，及壟斷勢力的限制。結果便是可投資的現金過剩，迫使國內利率穩定地下降，國內物價及工資不斷上漲，導致荷蘭製造業失去國際競爭力。

荷蘭變成「戴了誇張假髮」的社會。總人口裡主要靠投資收入過活，而生產無幾的人愈來愈多。過剩的資本很多被投資到國外，尤其是美國。美國發行的獨立公債，有一成到兩成由荷蘭人持有。一個小國，其全球重要性快到終點，仍能提供那麼多資本到世界其他地方，真是了不起。

十八世紀末，荷蘭太仰仗外債取得收入，事後看來堪稱詛咒。美國公債能確定償還，全因漢密爾頓的大力介入。碰到其他債務國，荷蘭的遭遇就慘得多。隨著一國又一國（包括法國及西班牙）宣布倒債，荷蘭的損失愈積愈高。

嫉妒的鄰國

在一八一五年維也納會議穩定歐洲局勢以前，貿易遠非經濟成長的理想方法。不僅是因為貿易生產力成長上，比起工業要慢又不可靠。碰到小自保護主義大到軍事禁運的干預，貿易也脆弱得多。

暢旺的外貿會滋生較窮鄰國的嫉妒、不信任，最後被攻擊。對十七世紀最富裕國家的荷蘭來說，那種狀況過不久就來臨了。十七世紀中葉，荷蘭國力正值高峰，而英國剛剛勉強由內戰的紊亂崛起。英國人對荷蘭繁榮的嫉妒十分明顯，哪怕最輕微的藉口英國都要抓住，用來中斷荷蘭的貿易。有位英國將領說，「找什麼理由重要嗎？我們要的，只是更多荷蘭貿易的份額。」

由此導致荷蘭及大不列顛之間商業及軍事緊張，這證實對荷蘭是大災難。英、荷打仗四次，時間跨度將近一百五十年。英國一六五一年通過《航海法案》（Navigation Act）（該法禁止與英國做第三方交易）後七個月，衝突就展開了，勉強打到美國獨立戰爭結束，還在英國外海的多格爾沙洲（Dogger Bank）打了場海戰。

不跟英國打仗時，荷蘭自己跟英國人結盟對付法國人。法國在路易十四長期統治下變得格外愛侵略。一六六八年，英國、荷蘭及瑞典組成「三國同盟」（Triple Alliance）對付路易王，但到了一六七〇年，喜怒無常的英王查理二世拋棄同盟，任由荷蘭獨自應付法國的兵鋒。兩年後，法國及英國都攻打荷蘭。

對荷蘭開戰就像查理二世本人一樣，在英國極不得人心。一六七二年戰爭節骨眼時，荷蘭年輕王子奧蘭治的威廉打開荷蘭水壩，淹沒海埔新生地阻擋入侵的法軍。不久之後，王子登基為省督（stadholder），成為荷蘭威廉三世。英國再度換邊站，而威廉逐漸取得同盟對抗法國的控制權。

威廉還是王子的時候，便娶了查理二世幼弟約克公爵的女兒瑪麗。查理在一六八五年駕崩，公爵登上英國王位，成為詹姆士二世，讓威廉不僅是荷蘭領袖、反法同盟的元帥，還是英國國王的女婿。

詹姆士是狂熱天主教徒，但反對勢力的非國教派及議會黨人，沒因他的宗教信仰而心生警惕。詹姆士登基時已逾天命之年，而且大家也都認為，很快就會由他新教徒的女兒瑪麗繼位。但一六八八年詹姆士老蚌生珠，居然生了兒子兼繼承人。突然兼意料之外，落落長一系列天主教君王如幽靈威脅到英國新教徒。

國教派及非國教派邀請威廉來英國跟詹姆士「磋商」。威廉抓住機會，心生大膽計畫：入侵英倫，罷黜詹姆士，以便更容易駕馭英軍，遂行對法國戰事。他的成功超乎自己顛倒狂想所能企及。威廉在自己一萬五千名精銳戰士伴同下，於托貝（Torbay）登陸之後，詹姆士的舉止變得愈荒腔走板，他的部隊拋棄了他。在這場英國大騷亂——「一六八八年光榮革命」之後，威廉與瑪麗共同登上英國王座。這樣不僅確保英國忠於反法大義，還讓它轉型為民主的君主立憲國家。

荷蘭、英國聯姻，只讓荷人得到短暫喘息。該共和國接下來捲入一系列歐陸戰爭，主要是對法作戰。一七九四年，荷蘭人的好運終於用完，那年國內河流結成堅冰，無法重演一六七二年的開壩水淹七軍。堅冰把好多荷蘭艦隊凍結在原位，而且提供革命後的法軍，一條直通阿姆斯特丹的平坦大道。此外，有個民粹「愛國」黨派對荷蘭的寡頭政治結構很不滿，所以沒強烈抵抗大革命部隊的征服。荷蘭被拿破崙擊敗，幾百年的獨立宣告結束。十年當中，法國人就以沒收性賦稅毀掉荷蘭經濟，結束荷蘭人幾百年來的商業領導權。

儘管荷蘭明燈般的經濟與政治開始黯淡無光，但它好些最優秀、最強的智者已經橫渡北海，出力點燃一場更浩大的財富爆炸。

英國的轉型與崛起

威廉戴上英國王冕，不僅代表荷蘭此後走向衰落的里程碑，另象徵英國經濟命運的轉折點。隨著詹姆士二世被罷黜，世界經濟開發的重心突然往西北轉到英國。光榮革命後一百年間，亞當．斯密就在《國富論》（一七七六年）有系統地標舉出經濟成長的泉源。有史以來第一次，通往繁榮之鑰攤開來供大家看。就在這歷史的一眨眼間，英國攫住它們，使用得壯觀無比。

現代讀者一般會驚訝於以下事實：十八世紀以前，大多數歐洲君王沒有固定公款，斯圖亞特諸王（按次序為詹姆士一世、查理一世、查理二世及詹姆士二世）自不例外。君王私自應付大部分的個人需求，獲利來源主要是自己的地產、開徵關稅，以及販售愈來愈多的壟斷權。國王偶爾能說服議會加稅，但僅僅是在非比尋常的狀況，主要是戰爭期間。事實上，在內戰以前的時期，議會有限的權力，主要是源自它有能力間歇地提供稅收給國王。

都鐸王朝最後幾年，由於不斷面臨現代戰爭的緊急關頭，迫使君主採取一些極端手段。一五八八年英國擊敗西班牙無敵艦隊後，伊莉莎白一世賣掉王室四分之一土地來籌錢，詹姆士一世拍賣更多王家的財寶來養軍隊。

其他斂財惡行在詹姆士一世之子查理一世治下出現。他從各種可能來源找錢：販賣壟斷權、非法徵稅、收錢換免役、出售世襲爵位、強行借貸而經常不還，最後乾脆明搶了。議會制止查理，接下來爆發血腥內戰，查理賠上他的腦袋。

克倫威爾的議會證實一樣無法恢復政治及金融穩定，於是斯圖亞特王朝復辟。但國王再一次證明拙於財政，導致議會「邀請」威廉由荷蘭移民過來。這次權力的轉移，產出歷史上最令人愉快的交易《革命穩固法》（Revolutionary Settlement）。議會把穩固的稅基給威廉，讓他得以周轉對法戰爭。為資報答，威廉則給議會合法的最高地位。國王再也不能解散議會，而惡名昭彰的星室法庭（國王御用法庭，經常做出很野蠻、凌駕普通法之上的判決）則被廢止。

國王再也不能把法官解職——只有議會才能那麼做，而且只有在法官貪腐或不適任的時候。而議會則受選民節制，只是當時選民還嚴格受限於財富及性別。一種新的政治體系於焉

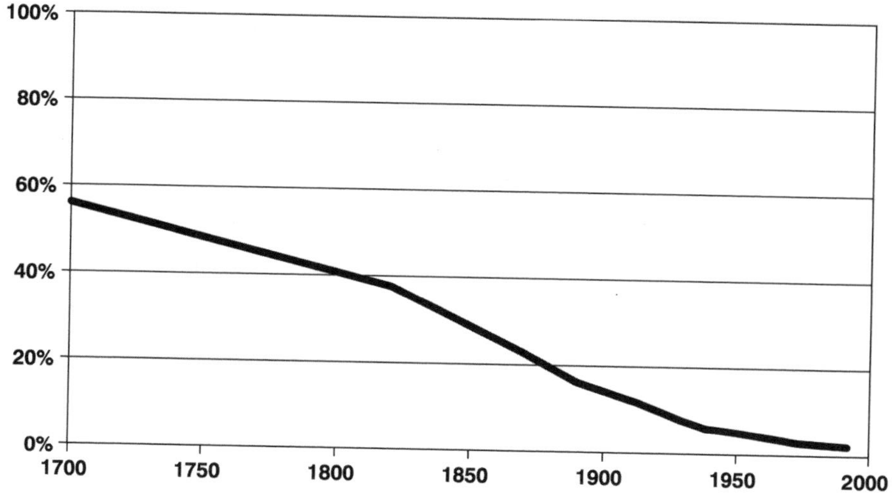

【圖 7-1】英國務農勞工比率

資料來源：麥迪森，《世界經濟：千年一觀》、《監控全球經濟：一八二〇到一九九二年》。

成形：「君王提出要求，下議院批准，而上議院表決通過。」

威廉與議會一下子就解決困擾英國的重大政治及財政難題，此對英國金融市場的影響深遠。王室的預算增為四倍，而且兩個世代之間，君王發現自己能籌借以往未曾想過的貸款數額，而利率幾乎跟荷蘭一樣低。資本借給政府，替類似的創投資本流動指引道路。英國尋常百姓不再害怕王室倒債及攘奪，漸漸開始信賴資本市場，一如在此之前的荷蘭人。用經濟史學家阿什頓的話來說，他們較不必「儲存大量的金銀幣、金銀錠塊，將其鎖在保險櫃裡，或埋在自家花園與菜園裡。」

我們思量一下很簡單的統計數據，就是英國務農勞動力的百分比（見圖7-1）。這項百分比提供一個粗略量尺，得以衡量任何社會的繁榮程度。一個國家，一〇〇%的人口全在務農，而不出口食品，按定義就生存於勉強餬口的水準。

請注意，務農人口相對比率下降，是逐漸發生的事，耗時幾百年。最快速減少發生在十九世紀中葉，也就是工業革命顯然開始的整整一百多年後。

請再做以下這個思想小實驗。我們由一個假設的國家入手，它由一個近乎全農業的經濟體，往半數勞動力受僱於工廠的方向移動。為避免進口糧食，那一半留在農田的人必須增加其生產力。

實情則是，這個過程僅有部分發生——糧食進口及農業生產力上升，補全農工減少的缺口。還有，假如一個國家要富裕，農業革命重要程度一點也不亞於工業革命。甚至該說，農業生產力提升才不再需要那麼多農田幫手，迫使他們從事其他工作。

更重要的是，務農及工業勞工支付基本食宿費用之後，必須有剩餘的錢，才能購買不斷出現的工業新商品。美國經濟史把這一點闡述得很鮮活。一八〇〇年到二〇〇〇年那兩百年間，美國人均實質GDP增長三十倍，這可謂了不起的成就，反映出當代前所未有的創業效率及科技創新。大家沒領略得那麼好的事情是：同一期間美國務農人口的相對比率——國內得被養活的人口比率，還有世上其他很多地方須被撫養的人口比率，由七〇%跌到不足二%。因此，農業生產力增加了三十五倍，與工業及科技業驚人的進展相比不僅不遜色，猶有過之。二十世紀後半葉，美國工業生產力每年增二．六%，而農業生產力則年增二．一%。[1]

美國獨立革命時，英國農業生給自足，糧食進出口大致相等。碰到法國動盪時，可靠且價格合理的糧食進口來源就告闕如，英國的農業生產力必須增加，它才能工業化。

農業革命的技巧層面真是夠直截了當：改善作物輪種時程與收割安排，凡此之流。生產力最大進展，來自改善不起眼的手工具——播種機及收割工具。或許最激烈的進展，便是一八三〇年發明羅瑟勒姆（Rotherham）三角犁。阿什頓描述它為「鐵器時代晚期以來，犁頭設計最大改良」，這種犁只要由一人控制兩匹馬來拉。它取代傳統的四角犁。四角犁要一隊六到八頭牛來拉，還要有一個趕牛人及一個扶犁人。就在一瞬間，犁田的生產力增加不止一倍。

英國成為第一個有系統、強力把科學方法運用在農業的國家。一八三八年，王室特許設立「皇家農學會」（Royal Agricultural Society），仿效培根提倡的皇家學會。五年後，科學家創辦「羅森斯特農業研究所」（Rothamsted Agricultural Research Station），開始進行第一批有系統的農作物收成實驗。

1 「生產力」在此界定為每工時的產出。因為十九世紀之前，要調查工時近乎不可能，為本書目的起見，使用「生產力」一詞時，與人均GDP同義。

這些組織的創設，代表開始以科學手法從事農業，並幾乎馬上在務農技術上就取得紅利，尤其在與氮肥有關的面向。密集農業很快就耗盡土壤裡的硝酸肥，而只能靠著細菌，把空氣裡的氮轉化（固氮）回硝酸肥來滋養植物。羅森斯特所很快就確定，苜蓿及豆類能吸引固氮細菌，而斷定農人只消在兩次收穫之間，種植苜蓿，就能讓收成加倍。

使用動物肥料來補充硝酸肥，效果更好，但取自傳統來源（農田牲口）的肥料很貴。過不了多久，替換品就找到了，先是由新世界海島取用鳥糞層，接下來則用化合硝酸鹽。

這些科技進展，只解釋英國農業生產力爆炸的部分原因而已。制度面的進展同樣重要，其中犖犖大者便是圈地運動，它始於中世紀，而於一六五〇年之後來到最高峰。在此之前，英國跟歐洲中世紀其他地方一樣，大致奉行「敞田制」——由當地農夫及貴族共同持有很大片土地，為封建時代的遺緒。誠如哈丁在〈公地悲劇〉描寫得很好，沒有明確所有權的務農會導致驚人的經濟無效率，原因在農人不會費勁地耕耘、施肥或設法改良公地。（現代有句格言，意思與公地現象十分貼切，據說是哈佛大學校長、前美國財政部長薩默斯（Lawrence Summers）講的，「世界有史以來，沒人會洗租來的車。」）

《大憲章》簽訂之後，貴族及村民慢慢把公地圍上籬笆（圈地），據為私有。到了一七〇〇年，約半數公地已私有化。每次圈地，都要求教區內土地的五分之四所有人簽署圈地請願書，再送去議會。十七、十八世紀期間，下議院就為這些私有化請願投票幾千次。

一八〇一年，議會通過《一般圈地法》（General Enclosure Act），讓流程變順暢。一七〇〇年之後，圈地加速進行，而到了一八三〇年，英國事實上已沒有公地了。美國獨立革命及拿破崙戰爭期間，圈地數量最多，原因在穀價急劇上升，讓私人耕作的產糧田地愈發珍貴。到了十九世紀中葉，公地已近乎消失。

文史界對圈地運動頗多聲音與憤怒，不過，雖說有少數農人被不公平地趕離自己土地，但大多數歷史學者今天都同意，英國人絕大多數時候仍尊重財產權及正當程序原則，因此圈地過程大致公平公正。由於圈地法把所有權贈給那些祖上歷世累代有照料小塊公地的人，因此小地主的人數增加不少。這些小地主也是首度享有選擇權，看是要種田還是要賣地。

這當然不是說圈地運動沒造成傷痕。但是，圈地之後發生在鄉區及城市的社會動亂，起因不是圈地運動有意識地剝削小農。相形之下，危機是源自經濟的必然。圈起來的土地產出的糧食遠比公地多，每畝地對農工的需求減少，因此讓大量農工失業。

圈地造成的勞力閒置效應，在拿破崙戰爭之前那些年還不成問題，原因是高穀價導致大量邊陲土地投入產糧，農工就業率很高。然而維也納會議一八一五年結束之後，局面就完全不同了。糧價幾乎立刻下跌，而且直到一百年後下次大戰來臨前，仍維持在低檔。邊陲土地不再生產，失業的農工蜂擁到城市及工廠裡。

務農採現代科學手法，而且定義完善的財產權擴大給新成為地主的一群人，兩項加起來造就新的生產階級「改良派農民」，他們透過創新的農事科技，追求作物收成不斷增加。

勞動分工

換個角度，可以說並沒有工業革命或農業革命這回事。相形之下，隨著慢慢演化出財產權、科學理性、資本市場及現代運輸及通訊，讓農人、發明家及工業家有創新動機，因而更可說發生的是生產力革命及專業化革命。這些新近能力大增的資本家，幾乎什麼東西都大量生產且式樣繁多。過程之中，他們把幾乎所有英國人的一般生活水準都提升了。

比起其他現象，最能區分現代及中世紀的便是專業化的等級。在中古世界，有個幾乎人人適用的基本工作描述：耕種土地。農暇時刻，小農們搭蓋及維修自己的陋屋，幫忙莊園道路構工，自己紡紗織布做衣裳。工業革命初期，大多數商業紡織工作不是在工廠裡完成，而是由農家在季節閒暇時於自己家中完成。現代以前的世界裡，小型社區甚至是大多數人家，幾乎全自給自足。

相形之下，今天任何一個社區能產出，哪怕一小部分自己消費的貨品及勞務，都令人難以想像，遑論單一一戶人家。每十年左右，美國勞工部都會更新其《職業分類典》（*Dictionary of Occupational Titles*）。最新一版列舉一萬兩千七百四十個不同的工作說明。

現代的繁榮可以設想成一台汽車的傳動系統，引擎就是四大基本要素——財產權、科學理性、資本市場及現代運輸通訊，而輪子就是因此而生的生產力。由引擎（四要素）把動力傳給輪子（GDP）的「變速箱」就是勞工專業化的程度。一個低度專業化的經濟體只能以一檔低速行走，而一個高度專業化的經濟體就能高速行駛。

到了工業革命降臨時，專業化程度已有很大進展。亞當·斯密以「勞動分工」讓專業化概念成為不朽。他用製造算很低階的別針來闡述這個原則，至今仍無人能超越他：

一個工人，沒有受過任何職業培訓（勞動分工使之成為專門職業），也不熟悉這一行所使用的機器如何操作（同樣，這類機器的發明或許也是勞動分工的結果），就是再勤勞，一天可能也造不出一枚別針，當然別想做二十枚。但是，以別針業目前進行的方式，不僅這個工作已成為專門職業，它還可能分成好多部門，其中很多部門也變成專門職業。一人扯出鐵線，另一人把鐵線弄直，第三人切斷，第四人磨尖，第五人研磨別針頂部以便安裝別針頭。製作別針頭必須兩到三種不同操作——把它裝上去是一門行業，把別針弄得白亮又是另一種，甚至把別針裝進紙袋本身也是一種。以此觀之，別針製造這門重要生意，就區分為大約十八道工序，而有些工廠裡，全部交由不同的人做，只是其他工廠裡，有時候一人要執行其中兩三樣。

斯密描寫道，即使最簡單的工坊，若雇用十名工人分別執行製造別針的十八道步驟，一天就能造出四萬八千枚別針——這是十名非熟練工各自生產的二百四十倍。

這是怎麼發生的？正是分工這部龐大機器，才把科技進展化為財富。它是這樣運作的：簡化繁重任務，擴展能取得的勞動力儲備。每個工人受自己天生最有生產力的工作所吸引，在累積經驗後，他們變得愈發游刃有餘。

將生產製造分割成很多不同的小任務，能鼓勵科技創新，原因在為特定工作所設計的機器，相形容易發明及改進。隨著創新者逐漸改善這些機器，操作它們的技巧門檻下降，如此又擴展勞動力儲備，進一步減少必須給付的工資。

有個現代例子鮮活地展現這個原則。二〇〇一年，西南航空（Southwest Airlines）聘用三萬一千六百名員工，共服務了四百四十五億乘客英里數。假設每個員工那一年工作兩千小時，折合下來為每員工工時七百零四乘客里數——比起你自己花力氣開現代車輛，每小時能跑的距離，要遠十倍；比起你用自己雙腿能走的，更是遠上兩百倍。

西南航空最重要的勞動力是機師，主要機型是波音七三七。要不是西南航空複雜的勞動分工，動用數百名員工，使用各種令人眼花撩亂的機械及電子工具，你跟同機乘客是不可能只花幾百美元就由洛杉磯飛到巴爾的摩。

人類天生就能發明。雖說有才智能創新的人，自歷史破曉以來就存在於地球每個地方，但他們的洞察力只有在有分工的地方，才能轉化為更廣大的繁榮及經濟成長。

穿在身上的財富

英國經濟轉型的搖籃，集中在曼徹斯特市內外的紡織工廠群。用經濟史學家霍布斯邦（Eric Hobsbawm）的話來講，「任何人要談工業革命就得談棉花。」自古以來，農人跟他們家人就由亞麻纖維來紡織麻布。農人們種植亞麻，耕作地遍及歐洲。大多數人都種小塊地的亞麻，供自己所用，或用來交換東西及出售。布的另一主要來源是羊毛，千百年間，歐洲貿易主要泉源是綿羊。

英國本地能生產少量棉花，但品質很差。陸上商路供應少量昂貴的進口絲綢，供王室富賈享用，另有主要是來自印度次大陸的高品質印花棉布。這些紡織品也很貴——倒不是因為產量稀少或製造成本很高，而是因為進口稅很高。葡萄牙人、荷蘭人及英國人（透過東印度公司）經過好望角而開通與印度的海上貿易，是增加了供應量沒錯，但不足以大幅壓低價格。

麻布、羊毛布及棉布的生產是「家庭工業」。孩子們採來原料並洗淨，女人紡成紗，男人織成布。雖說熟練的匠人可以造出品質最好的羊毛布，但生產規模依然很小。生產的任何階段沒什麼勞工專業化，因此價格依然高，產出依然少。將生棉到布匹的生產步驟圖像化，有助於了解它。

生棉 —梳棉→ 精棉 —紡紗→ 綿紗 —梭織→ 棉布

這張圖解的關鍵點在於，若想改良布匹生產過程，其他三個步驟也要有幾乎相等程度的改善才行。把粗棉的棉籽及雜質除掉，把精棉紡成棉紗，再把棉紗織成布匹。僅改良一個步驟，只會造成其他兩步驟的瓶頸。

這正是第一次紡織科技出現進展時發生的事。一七三三年，鐘錶匠約翰・凱（John Kay）發明了有效率的織布機（飛梭）。雖然這個裝置大幅度改善陳年的織布機結構，卻更惡化女性紡工短絀的現象。織布工廠收穫季都要停工，原因在農家婦女們都到田裡幫忙收穫去了。一七四八年，保羅（Lewis Paul）發明出兩款機械來梳生棉——原本要靠辛苦地把棉絮拖過裝有多排釘子的板子，才能梳棉。很不幸，保羅的發明只讓負荷過重的紡紗工，其需求量進一步增加。

紡紗證實為待解決的最困難問題，原因在當代的機器科技無法模仿出女人拇指與食指間靈敏的編織動作。源自古代紡錘的紡車於中世紀末期開始廣為散布，但它只能用在把紡好的線，纏繞到線軸上頭。只有女人的巧手才能開始紡線。

一七〇〇年代末期，一系列發明終於讓機械也能紡線。保羅想到用成對的鋼滾軸，來模仿紡工的手指，但他的機器不怎麼管用。一七六九年阿克萊特（Richard Arkwright）再增加一對滾軸到他的「水力紡紗機」——第一部管用的機械紡紗裝置。哈格里夫斯（James Hargreaves）瞧見一個紡輪倒到一邊了還繼續運作，於是運用這項觀察，讓紗線「編織」得更均勻。一七七九年，克朗普頓（Samuel Crompton）把哈格里夫斯的轉輪與阿克萊特的滾軸結合起來，製作出他的「自行啟動的走錠精紡機」。

克朗普頓把這台極其複雜的裝置安裝在台架上，它在紡出紗線時會前後移動。科技創新的基本原則之一，是複雜而改善生產力的新裝置，比起前一代的機器，通常會減少對操作者的技術需求。例如，比起技術最高超的裁縫用針線縫製的摺邊，縫紉機縫得更快、更直而且更堅韌。現代的個人電腦，讓一個笨拙的中年作者產出來的文件，能比一百年前最棒的印刷機印製的，還更美觀。便於操作經常源自複雜的設計。

而克朗普頓的走錠精紡機很早便展現這個原則，一名紡紗員工不需要經過多少培訓，但造出來的平滑紗線，其線徑很廣，這種事情是他或她技巧更高的前輩辦不到的。短短幾年內，工廠老闆們便把瓦特—博爾頓的蒸汽機與紡紗機媒合起來，紡紗這個關鍵作業的機械化轉型便大功告成。

製造商並沒有快速把織布機械化。最初，機器紡出的巨量紗線，對織布工是意外之喜。晚近到一八一三年，英國二十五萬台織布機裡，只有一％是機械動力。隨著十九世紀嬗遞，任何織布工想抗拒機械化及工業化，只讓自己陷入不幸。

精棉的生產涉及辛苦地除掉棉籽，這過程既昂貴又累人。一七九三年，惠特尼（Eli Whitney）發明了軋棉機，除掉這項障礙。一七九〇年到一八一〇年之間，美國棉產量由一年一百五十萬磅增為八千五百萬磅。惠特尼的發明調整世界經濟的景致，其方式很少有別的發明辦得到。很不幸，它也改變美國政治的地貌。棉花產業及伴隨而來的奴隸制度，突然間變得有利可圖。一七九〇年到一八五〇年間，美國奴隸的數目由七十萬增為三百二十萬。

棉布氾濫全球市場。舊日英國的主要布料麻布及羊毛布幾乎消失。勞苦的農民大眾及都市窮人首度能擁有不貴的棉布衣裳。棉布價格由一七八六年的每磅三十八先令，跌到一八〇〇年的低於十先令。紡織品真是極為「彈性」的商品。價格稍有下跌，即導致需求量大增。正如個人電腦價格下跌，證實大大有益於銷售量，十九世紀初的紡織品消費量也因價格降低而大爆炸。棉布是歷史上首次真正的「成長型產業」（growth industry）。同樣的那十四年間，英國棉花進口成長十倍，到一八四〇年則為五十倍。一個巨大的三角貿易網，沿曼徹斯特的吞吐港利物浦而崛起：生棉由美國運到英國，製好的棉布則由英國運到非洲，而大量的黑奴從非洲被運往美洲，直到一八〇八年此舉才被列為非法。撇開可惡的奴隸制度不講，物美價廉棉質衣物帶來的好處，我們現在才開始慢慢了解。舉個例子，很可能是一八五〇年後，因棉內褲便宜易得，使得傳染病大幅減少。當代最要命的疾病——霍亂及傷寒，是腸胃道傳染病，因此散布時，走的是糞便－口腔感染管道。它們不管患者是什麼社會階級，一視同仁。一八六一年，維多利亞女王摯愛的亞伯特親王，就是死於傷寒。這些不起眼的棉製衣物，剷除掉不經常更換單層式衣裳而導致的發炎及感染，切斷疾病的散布，拯救了數百萬條人命。

勞動革命

工業進展的另一重大領域在鐵。現代以前，煉鐵得與木炭一起熔煉，到了十八世紀末期，英格蘭的鑄鐵廠已經把鄰近的森林都耗盡了。過沒多久，蘇格蘭的樹木也得砍下來供密德蘭的鐵廠使用，而且英國工程師們發現，從瑞典進口鐵較便宜。英國的鑄鐵廠甚至發現，進口斯堪地那維亞半島的木頭價錢更低，原因在現代以前，水上運輸遠比陸運廉價——由波羅的海載來，成本跟英國陸上搬運二十英里大約相同。

英格蘭有充裕的焦煤，但要用它來代替放進高爐的木炭，必須有更強力的鼓風機。瓦特跟博爾頓改造他們第一批蒸汽機給鐵廠老闆威爾金森，目的就是如此。十年後，科特（Henry Cort）引進「攪煉法」（puddling），讓大規模不停生產高品質熟鐵成為可能。威爾金森接下來發明蒸汽錘（steam hammer），每分鐘敲打一百五十下，完善了科特製程的最終產品。

科特創新解放了英格蘭，使它免於依賴日漸稀少的樹木，也使得木材豐富的瑞典失去了優勢。在此之前，進口的斯堪地那維亞鋼要優於英國製品，因此國內外製造業者要花好些年，才能習慣英國鋼鐵更好這個觀念。跟棉布一樣，鋼鐵生產量飆升。一七七〇年到一八〇五年之間，鐵價大降而產出增約十倍。由擴大的鋼鐵廠流出無限量的鋼鐵，送去蓋新橋梁、鐵路及大樓。

上述棉布及煉鐵業的進展，不因克朗普頓精紡機及科特攪煉法而停止。接下來幾十年間，大家瞧見幾乎不停止的改良發展出來。鋼鐵廠變得更大，生產每噸鐵需要的煤減少，而產品的品質不斷提高。歷史學家狄恩出色地總結這種無縫創新的過程，「機器及製造機器的機器，已證實能被無限改良下去。正是這種持續、自創的技術改變過程，才是經濟持續成長的終極原因，而今天我們視其為理所當然。」

沒那麼樂觀的約翰生博士（Dr. Johnson）說法則不一樣，「時代瘋著追求創新。世上以新方法從事所有商業活動，絞死人也要用新方法。」不管更好還是更壞，世界已邁上不斷變化及混亂的道路，但也不時增進繁榮。當時跟現在一樣，都無法回頭。

除非伴同消費專業化，不然僅勞工專業化及生產力增加，沒什麼意義。對新式工廠來說，當農夫自己種植糧食、蓋房子、造馬車，工廠所生產的產品並沒有市場。他老婆自己紡織布匹，及縫製全家人衣裳，也一樣與市場不相干。隨著十九世紀演進，消費者由自家生產但沒效率地自力更生，改採以現金為本的系統。在系統裡，他們投入單一生產力高的工作，然後用他們的薪水，交換一切物質需求。德．弗里斯把這種轉型取名為「勤勞革命」（industrious revolution）。

然而，當然不是政府更不是專制君王一聲令下，就能使勞工與消費者專業化、增加生產力，進而引領農業及工業騰飛。相形之下，是法官及議會議員（他們大多是地主及生意人）發展出判例法，通過法條，鼓勵商業及工業。科學家們，以往受限於亞里斯多德心態，此時開始使用培根的新式科學工具，解開宇宙之謎並運用在商業上。最後，新式金融市場贏得投資人的信心，提供資本之河給經商創業。這是最令人快樂的英國意外事件。

工業革命的光輝有它的代價：童工、低薪、惡劣的工作條件及人際疏離，有如「撒旦的黑暗工廠」。一七六〇年到一八三〇年間，英國生活水準究竟發生什麼改變？這項課題經過這麼多年，證實足以叫歷史學家、經濟學家及意識形態人士爭辯不休，而給出來的答案，肯定可以展露出觀察者的政治傾向。左派人士轟轟喊著否定答案。據一個匿名的辯士形容，工業革命時代的人生令人作嘔、很英國，而且短暫。

恩格斯極受益於新產業機器。他是普魯士棉廠老闆的兒子，受到一八四〇年代席捲歐陸的革命狂熱吸引，沒多久就邂逅變成政治流亡者的馬克思。一八四八年多起動盪之後，兩人逃去英格蘭，恩格斯開始在當地經營他父親的一間工廠。他用繼承來的財富，及自身經營才華，支撐了接下來幾十年馬克思跟他本人的生活。

恩格斯寫了篇驚人的文章，描述十九世紀活在社會底層民眾的生活，即《英國工人階級狀況》（*Condition of the Working Class in England*）。年輕的恩格斯（當時只有二十四歲）先描繪工業革命之前，英國鄉間牧歌般的生活寫景：

> 工人如此不費心力地過著安穩的舒適生活，一生正直和平，虔誠誠實。他們的物質生活狀態遠優於後代。他們不必過勞，只做自己挑選的事，然而也賺到自己所需。他們有閒暇，在菜園或田地做有益身心的工作，這些工作本身對他們而言就是休閒，此外他們還可以參加鄰居的休閒活動及賽事，而那些賽事——保齡球、板球、足球等等，都有益於體魄及精力。他們大多是健壯、發育良好的人，身材看起來與他們的小農鄰居沒有差異或差別不大。他們的子女成長在清新的鄉間空氣裡。

十八世紀末期把恩格斯的桃花源掃除，代之以荒蕪、絕望、骯髒至極的英格蘭工業貧民窟。《英國工人階級狀況》有個簡短、相形無惡意的段落，是直接引自政府報告，就足以傳達工業化帶來的棘手影響：

> 眾所周知，赫德斯菲爾德鎮（Huddersfield）的所有街道，以及許多死巷、小巷，既沒有標示、鋪路面、設下水道，也沒排水設備。當地垃圾及各種髒汙就擱在地上任其腐爛發臭。幾乎無時不刻沒有一洼又一洼的死水，故此相鄰的住宅環境低劣，甚至是汙穢。當地滋生疾病，危及全城民眾的健康。

有個即使陰暗也較持平的評論，由現代觀察家馬洛（Joyce Marlow）撰寫，「當地居民的住家當然不寬敞豪華，但房子一連幾百間，沒半間有地下排水道，也沒有花園，看不到半棵樹，空氣嗅來也不清新……」

左派人士後來寫的作品，可以由霍布斯邦的文章來代表，它沾染意識形態色彩。霍氏想指出，十八世紀初期倫敦的人均食物消費量下降。他的論調裡有個小瑕疵，也就是食品供應減少，與堪稱當代特色的人口不斷成長彼此有所衝突（人口不僅成長，而且成長率也上升）。霍布斯邦為這項衝突辯解說，雖然現代以前的社會糧食吃得較多，但給養較不固定，因此容易受苦於週期性大饑荒。對左派人士霍布斯邦來講，後者似乎是較令人滿意的狀態。

毫不令人懷疑的是，工業資本主義的崛起，不論對一般英國人的福祉有什麼淨效應，對很多原住民族則是大災難。馬克思說：

> 美洲發現金銀，原住民被剷除、奴役，葬身在礦場裡，東印度群島開始遭征服及擄掠，非洲變成商業獵捕黑人的場地，凡此種種，象徵著資本主義生產時代的美好黎明。

由現代西方的角度來看，馬克思、恩格斯及後來他們的英倫隨從——霍布斯邦、碧翠絲及希德尼·韋伯（Beatrice and Sidney Webb）以及蕭伯納，還有好多世代的牛津、劍橋畢業生——他們的意識形態狂熱實在有點費解。社會主義在開發中國家魅力持續不減，也一樣叫人不懂。在一片富饒的包圍下，恩格斯描述的赤貧及嚴重墮落（一般被視為即使有點矯揉造作但也很準確），有助於我們理解早期社會主義者的暴怒及缺乏客觀性的原因。

那個時代瀰漫的擁擠與極度髒亂，無疑要為工業界底層者的高死亡率負責。新型機器的生產力也導致勞力過剩。整個十九世紀，家中奴僕的人數穩定增加，即使是中產人家，女傭及男管家都很快變成固定角色。到第一次世界大戰開始，「家事僕人」占英國勞動大軍的整整一五%。找得到那種差使的人，還被視為運氣好。為了活下來，人們經常得做墮落及犯罪的事。工人的條件經常十分窘迫，以至於產生的貧民窟工作機會流傳迄今，讓英語文生色不少，如河岸拾荒者（mudlark）、拾荒者（scavenger）、揀破爛的人（guttersnipe），還有做白日夢的人（woolgatherer）[2]。

2 編注：Woolgathering 原指收集掉在灌木叢或柵欄上羊毛絮的工作，因此外界看來，收集羊毛的人看起來總在漫無目的地四處閒逛，收穫甚微。十六世紀中期後，此字便延伸為「做白日夢、茫然空想」之意。

在意識形態分裂的另一端，右派人士描繪的一般工人家庭生活光景，遠為明媚。一九四八年，阿什頓回覆唱衰者時，拿工業革命時英國的生活，與未工業化的遠東相比較：

> 今天在印度及中國平原上，住有男男女女，當地疫病橫行又食不裹腹，外表看來活得不比白天跟他們一起操勞的牛隻好多少。晚上牛就跟人睡在一起。這樣的亞洲生活水準，如此沒機械化的慘狀，就是沒經過工業革命還增加其人口的民族之命運。

阿什頓的觀點（話雖如此，可能不是他的原話）十分老到，但跟後起的經濟史學家如羅斯托（Walt Rostow）、迪恩及哈佛大學傳奇的格申克龍（Alexander Gerschenkron）一樣，他把因果搞混了。第三世界的悲慘大眾會受苦，原因不在他們不勝任工廠及機器工作，而在他們欠缺制度——財產權、科學視野及資本市場，而在同一時間，他們國家會遇到人口成長大爆炸，是間接碰到現代醫藥進步的結果。

近些年，學者們對工業革命生活水準的意識形態辯論已降溫，而是專注於更客觀的生理測量來量測幸福感（well-being）。對平均餘命的研究已發現，一七六〇年及一八二〇年間壽命顯著改善，接下來停滯到一八六〇年。嬰兒夭折率的模式也幾乎相同，在十八世紀末下降，只有在十九世紀初再次上升。計量經濟史學家最愛的一種測量，是人類身高數據。[3]研究也顯示其模式為，十八世紀末期人類身高改善增長，但在十九世紀初期又有所下降。

最後，恩格斯及霍布斯邦都說對了部分。大多數現代證據都提示，工業革命稍晚階段，生活水準略有惡化，至少在經濟階梯底層是如此。工業革命對很多人，可能還是大多數人，都是難以言宣的野蠻勾當。拿破崙戰爭之後那段時期，對經濟有不良影響，英國瀕臨內戰及革命的程度是大多數當代觀察家不願承認的。幸運的是，英國政治領導階層，以傑出有識之士如皮爾（他是棉布大王之子）為例，姿態都夠柔軟，能以適當的改革措施因應。

恩格斯忘記（可能從沒學到）的是，英國打破馬爾薩斯陷阱以前，生活多麼嚴峻。工業革命早期，貧民窟的生活條件糟糕惡劣，但不容爭議的是這段期間英國人口成長迅速。按道理而言，若是再早個兩百年，生活條件必定更糟糕，因為當時每次人口增加，都導致生活水準下降，劇烈到足以限制人口數目不致失控。一七四〇年到一八二〇年間，死亡率由三五．八‰，下降到二一．一‰。恩格斯眼中，工業革命以前的牧歌式生活，只是狂熱想像的臆造物，同時睜眼不見工業革命以前人口學的鐵律。

一六五〇年以後，英國人口的快速成長真堪稱謎團。欠缺精準數據讓這件事陷入雲霧裡。大多數時候，學者們被迫只能推算有紀錄的嬰兒洗禮，與人死下葬兩者之間的件數差異。人口控制有個重要機制，就是控制結婚年齡。太平富庶的時候，人們會較早結婚，生更多小孩。時機不好時，人們就晚婚，少生一些。此外，政治意識形態再度介入了。左派人口學家把當時人口迅速成長，歸因於需要廉價的童工，而右派則歸罪於「史賓漢蘭制」（Speenhamland System）的濟貧措施，其獎勵窮人家生養小孩。中世紀末期人口增加，最令

3 對人骨遺骸的研究，也證實對調查古代世界的經濟趨勢，非常有價值。

人信服的解釋是，環境衛生及消毒方面有所改善，而此說則支持生活條件逐漸變好。

然而，這個問題還是一直叫人苦惱。縱觀這個時期，人均經濟產出隨著人口一路上升。哈佛經濟史學家顧志耐（Simon Kuznets）以他的「曲線假說」（curve hypothesis）來解釋這個弔詭：快速工業化的時期，財富與收入分配差距將先擴大惡化，有錢人因社會其他人付出成本而成功。相同的事件順序在一九九〇年代科技股大繁榮時也上演，當時數以千計、通曉電腦的二十多歲人賺到難以想像的財富（儘管為期甚短），而造出收入分配嚴重不均。

因為通膨率及生活水準本質都有不確定性，我們應該永遠不會知道，現代早期英國人的福祉及經濟成長的精準形貌。究竟是在什麼時刻，英國現代經濟起飛，整體生活水準轉往更好方向，這件事大有爭議。工業革命的早期歷史學家狄恩及科爾（William Cole）主張，經濟快速成長始於十八世紀末期，而較晚近的研究成果則認為，直到二十世紀初，經濟才開始快速成長。這項爭辯遠非本書內容所含括。然而情勢很清楚，紊亂的十八世紀充塞著幾乎連續不斷的權力衝突。一直進行中的軍事屠殺，隨著新形態的全球大規模戰火降臨，在一七九三年到一八一五年間達到高潮。在這個較晚的可怕時期，即使英國都趕不走饑荒的幽靈，所以在一八〇〇年前後幾年，經濟成長沉寂，這件事不奇怪。神奇的是，碰到一個時期，發生了七年戰爭、美國獨立革命、法國大革命及隨後的戰爭，還有拿破崙戰爭，英國人口仍增加一倍，而生活水準至少沒下跌。直到維也納會議之後，歐洲才安定下來，並有蒸汽動力及電報加進經濟「啤酒桶」裡，才能發生現代那種熾烈的經濟成長。

不管怎樣，本書的四因素模型有助於我們理解，何以十九世紀初以前，經濟並沒持續成長。進入十九世紀，蒸汽動力的運輸及電子通訊終於派上用場。無論製造業變得多有生產力，沒有鐵路及電報，創業家無法把自己繁多的新商品，有效地行銷或運輸給最終消費者。

衝向工業化的藍天？

現代繁榮通常與工業革命勾連起來。雖說那個詞彙是外國評論家於一八三〇年代率先使用，但是歷史學家湯恩比（Arnold Toynbee）於一八八四年，在曼徹斯特的一系列演講，才真正讓它普及。傳統上，工業革命指的是一七六〇年到一八三〇年那段時間。日益嚴格控制且機械化的生活方式與生產流程，是西方繁榮的泉源，這個想法對二十世紀早中期的歷史學者及經濟學家似乎很明顯，比如狄恩就寫道：

> 如今，「走向富裕要取道工業革命」幾乎是經濟開發理論的公理了。只有那些工業化的國家，透過連續不斷，或有人謂「自主性」的經濟成長過程，世世代代的人才可以自信地期待，能享有比父祖輩更高的生產及消費水準。二十世紀中葉，所謂已開發或先進國家居民的生活水準，與今天低度開發或落後國家普遍的生活水準，兩者有驚人差異，基本上都源自以下事實：前者已工業化，而後者沒有。

到了一九六〇年代，執政者已把工業化認定為全球繁榮的必要條件，而且視強制工業化為第三世界唯一的希望。麻省理工學院經濟學家羅斯托把「起飛」一詞普及化：也就是「終於去除阻礙及抵抗一國經濟穩定成長的東西」時，它就工業化了。他把英國工業起飛的時間點，放在一八〇〇年過後不久，而美國在一八六〇年，日本大約在一九〇〇年，還有最不準確的澳洲在一九五〇年。

羅斯托覺得，經濟起飛的首要前提，在擁有一群政治菁英，他們「把經濟現代化視為施政上嚴肅、最優先的事務」——工業轉型是由上到下指揮的。羅斯托的布局裡，找不到「私人財產」及「公民自由」這些詞彙，話雖如此，公平地說，他確實體認到科學理性及宗教寬容很重要。閱讀羅斯托的著作，你會在想像中看到幾十個小國，在全球經濟跑道上蓄勢，每個都在等候起飛指示，衝向工業化的藍天。（羅斯托這個名字若是刺激你想起過去的美國總統，倒也理所當然。正是同一個羅斯托，擔任詹森總統最鷹派的顧問，而且直到最後都相信美國能打贏越戰，因為他的數據跟圖表都十分令人振奮。）

格申克龍應該是過去五十年最著名的經濟史學者，即使是他也把工業化視為經濟開發的全部——一個國家沒有龐大的工業，就無法繁榮和進步。

現代財富的根源，要追溯到近代文明的發軔期，而且，經濟持續成長發生在荷蘭，遠比英國來得早。其他現代例子也與工業至上假說牴觸。澳洲十八世紀末期的財富尤其醒目。按狄恩、羅斯托、格申克龍的布局，澳洲是「落後」的農業國家，只有小型工業。那麼，澳洲怎能維持世上最高生活水準，而當時其他農業國家則陷入貧窮的泥淖？

羅斯托另個「起飛」的重大先決條件，是增加投資比率到全國收入的一〇％以上。這位麻省理工教授在此再犯因果錯誤。除了極權社會，擇定投資比率的是個別人等，而不是政府。投資人只有在企業有望給高收益時，才會拿出資本。現代經濟計量學研究明確顯示，活力旺盛的現代經濟體都有很高的儲蓄率，原因在它們提供五花八門的獲利機會，而非顛倒過來。不管怎樣，英國工業革命期間的儲蓄率，遠低於羅斯托的一〇％最低值。

這些傑出學者怎麼把事情搞錯得這麼離譜？首先，他們與一九八〇年以前很多人一樣，低估制度面因素的重要性，尤其是財產權及法治。再來，他們沒有管道取得準確的歷史數據。經濟學家直到最近幾十年，才試著重建過去幾百年甚至幾千年經濟成長的輪廓。這種相形晚近的資訊指出，十九世紀末葉的美國大致上依然是農業國家，但這個農業國人均ＧＤＰ幾乎與英國相同。同一時間，誠如我們已知，按羅斯托估算要晚五十年才「起飛」的澳洲，曾短暫保有世上最高的人均ＧＤＰ。

我們也可以把國家財富的上升，歸功給汽車（羅斯托真這麼做了）、電話、勞力士錶或路易十五名椅。跟工業化一樣，這些物件不管是不是奢侈品，都是繁榮的成果，而非它的根苗。今天即使路人都了解，單是工業化本身並非經濟開發的柱石。蘇聯政治實驗的崩潰（它奠基在強制工業化上），還有大多數外國資助在第三世界的大型基礎建設慘敗，在在顯示經濟繁榮不光是蓋工廠及水壩而已，還有更多因素。大多數先進國家於二十世紀末，創造了不起的「後工業」財富，它們以資訊及服務為本的經濟體欣欣向榮，而它們的製造業部門已經萎縮，遷移到工資較低的國家，如此適足以說明「工業化太重要、是繁榮的根源」其實並不正確。

另外，較晚近的經濟開發「進口替代」理論，也失去信譽。它主張開發中國家必須以進口稅及其他貿易障礙，來保護自己剛萌芽產業。最近的數據指出，此類政策適足以降低這些幼稚產業的長期競爭力，減緩整體經濟成長。

英格蘭是第一個維持高經濟成長率的國家，無論就總和GDP及人均GDP皆是如此。原因在它發展四項制度面要素上，都有近乎無法超越的領先。然而，英國漫長的經濟史無論有多輝煌，最後卻顯得累贅。晚近到十八世紀，法典已充塞一堆中世紀法規。有個例子便是《學徒法》（Statute of Apprentices），它源自伊莉莎白一世時代，直到一八一四年才廢止。亞當．斯密打量這條法時寫道：

> 舉個例子，曾有判決說一個馬車製造匠，不能自己或請短期熟練工來造馬車木輪，而必須向車輪師傅購買……但車輪師傅，就算他從沒向馬車匠拜師學藝，卻可以自己造車或者請短期熟練工來造車。造車身一職沒被含括在法條中，是因當初制法時，英國沒從事這門職業的人。

羊毛織品業也因這類規則而十分保守。棉布業爆炸性成長背後理由之一，在棉布是新商品，做生意不受管制。實業家藉由在醜陋的「新城鎮」如伯明罕及曼徹斯特做生意，規避行業及學徒法規。因這些地方不受那些規矩限制，而且執行舊法規的治安法官不能管事。

英國的壟斷權傳統也很慢才消失。東印度公司專擅對印度貿易直到一八一三年，對中國貿易更拖長幾十年。東印度公司的壟斷權削弱其他有意與遠東做貿易的英國公司，對英國商業的傷害更大於好處。南海泡沫事件之後，一七二〇年通過的《泡沫法》為嚇阻投機，要求組織股份公司時必須獲議會特許，因而傷害創新。要到一八二五年，議會才廢止《泡沫法》，並到一八五六年，才讓組織股份公司的過程順暢起來。

《泡沫法》另禁止使用很多被責為導致一七二〇年市場崩潰的「投機工具」，包括賣空及期貨。今天我們知道，這些工具能增進市場穩定，降低資本成本。而沒有它們，叫英國金融市場接下來一百年都極不安定。

跟歐洲其他地方一樣，英國極講重商主義。滑鐵盧戰役後很久，才掃除保護主義壁壘。前面我們已談過《穀物法》的廢止，而議會要到一八四九年才廢除《航海法案》。若是各國政府過度保護他們國內農業及工業，蒸汽船對貿易也無用武之地。唯待英國掃除它的保護主義法律，最後一塊繁榮的基石——強而有力的運輸才能安然就位。

北美殖民地的珍貴優勢

英國的北美殖民地不僅具有英國制度面的一切優勢，還避開其大多數禍害。美國的資本組成尤其順暢無阻。憲法批准後不久，美國就創設世上最先進的專利制度。萬事俱備，只欠資本及勞工。但兩項很快也自由地由國內外流入。到了一八五五年，美國居民已經比英國多。

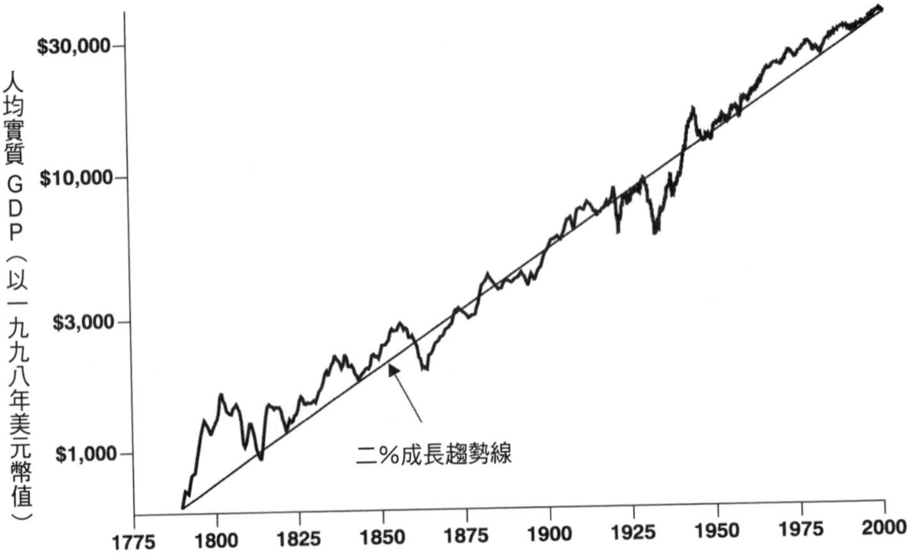

【圖 7-2】美國人均實質 GDP

資料來源：美國商務部。

一八七〇年，它的經濟規模也大於英國。

圖7-2描繪美國批准憲法之後的人均GDP成長。相對於英國十九世紀初成長不穩定，美國幾乎從一開始生產力便年成長約二%——遠比大西洋對岸來得快。[4]美國生產力早期成長多屬追趕性質——麥迪森估計，在一八二〇年，美國人均GDP只有英國的七三%，而且美國的生產力要到二十世紀初才超越英國。但由於移民數量及出生率較高，美國經濟總量其實在此之前便超過英國。

充沛的土地及資源賜福給這個新國家，但它龐大的大陸地理，即使有多條很長河流，卻一點也不利於經濟繁榮，尤其是與英國、荷蘭相比更是如此。從一開始，美國便繼承了英國極珍貴的素質：世上最好的制度。它選擇那些鼓勵自由與商業的制度，拋棄那些不鼓勵的制度，還自行發明了一些。但由於美國自己特有的瑕疵，特別是奴隸制度，而引發災難性的內戰，才耽擱它成為世界霸主。

4　圖7-2裡，人均GDP是如此不可思議地團簇、靠近二%趨勢線。回想起第一章，二十世紀世上主要已開發國家的人均GDP成長落點，也叢集在很靠近二%之處。

第八章 後起之秀：法國、西班牙及日本

Runners-Up

統治者的繁榮選擇題

荷蘭與英國迅速繁榮，繁榮很快就散布到其他西歐地區，然後再到東亞。一國能否致富，端賴其根深柢固的制度及文化因素。由幾十個繼荷、英兩國之後，而達成繁榮的國家裡，我點出三個來分析：法國、西班牙及日本。

圖 8-1 顯示這三個國家，連同英國，各國的人均 GDP 成長線。法國因為地近英國，大革命後又有改革，因此成長緊隨它英倫海峽對面的鄰國。西班牙及日本則花了一百多年才趕上。講述這三國的經濟，重心在它們如何克服成長道路上的障礙，還有今天開發中國家可以汲取什麼教訓。

自荷蘭與英國開始，商人及小貴族逐步節制統治者的特權，並由根本改變國家與公民間關係，這種轉變再慢慢散播到西歐其他地方。這個過程的開展既不順利也不一致，例如法國

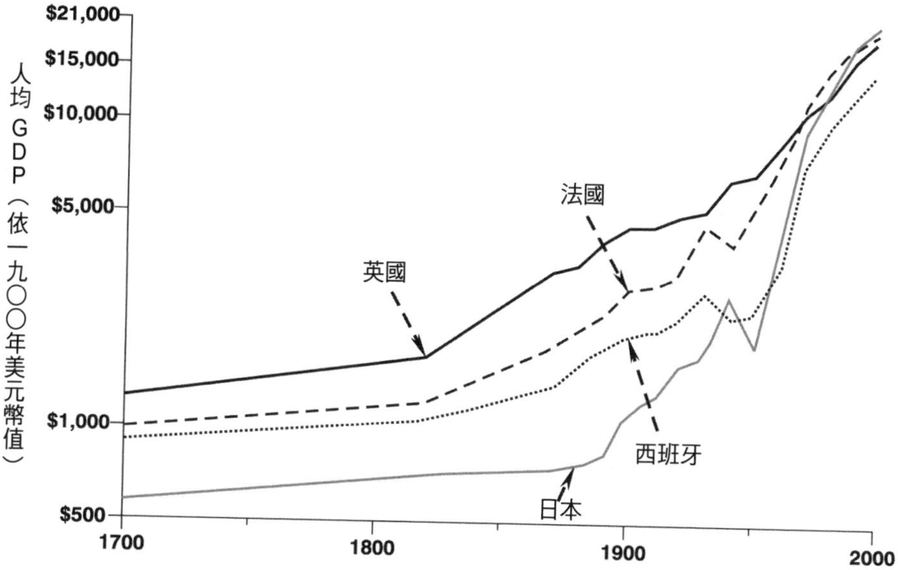

【圖 8-1】英、法、西、日的人均 GDP 成長線（經通膨調整）

資料來源：麥迪森，《監控全球經濟：一八二〇到一九九二年》、《世界經濟：千年一觀》。

在路易十四治下的舊體制，便來到政治、經濟專制的高峰，其程度要到現代出現共產主義及國家社會主義才可相比。

幾千年來，任何統治者的首要目標都是最大限度地增加自己的財富。神授的君權只有受到最大脅迫，才會投降，如一二一五年的英王約翰。現代以前的歐洲，各小型邦國不停打仗，造成一片混亂——「國家」這個詞太堂皇，除了最大那幾個，不然不適用。雖然估計數目紛紜不一，但是在中世紀，歐陸上最多散布著一千個主權自治領地。聰明的王子或公爵學懂，如果自己向工人及商人課稅太重，他們可能把生意移到幾英里外、賦稅較輕的地方，這樣荷包失血較少。

慢慢地，統治者開始認同自己福祉與臣民相同，懂得不從鵝身上拔太多毛。那些既不向臣民課稅太重，又不無度地抄沒他們財產的國家經常發現，自己比起學不懂的邦國，國庫更充實，軍隊也比較強大。沒能克制掠奪自己臣民的國家會衰弱，甚至滅亡。透過這種達爾文過程，擁有開明稅制、法治及牢靠財產權的邦國會繁榮，勝過較不先進的鄰國，而歐洲也變成發財的好地方。故此，歐洲破碎的政治景貌，與中央集權的土耳其及中國恰成強烈對比。後兩國的創業家受挫於政府不智的政策，又沒地方可跑。

明智的統治者收稅，應無損自由市場中的各種誘因。由經濟及社會觀點來看，最理想的稅是貨物稅，也可說成是銷售稅。貨物稅最常見的現代版，是歐式的增值稅。它本質上是國家的銷售稅，但不會像尋常的銷售稅那般「澆淋」到生產流程的中間步驟。而所得稅一如財產稅，兩者都會減損賺錢及投資動機，而輕微「扭曲」稅收制度。政府收稅最糟的途徑，便是販售扼殺競爭的壟斷權。

比起稅項甚或稅率，更重要的是稅政。再沒有比蠻橫奪走資產，更傷經濟體質的事情了，不管犯人是戴面具的強盜，還是政府官員。與此類似的是，打擊社會士氣最重的莫過不加區別，讓一整個社會階級全部免稅。大家較能忍受，政府向每個人所得明確開徵三〇%的稅，但若有三〇%的機率，資產會被蠻橫地全部盜走，或者總人口三〇%得以豁免繳稅，則會令社會凋敝，引起革命。

現代以前，一個國家可以透過商業而致富強大，這個點子幾乎未曾聽聞。幾千年來，致富之路靠的是打勝仗與劫掠。在文藝復興的義大利微溫地繁榮，以及後來荷蘭較為熱絡的繁榮出現以前，沒幾個統治者懂得商業及工業的價值，遑論讓它成為國家要務。單是征服就能產出財富。劫掠品枯竭時，招牌的死亡循環就上演了。為了補足消失的財源，統治者向他財富的主要製造者——農民加稅。農民繳不起新增的田賦，只好賣掉田地或乾脆棄耕。這樣摜低稅收，導致賦稅再升高，而更多田地棄置。由希臘化時代晚期的希臘、君士坦丁後的羅馬，到鄂圖曼帝國的晚期，頹敗國家的招牌特色便是鄉間人煙稀少。

那麼，走向繁榮的第一步，便是統治者了解自己福祉與臣民福祉有所關聯。現代已開發國家實為「服務邦國」，主動提供公共財來提振商業。試舉幾例：

一、教育其年輕人。
二、確保公共安全及財產權的警察保護系統。
三、由超然的法院執行公正審判，確保公民忠忱。
四、興築道路，以運輸勞工及產品。

那麼，要斷定誰在走向繁榮時領先，而誰又落後，重點便在判斷執政菁英何時、何地掌握到以下要素的重要性，鋪好基礎讓國家富有。要素包含：法治、保障私人財產、權力分治、暢旺的民間商業及貿易、把政府收入由租售壟斷權，轉換為稅基廣闊的銷售稅、提供公共安全、教育及道路。

法國為何沒一馬當先？

經濟史學家克拉夫茨（N. F. R. Crafts）在一篇重要文章中結論說，英國在工業革命打敗法國只是運氣好。他主張，兩國都具備必需的知識及社會基礎設施，可發展出現代經濟成長，因此，英國的勝利是「隨機的」——也就是偶然的。克拉夫茨主張，假如十八世紀可以一再重演，法國贏得經濟競賽的次數，至少跟英國一樣多。

歷史充斥著強烈的偶然因素，這一點毋庸置疑。要是一顆流彈或致命病菌，叫希特勒、威靈頓公爵或路易十四世早夭，歷史會怎麼改寫？只是，哪怕最短暫瀏覽一下歐洲的制度史，都可以了解在奔向工業革命的賽跑中，法國實無勝算。

至少表面上，法國就那四項關鍵經濟因素，全部可與英國匹敵。再怎麼看，法國本該加入英、荷，成為世界繁榮國家的領頭羊。法國人的財產權，不是有強大中央政府及組織嚴密的司法機構來保護嗎？笛卡兒及帕斯卡祖國的法國，不也能理直氣壯，宣稱自己是科學啟蒙的發軔地嗎？難道法國科技創新的紀錄，經證實不跟英國一樣醒目嗎？凡爾賽宮廷，不是因民眾對長期公債很飢渴，而取得數量龐大的資本嗎？法國在亨利四世及路易十四世治下構建的道路及運河系統，豈不優於十七世紀英國車轍深陷的小路及簡陋碼頭嗎？

這些問題，每一個的答案都是響亮的沒錯。然而為什麼，法國經濟起飛點卻落後英國一百多年？這個謎題的答案在法國舊體制之下，四大成長要素運作時的效率。

亨利四世一五八九年開始統治時，封建制度在法國近乎絕跡。清楚且可分割的土地權、財產權傳布得很廣，商業欣欣向榮。但是，雖說法國財產制度賦予所有權，但沒提供誘因。問題點在經濟學家所稱的「競租行為」——傾向用特權，而非幹勁與苦幹實幹來賺錢。現代類似的例子包括：強制車輛檢查時收費太高、工會過度保護工人，還有讓公司高層拿奢侈的薪給及福利。競租行為是人性的基本特徵，而所有社會都受苦於它，程度不一而已。唯有當社會的競租行為一直比誠實努力能賺更多錢時，經濟傷害才會發生。舊體制時代發生的就是那樣。

為了領略競租行為在現代以前的法國如何發展演化，我們必須了解法國的稅務結構。歲入的主要來源是向土地及建築物課徵「塔耶稅」（taille），而貴族及教士得免繳，所以自始稅賦責任就落在小農及小生意人身上。因此，取得貴族身分或獻身神職，就精神及物質兩方面都獲利可觀。國王的確有想從貴族及教士榨稅收入，先是用鹽稅及奢侈品稅（如葡萄酒、肥皂及蠟燭），後來用複雜的人頭稅。稅賦不公慢慢逼得小農賣掉自己土地，但他們經常留在當地擔任佃農。地產聚集到不在地貴族手上，而他們則由安全的凡爾賽宮派出代理人，負責向以前是地主的佃農們（及其後嗣）收取領主費及地租。到路易十四駕崩時，法國已倒退回幾近封建狀態，而它是乾柴的主要來源，讓大革命燒起來。王室發現，要收取範圍這麼廣又複雜的稅很困難，因此變得愈發依賴向農民課稅——民間生意人替政府收稅，再分潤斬獲的一部分。

這套稅制繁瑣、惡劣，殘害法國商業精力。自亨利四世時代開始，新近發財的人就夢想著叫子嗣去當官，向農民收稅，方式一如今天的現代專業人士，渴望把後代送進常春藤聯盟名牌大學。法國王室也來湊趣，它長期欠缺資本，供軍事冒險及宮廷揮霍，於是很高興地把未來稅收換成今日現金。法國商人發現，要傳承財產並不困難，但在這樣的體制底下，家族創業精神很少能持續超過一代。有位歷史學家描述法國人的心態：

在荷蘭甚至在英國，一名商人、製造業者或金融家發財之後，唯一願望便是瞧見兒子們能擴大生意版圖，而在法國，每個自力發跡者的夢想就是替長子買個官位。假如父親已在社會階梯的頂端，他會替兒子弄個官職；假如父親是小店主，會設法讓兒子當教堂執事。

隨著一個村莊裡，家家戶戶都捨棄有生產力的活動，選擇購買頭銜或官方閒差，一個世代裡，稅冊裡的納稅人最多會消失達八成。財產權在此提供動機，發揮神奇效力。法國表面上具備健全的財產權，但眼睜睜看著公民的發財動機，被鼓勵競租行為的制度給消耗罄盡。直到今天，法國人依然熱中於當事務官——大致上便是官僚，享有政府給的不錯地位、好處及津貼。只是再強調一次，一個大國的沒落，取決於它的稅務政策。

雖說英國斯圖亞特諸王也用販售壟斷權，當作王家取得歲入之道，但英國人在這方面真算業餘的。它只限制在把這項商品的進口獨占權，或那項成品的銷售權，賜給第一位跟君王咬耳朵的朝臣。在路易十四治下，法國人把政府專賣權的利用，帶到新鮮高度。

要形容如此的政權，最撩人遐思的形容詞是「國家干預」（dirigiste），這個英文字眼源自法國字根，意義是「掌控」。法國中央集權的本能，係源自「百年戰爭」（事實上由一三三七年打到一四五三年，持續了一百一十六年，為爭奪諾曼法蘭西的控制權而戰）之後的筋疲力竭及紊亂。雖說英國贏得這場戰爭的大多數大型戰役，含克雷西（Crécy）、阿金庫爾（Agincourt）及普瓦捷（Poitiers），但聖女貞德擊潰奧爾良之圍以後，勝利終歸法國。戰爭結束時，英人只保有加萊。

戰後的法國——大約就是七拼八湊的封建采邑，由國王查理七世勉強維繫起來，搖搖欲墜。查理慢慢開始由國家層級聲張權力，先是建立國稅及賣官鬻爵。亨利四世治下，取得自己行業壟斷權的同業公會扼殺競爭，阻止創新。接下來兩百年，繼任的君主都集權王室。集權的過程在路易十四糾集法國貴族，到凡爾賽宮這個壯麗的監牢時達到頂峰。此舉政治上統一全國，但也叫貴族們與自己在各省的社會及商業根源斷開，也叫國家的商業生命破碎。

法國宮廷的奢華在此不必講述，它消耗掉全國預算的六%。宮廷的間接開銷遠高得多。國家菁英執迷於在凡爾賽宮爭取太陽王的歡心，於是與自己老家的商業利益疏離了。

路易十四最著名的財政部長便是柯爾貝爾（Jean Baptiste Colbert）。他苦幹實幹，真心專注於法國福祉，而且依那時代的標準，柯爾貝爾很誠實。他號令法國經濟的程度，幾乎跟路易王操控貴族們一樣高。最重要的是柯爾貝爾是重商主義者，相信一國的經濟體質來自國庫裡的黃金，而黃金又仰賴國家的貿易餘額。當出口強勁而進口可以壓低時，就能累積財富。出口衰退，黃金流出國家，國勢就削弱。

因此，重商主義是零和遊戲，對一切國家有害無益。它最惡毒的特質，由另位熱忱的重商主義者培根爵士描述得很簡潔，「任何財產之增加，必取諸外國人。」歷史上，經濟的進展牽涉到很多的嘗試及除錯。睿智的亞當・斯密灼灼瞧見，除非兩相合意，不然貿易不會發生，因此，幾乎沒有人受益於重商主義的金錢大戰。這個思想的真理，以往時代才智最高的人都沒能領略，包括柯爾貝爾，一如今天反對全球化的人依然不懂它。

柯爾貝爾想強化出口，所以決定法國應在當代所有奢侈品出口項目，建立卓越地位，它們分別是：掛毯、玻璃及瓷器（當時，這三項分別遭荷蘭南部、威尼斯及中國所主宰）。一六六七年，他對這些項目實施懲罰性進口稅。他把工廠工人，看待成龐大產業大軍的炮灰，禁止他們罷工。他指示公務員「要把恐懼注入勞工心中。」

一道又一道詔書鉅細靡遺地規定生產方法。一款特殊的布要包含一千三百七十六根線，另一種呢，兩千三百六十八根線。各款布另要求特殊寬度。有關布匹染色的法規多達三百一十七條。法條界定三種不同的印染廠，每種有自己的同業公會。這三群彼此嚴格區分開來。柯爾貝爾的部門為不同產業印發四十四部法典，任命一大批稽查員，確保業者完全凜遵奉行。

這還是剛開始。到柯爾貝爾死的時候，已設有十五個不同的稽查局在運作。部長發現現有的法規無法運用到所有製程時，就擴大法典，任命更多稽查員。到一七五四年，稽查局的數目已膨脹到六十四個。

各行業公會還會聳恿稽查員。當紐扣同業公會警覺地發現，布質紐扣已取代掉它以骨頭為本的產品，部長就派出稽查員，向犯法的裁縫罰款，甚至可以進入私宅，以處罰穿著違禁品的人。綿羊只能在五、六月剪毛，黑綿羊不得宰殺，梳毛機必須由一種特殊線材製成，且含有一定數量的釘齒。柯爾貝爾晦澀又無所不包的法規扼殺了創新，另提供幾乎無止境的貪腐機會。

各國都需要歲入，而它們收稅的方式經常決定國家的生死。即使到今天，賣官賣壟斷權，還提供很多亞、非國家政府很容易得手的歲入，伴隨而至的便是傷害競爭及成長。現代以前的法國及西班牙則是一頭栽進這個陷阱。

誠如前文所提，英國及荷蘭政府倒也沒全然免於販賣壟斷權來換錢，但隨著時間下來，它們愈來愈仰仗大家都分攤的銷售稅。一七〇〇年以後，發財不必再拐彎走公職之路，人民靠著投入製造業、商業或貿易而致富。

英國及荷蘭的貿易公司的確享有壟斷地位，但為了交換這種特權，公司承擔可觀風險。即使到今天，專利法賦予有限的壟斷權力，但伴同壟斷權的則是發明人要承擔風險。總而言之，英國一六二四年《專賣法》大致終結國王獨斷給予壟斷權的現象。相形之下，法國要到大革命之後，才限制壟斷權。這兩件事達一百七十五年的差距，對於解釋法國經濟繁榮為何來得晚，真是道盡許多。

慘遭破壞的科學理性

沒什麼人會否認，法國充分參與科學啟蒙。因為原創的科學讓國家有面子，凡爾賽宮相當重視它。我們也不能說，法國人本質上聰明程度、好奇心或野心不如英國人。同理，我們也不能板著臉主張英國的科學、科技及知識成就，有哪方面超越了法國。法國有影響力的「自然哲學家」，以笛卡兒為首列起（牛頓就比喻自己站在笛卡兒肩膀上），跟同一時期英國科學家一樣傑出。另外，法國人也跟英國人一樣採納運用蒸汽動力、鐵路運輸及電報。

只是，英倫海峽兩岸對知識及科技進展，出現微妙但重大的差別。長久以來，宗教爭執一直是法國政治生活的主題。亨利四世生為新教徒，為了戴上王冠被迫改宗天主教，才能在一五八九年登基，成為波旁王朝第一個國王。他替自己的改宗找藉口，宣稱：「巴黎值得（朕）參加彌撒。」治國期間，他助長了宗教的爭端。一五九八年亨利頒布《南特詔書》（*Edict of Nantes*），保護並賦予一定的自治權給新教胡格諾派（Huguenots）。憎惡新教的路易十四則在一六八五年廢止該詔書。太陽王大筆一揮，就叫法國失去其最傑出科學家及最有才華的工匠，他們大多逃往英國及低地國家。造出第一具蒸汽引擎模型的帕潘就名列這類難民之一。

十七、十八世紀偉大的工業創新來自有才華的工匠，而非科學家，故此又埋下一個不利法國之處。在法國，科學家依然是菁英階級，受朝廷呵護，嬌養在學院裡。這些英才很少與常民大眾、工匠或發明家互動。相形之下，英國學院人士及工匠的通訊與交流很自由。惠斯通教授幾乎受不了剛發跡的庫克，但那不妨礙兩人通力合作。英國德高望重的科學家如虎克及哈雷，經常免費把忠告及時間，撥給沒受什麼教育的工匠，比如引擎匠人紐科門、鐘錶匠人哈里森。引用經濟史學家莫基爾（Joel Mokyr）的話：

比起其他國家，英國自然哲學家及工程師的橋梁，更寬廣、容易跨越。而且，比起其他任何國家，英國更能指望才俊之士，可以毫不費力地在學術界（抽象、符號、等式、藍圖、圖解）及實務界（槓桿、滑輪、汽缸及紡錘）之間流動。

在發表其「偶然」理論之後大約二十年，克拉夫茨為法國的科技辯護說，英國可謂在「微發明」方面勝過法國，也就是能遞進改良現有機器，但法國人就產製「巨發明」，即那些因偶然及機運而產出的革命性裝置而言，與英國人並駕齊驅。這或許沒錯，但離題了。即使法國人的某項發明——微或巨皆然，真擊敗英國人時，他們也往往顯示出自己無法生產並且獲利。工業革命的招牌巨發明便是紡紗機。然而在一六八六年到一七五九年，法國法規禁止生產、進口，甚至穿著代表紡紗機的終端精髓產品——印花棉布。

就算法國人發明紡紗機好了，他們管到至細的工業及資本系統，也會阻止這種革命性機器廣泛使用。今天聽來似乎不可思議，但是在十八世紀，法國處決超過一萬六千名小農及小生意人——大多數是絞死或車裂，罪名是違反棉布法規。改革者驚駭於屠戮之慘，提倡斷頭台是死刑較為人道的手段。

資本逃離法國

法國在第三領域（資本市場）遭逢的困難較為微妙。雖說法國握有充沛資本，創業人士卻無法取用它。成功的生意人，其志向是當個長期公債債主，快樂而被動地由王室發行的長期戰爭公債（後來改由投資外國）拿取收入，而非投資到自己公司。中、下階級較愛的理財工具是用長統羊毛襪裝滿金銀幣，按習慣藏在床墊底下。這兩種傳統工具（戰爭長期公債及襪裝金銀）讓創業人士拿不到所需資本，而法國創業總之相形來得少。十九世紀期間，法國投資人把自己所有儲蓄的大約四分之三，不是投資到國債或地方公債，就是外國。

不容新教也大大傷害法國資本市場。喀爾文當然是法國人。他相信人類靈魂要透過信眾今生的職業才能得到救贖，而且喀爾文贊成以低利放貸，讓拉羅謝爾（La Rochelle）、尼姆（Nimes）、里昂及巴黎出現強大的銀行業。因為王室不賣官給新教徒，他們「被迫」去經商，新教徒的銀行業蓬勃發展了幾個世代。直到路易十四廢止《南特詔書》，強迫新教徒在改信及流亡之間做個選擇。按標準情況，有些家族成員會搬去阿姆斯特丹、倫敦、漢堡或但澤，而其他人變成天主教徒，留在法國。分開後，家族分支會保持密切聯絡，一如後來的羅斯柴爾德家族。即使如此，法國王室諸如此類的愚行重傷法國資本市場。（但傷害還不像科技領域那麼深，因為新教徒的工匠及發明家業務容易攜帶，他們便大舉逃亡。）

運輸與通行費

法國的地理也令它相形英國處於不利處境。法國是大型的大陸國家，而大英王國任何地點與海洋距離都不超過七十英里。純粹從技術觀點來看，法國倒是起而解決地理不利的挑戰。此外，法國的重商主義也有些可取之處。要有淨貿易餘額必須運輸有效率（以及統一的度量衡、貨幣系統）。這一點導致法國王室有悠久的運河、道路建築傳統。亨利四世的財相蘇利公爵（Duke of Sully）就想在法北建造龐大的運河網，把貿易由哈布斯堡的途徑轉過來。

蘇利真的開始動工，挖掘部分擬議中的水運系統，一條連接塞納河及羅亞爾河的運河。該運河要到亨利四世去世後幾十年才完工。柯爾貝爾改善那條水道，並開鑿蘇利宏大計畫的其餘部分，而其他部分也一樣，直到柯爾貝爾及太陽王雙雙過世幾十年後才完成。還有個更宏大的專案「雙海運河」（Canal de Deux Mers），連接地中海及加龍河（Garonne River）（因此也就連通大西洋）。運河在一六九一年完成，但建造及維修其一百個船閘的高成本，讓運河相形海道並無競爭力。

蘇利及柯爾貝爾也以相同狂熱追求道路建設。亨利四世及路易十四世治下，可堪使用的道路聯繫巴黎及法國全境。轉運時間砍半，而到十七世紀末，快速馬車由巴黎駛往里昂「只要」五天。到了十八世紀中葉，法國擁有歐洲最棒的內陸運輸系統。

只是，打從開始興建有效率道路、運河，柯爾貝爾順帶繼承了戈德堡式的國內關稅體制。

這套系統把全國分割為關稅區，區際交通要繳沉重的通行費。雪上加霜的是，主管這套龐大晦澀系統的是，備受憎恨的職業包稅人。

亨利四世治下，一批鹽貨由南特走二百七十英里，運到尼維爾，要付的通行費是貨物實價的四倍。這套系統把全法國切分為大約三十個貿易區，讓法國經濟方面一點也不像統一國家。

柯爾貝爾察覺有必要除掉國內關稅，但各地根深柢固的王公們由通行費取得可觀收入，每次都阻撓他。柯爾貝爾最後在法國心臟區造出一個免稅區，叫「五大農田」（Cinq Grosses Fermes）。接下來他把更外圍省分降級，叫它們只能與鄰國，但不得與五大農田自由貿易。

打個比喻，柯爾貝爾早上辛苦努力地造出運河網，而到了下午，各地士紳就用國內關稅暗中破壞他的成品。[1]財相大人一六八三年去世之後，任何財政限制全消失了。三十年後，也就是路易十四駕崩時，政府已把自己控制的河流及道路通行費增加一倍。一度是歐洲穀倉的法國無法進口亟需的穀物，原因在它欠缺必備的信用。英國在法治之下欣欣向榮，法國卻在「包稅人統治」下流血到枯乾。

翻天覆地之後

推翻舊政體以後，法國又如何？不管大革命有什麼過分行為，兩項改革振興了國家奄奄一息的經濟。首先，國民制憲議會（Constituent Assembly）大刀一揮，廢止所有國內通行費。第二，革命土地協定肯定小農對自己田地有所有權，另把所有權轉給很多佃農，最後允許公地放領。同一時間，協定允許農民再分割他們的土地。這樣導致現代的農地形態——大量的小塊農田（morcellement）出現。法國農業細碎化，把高到不成比例的人口關進日益無效率的農業體系，如此強化選民支持十九世紀末葉席捲全法的保護主義措施。

一八五三年到一八八八年間，英國人正盡快調低關稅，法國人卻把穀物進口稅增為九倍，而家畜呢，四十倍。十九世紀末法國的政治論述可以化約為一句玩笑話：「人人矢言保護大家。」農田細碎不僅奪走法國工業亟需的技術勞動力，還產出歐洲最貴的糧食，它是農業效率不彰及保護主義結合的產物。這樣子接下來叫法國主婦們的荷包枯竭，餓死資本市場。直到二十世紀，法國才拋棄自己重商主義的過往，擺脫自蘇利及柯爾貝爾以來，一直緊纏傷害國家的關稅保護政策。

換個看法，克拉夫茨倒也沒錯——英國經濟上戰勝法國是運氣好，只是意思跟他原先所

1 國內通行費在日耳曼造成的傷害甚至更大。萊茵河畔景致優美的城堡，深受現代遊客喜愛，但當初建築目的是為了恫嚇控制底下河流的交通。有位中世紀的觀察者把這種河上通行費（通常大約每十英里收一次）稱為「日耳曼人的發瘋愚行」。直白地說，前一個收費站的光景還沒消失，就看到下一個站了。

講的大不相同。分牌的是命運女神沒錯，但整副牌由制度組成。一等十七世紀各國拿好自己的制度牌，贏家就注定是英國了。當時跟今天一樣，各國追求的目標相同：把國家歲入及力量放到最大。十七世紀，荷蘭及英國面對他們重商主義、中央計畫的法國鄰居而瑟瑟發抖，如同二十世紀，西方面對顯然是經濟巨怪的蘇聯而戰慄。荷蘭及英國沒幾個人敢打包票，認為自己的「體制」——法律之前人人平等、三權分立、商業去中央管制、減少不必要的法規，一定能勝出。就我們能力所及，來揣摩凡爾賽宮任何官員的心思，柯爾貝爾祭出自己工業中央化的悽慘體制，那時他念茲於心的，除法蘭西最大利益之外，別無他物。

還要再過一百年，這場大博弈的裁判官亞當·斯密才宣布結果及其道理。唯有等到已成現實，長有眼睛的人才看得很清楚，拿著一手爛牌的是法蘭西，它鼓勵追求財產的制度有瑕疵，科學家與工匠之間欠缺溝通，資本市場被嚇到發育不良，還有叫人窒息的國內關稅。

西班牙的愚蠢征程

在這場西歐經濟大賽跑當中，西班牙殿後。假設真有個大國，存心蓄意扼殺自己的經濟成長，及地緣政治影響力，大概沒別的國家幹得比西班牙更有效率。

西班牙人跟他們之前的羅馬人一樣，以征服及劫掠為經濟首要目標——而非工業、貿易及商業。一四六九年，亞拉岡國王斐迪南與卡斯提亞女王伊莎貝拉聯姻，兩個歐洲大國合而為一。他倆的女兒胡安娜（Joan）嫁給奧地利大公馬克西米連諾（Maximilian of Austria，後來當上神聖羅馬帝國皇帝）之子腓力（Philip），而完成另一王朝大聯姻。

這場王朝大聯姻，生下後代卡洛斯一世，繼承了哈布斯堡帝國，即位時版圖含括全西班牙、義大利南部、勃艮第（荷蘭、比利時及法國北部好些部分）、奧地利、匈牙利及五花八門的日耳曼小邦。卡洛斯繼承外公神聖羅馬帝國皇帝的位置，是為查理五世，赫然發現自己是歐洲最富最令人畏懼國家的元首。雖說歐洲其他地方都害怕這個巨怪國家，它卻因自己獨有的財政及制度建構，注定遭殃。一百年間，它就自己垮了，受盡以前臣虜的欺凌。

一四九二年發生的種種事件，後來證實對新、舊世界都意義重大。在那一年，哈布斯堡西班牙選擇迫害及驅逐其最先進、勤勞的人民——猶太人及摩爾人（Moors）。王朝處置穆斯林的手段尤其駭人。更早西班牙征服格拉納達（Granada）時開出條件，賦予穆斯林信教的自由，但那項權利幾乎馬上被教廷廢除。宗教裁判所逼迫大多數穆斯林皈依基督教，這批新基督徒及其後代以摩里斯科人（Moriscos）得名。

十六世紀期間，宗教裁判所把摩里斯科人趕出格拉納達，分散到西班牙全境，最後在一六〇九年把他們全逐出帝國。北非穆斯林政權處死許多新到當地的摩里斯科人，理由在他們是基督徒，這起悲劇慘上加慘。西班牙如此處置摩里斯科人，結果自己吃到苦頭：摩爾人及摩里斯科人經營複雜的灌溉系統，有助於產出大量葡萄、漿果、稻米及蔗糖。他們被驅逐後，幾個世代內，灌溉系統便告失修。

西班牙的愚蠢征程繼續走下去。斐迪南給前往新世界征服者的命令，真是再清晰也不過了：「把黃金弄來，辦得到的話人道一些，但是不管多危險——都要弄到黃金。」他們的確弄到山一般高的黃金。哥倫布四次出海之後不久，探險家們就在西班牙第一個殖民地伊斯帕尼奧拉島（Hispaniola）（即現在海地及多明尼加共和國）上，發現少量閃閃發亮金屬。接下來的開礦行動實質上滅絕了原住民族。幾十年內，探險家在墨西哥及安地斯山脈，找到更豐富的金銀來源。西班牙征服兩地的殘忍故事，直到今天都令人震驚。

一五一九年到一五二一年間，在科爾特斯率領下，大約兩千名西班牙人征服了墨西哥。他們主要敵人阿茲特克人作戰起來，英勇及凶殘程度一點也不弱於歐洲人。事實上阿茲特克人的凶殘最後導致他們隕滅。當地在阿茲特克暴虐下呻吟的部落，提供西班牙人數萬志願盟軍，沒有他們，西班牙人根本不可能獲勝。一五四八年，西班牙人在瓜納華托（Guanajuato）附近找到第一座在地表的大型銀礦，那個礦最後證實蘊藏了史上最豐富的銀金屬，世上三分之一的白銀產自當地。

一五三二年，順序幾乎相同的事件在安地斯山脈北部上演。籌劃兼偵察十多年後，皮薩羅（Francisco Pizarro）率領由兩百人組成的部隊翻過山巒，征服了人口三百五十萬以上的印加帝國。過程中，皮薩羅逮到印加皇帝阿塔瓦爾帕（Atahualpa），用以勒贖。西班牙征服者蒐羅到的金器，塞滿寬十七英尺、長二十二英尺、高七英尺的囚室。接下來，他們要詐，以繯首絞刑處死印加皇帝。印加人這一邊展示自己完全了解西班牙人心裡在想什麼。為了報復皇帝遇害，他們殺害一名西班牙俘虜時，用鎔化的金液倒進他喉嚨裡，一邊揶揄說：「你就喝個夠吧，因為這兒足以滿足哪怕最貪婪的人。」

與征服阿茲特克相比，西班牙征服印加耗時較短而較不血腥，至少從歐洲觀點是如此。十年後的一五四七年，有位印加牧人名瓜爾齊（Gualci），在玻利維亞巧遇巨大的波托西（Potosi）銀礦，西班牙人後來描述為「一整山的銀子」。

雖說銀礦大部分由民間經營，西班牙王室仍嚴密控制整個流程——從提煉銀礦，到銀錠最後抵達塞維亞（Seville）的「皇家西印度交易所」（House of Trade）。政府控有祕魯萬卡維利卡（Huancavelica）大礦，其生產的水銀是萃取銀所必需，並且通過水銀礦來監控煉銀業者。當地提煉的銀先是送到殖民地的皇家檢驗所，檢驗所的冶煉廠再把銀鑄成條狀及板狀，再壓印，指出持有者應有繳稅責任。西班牙當局嚴懲持有未壓印銀子的人。

在墨西哥，征服者們把銀錠由陸路送去維拉克魯茲（Vera Cruz），裝船送去西班牙。南美洲的銀兩走的路線較複雜，要靠美洲駝由山區運下來（唯一可行的載送手段）到太平洋岸，船運北送到巴拿馬，接下來轉運過地峽，來到加勒比海的農布雷德迪奧斯（Nombre de Dios）及波托韋洛（Porto Bello）兩港口。

這三個加勒比港口及周遭的海洋——傳奇的西班牙大陸美洲（Spainish Main），見證史上最大的財富流動。一般來說，每年由巴拿馬及墨西哥各運一次貨，武備嚴密。據說它們安抵西班牙時，查理五世都要額手稱慶。而且，跟尋常印象相反的是，他不常失望。海盜攔截

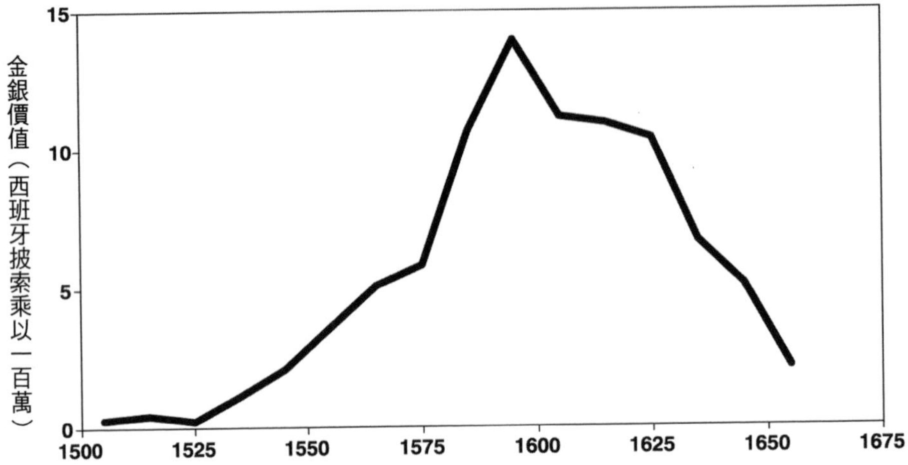

【圖 8-2】金銀由新大陸流到西班牙

資料來源：漢米爾頓（Earl J. Hamilton），〈美洲金銀進口到西班牙：一五〇三年到一六六〇年〉（Imports of American Gold and Silver into Spain, 1503-1660）。

並劫走整批運寶艦隊的事件只發生過兩次，分別是一六二八年荷蘭人劫了墨西哥艦隊，以及英國人一六五六年劫走南美艦隊。更常發生的是，掉隊船隻變成較容易下手的肥羊，英國人尤其常下手打劫。一五六九年光是一個月，他們就把二十二艘西班牙船弄進樸茨茅斯港。最後，天氣惡劣弄沉的船比海盜打劫來得多。

圖 8-2 顯示出透過皇家西印度交易所送出去的貴金屬價值——西班牙合法進口的總數，在十六世紀末期達到高峰。非法的金銀錠數量容有爭議，而學者們曾認為，新大陸白銀運出數量的高峰，要到十七世紀中葉才出現。然而這是題外話。圖 8-2 準確呈現官方統計，而它正是西班牙財政的指望。這麼龐大的財富注入，叫西班牙王室實力及膽子都大起來。另外，經

證實它深遠地腐蝕西班牙社會。征服而取得的賞金，叫西班牙經濟癱瘓了幾百年[2]，理由有三：

一、新大陸的財寶是緊接著國王卡洛斯一世，當上神聖羅馬帝國皇帝查理五世後，才大舉流入。地位提高滋養了他的野心，很不幸，新發的財富讓他取得遂行野心的手段。查理及他兒子腓力二世治下大多數時間，西班牙與法國、英國及荷蘭交戰。有時同時與三國打。西班牙自視為反宗教改革的堡壘、真教的捍衛者。宗教狂熱以神聖的使命感，灌注到它與荷蘭、英國及許多日耳曼小邦的戰爭中。這種道德使命感對財政是大災難。新型的打仗方式開銷之大，超乎任何人想像。西班牙很快花光其歲入，治國開始出現龐大、永久的赤字。單是一五五二年的梅斯（Metz）圍城戰，就花掉年度銀稅的十倍，而下場悽慘的一五八八年無敵艦隊攻打英國，就耗費全國歲入的五倍。查理五世一五五五年遜位時，留下的赤字總計將近年度銀兩收入的一百倍。王室倒債的頻率令人吃驚──一五五七年、一五七五年、一五七六年、一六〇七年、一六二七年、一六四七年，同一時間金銀還如激流湧至。

二、新大陸發的橫財讓西班牙全國的精力及野心，全放在征服及財寶上。等到銀子枯竭了，留下來的西班牙社會全無工業及商業本能。引用一位十九世紀歷史學家的文章：

2 新大陸銀兩大量流入，另造成通貨大膨脹。當金錢供給量大增，貨物量卻固定，就會這樣。當然這一點無損於金錢供應者的西班牙，相形其鄰邦遠為富饒的事實。

有錢人安享他們繼承或取得的西印度財富。沒錢的貴族轉向教堂謀差，或者投身軍旅，或是找無關痛癢的官職……寧可挨餓受凍，也不願動手幹活兒而辱沒到自己。

十六世紀西班牙及今日的沙烏地阿拉伯，兩國的肖似程度實在不用多說，兩國都有驚人的天然資源財富，使他們不想在家辛勤工作，而是把錢資助在海外的宗教冒險行動。

三、到了一五五〇年，西班牙在實現繁榮的四要素——財產權、科學理性、資本市場、運輸通訊而言，已遠遠落後給新教徒的北歐。西班牙王室新找到的礦產財富、力量，導致這四項要素全部固化。

西班牙的財富詛咒

我們已設定好哈布斯堡西班牙經濟大難的場景——這個社會受到劫掠而來財富的詛咒，那些財富強化並進一步鞏固國家的競租人。同一時間，西班牙還扼殺了任何留存國內的商業本能。依靠新大陸的金銀礦物財富，用它遂行軍事冒進行為，都影響四項傳統成長要素的發展。以下我們將逐一審視。

一、財產權：西班牙的封建過往，還有新大陸一開始流入的容易錢財，讓它瞎了眼，不曉得獎勵經濟動機有多重要。即使英國的都鐸、斯圖亞特諸王都隱約了解，自己的經濟利益與臣民連為一體。但哈布斯堡諸王全然不知自己子民福祉有多重要。美洲銀兩、低地國家的進貢提供源源不斷的財富，何必瞎操心什麼商業、工業及人民安樂？

此外，一二〇〇年以後，西班牙王室發展出最不尋常的歲入來源。當時綿羊業受全國最大地主宰制——二十多個大公（grandee）家族。十三世紀時，王室把放牧壟斷權賜給這批綿羊農場主大公（後來以牧主公會 [Mesta] 聞名），以換取稅收。隨著十七世紀美洲金、銀礦漸漸枯竭，而低地國家又掙脫西班牙掌控，綿羊壟斷權就變成王室主要收入來源。

逐走摩爾人及摩里斯科人之後，西班牙南部大片土地陷入休耕。這吸引牧主公會的注意，他們瞧出南部氣候較溫和，冬季草場有絕大潛力。王室給牧主公會的特權，不僅是在摩爾人舊有土地放牧，還能在沿路、前此未曾開墾的土地放牧。為了保護這些放牧權，他們禁止當地農人圈養公地。遷徙的綿羊群吃光鄉間植物，蹂躪農業，叫土地貶值。牧主公會的牧人們燒掉樹木以改善草場，導致廣泛的土壤流失。遷徙的牲口甚至到鎮區公地吃草。簡言之，「牧主公會的特權，讓人連想到中世紀貴族的打獵特權。它們阻卻農業。反對這些特權的人會發現，實在很容易提出論證指出，它們讓西班牙許多最精華地區變成不毛之地。」

現代以前的歲月裡，販賣壟斷權提供最便利的歲入來源——這種權宜之計叫君主上癮，儘管能滿足當前需求，卻損害長期經濟成長。效果上，牧主公會等於盜走西班牙圈地的農業優勢，而它曾為英法鄉間注入精力。

西班牙財產制度裡功能不良的地方，不僅是牧主公會。跟新大陸一樣，西班牙本土很多土地是征服而得的產物，尤其是征服摩爾人。朝廷把廣大土地賞給有功將領及君王寵幸。這些土地依風俗及法律為「限定繼承」，也就是說，它透過長子繼承權傳下去，不能出售。這套體制鼓勵懶惰，讓龐大地產完封不動幾百年，而且禁止賣給本可以改良土地的人（舉個例子，它跟今天發生在辛巴威或印尼的現象，如出一轍）。一個惡毒統治者，若執意想撒下破壞經濟的種子，大概絞盡腦汁也無法做得更好。

十七世紀無止盡戰爭，加上失去美洲的銀兩，與低地國家的獨立，讓西班牙財政每況愈下。腓力二世只要能弄出歲入的地方都下手。他販賣爵位及大赦券（最受喜愛之一，便是教士兒子們的適任證書），強迫攤派政府公債。接下來，他拖欠償付公債本息，過沒多久，他乾脆開始搶了，從私人手上抄沒金銀。隨著西班牙總人口減少，且加入神職及買到貴族得以免稅的人口比例愈來愈多，使農人商人骨幹的稅賦與日俱增。事發順序幾乎與羅馬衰亡時一模一樣。到一六四〇年，這些倒行逆施讓民心大失，加速貿易崩潰——即使與西屬美洲的貿易也一樣。

到了十七世紀，民間商業動機全蒸發了。套用歷史學家艾略特（John Elliott）的文章，「西班牙經濟的本質是：人只能選擇當學生或僧侶，不當官僚就得當乞丐。其他別無選擇。」

二、科學理性：哈布斯堡諸王扼殺知識生命的方式，與他們弄殘國家財政一樣。十六世紀初，伊拉斯謨的啟蒙研究興盛於西班牙。但腓力二世治下，西班牙帝國轉型為反宗教改革的恐怖兵工廠，也扭轉西班牙的治學傳統。宗教裁判所逮捕學者，禁止學子遊歷海外，效果上便是讓西班牙隔離，把傳染病般橫掃全歐的異端，阻擋在庇里牛斯山脈以北。

宗教裁判所不是西班牙發明的。它是一〇〇〇年以後，慢慢由既存教會結構演化出來。最後，它執行全歐洲的宗教懲罰。最晚到一六九六年，還有個倒楣醫學生名艾肯黑德（Aikenhead），在愛丁堡因褻瀆神明而被吊死。

宗教裁判所在斐迪南與伊莎貝拉成婚後，進入全盛期。國王王后倆設立國立宗教裁判所，不受教皇監督節制。西班牙宗教裁判所變成強大、自給自足且自謀資金的官僚體制——堪稱國中之國。它跟教會角逐油水豐厚的特許狀，有時甚至攻擊高階教士。雖說宗教裁判所主要的犧牲是異端信徒——猶太人、穆斯林及後來的新教徒，但它也盯上較世俗的目標，包括那些倒楣、置身在西班牙境內的啟蒙運動哲學家及科學家。

靠著如此手段，西班牙帝國成功地封鎖其人民，沒參與十七世紀科學理性的勝利，及享受其果實。要再過兩百年，西班牙人才重回世界科學的前段班，人數可觀。或許，西班牙知識落後的最大傷害，是國家寬容一系列愈來愈無能的君主。對哈布斯堡歷代君主，有句不快但真實的評價，在十八世紀歐洲經常被引用，「查理五世是戰士國王，腓力二世只是國王，腓力三世及腓力四世連王都稱不上，而查理二世連男人都不配。」

三、資本市場：哈布斯堡的冒進及奢華行徑，對西班牙金融市場造成的傷害，可能大於它開打的一切戰爭。大量的金銀只是流水錢財，繞經皇家西印度交易所，在西班牙境內短暫停留，接著很快離開該國。很多新大陸銀兩的第一站是法國。法國勞工受西班牙財富及高工資吸引，往南翻越庇里牛斯山前來。有句古諺說：「西班牙人開採黃金國諸礦，是為了讓法國致富。」

弔詭的是，到了十六世紀中葉，金銀幣全由西班牙消失了。為了充數，王室鑄了大量劣質銅質貨幣，而西班牙黎民、工匠，甚至王公貴冑都狐疑地打量著這些銅錢。政府赤字龐大、不時倒債、貨幣降值，在這樣的環境裡，利率只有飆高。早在一六一七年，西班牙財政委員會（Council of Finance）就叫苦說，全國戰爭公債氾濫，殖利率高達一〇%，民間企業無法以夠高的利潤來吸引資本。用現代說法，就是龐大公債排擠民間部門。到了一六七三年，王室為債務得付息四〇%，相形之下，同年在阿姆斯特丹的貸款利息低到只有三%。有兩位經濟史學家或許心裡想到西班牙這個例子，枯燥地評論，「（歐洲各國當中）利率的趨勢及高低大不相同，而且經常預示出每個國家未來的經濟及政治力量。」

四、運輸及通訊：假如富於礦物算是詛咒，那大自然賦予國家某項禮物的價值倒是無可爭議，那便是相形平坦的島嶼地形，縱橫交錯著可航行河流。就這一點，法國地理相形不如英國，而西班牙則更糟得多。西班牙龐大的內地多山且貧瘠，幾乎沒有堪用的水路。

西班牙只偶爾想克服其地理限制。腓力二世若想把帝國首都遷到馬德里，則必須將由里斯本（當時葡萄牙屬西班牙帝國版圖）起的整條太加斯河（Tagus River）整治得可行船才行。到了一五八〇年，工程人員已挖好第一段，長兩百英里，可上溯到阿爾坎塔拉（Alcantara）。

到一五八八年，他們把本專案再延伸兩百英里，到達托雷多（Toledo），就在馬德里的南方。很不幸，就在那一年，西班牙無敵艦隊敗給英國，西班牙的施政要務改變。到了腓力三世治下，阿爾坎塔拉及托雷多之間那段河已經淤塞。另個重大運輸計畫，是想在太加斯河及曼薩納雷斯河（Manzanares）之間挖條運河，此提議提交給教士組成的委員會。結果叫人目瞪口呆，顯示十六世紀哈布斯堡王朝仍無法克服中世紀思惟——教士們請出神靈來否決那條運河。他們析理說：「假如上帝打算連接兩河，祂早那麼做了。」

西班牙人偏愛的騾子及小徑運輸還傳到新大陸去，而且持續了幾百年。西班牙才智最高的朝廷大臣，大概就屬奧利瓦雷斯伯爵（Count Olivares）。他是腓力四世最偉大的首相，也是王上的另一個分身。伯爵大人就悲嘆，外國人肯定會把西班牙視為蠻夷落後國度，「他瞧見我們必須使用馱獸，來供應卡斯提亞所有城市所需——他很正確，因為全歐正在試用內陸航運，它們都獲利很大。」

哈布斯堡治下的西班牙歷史，就是一部題為「耗費」的編年史。西班牙本土只產出帝國歲入的十分之一。它的經濟體制荼毒沾染到的一切。荷蘭人控有的北勃艮第欣欣向榮，西班牙控制的南勃艮第則凋萎破敗。哈布斯堡諸王寫下耗盡大國財力的戲碼：追求征服及財寶，而非發展農業、工業及貿易。其次，財政用到精光，收稅手不留情，管制價格，又經常倒債。最後則是封鎖國境及人心，不受外界影響，還忽視運輸及通訊基礎建設。

西班牙自己背著要命的經濟制度，還把這套傳給其美洲殖民地。拉丁美洲在新大陸被歸為窮親戚，一如西班牙在舊世界的境況。

不止如此，十六世紀西班牙極為富強，鼓勵了重商主義，而它後來害慘歐洲經濟。西班牙的鄰邦推想，假如聚斂金銀對西班牙是好事，那對它們一定也好。因為西班牙的競爭者無法像該國一樣，輕易透過劫掠，安全保有貴金屬，它們只能透過貿易來取得金銀。

復原長路漫漫

改革西班牙制度耗時漫長，過程痛苦。西班牙王位繼承戰爭（一七〇一年到一七一四年）之後，波旁王朝取代哈布斯堡王室，只清除部分障礙。一七六六年，查理三世敕令所有都市土地要鑑價、分配給「最急需的居民」，但強大的地主及牧人每一次都挫敗了他。

接下來再一百年，直到後拿破崙時代的早些年，西班牙都沒認真試圖改革財產法。議會頻頻通過複雜而深遠的土地改革法案，想解決教會及私人土地的限定繼承，但每一次都遭東山再起的君王推翻。早期一個經典例子，是議會在一八一一年廢止封建遺緒。三年後，斐迪南七世（Ferdinand VII）廢止該措施。過沒多久，這位國王只讓圈地法令存活六個月，就廢除這頗獲西班牙經濟學家們強力支持的法令。十九世紀初，西班牙王室甚至恢復遭拿破崙廢除的宗教裁判所。

議會與國王間的拉鋸戰激烈進行，浪費掉十九世紀大多數時光。西班牙花了很長時間，才讓教會放棄其巨大財產，叫公地私有化，而且要到佛朗哥崛起，西班牙才開始解放自己，除掉那些叫它五百年來當歐洲窮表親的經濟枷鎖。

但哈布斯堡政權造成的傷疤仍在。晚近到一九三〇年，占總人口四%的地主握有國家三分之二的農業用地，而且最富的〇．一%人擁有三分之一的農地。直到二十世紀，西班牙終於現代化其財產制度，加入自由民主政體的行列。

早在十七世紀初，西班牙人就深刻了解自己制度短處。有一派經濟批評人士「規劃者」（arbitristas）便清晰瞧出問題，甚至準確地開出解方：改革稅制、削弱教會惡勢力、恢復議會權力、減輕勞動者的稅賦，並進行河運及灌溉專案。很不幸，這批規劃者的姓名——德．切勒里戈（González de Cellerigo）、德．蒙卡達（Sancho de Moncada）、那瓦雷得（Fernández Navarrete），直到今天，都遠不如同一時代，西班牙最出名小說主角唐吉軻德那麼響亮。

封建日本的農業死亡循環

若說有個國家，在進入現代之前，完全缺乏經濟發展的必要制度，那便是日本了。日本絕大多數公民的最基本個人自由及財產權，全遭剝奪。小農之存在只為了支撐龐大、懶散、寄生蟲般的武士階級。十七到十九世紀，日本對外鎖國，複製歐洲封建高峰時代，最惡劣的那些面向。

日升之國農田並不多，國土表面四分之三為山脈地形，其中僅一六％適合耕種。為了支撐工業化前夕成長到九千萬的人口，最後一尺土地都用上了。

比較起來，日本是新國家。考古證據顯示，第一批採集漁獵社會要到西元前五〇〇〇年才出現。這些最早的住民稱為繩文人，演化成日本的現代原住民阿伊努族（Ainu）。基督出生前不久，朝鮮農民抵達南部的九州島。接下來幾百年間，他們先是往九州南部擴展，接下來北上到瀨戶內海，往東北跨越來到主島本州。這些務農的人於一世紀抵達最北的北海道，沿途與原住民繩文人通婚。六四五年到六五〇年間，日本進行大化革新，建立了封建社會的基礎。大化革新宣布土地國有，提供俸祿給貴族及武士。一千年後，這種幾乎完全沒有小農私有土地的狀況，注定日本統治階級的死亡。

統治的武士階級向農民徵收被視為義務的稅，項目有三：穀物、布匹及傜役。這些賦稅是固定的——不管是豐收還歉收，每個農民該繳同量的稻米。荒年時，這套系統給小農扛不起的重擔，而此系統持續到現代時期，產生很大的社會動盪。（系統雖有一些權宜彈性，但仍遠遠不足。碰到穀物全面歉收，賦稅會不會暫時減少，要碰運氣。）

這套固定賦稅系統惡毒至極。試想一下一套所得稅體制，規定工人不管有無工作，每年一定得繳一萬美元，就可得知。雖然速度不快但可以肯定，大多數農民會背負債務，傾家蕩產。國家經濟崩潰，只是時間早晚的問題而已。

大化革新過後不久，政府把某些私人土地賜給貴族、寺廟及整出新耕地的人。這些田地經常免繳賦稅，然而這只增加那些耕作於「公田」農人的負擔。如此展開的惡性循環，我們再熟悉不過：小農稅賦過重，產出減少，人口減少。當時中央不夠集權，課稅的力量源自劍尖。到了十四世紀中葉，無政府狀態已是日本常則。

日本社會在壓榨人的武士統治之下，逐漸發展出三種截然有別的階級——天皇家族、武士及常民百姓。常民百姓進一步分為三群人——農人（按理最受尊重）、工匠及最低賤的商賈。農人地位高只是理論說說而已。大名（當地封建武士領主）及較低階武士向他們橫征暴斂，恣施肉刑甚至處決，農人的處境只能說很悽慘。據一位史學家說，德川幕府的將軍們「很看重農業，不看重農人。」

十九世紀末葉，日本工業化前夕，大約八五%的人口務農，另至少六%是不事生產的武士，剩下的從事工商業。人數龐大的武士——相當於美國維持國內一千五百萬人的軍事建制，證實為日本封建解體的原因。縱觀日本史，大多數時期由武士們掌權執政，天皇家族及其家臣是名義元首，被監禁在京都的皇宮裡。武士們不僅組成德川幕府上層的征夷大將軍，及較低層的大名，還有為數龐大的戰士，但在一個沒有明顯內憂外患的日本，他們的服務不再有必要。治理各地的大名愈來愈憂心沒工作的大量武士同行，慢慢把他們集中到城下町，以便於看管。尋常武士的地位及財富慢慢惡化。德川幕府時代末尾，窮途末路的武士不僅把自己珍愛的武士刀跟頭銜賣給尋常百姓，更糟的是，武士甚至去做低賤的商人。

尋常百姓的生活條件只能形容成「窘迫」。大名禁止小農搬遷或賣掉財物。大名眼中的農民只是其收入來源，前者榨取他們寒酸的收成多達一半。日本農奴的地位比他們歐洲同儕還要慘。歐洲農奴至少名義上還受到日耳曼—羅馬封建道義的保護。掌管日本日常活動的儒家體制，在提供基本規則或有效制裁極惡主子方面，實在無能為力。

天下大亂到鎖國孤立

日本跟其他非西方社會一樣，引入火器適足以統一全國。最先取得這種強大新武器的人，便取得先發制人的優勢。連續三個傑出的大名——織田信長、織田的大將豐臣秀吉、秀吉的助手德川家康，便使用火器來建立穩定政治及統一全國。織田率先把亂成一團的全國封邑織綴起來，但他一五八二年被刺殺。豐臣完成統一大業，接下來還想征服朝鮮，但征朝戰役下場很慘。一五九八年豐臣去世，讓不智的軍事冒險取得結束的理由。接下豐臣地位的德川家康建立以其姓氏為名的幕府政權。武士階層對一名小農使用槍枝，就能毫不費力撂倒武藝高超的劍士，十分光火，便把這種新式武器列為非法。日本史上政治及軍事不間斷的騷亂困擾著家康，他費盡心力致力於穩定局勢。他的成功超過自己顛倒狂想所能及。德川幕府維持兩百五十年。歷史學家、一度出任美國駐日大使的賴肖爾（Edwin Reischauer）特寫江戶時代為「絕對和平狀態，內外皆然，這麼長的承平期，沒有任何國家可堪媲美」。

德川幕府終結千百年來的政治騷亂，而單是政治恢復穩定，就足以造出經濟溫和成長。一六〇〇年到一八二〇年間，日本的人均GDP年成長〇・一四%——當然連荷蘭的溫和成長都比不上，但對一個鎖國的封建國度，堪稱醒目。但那種繁榮得付出可怕代價——封鎖日本不跟世上其他地方接觸，並讓僵固的封建結構安穩屹立。

一六四一年後，幕府限制與外界接觸，僅開放了兩個小小貿易站——一個與中國，一個跟荷蘭，地點在長崎附近。

德川幕府結構的外部表現形式，存留到今天——新幕府把首都由京都搬到江戶（東京），在當地，它的要塞城堡格局，組成今日皇宮苑囿的心臟區——現代日本社會依然保留德川幕府很多印痕。

德川幕府的確讓經濟有進展，但這件事與它提供的超級和平與秩序無關，而且也不是其產物。幕府高層下令武士們搬去城下町，充實人口，而很多日本商人對此的反應，是逃離這些控制嚴格的領邑，搬到鄉下地區，因此重稅的魔手及行會的規矩並未扼殺鄉間商業。

鄉間除了嚴苛的封建規矩較少之外，還有別的優點，例如充沛的水力及靈巧的農民骨幹。農民們既習慣金錢經濟，又能在農事及工廠工作轉換自如。鄉間的兩大優點——多才多藝的勞動大軍及水力，是工業化的重大必要條件。到了一八六八年，明治維新推翻幕府，發動日本工業革命，鄉間提供訓練有素的農工大軍，麻利地讓新穎歐式工廠取得人手。一八八〇年，也就是英國人蓋了日本第一條鐵路橫濱東京線過後才八年，在「鄉間工業學校」受訓的當地工人大軍，便在多山的京都及大津之間，蓋出工程要求遠高得多的鐵路。

故此，日本經濟活動往往流動到武士絕跡的任何地方。德川幕府統治本質上的弔詭，便在它的主要受害人是武士自己。武士們被迫住在凋敝的城下町，歲入孔急的大名要找人下手，武士就是最簡單的靶子。占政府歲出約一半的武士俸祿被節節調低。一八六八年德川幕府日薄西山的時候，心懷不滿的武士搶著當明治天皇的急先鋒。

與半個地球外，西班牙宰掉自己經濟同一時間，德川幕府有條不紊地扼殺本可以導致日本經濟繁榮的四大要素。僵固的社會結構，剝奪掉幾乎所有人口任何肖似財產權的東西，另禁止發展出有效率的資本市場。跟法國、西班牙王室做的一樣，幕府及大名透過販售貿易、工業及行業公會壟斷權，當成稅收的主要來源。這種收入經常不在任何法定結構之內。大多數付款都以「進貢」或「謝金」的形式給付，而造成一種腐敗的政府文化，殘存迄今。

幕府擁有整整三分之一的日本耕地，剩下的則分給兩百多位大名。幕府及大名偶爾會把小塊土地賜給個別農民，但這些農民並未獲准賣地。（尋常百姓還不得穿絲質衣裳、喝茶，不然會被賜死，某些大名還不准平民直視他們。）然而小農可以用地抵押來借貸。有悖常理的是，即使小農的土地不能出售，但還不起錢時，債主依然可以取走田地。取消贖回權的問題在二十世紀失控，引發二戰之後，麥克阿瑟將軍的土地改革。

完全不接觸外國人，阻擋了日本取得西方的科學啟蒙。某方面來說，日本有和英國相似的地形優點，但這種自己施行的貿易禁令，消滅一個島國地形的天然優勢。日本已落後西方好幾個檔次。到了十九世紀中葉，它的人均ＧＤＰ只有英國的四分之一、西班牙的二分之一，而且國家軍備老舊得毫無希望。

日本結束閉關鎖國

日本現代轉型的經典意象，便是一八五三年七月，美國海軍准將培里的黑船抵達東京灣。這起事件就像其他象徵性的歷史事跡一樣，都被過度簡化了。培里之到來，並沒有引起可觀改革。改革早在培里令人震驚的出現之前幾十年已展開，並再持續了五十多年。

早在中國鴉片戰爭（一八三九年到一八四二年）時，德川幕府便對西方軍力有所警覺。在十九世紀初，已有很多日本貴族學習西方知識——荷蘭人在一八三八年開設一所學校，教育數千人，影響深遠。要到培里一八五四年第二次現身東京灣，而非一年前的第一次，才打開對美貿易。

培里艦隊遠征之後，其他國家展示西方海軍優越的方式，比美國人更致命及盛大。一八六三年，英國海軍炮轟南部鹿兒島不服的薩摩藩，還有一八六四年一支多國部隊與下關的長州藩交戰，留下的印象都遠比培里東來深刻得多。最後但也很重要的是，黑船現身之後二十多年，幕府才倒台。

事實上，德川幕府掌權最後幾年，曾推動很多革新，後來由接續它的明治政府完成。最後幾位德川幕府的將軍曾派遣使節及留學生去西方求學，也曾向法國及美國借資本，以融資造船廠及工業專案，另首度提供高官職位，給有才華的尋常百姓。

但上述行動來得太慢又太少。一個國家首度開放貿易時，它會經歷「價格收斂」——這只是委婉說法，真正的事態極不穩定，會產生大贏家及輸家。一國的商品價格，以及連同它們的三項古典投入——勞動、土地及資本，會與世上其他地方收斂。[3]

因為日本主要出口產品：稻米、茶以及絲的價格遠低於世界水平，當這些商品的價格上升，很多地主及商人便發財，而這些產品的消費者，尤其住在城下町的武士們就有苦頭吃了。同一時間，由於能取得廉價的外國棉布及工業設備，導致它們的價格大跌，重傷日本國內這些商品的生產者。小農及武士一起責備幕府將軍，而將軍則卡在強大的國內利益（他們因這種新的國際貿易而受損）及洋人大炮之間，左右為難。一八六八年，一群不滿又極能幹的南部武士們推翻德川政權。大約同一時間，在位的天皇駕崩了，接替他的是年輕的明治天皇。

改革斬斷封建日本，一如剃刀割斷絲絹，將四項要素徹底引入那個國家。幾年之內，新政權便摧毀封建國度的制度基礎。封建現象之隕滅帶來哪怕初步也扎實的人權及財產權。日本首度打破行業公會，廢止階級之間的法律歧視，允許小農搬遷、販賣或分割他們的土地，種植任何他們想種的作物。

日本人熱情地擁抱西方文化及伴隨而來的科學理性。新政府派遣最棒最傑出的人才出洋到德國、英國、法國及美國，研究工程、軍事科學、政府及財政等神奇學問。它也打下地基，蓋出金字塔式、菁英領導的現代教育系統。由武士、大名懶散無能子嗣，來替政府及產業發號施令的時代，已一去不返。

最後，日本建立現代服務性國家的基礎，讓資本市場及運輸通訊取得亟需的大補丸，另導入統一的硬幣、紙鈔，還有鐵路、電報及郵政。為象徵日本外觀空前一新，新政府把首都的名字由江戶改為東京，另把皇居搬到舊日德川幕府的要塞土地上頭。

明治接下來有技巧地處理任何革命政權面臨的最危險任務——打發殘餘的舊日貴族。一開始，明治把以前大名貢賦的十分之一，以薪津形式付給他們，幾年之後全砍掉。明治把武士的祿米轉換成公債，利率低於市場行情，如此大幅減少武士們的傳統收入。

一八七七年，一群不服的西南武士結盟，叫唆並領導幕府的最後一搏，爆發西南戰爭。那場反叛輕易遭徵兵而來的政府軍擊潰。武士被襤褸小農收拾掉的羞辱，顯示出那個戰士階級長久以來與自己軍人根苗失聯，而徹底無能。

即使由外國人支配貿易，最後證實也是幸事。被歐洲人剝除樹立關稅壁壘的能力，日本公司面對洋人的嚴酷競爭，反而變強了。由國內生發的力量適足以削弱政府對工業的控制。

3 此再度適用赫克歇爾—奧林模型。價格收斂經常被用來當成工具，評估世界貿易形態。舉個例子，商品價格在地理大發現時代（指的是一四九二年後一百年）並沒劇烈變動，指出當時沒發生可觀的貿易。

幕府實驗西式工業化，留下一堆沒效率的國營工廠、礦場給這個煥然一新的國家。維新之後，明治天皇很快把這些設施民營化，它們最後落入相對少數的財閥手中。這些寡頭集團的權力，要到二戰以後才被打破。民營化唯一不祥的例外，是軍火生產，它被留在政府嚴密控制之下。運用西式「工具」加上國內民營化，剛好提供強大的「反柯爾貝爾式」刺激，提升日本貿易及經濟成長。

因為以前日本如此落後，所以即使最簡單的科技進展，都能產出大量好處。明治維新以前，幾乎一切犁頭都由人類來拉，因此作物收成寒酸。到了一九〇四年，半數以上的農田都由牛來拉犁破土。經濟成長的本質，有時就這麼平凡。一八七〇年到一九四〇年間，實質人均GDP每年成長一．九％。雖說已經很強，但相形二戰以後日本的經濟成長，明治時代的成長實在遜色。

日本未免把黑船的教訓汲取得太深刻了點。明治時代，它犯了跟西班牙相同的地緣政治錯誤，透過軍事征服來尋求繁榮。日本一八九四年、一九〇四年分別首度與中國、俄國交兵，不僅獲勝，而且代價低廉，經濟上獲大大進補。一八九〇年到一九一〇年間，也就是兩次戰爭的那二十年，實質人均GDP年成長增加到二．一六％。

兩次軍事勝利擴大日本的胃口。一九三一年，日本入侵中國，升高日本與西方國家的緊張關係。軍事開銷由一九三一年到一九三二年占全國預算的三一％，在一九三六年到一九三七年間增為四七％，故此政府公債大舉增加，跟哈布斯堡西班牙當初發生的一樣。能幹的大藏大臣（財相）高橋是清因反對軍費占比過高，而被軍方刺殺。日本軍事、經濟道路雖設定好了，但終局令人不高興。

戰後的經濟奇蹟

一九四〇年到一九九八年間（包括大災難的二戰），日本實質人均ＧＤＰ年成長為驚人的三．五一％。究竟是什麼點燃二十世紀後五十年，日本經濟成長的熊熊烈火？有兩件事。首先，二戰之後的歲月，是整體世界經濟成長的「黃金時代」。人類剛剛由一個世代之內，所發生的兩場毀天滅地大戰中站起。夾在兩次大戰期間，還發生史上最大的經濟蕭條。即使疲憊的老英國都發現，自己的實質人均ＧＤＰ在戰後時期成長達一．八三％。第二，美國的冷戰戰略保護傘，容許日本幾乎刪光早先導致毀滅的軍事開支。

很多人將日本戰後的「奇蹟」，歸功於同盟國占領軍領袖，麥克阿瑟打造的民主及經濟改革。那位偉大軍人的確強迫戰敗國日本，進行三大領域的制度改革：他解散財閥，恢復戰前的民主制度，另強力推動廣泛的土地改革。

三項行動雖值得謳歌，但沒有一個經證實對經濟很重要。財閥並沒大舉扼殺經濟競爭。現代經濟理論已確定，政府一旦建立起保護個人權利的法治，那麼更多的民主進展對經濟進步幫忙不大，甚至有害成長。經濟繁榮刺激出民主制度，而不是民主刺激經濟繁榮（這項命題將在第十章較仔細分析）。就算當時麥克阿瑟沒把投票權擴大給女性，沒制定人道的勞基法，推動一大堆其他值得去做的政治改革，這些變化也會隨著後來的繁榮造出標準更高的選民，而自行出現。雖說有些歷史學家把日本現代富強的根源，說成「兩國制」——結合本土及進口的美國制度。事實上，很多同盟國占領軍強加給日本的改革，已在當地進行七十多年了。

這一點尤以土地改革為然。明治天皇引進初步的自由權、財產權及清楚的土地所有權，導致土地重新分配，由大塊的貴族地產，透過「寇斯機制」（Coase mechanism），變成私人擁有的小塊地（參見第二章）。這種很慢但穩定的過程，准許苦幹實幹的小農夫由權貴富翁衰弱的後代，逐步把田地買下來，一如更早發生在現代以前英格蘭的現象。

然而，英國與日本土地重新分配的過程大不相同。儘管明治治下，土地產權清楚，可自由脫手，但日本固定的米賦注定碰到荒年時，有錢的債主會把田地由缺錢的貴族及擁有小田地的農民吸走。維新改革時，把固定米賦改成固定稅金，幅度是土地鑑價的三％到四％。這樣壓迫小農的程度更甚於舊制，舊制遇到荒年，至少還容些許變通。

二十世紀以前，日本還沒有工廠職缺，可以提供給還不起債的農夫，因此他們被迫留在地裡當佃戶。一八七一年到一九〇八年間，這種佃租土地的比率，由總數的三〇％增加到四五％，而且維持在那種水平，直到二戰結束。麥克阿瑟將軍抵達日本時，日本鄉間已分裂為敵意甚深的兩大陣營：大量佃戶及少數菁英的有錢不在地地主。

同時，長達七十五年的明治結構改革，已劇烈改變日本的社會面貌。全面徵兵及教育不會放過地主的兒子，另外，他們經常發現自己從軍時，要接受教育程度較佳的佃農指揮。這種新識字、有影響力的佃戶對自己處境愈來愈不滿。戰爭的過渡歲月裡，土地改革是敏感政治課題。一九三〇年代，軍方主導的政府大力撐腰，讓地主們占得上風。

由經濟角度來看，這種地主─佃戶所有權系統極有效率。地主改善農作產出的動機，跟小自耕農一樣。此外，地主擁有更優的資本資源，可以用來改善土地。在這種地主支配的系統下，維新之後日本農業生產力迅速提升。

但從社會角度看，日本佃戶─地主衝突就是大災難。窮人只有更窮，富者只有愈富。麥克阿瑟相信地主階級是組成法西斯及軍國主義的磐石，於是他的占領軍著手摧毀它。占領軍有補償大地主，但用的是戰前價格。因為戰後通膨狂飆，這些用貶值日圓的補償等同充公。（在一個平均農田大小為二．五畝的國家，任何人擁有十畝以上就被視為大地主了。）雖說佃農比起富裕地主，可能更吸引我們同情，但麥克阿瑟的土地改革，對日本地產體制真是暴力相向，也是實情。賴肖爾一針見血地說，「在別人國家搞革命式改革，更容易且有趣得多。」無論占領軍在日本的土地改革有什麼社會、政治淨效應，它們終究在經濟方面變得無關緊要。日本愈發變成工業化國家，土地所有權的結構不再重要。

麥克阿瑟給日本人的最後一課，無聲無息地展現自由民主政體法治的驚人力量。一九五一年四月十一日，杜魯門總統解除了麥克阿瑟的職位。日本人吃驚地瞧見，一個不起眼的文職領袖發來一紙公文，就能叫一個權勢薰天、備受敬畏的軍人下台。

更重要的乃是，美國軍力保護傘容許日本只花GDP的一％在國防上面。二十世紀頭四十年，面對軍方要人要資本的沉重負擔，日本經濟還能成長，那才真是「日本奇蹟」。掙脫軍國主義的枷鎖，日本經濟別無選擇，只能由二戰的廢墟強勁成長。

總結一下，日本戰後大成長是幾項不起眼因素的必然結果：

一、與世上其他很多國家一樣，日本經過三十年的戰爭及經濟大災難之後，都陷入赤貧。工業低於產能在運作，資本必須由消費挪出來修復並現代化工廠與設備，結果便是強勁的經濟成長。

二、美國駐軍，讓日本由最會叫大國走上歧路的惡魔箝制——過度軍事開支，解放出來。

三、麥克阿瑟抵達前七十年，日本人已建立初步但夠用的財產制度，並採用西式科學、資本市場、運輸及通訊。

日本文化強調辛勤工作、儲蓄及識字讀書，都是好事，而且在麥克阿瑟「進口」議會民主制度前，日本對此早有五十多年經驗。

一九八〇年代，認定日本經濟成長會持續不退，直到該國主宰全世界，這種說法蔚為時髦。（正如在一九六〇年代，其他已開發國家緊張地盯著「德國經濟奇蹟」一樣。）此說認真談起來，一樣絕不可能。首先，一旦財產權及法治確立，受壓抑的經濟體就能自行快速成長，但這一招對一個已全速衝刺的經濟體則困難得多。第二，這些制度面的祝福僅只一次——一等財產權及法治確立，經濟成長就必須由其他領域尋覓。最後，美國正快速對貼補日本的國防，感到厭倦。再沒多久，日本就得重新承擔起自己的國防任務。謹祝願日本軍事別再太成功才好。

第九章
The Last
墊底國家：阿拉伯世界、拉丁美洲

抗拒改變的代價

到了討論墊底國家的時候了。本部前兩章的行文或多或少以直線風格，也就是傳統地一代又一代敘述荷蘭、英國、法國、西班牙及日本的經濟開發。那些未能加入世界經濟繁榮的國家——好比一輛不願跑的灰狗巴士，事實上是因為它們有些事不願意做，所以難以把它們的故事納入傳統歷史敘述之中。

經濟失敗史談的是抗拒改變的傳統文化。因此，它實在難以用一國接一國分析的方式來輕易檢驗。相形之下，為了解何以有些國家想繁榮卻做不到，我們將檢視以文化界定的兩大地區——鄂圖曼帝國及它催生的現代阿拉伯世界，還有拉丁美洲。

本章的前半，我們將討論成長四要素——財產權、科學理性、資本市場、現代通訊運輸，在鄂圖曼帝國遭遇如何。帝國的崩解，催生出現代中東及巴爾幹半島，兩個貧窮兼怨恨沸騰的大湯鍋。本章後半，我們將檢視拉丁美洲資本市場及財產權某些面向，尤其曾在第八章討論的西班牙殖民遺緒，如何繼續傷殘拉丁美洲的經濟成長。

直到最近，從意識形態的角度，人們認定，世上有些財富源自天然資源的差異，以及殖民主義及帝國主義的剝削，造成財富分配不均。本章的末尾，我們將動用統計證據及強力的趣聞範例，來解析這種理論。

我們無法含括世上所有失敗國家，尤其是非洲及亞洲國家，原因是數目太多了。有興趣的讀者，可以輕易運用中東及拉丁美洲那四要素的力學，來看其他低度開發世界。

伊斯蘭為什麼落後？

現在我們把四要素範式，套用到今日世上首要地緣政治分裂：世俗西方與較傳統、虔誠伊斯蘭社會間的分裂。我們將從鄂圖曼帝國四要素令人傷心的歷史中，探究阿拉伯人絕望的根源。下一章當中，我們將用數據密集的社會學手法，主張穆斯林與西方世界經濟地位裂痕愈來愈大，其實與宗教教義幾乎無關，而是肇因於當地文化，來繼續分析這件事。

由二十一世紀初期來看，要把伊斯蘭貼上「落伍」標籤，真是太容易了。它無法提供信眾哪怕最基本的必要工具，達成西方視為理所當然的個人自由及繁榮等級。但時光倒退個五百年，甚至一千年，今天失衡現象就照鏡子似地顛倒過來——生機盎然、強大的穆斯林文化似乎蓄勢待發，彷彿要淹沒一大堆破敗、落後的基督教國家。

七世紀第一波穆斯林征服之後，伊斯蘭很快就分裂為幾個交戰的哈里發國度，條理清楚而包羅萬有的伊斯蘭國，要到一四五三年鄂圖曼土耳其人征服君士坦丁堡之後，才復現人間。顛峰時的鄂圖曼帝國版圖、國力、文化成就及科學修養，只有中國能抗衡。

試想一下，在鄂圖曼地位爬升之前，阿拉伯天文學便已舉世無匹。十七世紀，在歐洲以阿哈詹（Alhazen）得名的海什木（Ibn al-Haytham）便組成光學及天體的理論，遠超過歐洲黑暗時代所見的一切。一五五〇年，土耳其人在博斯普魯斯建的燈塔，高一百二十級，比歐洲任何燈塔都要大而先進。

因為供書寫的獸皮在阿拉伯半島很稀少，早期穆斯林文士便向中國借來造紙術，並大幅改良。一四五三年君士坦丁堡被攻陷，古希臘文件引起文藝復興時期的義大利注意，但在此之前很久，伊斯蘭學者便翻譯那些文件了。阿拉伯人由印度進口一套數字系統，裡頭有一個革命性的概念——使用零來當占位符號，沒有它，幾乎所有現代數學不會存在。正如希臘人發明幾何，歐洲人發明微積分，阿拉伯人發明今天我們所知的代數。瓊斯把中世紀基督教國度與伊斯蘭之間的差距總結得最好：「穆斯林統治的西班牙大城燈光明亮，有大學及大型圖書館，與庇里牛斯山以北，人們住在臨時屋，過著斯巴達式修道院生活，呈鮮明對比。」

正如早期的阿拉伯哈里發，奪回耶路撒冷的薩拉丁（Saladin）也激起基督教國度的敬畏。

十六、十七世紀時的鄂圖曼帝國似乎是龐然巨物，蓄勢要吞噬整個西方。它的版圖及影響力無限。它龐大富裕一如全盛期的羅馬帝國，而它也給人一如羅馬帝國的優越、帝國恆久不滅的感受。鄂圖曼疆域在現代世界留下強烈痕跡。帝國包括許多當今地緣政治中心的土地：沙烏地阿拉伯及波斯灣國家、約旦、敘利亞、巴勒斯坦／以色列、埃及、大部分伊朗、巴爾幹半島以及北非大多數地區。今天這個動盪地區散發出來的希望、抱負、憤怒及失望，其根源都穩穩扎在這個偉大帝國的歷史裡，其首都位在歐陸的東南緣。有一段時光，鄂圖曼文武官員在布達佩斯發號施令，阿拉伯海盜定期攻擊英倫諸島。一六二七年，鄂圖曼人突襲西北，最遠達冰島，為的是最受青睞的商品——歐洲奴隸。

鄂圖曼的衰落

十七世紀，土耳其人兩次包圍維也納城。歐洲命運的轉折點在一六八三年九月，奧地利人擊敗土耳其的第二次進襲。十多年後，俄國彼得大帝拿下黑海北岸一處橋頭堡，而以往黑海是土耳其人的自家湖泊。到了一六九九年，《卡爾洛夫奇條約》（Treaty of Carlowitz）確定土耳其帝國版圖及地位被削弱。

拿破崙一七九八年征服埃及之快速，令鄂圖曼人震驚。事實上，那位科西嘉年輕將領的埃及征程，進行得笨手笨腳，計畫不充分，執行時也沒有妥善周全的地形或氣候知識。幾年內他的部隊就被另位年輕軍事家、英國海軍元帥納爾遜（Horatio Nelson）輕易逐走。歷史學家路易斯（Bernard Lewis）指出這些事件的重要性，「十分清楚。不僅在於一個歐洲國家能前來為所欲為，還有另個歐洲國家可以趕走他們。」一個世紀之內，鄂圖曼變成「歐洲病夫」，全靠英、法把它當成反制哈布斯堡奧地利的平衡力量，才苟活下去。

文明跟文化發現自己走頹時，會運用兩種邏輯推理之一，來解釋自己的沒落。第一種推理提出艱困但有建設性的問題：我們做錯了什麼？第二種會找代罪羔羊而問道：誰讓我們落到如此？鄂圖曼人問的是第一種而非第二種，值得推崇。但很不幸，他們歸結的答案錯了。

到了十七世紀，鄂圖曼人了解自己的軍事科技遠落後給西方。他們藉著全盤進口武器及顧問，想救治這種狀況。《卡爾洛夫奇條約》之後兩百年間，奧地利、日耳曼及法國的軍官及軍火專家川流不息地來到伊斯坦堡，土耳其人花了大量財寶購買西方兵工廠的最新產品。鄂圖曼人改穿著西方軍服，甚至輸入西式軍樂。

鄂圖曼使節及商業特使分散到全西歐，評估對手，新式工廠的龐大產出讓他們吃驚。有位大使建議帝國應購買，「五座工廠，生產鼻菸、紙、水晶、布匹及陶瓷……那麼經過五年（我們應可超越他們），原因在當前他們貿易的全部基礎，便是這些商品。」這條戰略可媲美於羅斯托教授的想法：工廠蓋好，接下來一切水到渠成。但只建造西式工廠，而沒發展其他西方制度，缺陷一覽無遺：沒有扎實的法律、知識及金融基礎，只蓋西式工廠注定失敗。土耳其人興建的幾座設施很快就失修荒廢。沒清晰界定的財產權，沒嚴格限制蘇丹等王公大臣的行動，理智的生意人不會耗費龐大心血，來建造及維持大型企業，也不會有理智的投資人把資本借給生意人投資。

還有另種（甚至更沒生產力）的方法，去回應「我們做錯了什麼」這個問題。對很多人來說，答案在回到老路子，也就是更退縮回宗教保守主義。除開軍事科學及工廠生產領域，鄂圖曼人對西方極不感興趣。以英國為首，歐洲人很快就在最好的大學裡，開設阿拉伯學系，但鄂圖曼人並沒在他們大學裡，回敬以「西方研究」，這對兩種文化，實道盡許多。

鄂圖曼人這樣缺乏知識好奇心，部分源自穆斯林經典，把猶太教及基督教看待成通往真教的不完美中途小站：「基督教裡為真的，已納入伊斯蘭。沒納入的都是假的。」即使西方擁有更多財富，和更強武器，他們依然是未啟蒙的異教徒。

大約在十五世紀，伊斯蘭學者凍結對《古蘭經》的詮釋。這種不作聲的大災難——通稱為「塔格利德」（taqlid，阿拉伯文「仿效」之意）教條，只溫馴接受以往的詮釋，封閉伊斯蘭而不接受未來一切詮釋，重傷伊斯蘭活潑的合群及經濟力量。這種做法，可假想成美國最高法院一八五七年判決「史考特案」（該案判決黑人不得主張公民權，國會也不得禁止奴隸制）後，停止一切對憲法的詮釋。

塔格利德的本質蘊含禁止自由探究知識，這可以解釋經濟繁榮必備的第二要素：科學理性的陷落。一個社會若本質上對外界無動於衷，沒意願挑戰自己的假設猜想，就不會創新。一個不創新的社會就不會進步繁榮。

鄂圖曼人曉得自己陷入失敗，正如歐洲人曉得自己日益成功，但雙方都不曉得為什麼。

土耳其軍事、經濟不如人，只是諸多疾病的癥狀。第八章裡，我們強調過國家性格對農業、商業及工業有多重要，尤其是它課稅的方法。開明的統治者會提供公民重要的服務，如警察保護、公共衛生預防措施、道路、教育及司法獨立。這麼做的國家就興盛，不這麼做便落後。

稅收靠征服及劫掠的國家不可避免會失敗。戰利品耗竭時，我們在希臘化時代的希臘、羅馬及江戶以前的日本看見的相同事件，就會依次發生。為籌到足夠歲入，政府會加稅。調高的賦稅叫一度肥沃的農田，經濟上活不下去，鄉間人口流失，扼殺經濟。鄂圖曼帝國國內並沒有具生產力的經濟體，因此比起之前的羅馬帝國，更是一部劫掠機器。如此，土耳其人注定遭殃。一六七五年有位觀察家指出，土耳其歐洲部分有個地區，農田三分之二棄耕。

荷蘭及英國率先意識到「變成服務性國家」跟「國家愈發強盛」的關聯，無論在軍事及經濟面皆然。法國很快跟進，而西班牙及日本雖落後幾百年，最後也迎頭趕上。鄂圖曼人從沒瞧出這種關聯，穆斯林世界其他地方也大多如此。

我們花點時間，檢視一下鄂圖曼帝國裡，四大成長要素的情況。

一、財產權：傳統社會裡，統治者不太尊重法治或財產權神聖不可侵犯。當然，對財產權最囂張的侵犯，便是奴隸制度。只有到十九世紀，鄂圖曼人在西方壓力下，才節制他們油水豐厚的奴隸買賣。而直到二十世紀，他們才禁止國境之內的奴隸制度。葉門、沙烏地阿拉伯則要到一九六二年才廢止。直到今天，蘇丹、索馬利亞及茅利塔尼亞的奴隸數目，估計最高達三十萬。

二、科學理性：伊斯蘭最初推崇知識探究，莫名其妙在大約一五〇〇年轉而反對它。有個小插曲足以顯示鄂圖曼對科學的態度。一五七七年，帝國在伊斯坦堡附近建造很大的天文台。它堪稱阿拉伯人對布拉赫烏蘭尼堡天文台的回應，設備及人手均比肩丹麥同儕。幾乎在它快完工的時候，蘇丹在他宗教謀士的建議下，馬上叫人拆毀。

三、資本市場：伊斯蘭禁止給付利息，扼殺商業。此外，因為蘇丹可以隨心所欲攘奪財產，資本於是寡少，銀行業並不存在。前文已提過，土耳其第一批銀行，要等歐洲人十九世紀前來開設。

四、運輸及通訊：這方面歐洲沒領先那麼多。雖說通訊及運輸在中世紀末期及現代初期的鄂圖曼帝國開發程度很低，但在歐洲也好不到哪兒去。

現代中東的改革抉擇

現代穆斯林世界裡，制度領域差異很大。誠如我們第一章已談到，四要素的三個——科學理性、資本市場及現代運輸通訊，已簡便可得，即使在中東也一樣。要想成長及繁榮，剩下來唯一要求便是財產權及法治。

只是今天西式的權利觀念，在中東極不受歡迎，那種不歡迎甚至擴大到法律專業。依伊斯蘭律法採取懲治罪犯的極端措施——擲石打死及截肢，給人法治嚴格的印象。現代中東大多數國家運作好比警察國度，執法森嚴意味國家權力就算有節制，節制幅度也很小。無法無天社會的特徵——頂上有帶鐵絲網、玻璃尖屑的高牆，包圍住有錢人家大宅甚至政府辦公室，在穆斯林世界無所不見。

地理學者及考古學家已提出令人信服的論證，指出中東多塊遼闊的沙漠，部分成因在沒有清楚的土地產權。羅馬統治下，北非很多地方一度森林蒼鬱，土地肥沃，但在伊斯蘭帝國來臨後，變得光禿貧瘠。在羅馬時代，北非人口及農業產出遠高於一千多年後的鄂圖曼治下。

灌溉「科技」，幾乎自人類有史以來就有。美索不達米亞最早文明，便是因水利而結合的社會。羅馬人以龐大灌溉工程，成功地耕耘大塊北非沙漠。阿拉伯及鄂圖曼征服當地之後，穩固的財產權制度消失，這些灌溉工程逐漸荒棄，地區人口也隨之減少。令人驚訝的是，許多考古學家發現，其實不需花多少力氣，就能重建古羅馬灌溉系統的自流水壓，再造出流水，而它們沉睡已逾千年。

阿拉伯的游牧傳統，使財產權沒有良好定義，是很合邏輯的事。山羊活動能力很高，可以到任何地方吃草——在一個沒有明顯土地所有權，而哈里發隨時想奪走農人或牧人財物的國度，真是理想特色。（或許因此出現「運動中祝福存焉」那句古老阿拉伯諺語。）啃食地表植被的山羊，格外有效率地破壞土地。山羊所到之處，土壤流失隨而出現，沙漠就如此散播開來。

地產不受保障，就不會有灌溉、耕作或施肥舉措。經年累月下來，阿拉伯版的「公地悲劇」——無所不在又貪吃的山羊過度啃食，把愈來愈多邊緣土地贈給沙漠。

穆斯林世界裡，要逃脫經濟陷阱，意味著要換掉以家族與宗教為本的統治體系，代之以可信賴、世俗及服務為本的政府。讓「上帝歸上帝，凱撒歸凱撒」，這在穆斯林世界並非不可能。這件事（就算不明朗），已大致在土耳其與馬來西亞完成。

現代的穆斯林世界，並不比三百年前大部分歐洲大陸落後，而且在很多方面，比如取得運輸、通訊及資本，它還處於更好地位。西歐從十六世紀開始，慢慢揚棄宗教作為組織原則。換句話說，西歐開始邁向世俗社會。假如穆斯林真想進入現代紀元，它一樣得那麼做。這個過程要幾百年，而非幾十年或數年。簡單地更換政權，無論力量是來自內部或外界，充其量只是塗脂抹粉。第一次世界大戰之後，英、法在前鄂圖曼領土創建代議政權，結果發現並不成功。

我們只能猜想，這該如何在現在中東發生。一條路是走成長模式（將在下一章詳加討論），過程中開發出財產權及個人權利，導致更繁榮的社會，緊隨在後的是增加公民權能，最後再民主改革。更迫切要改革的是村落與家父長制，而非伊斯蘭伊瑪目（imam）及清真寺。

路易斯提出另一條較微妙的可行之道。他指出，早期伊斯蘭講究平等，沒有等級，跟基督教由神父、主教、大主教、樞機主教及教宗組成的金字塔並不相同。要過很久之後，土耳其人才任命一系列宗教官員，登峰造極是大穆夫提（grand mufti），約略就是伊斯坦堡的大主教。過去幾十年，伊朗人憑空造出全新的阿亞圖拉（ayatollah）官僚體系，其幾乎完全模仿自現代天主教機器。路易斯盼望，或許「他們能及時挑起一場宗教改革」。

不管哪條路，必要的文化轉型，會降臨廣闊的穆斯林世界，只是它要花好幾個世代，過得既傷心又窮困。一八五三年，日本人瞪著培里准將的黑船，得出正確結論。今天，穆斯林世界同樣能將西式的富強黑船及其奠基制度，瞧得一樣清楚。而它所下的結論將決定自己的未來。

繼承楣運的拉丁美洲

英國文化及殖民後代——美國、加拿大、澳洲、紐西蘭，名列世上最富有國家，並非意外。西班牙及葡萄牙的後代過得不好，也非偶然。上一章探討現代以前，西班牙政經運作不良的特徵，尤其是它低度開發的財產權體制，另談及西班牙殖民機器罪惡的剝削本質。西班牙的殖民後代，受苦於它殘忍的管理及有瑕疵的制度，也就無足為奇。

四大提升成長的要素裡，有兩項對拉丁美洲較不成問題。拉丁美洲是在宗教改革終於打破教廷的教規桎梏後，過很久才「成年」的。宗教裁判所隕滅之後，科學理性在新大陸——不分說英語還是西班牙語，皆欣欣向榮。與此類似的還有歐洲及美國在十九世紀末葉，大舉融資興建拉丁美洲的船運、鐵路及電報系統。除了國際融資及電報，還出現成熟的資本市場。時序轉進二十世紀之際，布宜諾斯艾利斯已誇稱是世上最大股票交易所之一。不過，阿根廷最大公司事實上並沒在那兒交易股票。為了突顯其重要性，阿根廷大型電報及鐵路公司股份，其實是在倫敦交易所買賣。

拉丁美洲的核心經濟難題，在現代允稱經典，就是它的財產權制度。拿破崙戰爭後，拉丁美洲由波旁王朝西班牙「解放」，表面上肖似美國獨立革命，那些新生的共和國皆採納以美國為範本的政府機關。然而在民主外表底下，西班牙的缺點全部都在。哈布斯堡的遺緒，讓新獨立的各國，無法取得重視個人自由及財產權的文化，而美英兩國則享受著那種文化。拉丁美洲政治制度，反射出哈布斯堡極權與暴力的過往。

在美國，革命的爆發是隨意即興的，點燃火花的是分散各地、極其獨立的小地主群。直到英軍在美國康科德（Concord）、萊辛頓（Lexington）被一群光火的小地主擊潰而撤軍，退回波士頓求平安，美國建國諸賢才意識到，他們有必要計畫更有組織的抗爭，而且動作要快。

另一方面，南美獨立戰爭是由上到下所指揮，帶頭的是大地主菁英中的冒險之徒——就算不是原先征服者的直接後代，精神上也是。南美及美國都一樣，沉重的稅（南美案例是為了支撐拿破崙戰爭所需的龐大稅賦）點燃革命的乾柴。美國革命有流血，但南美獨立抗爭完全是另一回事。反抗軍看來一點也不像北美的同僚們。志願軍幾乎聞所未聞。玻利瓦（Simón Bolívar）的軍隊滿是雇佣兵、尋寶之徒及徵來的民伕，而很多民伕還是被迫加入。好些反抗軍不啻盜賊結夥橫行，由逐鹿的軍閥所指揮。

南美解放戰爭特色是大屠殺、殘忍的草率處決，還有人頭掛高竿。有「南美洲華盛頓」之稱的玻利瓦，統治委內瑞拉及跨安地斯各國，但他事實上是獨裁者。玻利瓦行動時可以殘忍——一八一三年解放卡拉卡斯，他處決的人跟戰場上殺的人一樣多。但是要論及徹底的暴虐，他比不上副總統桑坦德（Francisco Santander）的一根小指頭。一八一九年夏天，攻陷波哥大（Bogota）後發生的好戲堪稱典型。玻利瓦撫城完畢，把保皇黨軍官囚禁在他們要塞裡，然後向西進發，指揮權留給桑坦德。一等玻利瓦消失於地平線，桑坦德就把要塞裡三十名保皇黨軍官拉出來，面對一批行刑隊，接下來他還出錢請人寫首歌，紀念這次處決。為保險起見，他連一名受軍官們所託前來乞憐的路人都斃了。這些事件替解放戰爭，還有接下來大部分南美歷史設下調性。這種暴力傾向於一九七〇年代露出現代嘴臉，南美南端智利的右翼獨裁政權大規模處決異議者。

西班牙人本身甚至比反抗軍更壞。安地斯山上演的大戲裡，最怪異的演員之一，是一個叫玻伏斯（José Tomás Boves）的保皇黨指揮官。他雖有西班牙血統，卻憎惡白種人。玻伏斯打算能殺多少白人就殺多少，然後代之以混血的屯墾民。他上選的武器是長矛殺白種男人，而皮鞭抽他們的女人。

拉丁美洲革命的起源，充斥著無法無天的謀殺、劫掠及存心作惡，開啟近兩百年的廣泛政治動盪。墨西哥獨立後馬上發生的歷史事件，清晰顯示這一點。一八二一年二月，一名當地西班牙司令官阿古斯丁（Agustín de Iturbide）隱藏內心所圖，率軍進入墨西哥市，宣布脫離西班牙獨立，終結殖民統治。他不滿足只當憲政上的領導人，翌年帶頭發動政變，造自己政府的反，宣布自己是皇帝。接下來九年內，墨西哥又發生四起政變。

財產權的效率

沒有穩定政府，只道盡拉美故事的一半。正如英國的文化後代，因繼承強健的財產權系統而繁榮，西班牙與葡萄牙的前殖民地則受苦於沒有財產權。

如果我們想了解拉美國家的財產權麻煩，就必須更深入這些權利的基本本質。第二章到第七章短暫談到以下事實：財產權不僅要能取得，而且要有效率。也就是說，取得、維持及執行財產權時，必須不能太昂貴。亞伯拉罕向以弗侖買地不昂貴，而且其執行成本，僅限於用葡萄酒和食物款待見證人。取得土地以後，沒人質疑亞伯拉罕的土地權，也具有打發擅自占地或盜獵者的權威。另外一樣重要的是，他的財產權可以讓與——得自由出售土地給他選擇的任何人。

現在，時間快轉四千年。一九五〇年代中葉，芝加哥大學一位名叫寇斯（Ronald Coase）的經濟學家開始探索，私人間發生利益衝突，政府加以管制的奧祕。[1]舉個例子，一塊玉米

1 寇斯的名字主要在經濟學者及律師之間響亮。一九九一年，他因論文〈社會成本問題〉，及其他成就，獲得諾貝爾經濟學獎。

田緊鄰一家牧牛農場。牛隻按其天性會逛到玉米田裡，吃掉農夫的莊稼。經濟學家把這種現象稱為「負外部性」（negative externality），類似一千英里外的工業汙染弄髒你的飲用水，或一百英尺外鄰居噪音打擾你的安寧。

寇斯了解有兩種可能方式擺平這種衝突。首先也是最明顯的方式便是，要求牛隻主人賠償玉米田的破壞。第二種沒那麼直覺，則是牧牛農場主要求農夫給錢，蓋圍籬將牛隻圈起。第一種方式，責任在牧場主；第二種則為玉米農。寇斯的才華在於了解，最初誰有責任並不重要。不管哪種方式，最終結果都相同——同樣一筆錢會易手，只是錢的流向相反。就經濟學而言，兩種情況的結果相等。經濟學家及法學家很快察覺，相同道理也適用於財產權：財產一開始怎麼分配並不重要，重要的是財產權的效率及是否清晰界定。對寇斯而言，重要的只有三件事：

一、清晰界定的所有權及責任歸屬。
二、財產及責任可以自由買賣。
三、磋商、販賣及執行的成本低。

只要能滿足上述三項條件，財產最後會找到方式，歸給最有效率利用它的人，而責任則會被能獲得最大效用的人所承擔。在這樣的時空當中，政府除了界定及執行財產權，不必擔任管控角色。一切財產交易只在民間各造之間進行。

舉個例子，試想一個財產權有效率又安全的國家，其所有財產突然間被轉移給少數幾戶家庭。但因原所有人的後代敗家，他們為了有錢過奢華闊綽的生活，把土地賣給能更有效率使用土地的人，兩、三個世代之間，財產所有權集中的現象就會消失。一到兩百年間，很多人持有小塊地才是規矩，而大型地產大致只存留在管理很睿智的家族之間。

諾曼征服英倫後，正是發生如此現象。效率漸增的財產權系統，容許一開始由少數諾曼貴族握有英國地產，隨後逐漸分散開來。寇斯及追隨他的人沒說錯——長期而言，誰是財產所有者，真的不比產權是否清楚、能否讓與重要。用白話文來說，一個體質健康的社會，更仰仗清晰易懂、容易執行的產權規則，而非表面的財富分配「公平」。再白話一點，法治比「社會公正」重要。

西班牙與諾曼英格蘭有類似之處，逐走摩爾人之後，二十多名大公控有西班牙大多數土地。接下來，西班牙把這種相同的土地集中擁有，「出口」到拉丁美洲的殖民地。舉個例子，十六世紀數百萬墨西哥小農死於天花，他們的土地便由西班牙莊園主繼承。他們的巨大農場，叫母國大公的莊園都要相形見絀。因為從西班牙繼承有瑕疵的財產機制，結果直到現代時期過很久，墨西哥大多數土地仍是龐大、管理不善的世襲地產。

在西班牙及其殖民地，事態發展得跟諾曼征服後的英格蘭不一樣。在大西洋兩岸，落後的西班牙財產制度阻止國家，因自由物業市場功能正常而分裂。鑑於西班牙帝國財產制度功能不良，哥斯大黎加久被西班牙人忽視，認為是殖民政權的落後地區，長期下來竟擁有優勢，它躲過土地集中變成龐大莊園之劫，因此變成中美洲唯一經濟成功的國家。

寇斯的三條件，今天拉丁美洲半個也沒有。要了解財產權的效率，最容易的方法，就是考慮買塊地。在美國，土地買賣最複雜的部分，通常是磋商價格。一等價格合意，當不昂貴的產權調查確定賣方土地所有權合法沒問題，買方便簽支票，到郡公所註冊產權轉移。一切辦妥。

拉丁美洲大不相同。經濟學家德．索托研究拉美地產法的卡夫卡風格世界，他發現在祕魯首都利馬市，要妥貼買下一棟房子，要經過七百二十八個步驟。這樣的世界裡，只有那些最富有的人及大型企業，才負擔得起取得清楚的地產權。農夫無法出售自己土地，原因在買方無法確定，自己能取得完全所有權。這樣一個社會裡，要把地產留在家族裡，唯一方式便是分割給兒子們。這種持續分割土地，幾個世代後便導致一群為土地吵架、快餓死的遠親。農人也無法貸款來改善自己田地。因為銀行無法確定，一旦農夫還不起貸款，銀行是否能取消贖回權。企業無法取得資本的原因也差不多。投資人若是不確定自己的投資收益，自然不願意提供資本。德．索托描述第三世界是「死錢」的藏寶窟：唯有清晰的地產權容許它解套，充當擔保品，土地才能吸引數量龐大的投資。

拉丁美洲的民粹政治說辭，也助長這種有毒的經濟氛圍。當地「人民」的報仇幽靈高懸於空中，改善一椿地產或企業，只讓它變成充公的更肥美目標。小農收到政府購買或沒收來的土地，卻淪落跟其他任何小地主相同的處境——他們無法出售地產，無法用土地借錢，而且害怕下次政變會奪回這次的贈禮。

西方也幫不到忙。幾十年來，已開發國家鼓勵透過政府命令來做土改，結果是滋生一套系統：小農獲贈的土地，自己既不能出售也無法改善。西方忘了自己幾百年前學到的課程：促進繁榮與民主，最有效率之道是走「英式土地改革」——透過穩固的財產權、自由且開放的土地市場，把土地分配給小農。以「人民」名義充公及強迫銷售的地產，無論用意多麼良善，只腐蝕掉那些必要制度，無法帶領沒有公民權的民眾脫離貧窮。

裙帶關係與資本

拉丁美洲紊亂的地產市場還束縛了它的資本市場。墨西哥這個範例被研究得很透徹。直到一八九〇年，墨國大多數農人及生意人的唯一融資來源，便是家族。西方司空見慣的「不帶人情」融資來源——銀行小額貸款給個人，大公司發行股票及債券，在墨西哥根本不存在。儘管在一八六四年，墨國第一家銀行開張，卻得付出極高利率——經常高於每年一〇〇%，才能取得有擔保的企業貸款。這種狀況持續到一九三〇年代末期。二戰爆發時，墨西哥市股市只有十四檔股票在交易。

墨西哥商人很快發現，沒有強大的政治關係，自己會被有關係的競爭對手打得很慘。十九世紀早、中期，政府官任期是以月來計算的，即使最富的人要保護自己財產也困難。獨裁者迪亞斯（Porfirio Díaz）一八七七年上台之後，事勢變得較不複雜，但也沒有改善。迪亞斯統治直到一九一〇年，期間幾乎每家墨西哥大公司，都有個政府部長或部長親戚任職於董事會，以確保它發行股票或公司債的時候，政府會批准。由於只有有官方關係者才能取得股票及債券資本，因此大幅減少了銀行數量，而使得小商人及農人更難取得資本。

因為拉美各國不認為自己是「服務性國家」，便忽視資本市場制度面的基礎建設——管理信用、貸款、抵押貸款及公司組織的法律。直到十九世紀快結束，墨西哥法典裡，連最初級的商業及財產法條都沒有。沒有法律框架保護投資人，放款人或投資人要求的收益率事實上會高到反而無法取得資本。

拉美政治腐敗源自哈布斯堡西班牙，再因政治不穩而推波助瀾。歷史遺產充斥著征服、劫掠、強迫開採礦產財富，使得它們不會多看重有效率的資本市場。現代安地斯山各國的禍源毒品業，以及伴隨而起的無法無天，只是癥候，不是病灶。

兩個最富裕及民主的西語系國家——智利及西班牙，都是透過高壓式的右派獨裁政權（強調保障財產權），才能成功發展，實非巧合。智利的案例特別啟人深思。皮諾契特（Augusto Pinochet）的經濟政策，是由那群在風城芝加哥求學的經濟學家「芝加哥男孩」（Chicago Boys）指揮，他們深受寇斯及傅利曼影響。選擇右派獨裁者自然是險事，因為你更可能碰上裴隆、馬可仕、杜華利埃之流，而非皮諾契特或佛朗哥（然而，皮諾契特與佛朗哥也不好相處）。

由於拉丁美洲好些地區的財產制度萌芽中，它們相形容易取得資本、擁抱西方文化，所以其經濟前景似乎比穆斯林世界更光明。然而，絕不能過早下定論，認為拉美會繁榮。南美最窮國——那些安地斯山脈國，還有好些較富裕的國家，仍受它們腐敗、暴力、滿是經濟缺陷的伊比利半島殖民遺產束縛。只怕還要好幾個世代，這批墊底國家才能逃脫出來。

假如我們不想地球上最富與最窮國家之間裂痕愈來愈大，而導致某種世界末日大戰，那麼我們必須正面解決，那些拉美及穆斯林世界的失敗國家，所挑起的宗教及文化課題。下一章我們將探討文化、宗教及經濟成長之間的互動。

天然資源與帝國主義的影響

十九世紀，嚴重的制度缺陷拖累法國、西班牙及日本的經濟開發。來到現代，這些相同的制度瑕疵，讓穆斯林世界及大多數拉丁美洲國家沒走上繁榮。要分析何以某些國家落後他國，若不討論兩項其實不重要的因素，就不算完整：

一、天然資源：財富與大自然餽贈之間，很可能為負相關。把眼光注視到哈布斯堡帝國，以及現代的奈及利亞、沙烏地阿拉伯及薩伊，很難不下結論說，豐沛的天然資源其實是詛咒。由冒風險及辛勤流汗所誕育的經商企業，它們產出來的財富會鼓勵健全的政府制度，繁衍更多財富。但僅在地表打數量有限的礦坑，而礦坑由政府擁有或控制，這樣產出的財富會培養競租行為及貪腐。

打量新加坡、荷蘭及瑞士，很難不好奇它們欠缺天然資源，算不算天賜優勢。沒錯，英國是「坐在煤山之上」，但它大部分鐵礦砂及近乎百分之百的棉，都得進口。鐵與棉是工業革命的關鍵原料。（不過鐵來自瑞典，而棉則必須由船繞過好望角載入。）法國則擁有兩個（而非一個）便利的棉花來源：它的西印度殖民地，還有便捷的地中海航道直通黎凡特。只是，英國先發展出以棉為本的紡織工業。

最後，已開發國家裡，天然資源稀少如日本的國家不多。一八六八年以後，它的經濟迅速崛起，強烈襯映出天然資源與經濟開發徹底無關。大自然贈予裡唯一重要的是，有利於國內運輸的地形。豐富的礦場資源，有時會腐蝕掉推動長期繁榮的制度。

二、帝國主義：現代西方國家的罪惡感及自省的能力逐漸增長。假如有些國家富裕而有些貧窮，不會是富國生產多於窮國，毋寧是前者偷搶後者。自馬克思開始，學術界及自由派中產階級開始把英國（及西方）的富裕，解釋成帝國主義的剝削。

然而，即使只反思片刻，都可以了解左派上述神聖不能批評的想法，兩者大致上並不相干。雖說殖民政府可能殘忍、剝削到無法想像，它們經常也透過引入法治而帶來物質繁榮。

近些年來，經濟學家已開始專注於了解殖民行為、經濟學及國家制度的互動。一五〇〇年以來，開發中國家出現「財富的逆轉」。一五〇〇年最富而後來被殖民的國家——印度蒙兀兒帝國、阿茲特克、印加，目前都名列最窮國，而一五〇〇年最窮而後來被殖民國家——

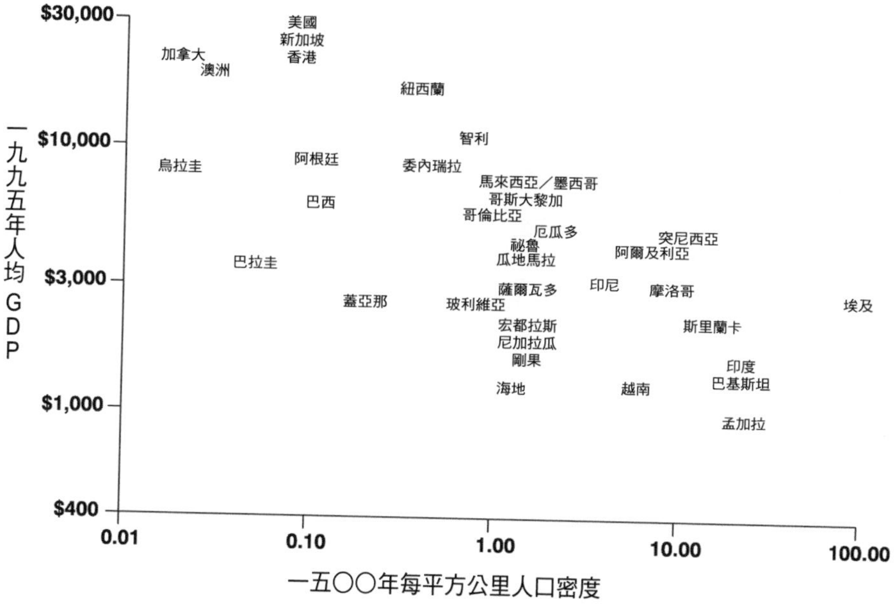

【圖 9-1】一九九五年的人均 GDP 相對一五〇〇年人口密度

資料來源：阿齊默魯（Daron Acemoglu）、詹森（Simon Johnson）、羅賓森（James. A. Robinson），〈財富的逆轉：地理及制度對造就現代世界收入分布的影響〉（Reversal of Fortune: Geography and Institutions In the Making of the Modern World Income Distribution），《經濟學季刊》（*Quarterly Journal of Economics*）。阿齊默魯、詹森、羅賓森，〈比較開發的殖民根源：實證調查〉（The Colonial Origins of Comparative Development: An Empirical Investigation），《美國經濟評論》（*American Economic Review*）。

美洲其他地方、澳洲、紐西蘭，現在名列最富國。圖9-1顯示出一五〇〇年被殖民國家人口密度（代表前工業社會人均GDP替代指標）相對於它們今天的人均GDP。圖9-2顯示歐洲屯墾民死亡率，以及當地後來經濟發展之間的微妙關係——白人死亡率高的國家，後來受苦於低經濟成長。

這兩張圖意味著人口稠密的殖民地，但白人死亡率高的地區，很少會吸引

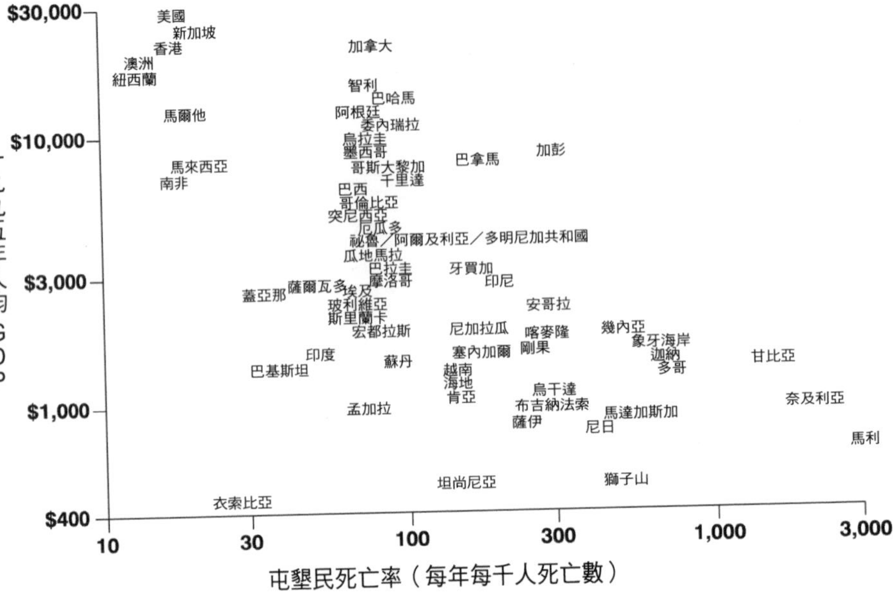

【圖 9-2】一九九五年人均 GDP 相對白人屯墾民死亡率

資料來源：阿齊默魯、詹森、羅賓森，〈比較開發的殖民根源：實證調查〉，第一三九八頁。

屯墾民前來。而人口密度低、西方屯墾民死亡率高，意味著兩件事：首先，西方制度及法制貧弱；第二，少數那些戰勝如此敵意而存活下來的屯墾民，往往自限於高獲利的挖掘、剝削活動，尤其是開礦——想想利奧波德（Leopold）的剛果便可得知。原住民人口密度低，而白人死亡率低的國家，比如北美洲、澳洲及紐西蘭，便吸引大量歐洲人流入，因此當地便受惠於西方制度，及以農業與工業為基礎的經濟結構。由於這些地方，英國屯墾民相對於當地居民數目為大，產出「淨化地」（clear field），允許屯墾民有計畫地殲滅殖民地的原住民。

（憤世嫉俗的觀察者或許會指出，殖民地國家繁榮還有必要的第五元素——種族屠殺。）

兩種殖民行為都可能很野蠻，但都不會（尤其是後一種）讓殘存的原住民活得比他們原始狀態更貧窮。殖民行為本身不會製造貧窮，相形之下，它採取的形式才造出後來貧窮與富有的差異。若大量屯墾民集中於從事農業與工業，此時繁榮隨之誕生。然而若僅有少數、帶著致病原的屯墾民，為了開墾當地豐富的礦藏奴役原住民，貧窮及落後就是不可避免的後果。即使這樣，殖民行為的經濟優勢還是很可觀。舉個例子，大多數西方人不了解印度由數種語言社群組成，並沒有大家都聽得懂的本土語言。因此，印度若是沒有英國人用劍尖逼著導入英語成為通用語，那麼國家是否能存在，還真是個疑問。

至於犯下殖民行為的國家，其所受傷害可能比獲得的利益還大。迄今英國最富裕的殖民地便是美國。假如帝國主義的假說真站得住腳，那麼英國早該因為美國獨立而受創極大。事實恰恰相反——英國戰敗，讓貿易關係平等，接下來兩國的經濟爆炸性成長。即使在大英帝國顛峰期，英國的殖民地吸收其產出不到四分之一。然而出口到沒有保護的市場，如歐洲及美國，提供英國大部分的出口貿易。

若帝國主義真的很重要，那麼世上最富國家，應該是那些大致上從沒受西方統治的國家，比如不丹、蒙古、衣索比亞及俄羅斯，而留在殖民體系最久的地方，比如香港及新加坡，則應該最窮困。帝國主義應該是各國財力及軍力落差極大的終端產物，而非其成因。

讓全球經濟有贏家與輸家差異的是制度，不是天然資源或是否被帝國主義宰制。首先最為重要的便是，尊重遊戲規則——法治、法律之前人人平等，及尊重公民自由權的程度，決定了國家的繁榮。

Section III

未來展望

不管變好或變壞，
人類已進入一個新時代，
由科技創新驅動的經濟成長，
已成為世界舞台的主角。

The Birth of Plenty

在第三部，我們將探究前九章討論的概念與現代的關聯性。過去十年當中，世上緊張的焦點已由意識形態轉移到宗教。第十章將探索社會學及經濟研究的疆界，以找到教訓，來了解宗教、財富、意識形態及民主發展之間的關係。

現代西方（尤其在美國）民眾有個普遍盛行的感受，就是生活愈來愈煩憂、不安全又壓力大。若是財富無法讓我們更快樂，那麼一國愈來愈富裕有什麼用？的確，經濟成長與國民幸福之間有得有失，我們將在第十一章檢視它們。

不管金錢買不買得到幸福，它一定會影響到地緣權力。第十二章要講述過去五百年間，世界財富、征服及勢力如何交織影響，尤其它與美國在「單極」世界的霸權力量日增有關。

雖說過去兩百年經濟持續成長是史無前例的事，但它的時間長度在歷史只算一瞬間。假如把人類史比擬為一天，那麼繁榮的現代紀元只占不到十秒鐘。讓現代成長的制度，其持續力多強？更重要的是，一個世界，人均財富每世代翻倍的力量有多穩定？本書的最後一章，我們將沉思繁榮、不斷擴大的人類欲望，還有持續成長的前景。

第十章
上帝、文化、貪欲與快樂水車
God, Culture, Mammon, and the Hedonic Treadmill

「金錢買不到幸福，但至少你能在安逸中受苦。」

——莉莉安・伯恩斯坦（Lillian Bernstein），作者之母

財富的用途

本書的前提是，一個社會一旦取得四大要素——財產權、科學理性、資本市場、現代運輸及通訊，便自然會繁榮。各位可能會說，四項都很不錯，但有沒有任何方式，可以客觀檢驗這項假說？畢竟，可沒那麼容易就對國家進行控制下的科學實驗。

領略能力強的讀者會注意到，雖說本書含有大量GDP數字、多張圖表，但我沒找「全部」國家的數據。另外，舉個例子，也沒比較法治指數。如此包羅萬象的量化資訊，真的存在嗎？如果有，它又透露什麼事情讓我們知道？

雖說我們都生活在其中，但如此財富到底有何益處？隨著世界愈來愈繁榮，它成為一個令人更快樂還是更不快樂的地方？社會政策及政治政策如何同時影響，一個社會的繁榮及整體幸福感？準確說來，財富與幸福的關係是什麼？

過去幾十年間，社會學家、政治學家及經濟學者已蒐集一百多國的大量數據，探討財富、成長，與大量政治、經濟及社會學特徵的關聯。我們可以把每個國家設想成一樁「自然的實驗」，各有不同的社會及制度資質。取得仔細的統計分析，我們可以小心地提出幾項攸關繁榮的因果。這些漫天飛舞的數據當中，財富、幸福、民主在一邊，傳統價值及個人能力等社會學度量在另一邊，兩者之間，有引人入勝的關係。事實證明，財富沒讓我們快樂許多，但大大強化民主。

一九五〇年代末葉，政治學家利普塞特（Seymour Lipset）率先從事這種客觀分析。利氏最主要興趣在民主發展。當時，學術界激辯政治、經濟及宗教因素對民主的相對重要性。舉個例子，信奉宗教決定論的人指出，幾乎所有民主國家都有猶太－基督教根源，而反對他們的人則援引義大利及德國法西斯來反駁。讓利普塞特困擾的是，兩邊似乎都不願分析已可取得的數據。由統計學角度來看，政治及經濟系統很「骯髒」，任何稱職的社會學家都可以對哪怕是最基本的社會學原理，找到充足的例外。

利普塞特由簡單的測量民主發展入手，接下來對一切可能影響該發展的因素，進行統計分析。最重要的因素證實為財富及教育程度，似乎就是它們支撐民主制度。自從一九五九年利普塞特發表其開創性的論文後，幾十年間社會學家、經濟學家及政治學家都跟進研究。本章當中，我們將檢驗那些研究裡，雖小但令人興奮的切片，它涉及世界財富拼圖最艱困的部分——金錢、幸福、民主、宗教與文化間的聯繫。這兒我們必須步步為營。當社會及政治因素似乎交互相關，便很容易被愚弄。舉個醫學類比就足以解釋。幾十年前針對房屋油漆工的研究指出，他們的智商低於平均值。一開始，專家們歸結，油漆裡有些東西損壞大腦，但最後證實不是這樣。仔細分析後顯示，油漆工智商並非有「劑量相依性」，也就是說，智商不因職業上多碰油漆而受損。相形之下，油漆房屋是相當枯燥的職業，往往吸引那些智商較低的人。其因果鏈反而與原先認定的相反，你高興的話，可以說低智商「導致」做油漆工。

富裕的基督徒和貧窮的穆斯林

我們無法避而不談宗教與經濟成長間的關係。西方繁榮自新教北歐迸射而出，所以在比較經濟學中，揮舞著宗教信仰當成分析工具的誘惑真的很大。當然，哲學家兼社會學家韋伯一百多年前把眼光射向全球時，就發現難以抗拒宗教解釋。身為社會學創始人之一，他在《新教倫理與資本主義精神》（*The Protestant Ethic and the Spirit of Capitalism*）主張，宗教改革引發現代資本主義，而喀爾文強調節欲及苦幹實幹，讓新教運動成為世界繁榮的引擎。

相同的觀察也打動現代觀察家。為什麼穆斯林及印度教國家名列世上最窮國？當然，不管更好還是更壞，世上每個主要宗教必定背負很多經濟包袱。只是，誠如我們很快會見到的，數據顯示這一點並不切題。富裕及貧窮，與社會學及文化因素交纏得更緊，而非宗教。

韋伯的假說碰到很多實際問題，而且在現代經濟學家及社會學家當中，「喀爾文新教為西方繁榮主要推動者」的說法已經失寵。首先，喀爾文的日內瓦談不上資本主義自由企業的堡壘。雖說那位令人敬畏的傳道人終結古老的反放貸取息禁令，但他近乎不斷地干涉利率及物價，反而真正傷害到日內瓦的經濟。日內瓦在當代其他方面——尤其是公共教育上，都很先進開明。然而，它在喀爾文死後幾百年，經濟依然落後。直到宗教改革三百年後，新教國家才開始允許亞當．斯密的「看不見的手」，發揮其神妙之處。韋伯出書於一九〇五年，當時信天主教的奧地利及法國，已加入世界最繁榮國家之列。

阿拉伯哈里發及早期鄂圖曼帝國的優勢，逼凌無能又落後的中世紀歐洲，清晰顯示基督教並未提供本質上的政治、經濟優勢，使其高於伊斯蘭。此外，現代數據指出是文化，而非宗教決定經濟差異——這再怎麼強調也不為過。文化取決於地理，而非宗教信仰。舉個例子，社會學調查顯示，雖說信天主教的德國人，比起信新教的德國人，可能有更多保守、傳統價值，但他與南美或義大利天主教徒的相似之處，依然稀少。同理也適用於第三世界最宗教狹隘地區。數據指出，印度或非洲穆斯林肖似他信基督或印度教同胞之處，遠大於其與別國穆斯林的相似處。

最驚人的是，一個波士尼亞穆斯林，其衣著、行為舉止及美感，比起沙烏地穆斯林，反倒更肖似巴黎人。這個主題的另一變種，在以色列塞法迪猶太人（Sephardic）及阿什肯納茲猶太人（Ashkenazic）兩族群的文化裂痕。塞法迪文化密切反映阿拉伯世界，而阿什肯納茲文化則極為西方化。歷史學家路易斯說：

……他們（塞法迪猶太人及阿什肯納茲猶太人）的多次邂逅，就我們看來即是基督國度與伊斯蘭的碰撞。它奇特地由猶太的少數族群為代表、作為一個縮影，反映他們所棲身的兩種文明之強弱消長。

研究伊斯蘭的最有思想觀察家之一羅丁森（Maxime Rodinson）平鋪直敘指出，伊斯蘭戒律裡本質上沒半點反資本。即使草草一瞥穆斯林世界最先進國家，比如馬來西亞及土耳其，都顯示真是這樣。更切題的乃是，宗教裡沒有任何禁令，阻擋那些來自中東、巴基斯坦和印度的虔誠穆斯林，在搬到世俗的西方之後，去有效運用資本主義的各種工具。

這倒不是說宗教對經濟學一點影響力也沒有。至少理論上，基督教相對其他宗教，教義上有個獨一無二的長處。它清晰表示，教會與政府要分開：「讓凱撒的歸凱撒，上帝的歸上帝。」

只是由君士坦丁大帝皈依基督教，到喀爾文的日內瓦，違反政教分離原則的時期比獲奉行的時期多。由羅馬時代早期直到馬丁．路德時代，教廷對資本主義的態度，只比馬克思好一點。誠如我們在第一章已知，聖奧古斯丁及阿奎那都公然反對商業，而且西元第一個千年一路下來，教廷發展出一種愈發反對金錢放貸及資本形成的教義。早期教會的反資本主義心態，很可能便是中世紀歐洲，比同一時代伊斯蘭世界落後的主要原因。諷刺的是，沒有猶太人提供的金融基礎設施，土耳其人可能早就蹂躪歐洲了。歐洲反資本主義的惡感到什麼程度，塔克曼說得很清楚：

為確保沒人比其他人占有優勢，商業法禁止：工具和技術創新、賣得比固定價格便宜、用人工照明工作到夜深、雇用額外的學徒、利用妻子或未成年孩童、為貨物打廣告，或自誇貨品而侵害到他人。

印度教是世上主要宗教裡，戒律會直接束縛信徒經濟地位的宗教。它呆滯的種姓制度，把人類細分為高低等級，只祝福處境悲慘的低階種姓，不給其今生繁榮的機會，以交換來生有機會投胎到高級種姓。[1]

宗教僅僅提供一個濾鏡，濾見一個社會的傳統。穆斯林世界對待女性的不同態度，便證明這一點。有些伊斯蘭社會裡，男女在職場以平等身分共事，而在另一些社會，傳統阻擋女性進入職場。表面看來，伊斯蘭因浪費其一半人口資本，而傷害到穆斯林國家的經濟體。事實上，傳統社會的狹隘文化，在這些國家造成大多數的經濟傷害。在阿拉伯半島等地，伊斯蘭及《古蘭經》只是障眼法，被用來理性化一個孤絕沙漠社會的禁忌，而這些禁忌比穆斯林先知更早數千年就存在。就算當初阿拉伯人改信猶太教或基督教，而非伊斯蘭，現在沙烏地阿拉伯社會還是一如今天，是個基本教義社會。

幸福金字塔

儘管如此，韋伯所推論的新教與繁榮的關聯，其影響是無法估量的。他參與發明的社會學已大大闡明，宗教與文化會影響政治結構及經濟成長。的確，與幸福最相關的因素之一，在一個人自覺能控制自己生活。經由從阿根廷到辛巴威等幾十個國家所做的調查，已證實個人自主與幸福有扎實關聯。

一九五〇年代，心理學家馬斯洛提出「需求層次理論」而廣獲採用。這項理論建構，加上較晚近的社會學研究，提供強力範式，憑以檢驗財富與民主間的關係。

馬斯洛還是年輕學者時，便指出某些人類衝動會優先於其他需求。最基本的需求是呼吸。假如有人不讓你呼吸空氣，你不到一分鐘就會非常難受。缺氧會毀掉其他一切生理衝動——口渴、飢餓甚至痛苦。只有恢復呼吸之後，才有餘裕照顧其他感受。馬斯洛的偉大貢獻，在界定這些需求的高低等級。

你滿足氧氣、水、食物、溫暖等直接「生理」需求之後，才能進而解決安全需求——個人安全及穩定工作。這些大致滿足後，才能解決愛與隸屬需求，如配偶、家族及社區的愛。接下來是尊重需求，包含同儕對你的尊重（有別於光只是愛），還有自我尊重。

你金字塔爬得愈高，愈覺得內心安全。等級的最高點則成為新時代的終極追求：自我實現。至於這個詞彙的確切涵義，馬斯洛說得相當含糊，但他真的有描述那些達成此崇高狀態的人，如林肯及甘地的特徵。他們不自私，把手段與目的分開，解決問題而非抱怨，化解來

1 印度現代憲法禁止宗教維持賤民等級。印度政府另進行世上最大的平權運動施政，其目標在保護低階種姓人民。

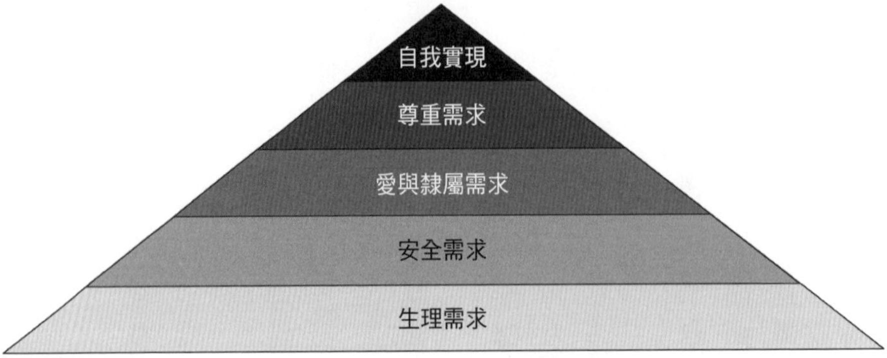

【圖 10-1】馬斯洛的需求層次理論

自同儕的壓力。

居於馬斯洛金字塔近乎底層的人，純憑本能而生活，不怎麼傾向抽象思考。他們沒什麼個人選擇，因此身心也無法安寧。

馬斯洛的金字塔提供架構給全球社會學家，憑以測量及詮釋各種心理學及社會學數據，尤其是測量福祉的數據。那些行動中，最大型的便是「世界價值觀調查」（World Values Survey，WVS）及「歐洲動態調查」（Eurobarometer Survey）。WVS最早是於一九八一年在歐洲十個國家進行研究，但成果令專家們相當震驚，因此他們把研究擴大到六十五個國家，涵蓋世上八〇％人口。目前這項行動是由密西根大學「社會研究院」（the Institute for Social Research，ISR）統籌。

ISR並沒有把主要焦點，放在將宗教及國家分群，而放在容易界定及測量的個人特徵。它的調查員運用這些技巧來探尋人格、文化、宗教及繁榮的關聯。

民主、獨裁與繁榮的辯證

社會科學家如何評估文化、福祉、財富及民主的互動？他們進行的方式，一如任何科學家——提出假說，蒐集數據來測驗假說。在這個複雜領域裡，宛如家常便飯般的工具，是橫跨多國執行多個社會性變項（sociological variable）的調查。其中一個社會性變項是「生存／自我表現」（S/SE）量尺。WVS制定此變項，是想測量一個人對獨立思考及表達的態度。粗略說來，S/SE 測量的是一個人在馬斯洛金字塔爬到多高。舉個例子，調查員會詢問受訪者是否看重自我表現勝過生理安全，是否簽過請願書，還有他們有多信任他人。若受訪者大多數問題回答「是」，則在 S/SE 取得高分，而若多數問題回答「否」則分數低。分數愈高，受測者在馬斯洛金字塔爬得愈高，往往也更快樂。

密西根大學社會學家英格爾哈特（Ronald Inglehart）及不萊梅國際大學韋爾策爾（Christian Welzel），則專注於「S/SE 得分」與「民主制度強度」之間的關聯，而他們發現，一國平均 S/SE 得分及其民主政體的活力，有顯著的相關性。

S/SE 與民主息息相關，應該不令人意外。真正的問題在哪個是雞哪個是蛋？要說民主使自我表現增加，跟說自我表現促使更好的民主，一樣容易。他倆的數據證明一個令人吃驚的關係：聯繫 S/SE 與民主的是財富。英格爾哈特及韋爾策爾用一種稱作「延宕交叉相關」（lagged cross-correlations）的統計工具，解出這條因果關係鏈。具體而言，他們判定，一九九五年 S/SE 與二〇〇〇年民主指數的相關性，比起二〇〇〇年 S/SE 與一九九五年民主指數的更為密切。（民主指數，是結合「自由之家」[Freedom House] 對民權及政治權的評分，以及「國際透明組織」[Transparency International] 提供的貪腐指數，而計算出來。）

換句話說，當前的民主，與以前的 S/SE 得分較相關，而以前的民主，與當前的 S/SE 分數則較不相關。這些數據顯示，一群人獲得能力、自我實現、有能力自由選擇，則強化民主，而非倒過來。這一點雖不證明個人能力增強（S/SE 得分高）造出民主政體，但與那種結論極為一致。

接下來，英格爾哈特與韋爾策爾檢驗「S/SE 得分」與「個人財富」之間的關係。[2] 他們再度發現財富與 S/SE 間有強烈相關，而且，使用相同的「延宕交叉相關」統計工具也再度暗示，是財富導致更高的 S/SE，故此也造就更強的民主，反之則不然。

顯然，這個模型過於簡化那個極為複雜的過程。沒錯，民主制度加強公民賦權的感受。但顛倒過來——公民賦權產出民主的力量則更為強大。這一點與近代史相符。二十世紀末期顯示，把民主制度輸出給人民不敢作聲、猶疑畏懼的國家，不可能成功。最近在波士尼亞及科索沃的經驗，便可證明這一點——想在兩地維持雖說是搖搖欲墜的政府機器，仍需龐大的聯合國維和部隊長期駐守當地。同理適用凋敝國家如巴基斯坦，其「民主」體制萎縮。印度的案例較不極端。它的民主制度很弱（至少依西方標準是如此），是因為有奴役人的種姓制度。雖說法律禁止，種姓制度依然施展強大的文化影響力。

本書寫作之際，美國及其盟邦相信（或他們口中說相信），它們可以把民主移植到伊拉克。前文所論暗示著這可能是危險的妄想。此外，若說伊拉克民主是妄想，那麼想在阿富汗建立民主就是發高燒作夢了。

我們可以把本書的主題與韋爾策爾／英格爾哈特假說結合起來，產出下列圖解：

財產權
科學理性
資本市場
運輸及通訊
} → 繁榮 → 公民賦權 → 民主

坦白講，這個模型不是沒有瑕疵。以上圖解，方向要從下到上也可以，但沒那麼順。舉個例子，國家愈來愈民主，有益於公民賦權及四大要素，也是不容爭議的。然而，韋爾策爾、英格爾哈特等人的數據，讓我們不必懷疑，這個模型的主要動力是由上往下，而非下到上。雖說民主本身很值得嚮往，但數據顯示它直接造福經濟的能耐，充其量容或爭議。

利普塞特另一個民主主要決定因素——教育程度的影響又如何？教育主要是透過其經濟

2 韋爾策爾及英格爾哈特使用稱為「權力資源」（power resources）的財富指數。它與單純的人均 GDP 不同之處，在「權力資源」結合標準的財富指數及教育程度、平均餘命等等，還測量它們在人群之間分布的公平程度。權力資源參數相形單純的人均 GDP，與 S/SE 的相關性更高。

效應而強化民主。教育水平不佳的社會，無法駕馭提升生產力的新科技，所以注定受苦於貧窮。但即使國民教育程度高，也會因為欠缺有效的經濟動機，而落到同樣下場。碰到這兩種狀況——國家教育水平不佳而很窮，或教育水平良好但財產制度不給力而很窮，其導致的窮困都會阻礙民主發展。

共產主義產出一大堆教育水平良好，但未能增益其經濟及政治體的國家。其中最引人注目的失敗國家便是古巴。古巴革命後四十年間，各階層的教育程度都大幅改善，把文盲由大約三五％減到二％以下。然而同一期間，古巴的實質人均ＧＤＰ，雖有蘇聯的龐大補貼，卻下跌三分之一，這在世上其他地區實質人均ＧＤＰ都增加一倍以上的時代，誠為異數。上述的分析也意味，古巴因此而致的貧窮，有助於卡斯楚把自己國家炮製成世上最高壓國家之一。

非共產國家的發展紀錄，尤其是那些亞洲新壯大的經濟體，也支持民主源自繁榮的假說。繁榮的國家經常轉型為民主政體，倒過來則不一定。有個早期的例子發生在日本，隨著國家變得愈富庶，明治天皇容許設立裝點門面的代議機器，但它隨著國家更富庶，快速發展成活力洋溢的國會體制。明治時代初期，由於設有門檻很高的財產要求，僅有不到五十萬日本人有投票資格。然而，隨著國家愈來愈繁榮，則讓日本小農取得能力，迫使政府逐步自由化，到一九二五年實施全面（男性）投票。一九三〇年代，日本民主化進程，由於政府實際上被緩慢耗時、持續的軍方政變宰制，而遭遇挫折。但今天日本強健的民主制度，主要源自二戰之後生機勃勃的繁榮，而非顛倒過來，這是毋庸置疑的。

當前中國結合經濟自由化及政治壓迫，似乎比起它借鏡的俄國人更可能成功。這種現象有個罕見的「雙重例子」，發生在智利。阿葉德（Salvador Allende）總統與他馬克思派的農業部長奇科爾（Jacques Chonchol），他們掃光憲法的財產權條款，重新分配土地，重傷國家經濟。因此鋪下舞台，供法西斯獨裁者皮諾契特崛起。皮諾契特重建財產權及解放市場，修補經濟受到的損傷。如此出現的新繁榮強化國家的民主制度，導致獨裁者最後下台。類似的轉型，發生在西班牙，其由尊重財產的右派獨裁政體，轉變為自由民主政體。佛朗哥的一位經濟部長羅多（Laureano López Rodó）被問道，西班牙何時準備施行民主，當時他回答以名言：「民主會降臨在人民平均年收入超過兩千美元時。」佛朗哥獨裁政體終於在一九七五年倒台，西班牙的人均收入為兩千四百四十六美元。[3]

約翰霍普金斯大學政治學專家福山，在他析理扎實、雖然書名有爭議的《歷史之終結與最後一人》中提出類似結論。他指出，菲律賓的民主政府未能施行有意義的土地改革，原因在擁地的少數人力量太強。他很好奇，「獨裁政體是否有更強機能造就現代社會，比如美國占領日本時，運用獨裁力量引發土地改革。」

榮獲諾貝爾經濟學獎的阿馬蒂亞．森（Amartya Sen）主張，饑荒不會發生在功能正常的民主政體，原因是媒體自由，另有雄心的政治人物有強烈動機，去找出並解決飢餓。繁榮

---

3 在一個紊亂如政治學的學域，理論經常需要巧合來幫忙：佛朗哥一九七五年去世，讓傾向民主的王子卡洛斯（Juan Carlos）掌權，這件事當然無傷大雅。

與民主的關聯對此添增有趣的層面。森的說法無疑正確，但由於繁榮既鼓勵民主發展，也提供絕佳的解決饑荒方法，因此說健全的民主政體裡饑荒絕跡是繁榮產生的副產品，也是不爭的事實。

傳統價值與理性

WVS測量第二個關鍵的社會學指標——「傳統價值」的強度。不管信奉哪種宗教，基本教義派社會強調傳統價值，如禁止墮胎、離婚及同性戀。極重視傳統價值的社會通常也講求權威、信教虔誠、由男性支配。

WVS決定「傳統／世俗理性」（T/SR）分數時，是詢問受訪者是否認同「上帝在我生活中很重要」、「我有強烈的民族自尊感」、「我支持更尊敬權威」之類的說法。答案若為「是」，便將受訪者放在量尺的「傳統」這一端（也就是說，他們在T/SR被標示為負分），而若回答「否」就放在「世俗理性」那一端（也就是在T/SR被標示為正分）。

T/SR得分高的社會，往往比得分低的來得富裕。然而，T/SR得分對財富的影響，沒有S/SE得分那麼強。T/SR本質上是測量一個社會對自己整體知識的「可否證性」有多高，這個概念第三章有討論。得分高的社會，會欣然接受針對其幾乎一切知識基礎的挑戰，而一個得分低的社會，無論相牴觸的資訊多麼有說服力，會依然緊守它的信仰。

T/SR 得分低，與農業經濟密切相關，話雖如此，美國（就一定程度上）及拉丁美洲是例外。由於農人極重視家族及社區的穩定，他們改變個人信念的過程較緩慢，因此 T/SR 分數低，與擁有龐大的農業社會相關，幾乎不足為奇。另一方面，S/SE 分數則與服務業經濟體大小有關。服務業工作者上班日都在表達意見，做幾百甚至幾千個決定，這樣的氛圍鼓勵自主及個人表達。

結合 S/SE 及 T/SR 得分，就把世界乾乾淨淨地區分為數個宗教／文化群體。圖 10-2 以二次元格柵標示各國，T/SR 得分為縱軸，而 S/SE 得分在橫軸。歐洲新教國家簇擁在圖的右上方，其 S/SE 及 T/SR 得分皆高。我們可以把這些富國描述為「直言不諱的世俗人士」。英語系國家往往在圖的右中或右下，它們是「直言不諱的保守者」。前共產國家——「沉默的無神論者」成群聚在左上方，而主要由穆斯林國家及印度組成的南亞世界占據左下方，它們是「沉默的基本教義派」。

圖 10-3 再把人均 GDP 代入圖表。這張圖清楚說明財富及個人／文化價值之間的關係——有錢真的很不一樣。一國沿 X 軸（也就是「S/SE」）由左往右移動，財富就增加。在富裕社會裡，個人不僅更快樂，也勇於發聲、挑戰政府，及選擇自己的人生。

然而，當沿著圖 10-3 的 Y 軸（也就是「T/SR」）由下往上，這種關係變得沒那麼清晰——傳統社會往往沒那麼富裕，但是財富與 T/SR 之間的關係，不像跟 S/SE 那麼強（也就是說，由右至左可區分為二或三個財富集團，而由下到上只有一個或兩個）。雖說韋伯講的繁榮與

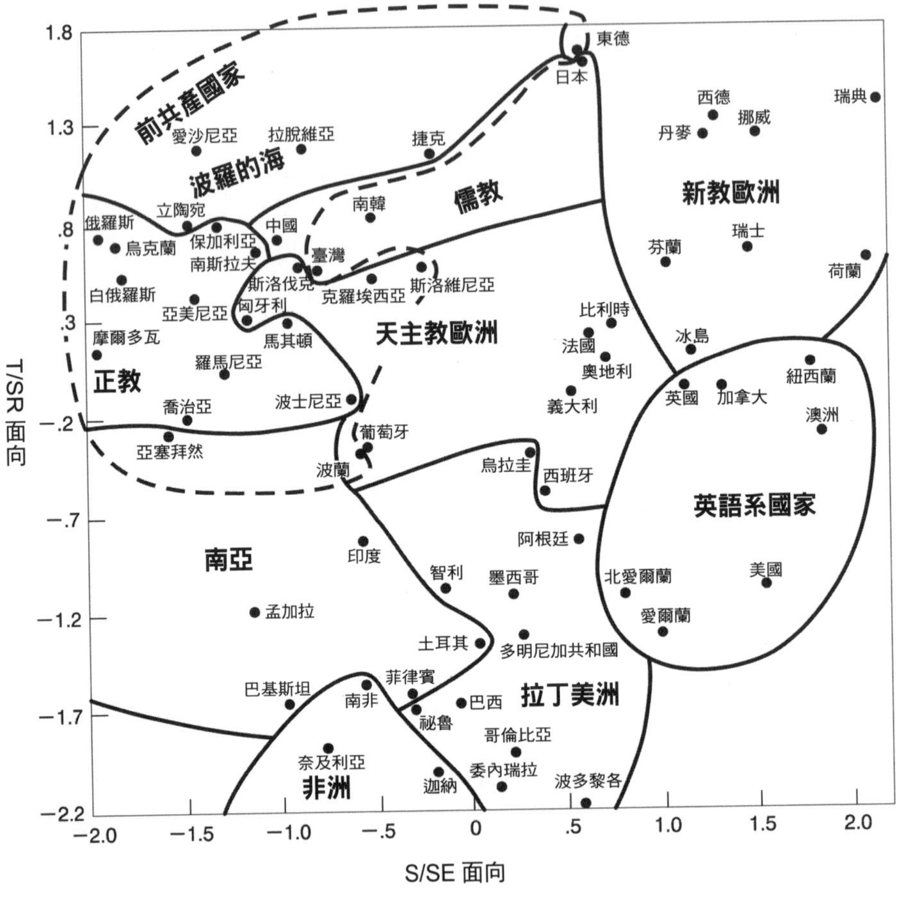

【圖 10-2】宗教、文化、自我表現與傳統價值的互動

資料來源：經英格爾哈特及貝克（Wayne E. Baker）授權重製，〈現代化、文化變異及堅持傳統價值〉（Modernization, Cultural Change, and the Persistence of Tradition Values），《美國社會學評論》（*American Sociological Review*）。

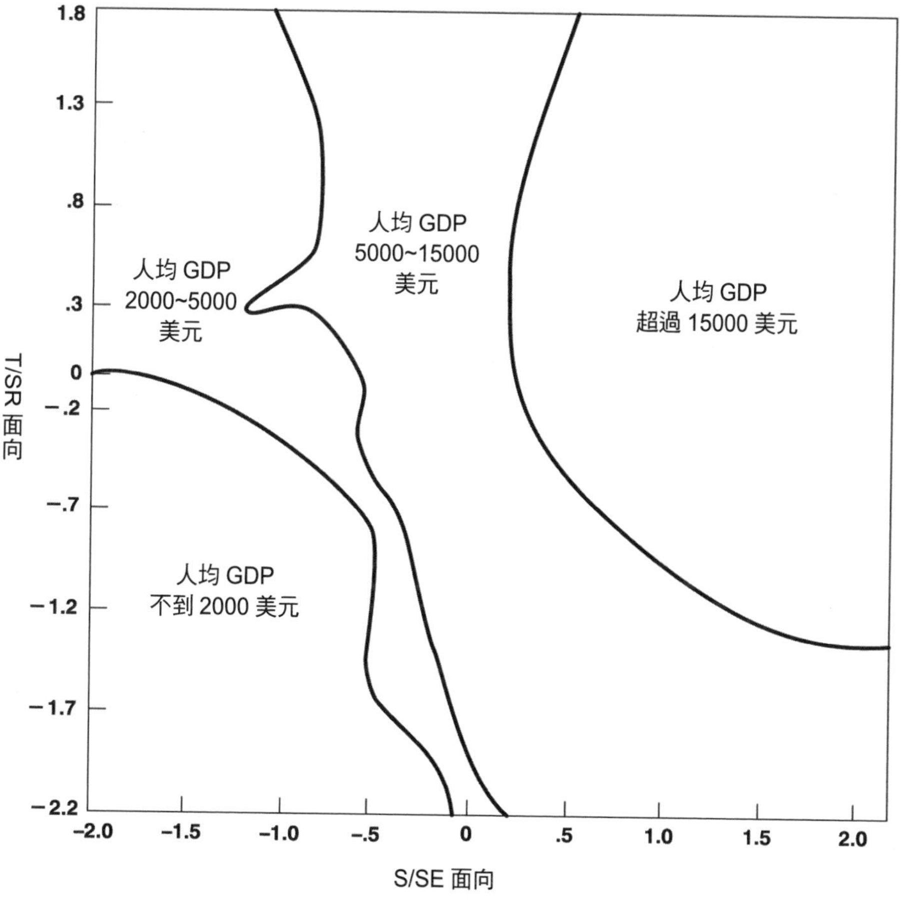

【圖 10-3】繁榮、自我表現及傳統價值的互動

資料來源：經英格爾哈特及貝克授權重製，〈現代化、文化變異及堅持傳統價值〉，《美國社會學評論》。

新教有關，可能沒錯，但那是因為新教在……抗議。與信教虔誠並無關係。

美國T/SR得分之低，在圖10-2清楚可見，它在富裕國家裡是一大異類。它還點明，美國自詡引領社會進步，其實不對，大部分北歐地區S/SE得分更高。此外，美國的T/SR分數，則大約與孟加拉一樣。

世上最窮、最不快樂的地方，是簇擁在圖10-2及10-3左下方的那些——破敗又傳統的社會，悶悶不樂的公民既無法自由表達意見，也不能自擇人生。

圖10-2及10-3所呈現的架構，並非完全是陳年靜止力量（如傳統文化）的成果。沒有五十年的共產主義，波羅的海國家及捷克共和國很可能發現，自己與其他北歐兄弟們同在圖形的右上角。長期蒐集而來的數據顯示，在相形短暫的時期裡，S/SE及T/SR都可以發生可觀變化，誠如圖10-4所示。

圖10-4中，國家的移動有系統，並非簡單的隨意波動或實驗誤差。隨著時間下來，幾乎所有已開發國家S/SE分數都增加，而開發中國家移動相形為小。圖10-4也揭露關於前共產國家一項更驚人的發現。隨著這些國家經歷了經濟崩潰，它們的S/SE得分下降。這強化「繁榮影響S/SE」的論點，即S/SE可以代表個人幸福，反過來則說不通。由於S/SE能推動民主，這一點對前蘇聯地區兆頭不妙。

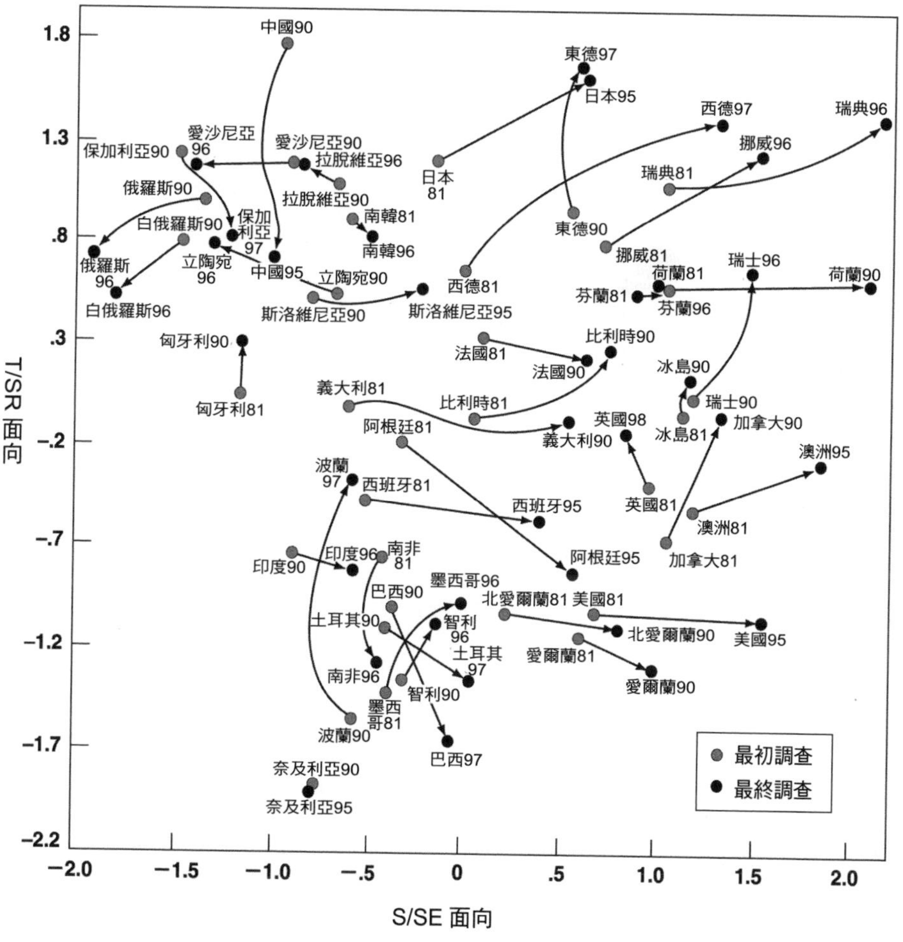

【圖 10-4】自我表現與傳統價值的歷時變化

資料來源：經英格爾哈特及貝克授權重製，〈現代化、文化變異及堅持傳統價值〉，《美國社會學評論》。

圖10-2用文化把國家分群，顯示文化影響財富、S/SE及T/SR的力量，要大於宗教。複雜的統計技巧證實，S/SE、T/SR的得分，與很多因素相關，包括有無共產歷史、從事服務業的人口比例、工業及農業的比例，與財富或宗教不受支配的程度。

誠如我們已討論過，S/SE得分與財富最為相關。人們信任他人的程度，似乎是連結財富及S/SE的關鍵因素。個別人等愈富有，並登上馬斯洛金字塔高處，就變得愈接受、信任陌生人。經濟學家及社會學家愈來愈意識到「信任半徑」（radius of trust）現象——除了最親的家人以外，一個人願意相信他人的話、仰賴他們行動的程度有多大。福山指出，即使在一個國家之中，信任半徑都會有懸殊差異。他將西西里相形義大利北部，經濟條件很差，歸咎於信任半徑很小，「義大利南部是黑手黨及行賄政治的老巢。你無法用形式上的制度，來解釋義大利南北間的差異。」而英格爾哈特／韋爾策爾假說則暗示，顛倒過來才切合題旨——財富擴大信任半徑，而非後者擴大前者。

破解經濟成長的未解之謎

不久後，經濟學家也參與研究。最著名的便是廣獲使用、通稱為「薩默斯—赫斯頓」（Summers-Heston）數據庫的統計集纂，其以經濟觀點分析文化與制度的影響。[4]我深深感謝巴羅教授（他在這方面著力很深），他由自己的著作《經濟成長》（*Economic Growth*）第二版，提供我很多圖表，來闡明這些數據。

這項基本技巧涉及，複雜地統計分析範圍廣泛的因素，而咸信那些因素，比如教育程度、生育率、平均餘命、公私投資數額等等，會影響經濟成長。那些因素的效應全可以測量，但接下來還有一部分經濟成長，並無法透過它們而解釋。經濟學家檢測這個「未解」部分，與利率因素的相關性。

即使你不熟悉多元迴歸這種統計方式，圖10-5也不難理解。舉個例子，且讓我們檢驗圖10-5所示的人均GDP及總和GDP之間的關係。這張圖表顯示兩者間為強烈負相關。簡言之，窮國經濟往往成長得比富國快速。講白一點，窮國有趕上富國的傾向，一如一九六〇年代的東亞四小龍，它們曾經歷每年高達六%的實際成長率。

那些評論家宣稱，這些一開始很窮國家如此持續的高成長率為「奇蹟」。然而，它們並非奇蹟。相形之下，它們是現代窮國取得開放市場、法治及財產權保障後，自然走上正常的經濟發展道路。這種現象並不陌生，我們能再回顧一下第八章已經詳述的大戲，也就是明治維新及二戰之後的日本「奇蹟」。

一旦那些國家逼近西方生活水準，它們就不再成長得那麼快。冷戰早期，蘇聯的高成長率讓赫魯雪夫似乎煞有介事地向美國自誇：「我們將埋葬你們。」（他指的是經濟方面。）

4 依其原始集纂者、經濟學家薩默斯（Robert Summers）及赫斯頓（Alan Heston）命名。這批數據也稱為「賓大世界表」（Penn World Tables，又譯佩恩表）。

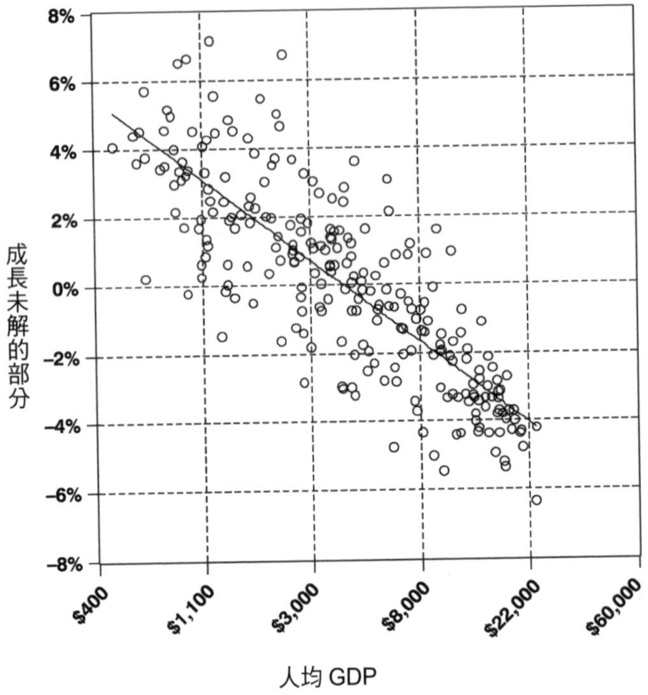

【圖 10-5】經濟成長相對於財富

資料來源：經巴羅、薩拉—伊—馬丁（Xavier Sala-i-Martin）授權重製而修訂，《經濟成長》第二版。

一九五〇、一九六〇年代，認真的分析家們真的很擔心蘇聯強勁的經濟實力，雖然今天看起來似乎很滑稽，但那是冷戰疑神疑鬼的狂熱現象。我們本來就不必操心，蘇聯的高成長率（倘若數字為真，不是捏造的），代表的也只是一個落後但開發中國家的事之必然，不是什麼強大力量隱隱逼近。

請回憶一下「默不作聲的小媳婦」。把即使是最基本的現代科技，引進前工業社會裡，都能造就奇蹟。現已在科技前沿的國家，成長來得較慢。在先進國家中，生產力成長二%很醒目，但在低度開發國家僅成長二%，則叫人失望。

我們頻頻強調財產權及法治的重要性，那實證數據能多有力地支持上述說法？圖10-6顯示「國際國家風險指南」（International Country Risk Guide，ICRG）公布的「法治」指數對經濟成長「未解」部分的影響。

真實世界的關係有點紊亂，原因在指數著重於測量司法系統的效能，而非判斷司法系統對私人財產的保護。舉個例子，一九八二年時還是共產國家的匈牙利及波蘭的評等指數，被分別列在六跟五（滿分為七分），在圖10-6裡被換算成〇．八三及〇．六七分。即使如此，整體趨勢很清楚：絕大多數得分高的國家，展現出來的未解成長為正，而大多數得分低的國家未解成長也很低。其他學者們已證實這些發現。最近，經濟學家霍爾（Robert Hall）及瓊斯（Charles Jones）發現，在他們稱為「社會基礎結構」——制度及政府政策面支持的財產權及法治，與工人生產力之間，有相當強的統計學相關性。[5]

經濟學家德隆（Bradford DeLong）及施萊費爾（Andrei Shleifer）做過一項巧妙的歷史研究，他們檢查長達數百年間，財產權對歐洲經濟成長的影響。因為準確的長期政治、經濟數據很難取得，他們已竭盡所能地運用手邊資料。首先，兩位作者把每個特定世紀的各國政府，簡單劃分成專制或非專制，推論說後者比前者更能保障財產權。接下來，他們測量那些

5 在總體經濟學中，「工人生產力」指的是每工時的GDP，因此測量平均財富效果絕佳。

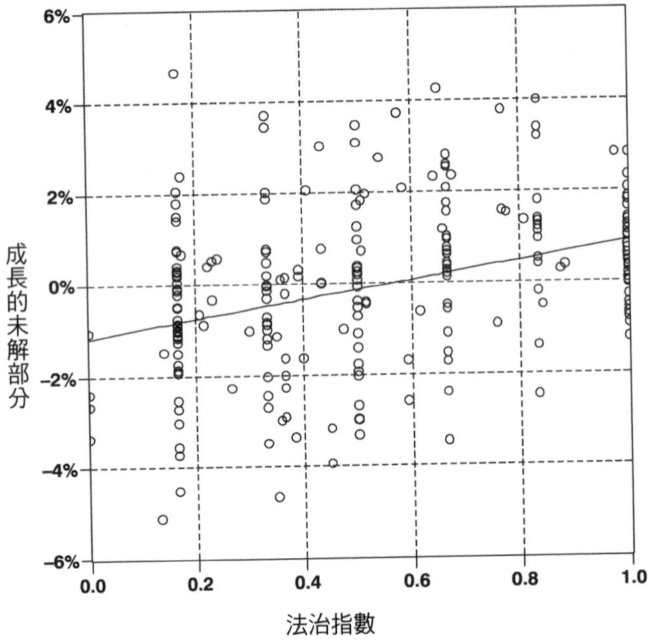

【圖 10-6】經濟成長相對於法治

資料來源：經兩位作者巴羅、薩拉－伊－馬丁授權重製而修訂，《經濟成長》。

國家裡，最大城市的人口成長，作為經濟成長的粗略代替。

政府形態及都市成長間的相關性很驚人——幾乎絕無例外，非專制國家都市人口成長遠快於專制國家。德隆及施萊費爾把一五〇〇年之後，歐洲人口及經濟重心，由南部轉移到北部，歸因於非專制、尊重財產權的政府興起於阿爾卑斯山脈以北。

另一重大的成長決定因素，也是頗具政治重要性的因素，集中體現在政府的規模。右派人士大肆宣傳，政府開支對經濟成

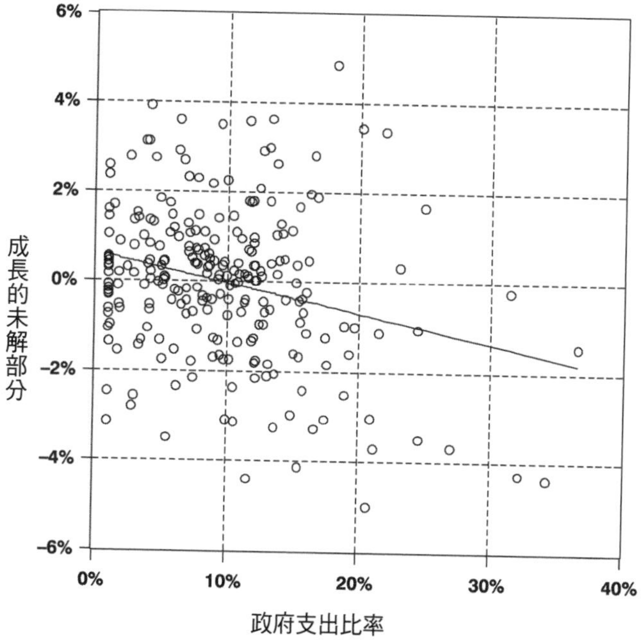

【圖 10-7】經濟成長相對於政府規模

資料來源：經巴羅、薩拉－伊－馬丁授權重製而修訂，《經濟成長》。

長有負面影響。只是結果究竟有多糟？圖10-7顯示，大政府只產生幾乎看不見的輕微負面影響，而且影響沒圖10-6顯著。若是沒在圖10-7中標示運算過的趨勢線，則看不出大政府的影響。

經濟學家已然發現成長與投資比率（政府及民間投資占GDP的百分比），兩者關係密切，誠如圖10-8所示。成長與投資呈正相關，證明因果是相反的：成長導致投資增加，而非顛倒。巴羅教授藉由觀察延宕相關性（lagged correlation），已從統計學角度理順因果流

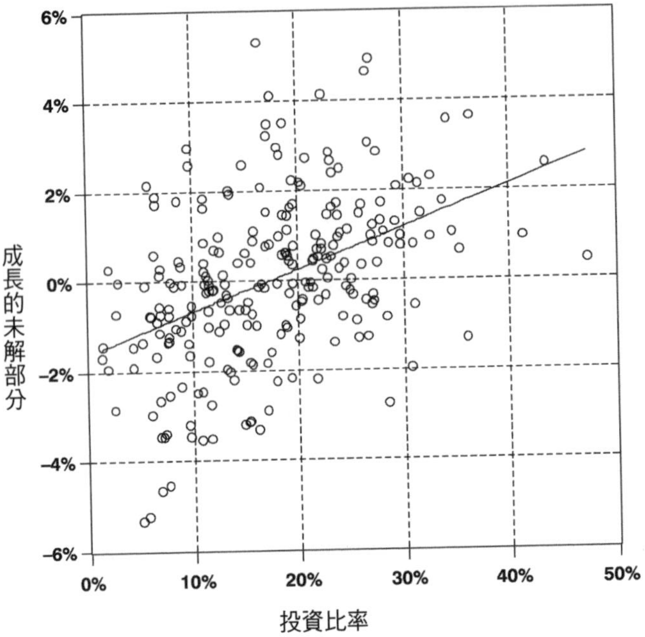

【圖 10-8】經濟成長相對於投資水平

資料來源：經巴羅、薩拉—伊—馬丁授權重製而修訂，《經濟成長》。

向，類似韋爾策爾及英格爾哈特證明，是由財富到自我表現，再到民主。就成長與投資一例，「先成長再投資」的相關性，要比「先投資再成長」的相關性更為顯著。因此，是成長導致投資，而非相反。這一點與理論相符——民間只有在高成長有望取得高收益時，才選擇投資。

最後談談民主本身。它與經濟成長的關係如圖10-9所示，十分可疑，呈反轉的U形。民主到一定程度是有益的。擺脫極權主義最苛刻繁重的面向，有助於經濟成長。[6]可一

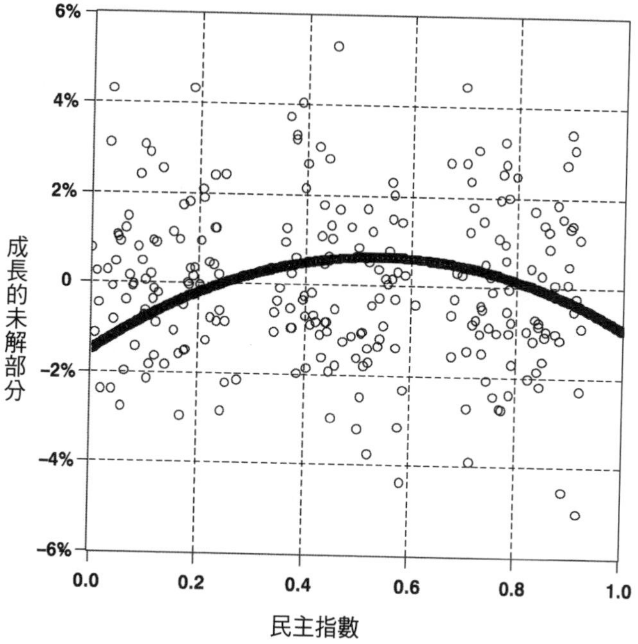

【圖 10-9】經濟成長相對於民主

資料來源：經巴羅、薩拉－伊－馬丁授權重製而修訂，《經濟成長》。

旦政府進一步推展民主制度，成長實則受損。

巴羅教授暗示，高度民主化的不利效應，在於民粹主義有剝富人皮的傾向，但其他原因倒也不難想像。民主政體往往補貼失敗產業，這問題在歐洲、日本格外嚴重。民主制度也提供自由的公民，種類多元的慈善、知識及政治管道。這些管道對社會有益，但經濟上沒生產力。在較為專制的國家，那些管道並沒開放。

投資傾向也因「太過民主」而受害。經濟學家發現，民主為中間等級的國家投資比率最高。高度民主的國家，往往資本收益降低，故此也壓低投資動機。

成長與民主的因果關係，也由巴羅的數據浮現。巴羅的數據，與英格爾哈特及韋爾策爾的研究結果合意一致，另證實原始的利普塞特假說：「經濟成長推動民主發展」的相關性較強，反之則不然。經濟繁榮是民主的主因，然而民主對繁榮幾乎沒貢獻。巴羅另發現，民主發展可以落後給繁榮達幾十年——這項時差數據意味著平均而言，要先繁榮一個世代，才造就成功的民主轉型。在第八章中，我們見到西班牙在佛朗哥獨裁政體下，財富先爆炸性成長，接下來才出現極為成功的民主轉型。不過，自由派歷史學家都刻意忽略這種次序。

與此類似的還有，要等智利、台灣及南韓這些國家的財富，開始逼近西方等級幾十年後，才發展出精力充沛的民主制度。這個過程碾磨之慢有如冰河，因此即使在中國經濟快速成長近一個世代之後，仍需要樂觀及耐心地對中國民主前景抱持熱情。

那麼在一個先進、繁榮又自由的民主國家，運用減稅政策、增加教育開支，或其他政治驅動的經濟與社會調整措施，能增加經濟成長嗎？巴羅對此表示懷疑：

減稅、減少無生產力的政府開支，及解除有害的管制，長期下來或許能提升成長率達零點幾個百分點，（但）沒有證據顯示，增加基礎設施的投資、補貼研究或教育開支能大大幫忙經濟。基本上，對一個已經很富裕的國家，長期下來二％的人均成長，似乎是力所能及的最好狀況了。

幸福氣壓計

愛思考的讀者到一定程度，不免會開始質疑本書過於執迷世界的物質面。假如西方的世俗成功，顯然沒能替一般公民買到哪怕一絲絲幸福，遑論人生或精神的充實，那麼經濟成長有什麼用？伴隨愈來愈繁榮出現的是，吸毒的人漸多、就業不穩、家庭破碎，更不用說大部分的第三世界，尤其是其穆斯林信眾，對富裕的西方國家感到嫉妒、憎恨。我們演繹蓋布瑞斯（John Kenneth Galbraith）的看法，檢視世上有沒有其他更重要的衡量法，來斷定一個人的價值及使命，超越「你今天做了什麼增加國家GDP的事？」之流的問題。

跟辯論工業革命初期的生活水準一樣，諸如此類的討論經常變質為意識形態的鬥毆，彼此針對全球化、新殖民主義及政府角色的效應而聚訟不休。身處如此的政治地雷區，我們只能藉著提出假說，再用客觀數據來測試，而取得洞見。

現在是檢驗財富及幸福之間關係的時候了。西方財富的快速增長，是損害還是改善其居民的福祉？更直率地問，這些財富能讓我們更快樂嗎？

最近幾十年，心理學者、社會學家已研發出範圍廣泛又細密的測量方法，調查人類的滿意度，造福群眾。將近半個世紀以來，大量研究已論定，人類身心已愈來愈安康。一個經典

6 在此，巴羅使用加斯蒂爾的公民自由指數，來測量民主發展。

範例便是「社會概況調查」（General Social Survey），其取材各式各樣的美國社會學測量。試想一個從調查中取出的問題：

> 總計起來，您會如何評論近來生活——會說您很快樂、還算快樂，還是不太快樂？

自從一九七〇年以來，美國人回答「很快樂」的數目，一直恆定地維持在三〇%左右。「WVS」及「歐洲動態調查」提供更為詳細與有系統的福祉數據。

很多人會反對，用一套全包的「幸福氣壓計」，來測量文化迴然不同的廣大世界。然而學者們已發現，所有社會界定及接納的幸福、福祉概念十分清楚，幾乎都相同。這項發現應該不足為奇，畢竟，我們同是人類。

本章剩下部分，我們使用「福祉」一詞，指的是其心理學而非經濟學的意義，也就是說，它是幸福的同義詞。社會學家已發現，幾乎所有的社會裡，都可用四個相同指標預測福祉：經濟地位、就業、健康及家庭狀況。與家庭相關的因素裡，婚姻狀態最是關鍵。撇開夜間喜劇演員不談，已婚的人整體而言，要比單身的人更快樂。另外，即使其他來源取得的收入夠用，失業仍會導致悶悶不樂。也就是說，失業對福祉的惡性效應跟收入是兩回事。一般而言，奪走一個工人的差使，會大減他的快樂感，即使他的就業收入被補償。套用一位學者的話，「必須有大量額外收入，才能彌補失業之苦。」

另外，量化測量幸福的手法，是相當有價值的預測工具。幸福分數高的人，罹患身心失調疾病及失業的機率很低，壽命高於平均值，左前額葉的腦波活動也能比一般人更活躍。

另一個經常被拿出來反對調查幸福感的理由是，它們未能計列不同文化及語言對「快樂」及「滿意」的潛移默化影響。瑞士倒是一個絕佳的實驗室，它有說德語、法語及義大利語三大族群，可供研究這項顧慮。數據顯示，瑞士這三大語言族群的幸福得分，比他們在德國、法國及義大利的文化表親們都要高。這個現象讓「語言會大大影響幸福調查」的說法不成立，至少在瑞士三大不同民族之間是如此。

政治及戰爭壓力也讓人不快樂。很多研究指出，美國在一九五〇年代末到一九七〇年代初，國民幸福感下跌，大致是冷戰緊張所致。一九七〇年代末，隨著核戰毀天滅地的幽靈開始退散，國民幸福值又回到基準線。只是，儘管動用複雜的統計學檢定，分別檢驗這些重要屬性，經濟地位依然是幸福及福祉的強大動力。

有些人還質疑經濟地位與幸福的因果關係。有沒有可能是快樂的人才最為成功呢？答案是，不對。首先，在一切研究過的社會裡，人們都指出財富對他們的幸福很重要。再來，最近測量經歷過經濟危機的前共產國家，發現其國民平均幸福分數大跌，顯示是貧窮導致愁苦，而不是愁苦導致貧窮。

圖10-10顯示四個具代表性的歐洲國家，於一九七三年到一九九八年那二十五年當中，國民

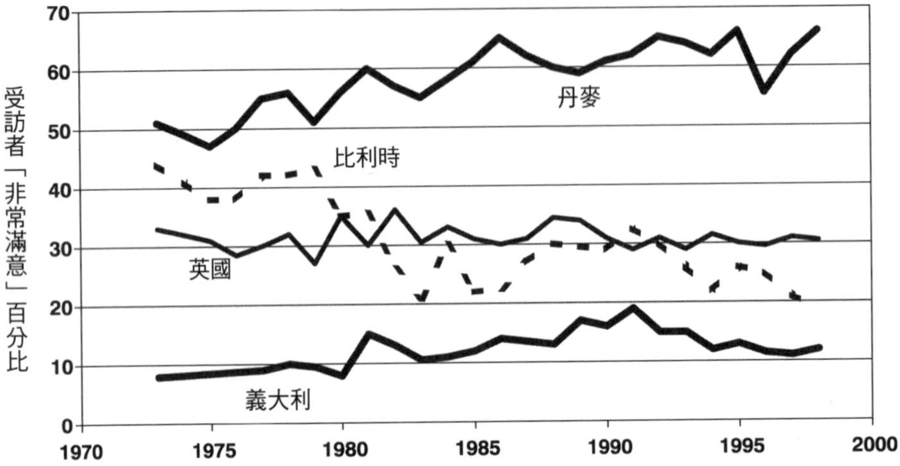

【圖 10-10】丹麥、比利時、英國、義大利的滿意指數

資料來源：數據取自英格爾哈特及克林格曼（Hans-Dieter Klingemann），〈基因、文化、民主及幸福〉（Genes, Culture, Democracy, and Happiness），《文化及主觀福祉》（*Culture and Subjective Well-Being*）。

感受到的福祉變化。它勾勒那些國家受訪者自述「非常滿意」的百分比（其他選項為「相當滿意」、「不怎麼滿意」及「一點也不滿意」）。

叫人吃驚的是，那段期間實質人均GDP成長約六〇%，但歐洲人沒變得更快樂。更令人迷惘的是丹麥人（總人口平均六〇%非常滿意）與義大利人（平均只有大約一一%非常滿意）的兩極差異。英國人落在兩者差距的中間。圖10-10另指出，比利時人那二十五年間變得更抑鬱。這份抑鬱源自何處？答案很可能跟那幾十年間，比國境內文化及語言（說法語人口及說荷蘭語人口）關係緊張，導致政治機器更為破碎。這一點類似於前面指出的，美國冷戰時代及一九九〇年後前蘇聯地區的幸福感下降。

社會學家無法單以經濟角度，解釋四國之間的差異——整個期間，這四國人均財富的差距相形不大。狀況很清楚，此間必然涉及文化因素。然而，刻板形象——丹麥人幽默風趣，比利時人沉默憂鬱，也無法幫助我們更深入地釐清差異。此外，外向奔放的義大利人得分這麼低，也讓人有些驚訝。

日本倒是提供金錢買不到幸福的最戲劇化例子。一九五八年到一九八七年間，日本人均GDP提高五倍，而日本人的幸福等級卻沒大增。

我們檢查人均GDP與平均福祉之間的關係，會得到不同的幸福看法。圖10-11及圖10-12標繪出，用另一種滿意的量尺——根據WVS所得的幸福滿意綜合指數，來對比人均GDP。若範圍夠廣，國家財富與國民感受關聯很鬆散。

圖10-11左側顯示，窮國之間在幸福感量尺上分布得很散（這得歸因於納入前共產國家一起統計）。當我們除去前共產國家（它們大多因政治、社會及經濟條件突然惡化，導致國民幸福感大跌）的時候，相關性就更為密切，誠如圖10-12所示。前共產國家轉型為市場經濟、民主政體最成功的三國——波蘭、捷克共和國及匈牙利，幸福得分位在西方級別的底部，但仍高於它們前共產同儕的得分。

零星的證據暗示，前共產國家國民感受之惡化，是相形晚近的事。舉個例子，俄羅斯坦波夫區（Tambov）的綜合幸福得分，自一九八一年到一九九五年，由七十跌到三十九。而

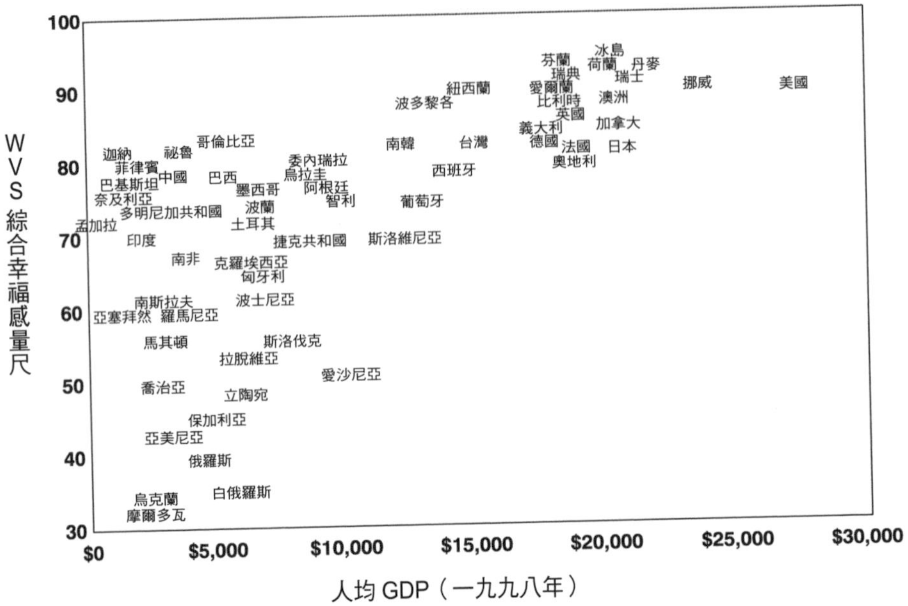

【圖 10-11】各國幸福感相對於人均 GDP

資料來源：數據取自英格爾哈特及克林格曼，〈基因、文化、民主及幸福〉，《文化及主觀福祉》與麥迪森，《世界經濟：千年一觀》。

匈牙利的分數，因為其經歷的社會、經濟動亂比俄國少，減幅也較小——由一九八一年的七十四．五分，跌到一九九〇年的六十二分，一九九八年再小幅回升到六十五分。

圖10-12裡，國家財富對國民福祉的影響相形為小。圖10-12的右半部是人均GDP高於一萬五千美元的國家，其財富及幸福之間幾乎沒有關係——只有低於那個水準，財富才變成影響因素。[7]誠如我們已指出，數據顯示國家財富與國民福祉只有鬆散的相關性。舉個例子，哥倫比亞人比奧地利人更快樂，儘

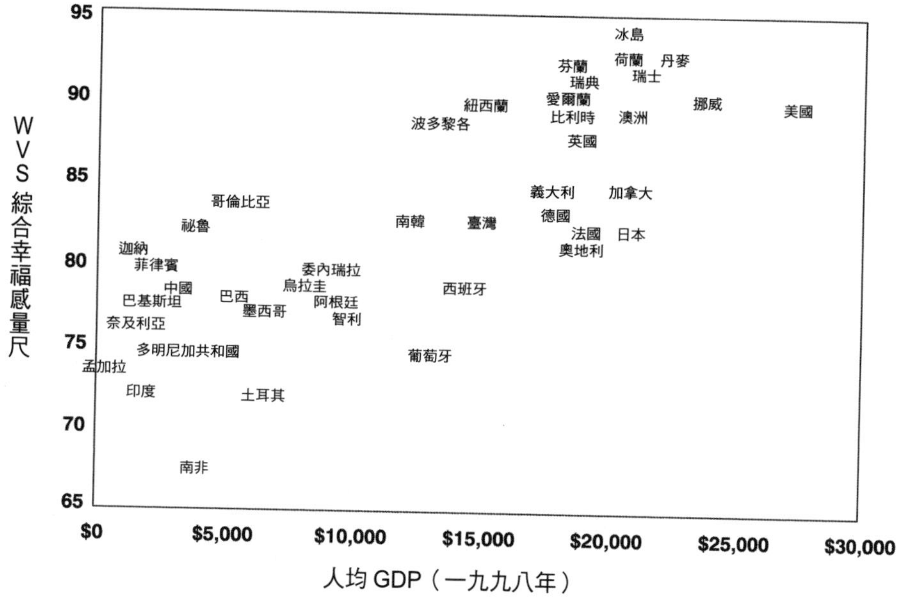

【圖 10-12】非共產國家幸福感相對於人均 GDP

資料來源：數據取自英格爾哈特及克林格曼，〈基因、文化、民主及幸福〉，《文化及主觀福祉》與麥迪森，《世界經濟：千年一觀》。

管兩者人均GDP差了四倍。

幸福為什麼不快樂？

然而在各國內部，財富就很重要了。一篇又一篇的研究毫無例外指出，有錢的個別公民總是最滿意的一群人，而最窮的公民最不滿。圖10-13展示出十二個具代表性國家，最富與最窮公民幸福感受的可觀差異。

圖10-14以一九七三年的美國為例，用更細的收入等級來詳述這種現象。請注意這個關係呈平順曲線——在收入低但獲改善

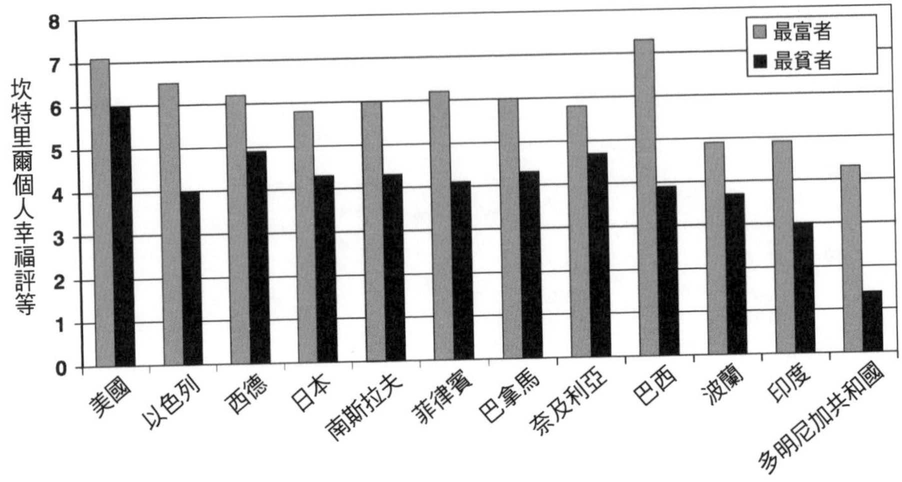

【圖 10-13】個人幸福等級相對於財富

資料來源：資料取自坎特里爾（H. Cantril），《人類關心的模式》（*The Pattern of Human Concerns*）。

的時候，得到的幸福感最大，但接下來隨著收入升高，幸福感上升幅度則趨緩縮小。有些社會學家把這種圖，還有圖10-13見到的富國之中，財富對幸福的影響不明顯，詮釋為有「門檻效果」。換句話說，一旦達到特定等級的收入（在一九七三年的研究中約八千美元），便已經完成生存及安全需求，即使財富進一步增加，也不會進一步提升幸福感。

實情可能不是這樣。經濟學家長久以來假設，人們對財富的感受是「對數」式的，也就是取決於收入增加的比例。他們說，理論上，每次你的收入增加一定倍數，你的幸福感也會相似地增加——假如當你收入由五萬美元增為十萬美元，而感受到某種程度的幸福，那麼收入再加倍到二十萬時，幸福感也會類似地增加。圖

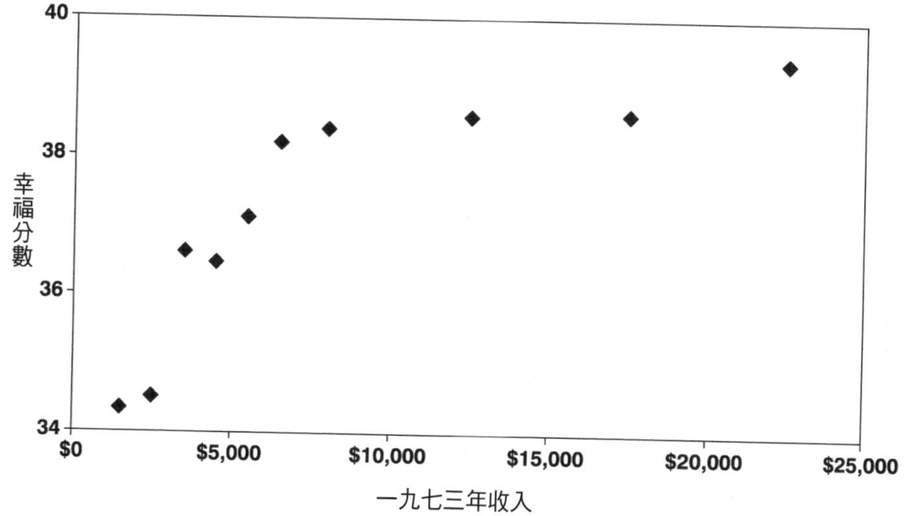

【圖 10-14】一九七三年美國收入相對於幸福感

資料來源：取自迪安納（Ed Diener）等，〈收入與主觀福祉的關係：相對或絕對？〉（The Relationship Between Income and Subjective Well-Being: Relative or Absolute?），《社會指標研究》（*Social Indicators Research*）。

10-15顯示情況確實如此——誠為罕見的例子之一，人類行為真如經濟學家所預測。圖10-15跟圖10-14一樣，差別在圖10-15的水平軸用對數來呈現財富，而圖10-14用較常見的算數呈現。無論如何，經濟學家們說對了——福祉跟財富的對數一起增加。

相對的財富

那麼，金錢真的買得到幸福，但意義是相對的。絕對財富沒有相對你鄰居有錢來得重要。據馬克思說：

> 房子可大可小。只要周遭房子一樣小，那麼它依然能滿足所有關於居住的社會需求。假如小房子旁蓋了宮殿，那麼

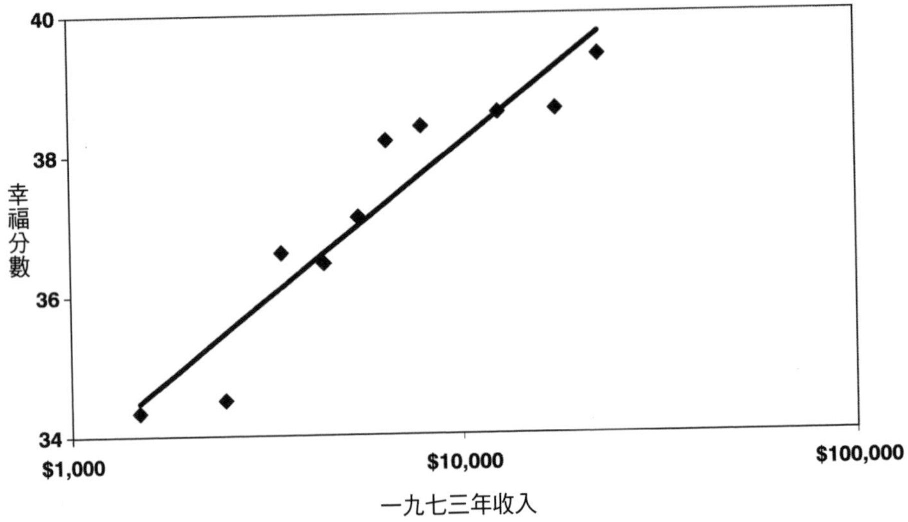

【圖 10-15】一九七三年美國收入相對於幸福感（對數尺表）

資料來源：取自迪安納等，〈收入與主觀福祉的關係：相對或絕對？〉，《社會指標研究》。

小房子就縮為寒舍。

或者誠如孟肯（H. L. Mencken）毒舌所說：「有錢人就是賺得比你連襟多的人。」[8]

我們怎麼界定自己的同輩群體真是微妙又重要。人類主要是藉由和朋友、鄰居相比，來衡量自己財富。一個每年賺十萬美元的人，住在經濟凋敝鄉下社區，很可能比賺到同樣金額（即使這個金額因購買力而上調）但住曼哈頓上東區的人，遠為快樂。[9]

這種「鄰居效應」是人類天性的磐石之一，也適用於其他很多領域。經濟學家克魯曼（Paul Krugman）描述自己是個薪水不錯、廣受尊敬的學院人士，在世上最棒大學有個穩固教職，但他為什麼仍不快樂：

我的工作很愉快，薪水相當好，收到全世界很多經濟學大會的邀請函。與世界上九九．九%的人相比，我沒什麼可抱怨的。但人類這種動物可不是這樣造就的。我情感上的對照組，是我這個世代最成功的經濟學家們，而我一般沒被視為其中一員。

現代電傳通訊可能打破「鄰居效應」的區域本質。晚近到五十年前，史達林及毛澤東還成功地封鎖世上四分之一人口，不讓他們曉得自己多窮困。今天，北韓或許是地球上最後一個能耍這種駭人伎倆的國家。在日益全球化的社會，遠方的財富變得有意義了。再說白一點，現代媒體讓城中區貧民窟居民，乃至生活安閑的中產階級，愈來愈曉得自己相形名流富賈的生活方式，有多麼貧困，而且一輩子趕不上。遠在國外，阿拉伯街上的人每天必須面對，自己生活方式相形西方的生活，物質方面有所匱乏。

---

7 熟稔經濟學的人會承認，財富的用處屬對數性質——也就是說，只有財富呈幾何級數增加，才能取得幸福。用在圖10-11及圖10-12 X軸的算術尺度扭曲這種效應。理論上，人均GDP由一萬五千美元增到三萬美元增加的幸福感，只有從一千美元升到一萬五千美元的十五分之一。

8 這句話意義絕不止笑話。女性若是看到姊妹的先生賺得比自己老公來得多，去就業的機率大上二成。然而，還有句由經濟史學家金德伯格（Charles Kindleberger）所述的辛辣語句，描述此現象，「再沒比看到朋友發財致富，更叫人心煩意亂、安寧受損的事了。」

9 並非所有數據都與這個假說相符。舉個例子，迪安納等人未能證明主要為相對的財富效應。而且，他們也未能證明另一個假設——幸福與對生存無關之需求的滿意度相關。

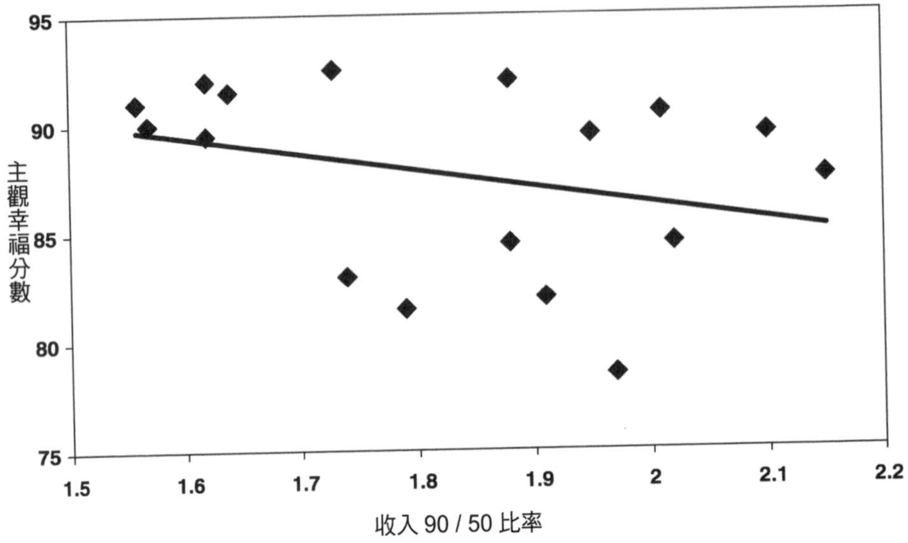

【圖 10-16】幸福相對於收入不均

資料來源：數據來自盧森堡收入研究（Luxembourg Income Study），及英格爾哈特、克林格曼，〈基因、文化、民主及幸福〉，《文化及主觀福祉》。

要說是身邊的有錢人導致我們不快樂，實在不算多誇張。他們愈是富有，離我們愈近，愈令我們覺得難受。假如真是這樣，那麼貧富不均最小的國家應該最快樂。沒錯。位在WVS綜合主觀幸福感量尺頂端的國家——冰島、荷蘭、丹麥、瑞士、芬蘭、瑞典、愛爾蘭及挪威，都有明確的再分配稅務政策，收入分布差距也最小。

有個不錯的方式可測量「鄰居效應」，它計算那些在第九十百分位數者的收入，與位在中位數（第五十百分位數者）收入的比率。圖10-16顯示WVS的幸福量感尺相對於這種測量法。下坡趨勢線顯示，財富不均及幸福感之間為鬆散的負相關。更複雜的分析，好比前文所述在「薩默斯—赫斯頓」資料庫的統計，也證明相同現象。

即使在各國之內，不同程度的收入不均也影響到幸福感。以色列有各式各樣的社群組織，能用來研究收入不均與幸福的互動關係。一九七七年，耶路撒冷希伯來大學一群社會學家研究兩個合作社（moshav）。第一個他們稱為「伊索斯」（Isos），其成員收入相同，而第二個「安尼索斯」（Anisos）則依成員生產量及排行付薪。兩個合作社的坎特里爾平均分數（測量幸福感，給分由零到十），伊索斯得七．八八分，而安尼索斯為七．二五分。

雖說兩者差異不大，但這個結果依然很重要，原因如下：首先，兩群體各自的坎特里爾評分，群聚都很密集，使得這項差異在統計學上很顯著。舉個例子，二〇%伊索斯的成員給自己坎特里爾打滿分十分，而安尼索斯沒人這麼做。第二，南美移民占伊索斯會員大多數，而安尼索斯會員主要是歐洲人。由於南美人在福祉及S/SE測量上，分數往往比歐洲人低，所以南美人支配的伊索斯社群幸福得分較高，更令人驚訝。第三，安尼索斯成員教育程度比伊索斯高，而教育因素也與幸福有關。最後，安尼索斯的平均收入要比伊索斯高三分之一。上述四項指標本都該讓安尼索斯居民更為快樂，但事實並非如此，因此更令人矚目。

總結一下：

一、單一國家或社會裡，財富很重要，但遠非單一決定快樂的因素。

二、跨越國度，財富就更不是唯一幸福要素。國家財富與國民幸福的相關性很鬆散。就全球層面來看，文化及歷史因素變得更重要。

三、鄰居效應讓我們對財富的感受是相對的。國家總財富因經濟成長而增加，不會讓國民更快樂。一國最富裕的公民雖然往往是國內最快樂的人，但鄰居效應注定當國家變得更富時，全體國民並不會變得更快樂——但國民也不至於在國家變得更富裕時，變得更不快樂。伴同生產力增加而來的現象——占用更多時間、壓力增加、就業安全降低，似乎沒造成重傷害。（或許可以這麼講，財富增加確實讓人更快樂，但是現代生活的壓力則把它完全抵消。）一九九五年，經濟學家伊斯特林（Richard Easterlin）反問：「提升全體的收入，能增加大家的幸福感嗎？」答案很清楚，辦不到。對個別人等很好的事，不必然對全體國民也很好。

變動的貧富定義

現代人可說踩上一種「快樂水車」（hedonic treadmill）。隨著國家愈富有，就必須生產及提供愈來愈多的貨物及勞務，才能維持國民滿意程度在相同水準。一個世代前，有個印度農夫月入十美元，人家請他描述一下怎樣才快樂，他的回答簡單說明這種現象如何運作：

我想生個兒子，有塊自己的地，因為我現在種的是別人家的地。我想蓋間自己的房子，有隻母牛可以擠奶，做奶油。我還想替我老婆買些更好的衣裳。假如我辦得到這些事情，我就快樂了。

請注意這位農夫甚至沒提到，今天第三世界居民視為深深影響幸福感受的現代設備：電冰箱、電視機及摩托車。他的物質參考框架，與現在農夫不一樣，一如現代中國小農的參考框架與西方一般人的不同。

假如財富概念是會變動的標靶，那麼貧窮的定義也一樣。今天即使美國最窮的人，在一五〇〇年也會被視為相當富裕，而再過五百年，今天一般西方人的一生似乎就是令人掩鼻的貧窮兼野蠻。我們必須將「全球貧窮人口的比例是增是減」，這個問題界定清楚——我們指的貧窮，是依絕對意義，還是相對意義？

若依絕對意義，那麼我們打贏了這場脫貧之戰。誠如我們在第一章所見，即使我們貶抑人均GDP為沒有意義，但過去幾十年，世上最窮人口的平均餘命、識字率及嬰兒夭折率，都已大為改善，正如大饑荒的幽靈五十年前大致已由地球消失。（世上最後兩起大饑荒，發生在二十世紀中葉的中國及印度，且人為因素大於自然因素。較晚近發生在撒哈拉沙漠以南非洲的饑荒，在其還沒全面逞凶之前，就被現代運輸協助的貿易及糧援國際體系阻止了。）

而在相對意義上，我們則很明顯地輸掉了這場脫貧之戰。過去一百年間，最富國與最窮國之差距，還有各國國內的貧富不均，已大幅擴大。窮人以及為他們發聲的志士，面對現代社會最窮人民的實際收入能否上升，還有他們的生活品質是否改善，實在得不到多少安慰。

那麼，現代這種貧窮完全與收入分布等級有關，唯有透過重新分配財富才能改善它。強制性地適當拉平收入可以減少貧窮，改善社會的整體福祉，但過程中我們得犧牲一些經濟成長。下一章，我們將探索成長及經濟平等的權衡交易，另檢視在大西洋對岸（指北歐）是怎麼處理的。

第十一章
The Great Trade-Off
大交易

新強盜大亨時代

經濟成長最大悖論，在同樣一套機制既創造大量財富，也催生極不公平的財富分配。私人財產權提供強烈誘因，刺激人去創造財富，而同一時間則不讓他人取得同一筆財富。財富是有涓滴流給其他人沒錯，但經常速度不夠快，無法避免政治衝突甚至更糟的結果。

找不到其他解決方法。假如個人無法保住自己賺的財物，他們就不會去生產。另一方面，假如生產最多的人獲准保留他們賺到的財物，貧富不均就會擴大，而隨著貧富不均增大，社會福祉就惡化。這一點在一個熱愛科技發明的世界，更是如此。目前一個人獨一無二的才華可以被幾乎無限地「擴大」，並能迅速轉化為產品傳送到全世界。強調所有權及法治的必然結果，便是得在強力經濟成長與收入不均之間權衡。

財產權，就算它不會滋生收入不均的問題，也不是不摻雜質的好事。要維繫財產權經常很昂貴，用經濟學術語來詮釋，維繫財產權必定有「執行成本」，如廣泛的司法系統、警政組織，有時甚至是軍事及國安機構。這些成本也常超過保障財產可轉讓，所帶來的經濟效益。

殖民時代，在加拿大拉布拉多（Labrador）獵水獺的山區印地安人（Montagnes Indians）的例子令人深思。幾千年來，在無垠的水獺憩息地建立個人財產權的成本，遠遠壓過水獺帶來的寒酸經濟利益。按最早規矩，該部落視水獺為公有財產，誰都可以獵捕。晚近到十七世紀中葉，第一批接觸山區印地安人的歐洲人，注意到水獺獵場沒有私人所有權。接著哈德遜灣公司（Hudson Bay Company）來了，開出天價買水獺皮。這改變了一切。突然間，建立獵場的財產權變成有利可圖的事。

平原印地安人（Plains Indians）從沒建立他們獵場的財產權，原因在野牛及其他獵物經濟價值太低。就算他們有財產權制度，也會因為獵物的活動範圍太廣，使執行成本過高。現代社會也是一樣，維繫某些財產權的成本太高昂——比如可下載音樂及席維斯史特龍的電影，就是這樣的情況。

各個社會的執行成本差別極大。以相對條件而言，美國的財產保護成本，遠低於阿富汗。在堪薩斯市，只要當地警力就夠了，而在喀布爾市，則需要美國陸軍特種部隊效勞才行。在堪薩斯市，大多數市民覺得自己是利害關係人——他們守法，對大家財產，而不光是自身財產的安全都極為關心。但在喀布爾，市民則不然。利害關係人多，不法侵權者就減少，執行成本也就下降，財產要保全很容易。而人民心懷不滿，極不信任當局，那麼要保護財產的成本就節節高升，經濟也因此受苦。

這種現象我稱為「利害關係人效應」，為西方長達七十年，政府支出和介入經濟持續增加，其經濟體卻似乎不受干擾，提供可能的理由。沒錯，國家的陰魂占有愈來愈大塊的經濟，但大部分增加是以中產階級應得權利的形式。個人支出——不管是他們自己的錢，還是透過各種社福體系重分給他們的，扭曲市場的程度，遠低於政府直接花錢購買貨物及勞務。民眾花用社會福利施政再分配給他們的錢，這種支出反應了貨物及勞務的真正經濟價值，而政府支出則沒有。換句話說，GDP的三成以移轉性支出的形式重新分配給人民，扭曲物價的程度，遠小於政府直接花相同金額在貨物及勞務上。[1]食住不匱乏的人，往往不會作奸犯科。

利害關係人效應比我們想得更為脆弱。誠如哈佛法學院教授羅伊（Mark Roe）指出，阿根廷在時序轉入二十世紀時，人均GDP還排名世界第八，債務評等名列世上最安全，名嘴們說，它的政治穩定度高如英國。歐洲人舳艫相繼地搭船移民當地。

雖說當時並不明顯，但阿根廷並非事事順遂。跟拉美其他地方及西班牙一樣，它的土地所有權高度集中於一些有錢地主手上，大蕭條來襲時，數百萬無地佃農蜂擁到城市找工作。

1 這一點可以類比「耶誕節的無謂損失」（Deadweight Loss of Christmas）。平均而言，耶誕節禮物的成本，要超過禮物收受者收到的價值——也就是說，一般收禮者願意花在每件禮物上的錢，少於送禮者真正花在買禮物的。有位學者估計，一九九二年耶誕季，美國人買耶誕禮物的無謂損失，在四十億美元到一百三十億美元之間。更重要的是，美國聯邦醫療保險（Medicare）、低收入醫療補助保險計畫（Medicaid）及公共住屋政策等無謂損失，據估占政府開支的九％到三九％之間（它們總計占二〇〇三會計年度聯邦預算的二三％）。

這幾百萬窮人變成裘隆妖言惑眾的目標，他無恥地逢迎他們，自此讓一度繁榮的阿根廷經濟走上歧路。

假如財富及收入不均擴大到一定程度，那麼一般百姓的福祉會受損，使他們不再覺得自己是利害關係人——阿根廷發生的事便如此。財產權的執行成本也將飆高到一定程度，經濟成長便開始受損。

美國在貧富不均這條路又走得如何？經濟學家皮凱提及賽斯（Emmanuel Saez）最近大規模檢視美國二十世紀收入不均的情況。圖11-1顯示全國收入被頂端一％納稅人賺走的比率，未計與加計股票及地產的資本利得也包括在內。皮凱提及賽斯所繪圖形，與大眾對美國二十世紀財富分布的想象相符：強盜大亨時代結束的二十世紀初，分配極端不均，接著歷任民主黨及共和黨政府實施財稅再分配政策，把它扭轉過來。但貧富不均一九八〇年代捲土重來。

只是，事態變得多不公平，端賴你檢查哪個參數而定。圖11-1中，曲線的最高點意味美國在二十世紀初，還無法解決收入不均的問題。但是，當我們排除投資所得，只看薪津時，觀點會改變。現在，收入不均比強盜大亨時代還糟糕，尤其是大企業決策人物的薪給組合。一九七〇年，大企業執行長的平均酬勞，是一般工人的約四十倍，與英國早期人口學家金恩（Gregory King）所述，十七世紀末期英國社會量尺頂端與底端之間的收入比率，大約相同。到了一九九八年，一般執行長拿到的薪津，是尋常工人一千多倍。皮凱提與賽斯含蓄地結論說：

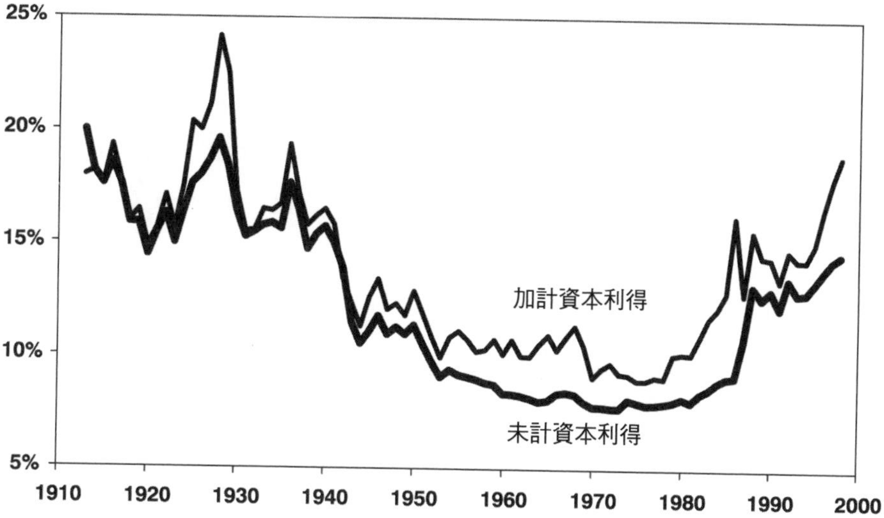

【圖 11-1】頂端一%納稅人賺取收入的比率

資料來源：經兩位作者授權而改自〈一九一三至一九九八年，美國之收入不均〉（Income Inequality in the United States, 1913-98），皮凱提、賽斯，NEBR工作文章（NBER working paper 8467）。

比起更早幾十年，當前高所得人士能斂聚的財富遠大得多。假如收入及財產的累進稅法不能反制這種新現象，財富及資本收入的不均程度，應該會在未來幾十年內激烈增加。

政治右派人士把十九世紀美國的自由放任，浪漫化成資本主義進取心的黃金年代，私人事業免受充公式課稅及政府干預之苦。平凡的事實證明這是謊話。在現代西方，即使稅率飆升，政府產業管制大增，經濟體都還能繁榮。唯有戰爭的破壞，才暫時減緩經濟成長步伐。自由派民主政體的確有權限，能扼殺繁榮，但唯有經由收入重分配，且政府開支近乎共產國家的規模，才會扼殺繁榮，如英國一九六〇及一九七〇年代的案例。

歷史教訓說明，財富分配明顯不均，可不像令人微感不悅的課稅那樣良性無害。財富及收入差異太大，可以叫乍看繁榮的經濟體走上歧路——一如裴隆治下的阿根廷。

聖彼得田野屠殺事件

即使最穩定、開放、自由市場的國家，都不能豁免發生如此災難。拿破崙戰爭後的英國，瀕臨繁榮結束、社會動盪的程度，比一般了解的還要劇烈。工業革命早期階段，英國工人受工廠高薪吸引，蜂擁前來密德蘭髒臭的貧民窟。拿破崙戰爭期間，操作機器的半技術工人週薪達到六十先令，足以使工人願意忍受工業區公寓的惡劣生活條件。拿破崙戰爭後工業產品價格下跌，伴隨而來的是工資崩潰，落到平均每週二十四先令，同時英國還加強實施《穀物法》，禁止穀物進口，人為維持國內穀價在高檔。低薪結合灌水的糧食價格，迫使數萬人陷入赤貧，很多人陷入挨餓邊緣，有人餓死，政治景貌為之動盪。

雖說英國下議院應該是議會之母，但晚近到十九世紀初，它仍談不上代議機構。由於英國投票權資格極為窄小，讓議會代表權有利於英國南部、西部。托利黨鞭可以輕易買票、賣票，甚或取消選舉。絕望的新興城市工人階級呼籲國會改革，並匯聚了一群愈來愈壯大的激進政客。

利物浦及卡斯爾雷（Castlereagh）的反動政府，受法國大革命的記憶束縛，害怕英國本土可能發生雅各賓黨式的起義，所以誤解改革運動，以為各地都會造反。一八一七年三月，政府暫停人身保護令（habeas corpus）近一年。這次暫停暫時壓住激進派的蠢蠢欲動，只是保護令一恢復，一系列罷工叫蘭開夏陷入動盪。一八一九年八月十六日，天氣溫暖無雲，改革者遊行經過曼徹斯特郊區，在鄰近聖彼得教堂附近的田野集會，選出新的議會議員。他的「當選」並不合法，而整個集會的焦點人物是激進派雄辯家杭特（Henry Hunt）。與會人數非常龐大，以那個時代看來尤其如此。最準確的估算說現場有大約九萬人，其中六萬人可能就在聖彼得田野裡。

當局聽說有多箱（其實子虛烏有）的武器，便早已戒備，派了一萬五千名部隊包圍田野。然而，遊行行列與集會現場卻是井然有序，這反而使部隊困惑無措，他們恐慌起來，決定逮捕杭特。當局進一步曲解邏輯，認為集會人數太多故決定動用部隊逮捕杭特。士兵們舞劍，殺入密集人群，開路去抓杭特，情勢很快一發不可收拾。幾百名旁觀者受傷，但沒動用火器——軍刀及警棍是首選武器，讓死亡人數控制在只有十一人。

死傷者之中，有一名滑鐵盧戰役的老兵，名叫李斯（Richard Lees），他說在比利時戰場上至少還是人對人，而那一天發生在聖彼得田野的事，根本就是謀殺。李斯說完那句話之後，就傷重不治了。這次屠殺很快被冠上「彼得盧」（Peterloo）之名，變成要求政治改革的口號。詩人雪萊在《暴政的假面》（*The Masque of Anarchy*）詩作中吟誦說：

我在路上碰見謀殺——
他戴著面具如卡斯爾雷——

這起暴力事件震撼英國，增強了推動改革的輝格黨實力。一八三三年《工廠法》（Factory Act）規範政府有監督工業安全之責。同一年，第一批移民官員確保，那些想搭船跨大西洋赴美的人，都能取得完善物資。經過幾十年的政治攻防戰，議會終於在一八四六年廢止《穀物法》，開啟一個國際貿易較自由的紀元，並降低消費者商品——尤其是穀物的價格。

三年之後，議會把《航海法案》由法典中刪除，再次壓低穀價而造福勞工生計。雖說鐵路公司抗議政府「干涉財產」，但政府仍藉由《鐵路法案》（Railway Acts）著手改善運輸安全。醫學衛生官員監督工業貧民區的環境衛生，而議會大幅增加監管銀行的力道。倫敦市長皮爾（後來當上總理）組成第一支都會警力，就社會工程而言真是佳作。十九世紀中葉，英國見證政府權力最強勢的一次擴張，並干涉到商業及私人生活，這在西方世界前所未見。十九世紀的英國絕非現代自由派浪漫化、自由放任的朦朧天堂。

類似的事件順序也發生在美國，時間在大蕭條最低谷的時候，比英國晚了一百年，當時失業人口占了平民人口的四分之一。一九三二年七月，總統候選人小羅斯福的助理特格韋爾（Rexford Tugwell）有感而發說：

> 到這個時候，數百萬沒有工作的人，已深陷絕望之中。民間的慈善機構已用光它們的資源，而政府官署還得定量限制它們寒酸的分配款。不僅勞工工資，任何工作者的薪水也被削減。負債的人面臨求償而還債無門。他們不得不捨棄保證抵押品的贖回權，那可能是他們多年的積蓄、公司行號的地產或者住宅。

特格韋爾也留意到肖似美國的事件發生於德國。德國失業率甚至更慘，而且街上滿是殺人的納粹褐衫隊（brown-shirts）。特格韋爾說：

> 我們沒時間細細研究這些事件，但情況很明顯，它們預示一些不祥的事。此外，它們與國內（指美國）發生的事驚人類似，兩者都有相同的急迫性。

數百萬人失業，前途茫茫，逃票搭貨運火車離家，以小群落露營，或著住在巨大、骯髒、在全國如雨後春筍般出現的「胡佛村」（Hooverville）裡。七月下旬，事態發展到高峰，失業的一戰退伍軍人群集到華府特區，要求允諾在一九四五年給他們的酬恤金提前給付。害怕會引爆革命的胡佛總統下令陸軍參謀長麥克阿瑟，另派兩名年輕助理艾森豪跟巴頓，把抗議者由賓夕法尼亞大道，及扎營於鄰近安那柯斯提濕地（Anacostia Flats）的棚屋區趕走。胡佛透過戰爭部長赫爾利（Patrick J. Hurley）傳達給麥克阿瑟的命令很清楚：

> 總統剛剛通知我，哥倫比亞特區的文職政府向他報告，已經無法維持特區的法律和秩序。你將指派合眾國部隊立刻前進到失序現場，包圍受影響地區，將其清理，不得遲疑。

又一次，一個自由民主政體的部隊拔刀向和平群眾進逼。只是這一次，因為軍事技術巧合——那些士兵為騎兵，可以用馬匹來恫嚇無武裝的對手，同時僅使用刀背而未施重傷，才沒有點燃衝突的引信。但是看到正規軍攻擊未武裝的老兵，仍使全國噁心，就在那個炎熱的下午，胡佛連任的機率完全消失了。四週前才在芝加哥體育場獲民主黨提名的小羅斯福就斷言，胡佛完蛋了，而他能由寶貴的競選時間抽空著手籌劃他的新政。

很多人不願承認，當時英國及美國瀕近革命的程度。安那柯斯提濕地之役過後二十年內，美國實施累進稅制及資源再分配的社福施政，減輕貧富差距。話雖如此，由皮凱提及賽斯蒐集的數據顯示，近幾十年貧富差距已開始擴大，只是因此導致的不滿分量，顯然還趕不上後滑鐵盧戰役時期及大蕭條時代。

經濟成長與社會凝聚力的權衡

那麼，經濟成長及社會凝聚力之間，真有得失關係。我們可以把它設想為「穩定氣囊」（stability envelope），社會在其中既提供財產權，又能將稅收克制在確保經濟能成長的範圍，不至於財富極端不均，造成社會及政治動盪。美國顯然是小心翼翼探測氣囊的「右緣」，看看為了刺激經濟最適成長，民眾能容忍收入及財富不均到什麼程度。

其他已開發國家似乎靠近氣囊的「左緣」，想判斷可以犧牲多少經濟成長，以促進達成最理想的社會平等及國民幸福。

斯堪地那維亞國家及美國都可充做政府開支極限的個案研究。一九二四年到一九九五年間，丹麥政府支出占GDP的比率，由一一%上升到五一%。而在美國，總計聯邦、州級與地方政府預算，大約占GDP的三〇%。鑒於過去一、二十年，北歐痛苦地削減政府服務開支，歐洲人似乎已逼近課稅的最上限。

北歐各經濟體，稅收達經濟產出整整五〇％，而美國只占三〇％，北歐怎麼有辦法維持相近於美國的繁榮等級呢？三項理由很突出：

一、北歐的社會福利體制，已奠定扎實的利害關係人—公民根底，他們願意遵守社會準則、敬重法治、繳付稅金。這個現象背後的機制很多元——由它們拿救濟金的失業勞工不太可能作奸犯科這項明顯的事實，到利害關係人效應造就更微妙的益處，有利於徵稅及履行商業契約。高社會福利開支的諸多效益，使得執行財產權的成本很低，而它大致紓解高稅率對經濟動機的傷害。

二、雖然美國及歐洲政府開支，依歷史標準都算極高，但它們主要由移轉性支出組成，因此「無謂損失」（當買方及消費方不是同一個人時，所產生的損失）很低。另一方面，軍事開支的無謂損失就很高。因此，哈布斯堡帝國及蘇聯軍方消耗GDP的一五％到二五％，證實傷害力遠大於北歐福利國占GDP五〇％的政府開支。而北歐福利國的國防開支占GDP的比率小到可以忽略。

三、最後，歐洲「課稅比美國聰明」。它們的稅賦制度是令人吃驚的累退制，但比起美國的稅制，經濟上更有效率。歐洲更仰賴消費為本的稅如增值稅，而不像美國採取效率低下的稅，如所得稅、股利稅及資本利得稅。

過去一百年間，美國人變得更能容忍收入不均嗎？就一定程度，這一點或許沒錯，但它只是始於新政而出現的再分配安全網產物。沒有那個安全網，美國很久以前應該經歷過數次社會與政治動盪了，只是美國不該變得太自滿。民眾對財富不均的容忍度，會在困苦時節劇烈下降，一如發生在大蕭條的往事。或許這只是康德拉季耶夫（Nikolai Kondratieff）推測那種漫長、永不休止的政經週期中，又一次轉折而已。[2] 康德拉季耶夫長波理論顯示，自由放任時期會跟強力重分配時期交替出現，原因在當一種體制太失序時，會引起第二種來進行改革。我們能期望的最好狀況，是世上偉大的自由民主政體，不論是新興的還是老牌的，能以理性有序的方式來管理這種永恆週期。

通膨與就業

透過「硬數據」（hard data）研究幸福感，也能釐清通膨與失業之間的得失取捨。寬鬆的貨幣政策會造成通膨升高，降低失業，而緊縮的貨幣政策則有相反效應。有一定年紀的讀者會回想起卡特總統任期的「痛苦指數」（misery index）——失業與通膨的總和。誠如我們上一章已知，失業會產生極大痛苦。通膨會導致一樣的痛苦嗎？答案是，不對，不會那樣。有份研究調查歐洲十二個國家及美國，關於失業及通膨對幸福感的影響，研究發現每百分點的失業率，增加的痛苦是同樣幅度通膨所致的一倍。關於貨幣政策、通膨及失業之間的詳細關係，遠不在本書討論範圍，但已開發國家及開發中國家的貨幣政策制定者要好好想想，通膨導致的心理痛苦遠小於失業。相反地，那些支持歐式社會福利國的人則該考慮，那種體制本質蘊含失業率很高，對民眾士氣的腐蝕效應。

我們要思量的最後權衡是，已開發國家如何才可以幫忙開發中國家成長——畢竟能撥出的資金、心力及人手有限。過去半個世紀，最先進國家已動用兩種方式，來善待較沒錢的國家。私人、非官方的代理機構以零星及無差別方式，通常在醫療或農業方面，供應「人道」濟助。在政府及國際層面，多件大型貸款已撥出供基礎建設專案之用。另一種協助管道是政治性的，富有國家（尤其是美國）常常鼓勵並監督自由選舉（但有些由獨裁者統治且親西方的國家可以例外）。

已開發國家該如何有效利用這些有限資源？聯合國波士尼亞與赫塞哥維納高級專員阿什當（Paddy Ashdown）很簡潔地回答說：「事後回想，我們首先該建立法治，因為它是其他一切的基礎：能發揮功能的經濟、自由廉明的政治系統、公民社會的發展、有公信力的警察及司法體制。」

換句話說，一個國家修築道路、設立診所及建造水壩之前，必先訓練好律師及法官。接下來，必須極有耐心。民主要在一個國家昌盛，國家經濟必先成長個幾十年。想把民主的種子，撒在凋敝的傳統農業或游牧文化的土壤裡，注定遭殃。援助專案可以幫忙一國蓋學校及工廠，但假如忽略財產權及法治，那些設施就會淪於失修無用，一如兩百年前發生在鄂圖曼土耳其，及三十年前發生在非洲的故事。

2 康德拉季耶夫是俄羅斯經濟學家，他在一九二〇年代寫作談到每六十年發生、涉及產出及投資的經濟循環，或稱「波」。康德拉季耶夫論斷說，這些波意味著一九三〇年代資本主義的病痛是一時的，能自行治療。史達林對此相當不悅，把他流放去古拉格（Gulag），他一九三八年死於當地。

然而，難道我們不該操心，側重自由市場改革，將擴大開發中國家的收入不均嗎？不必操心。法治匱乏的國家，容許統治菁英及他們的親友從事油水多多的競租行為，有時候甚至公然偷搶。即使在擁有明確再分配課稅體制的墨西哥，收入位在第九十百分位數的那些人，賺到的錢是位在第十百分位數者的十一．六倍，相形下美國只有五．五倍，瑞典為三．〇倍。

經常有人主張，開發中國家「負擔不起」自由市場改革，原因在社會最低層的人得承受有害影響。然而，改善經濟制度，至少在早期階段，只是讓作奸犯科更加困難，而減輕收入不均。因此在貧窮國家，根本沒有得失問題。

法治不足的國家，不管提供什麼種類的經濟協助，益處都不大。這種情形最好的例子便是奈及利亞。它自一九八〇年以來，已出口一百五十億桶原油，賺取的錢遠超過西方的捐贈——然而接下來二十三年之間，卻眼睜睜看著人均GDP減少五分之一。西方能贈予世上低度開發國家的唯一實用物件，便是它制度面的遺產，捨此之外，任何其他形式的援助都是浪費。

第十二章
財神與戰神：贏家的詛咒
Mammon and Mars: The Winner's Curse

勝利歸給擁有最後一枚金幣的人。

——德．門多薩（Don Bernadino de Mendoza）

比拳頭大小的背後

第十章結論說，財富不必然改善一國的福祉，但它真的有利於當地民主制度的發展。現在，我們將把注意力放在繁榮的另一個重大好處：強大軍力。說經濟攸關國家生死，真的毫不誇張。理解經濟開發，讓我們能洞察大國政治歷史，另解釋現代世界的形貌。

財富的孿生子——民主與軍力，日益使得世界霸權必然歸給單一或多個大型民主自由政體。首先，我們將調查財富與軍力之間複雜的歷史關聯。接下來將探索人口眾多的民主自由政體能使用的地緣政治優勢。

現代世界財富與軍力的關聯很單純。化約到其本質，現代戰爭大致上就是工業行動，最有生產力的國家一般占上風。軍用生產力的故事，就跟人類歷史一樣悠久。在古希臘，重裝步兵及全副盔甲戰術，讓希臘士兵面對波斯對手所向披靡。百年戰爭伊始，英軍使用於兩百碼外就能準確殺敵，每分鐘射箭速率可達十二枝的長弓，徹底擊潰克雷西、阿金庫爾的精銳法軍。接下來，科技扭轉整起戰爭的態勢，攻城投石機讓法軍取得大幅勝利。跟任何工業比拚一樣，生產力便是底定勝負的因素。產品或許不同，但競爭的本質總是那麼類似——能夠以最低成本、最大數量生產致命武器的一方取勝。

一如克朗普頓的走錠精紡機讓英國贏得工業革命勝利，走錠精紡機軍事上的對應物——機關槍，容許英國人在十九世紀多場殖民地戰役取勝——例如在蘇丹的恩圖曼戰役（Battle of Omdurman），現場有一萬一千名德維什（Dervishes）騎兵被屠殺，而英軍只死了幾十人。與此類似的是納粹德國控制住波蘭、荷蘭及法北的空戰及坦克戰，讓它能迅速擊敗經濟規模總和更大的法國及英國。

勝利的因素當然不僅是開發與購得軍事硬體，就如在洋基棒球場獲勝的可不是球棒製造商。必須能強襲海灘，攻下要命的制高點，軍需船得駛過凶險大海，性命相搏的空戰要開打。只是，沒有高品質球棒，即使洋基隊都得遭殃。

除了充沛的錢財、先進的武器、勇敢又統率得當的戰士，還得有花錢、流鮮血的意願來追求國家軍力，才能宰制地緣政治。在極權國家——說實話，縱觀歷史的大多數國家都是，這不算難以克服的障礙。哈布斯堡西班牙及前蘇聯的統治者，讓他們的人民貧窮，即使叫小農去當炮灰也毫不猶豫。現代歐洲及十九世紀美國（內戰除外）則是另一極，偏好財富勝過軍力，故此指揮幾乎最少的經濟產出來製造軍武。叫人驚奇的是，英國軍力最高峰時，還歸類在後者範疇。因為它的部隊比起殖民地對手要先進太多，大不列顛花很小成本經營它的帝國，軍事開支在GDP的三％以下。此外，英國GDP從未高出世界總產出的十分之一多少（相形下，美國占的份額，一九四五年為五分之二，今天則為五分之一）。晚近到一八八〇年，英國軍人的數目還不到法國的一半、俄羅斯的三分之一，甚至比德國、奧地利更少。

一個國家偶爾能戰勝富有的敵國。在小型、地區化的衝突中，貧窮落後的國家若擁有紀律嚴明、戰鬥動機很強的部隊，為祖國領土而戰，並願意承擔龐大人命死傷，便能戰勝人數、財力遠大得多的敵軍。這種情形最常發生在民族解放戰爭——一次在阿爾及利亞、兩次在印尼，還有除非我們忘記了，美國獨立戰爭也是。

現代以前，距離提供安全，最顯著的例子莫過美國獨立戰爭。當時英國承受無法克服的劣勢，得勞師動眾，把「每塊餅乾、每個士兵及子彈」運過冰冷洶湧的大西洋。幾乎長達兩個世紀，美國地理孤立所提供的安全保障，是位處戰亂紛起地帶中心的歐洲國家夢寐以求的。

來到十九世紀，事態開始慢慢改變。蒸汽動力允許西方更有力地投射軍力，跨越海洋乃至循可航行河流而深入內陸，比如非洲剛果河及中國長江。山區國家，最顯著的便是阿富汗，證實更能抵抗他國入侵，但是到了二十世紀，即使這麼極端的地理劣勢都能被克服。那些預測開拔到阿富汗的美軍，會遭遇與之前英軍相同下場的觀察家，實在沒了解巡弋飛彈、長程轟炸機、航空母艦及直升機已能戰勝阿富汗戰士的傳統優勢——地處偏遠及險惡地形。

即使如此，德．門多薩分析的「勝利歸給擁有最後一枚金幣的人」，基本上依然正確。現代紀元有個特色，便是全球分為大型聯盟而爆發多次長期衝突，戰爭期間，很多國家及遙遠戰場的科技、戰爭動機及地理因素，「變得旗鼓相當」，而經濟能耐幾乎永遠決定「獲勝幅度」。

二戰具現戰爭實為工業競賽的概念。衝突伊始，最初同盟國（英國及法國）的加總GDP只勉強超越最初軸心國（德國及義大利）。以一九九〇年美元幣值計，同盟國加總GDP為四千七百五十億美元，軸心國為四千億美元。德軍士氣更高，裝甲車及空軍部隊更優，納粹部隊一九三九年九月很快橫掃波蘭，一九四〇年五月蹂躪法國。接下來英國驚恐地瞪視德國的血盆大口——德國的經濟及戰爭機器都更為壯大，大不列顛能否存活下去，真是岌岌可危。法國陷落之後那幾天，英國幾乎要投降了。只因邱吉爾在內閣會議有技巧地運作，反對他的對手、失敗主義者哈利法克斯勳爵（Lord Halifax），才免於可恥地結束大英長達九百年的獨立。

英國蹣跚地再撐了十九個月，接下來美國於一九四一年參戰。這一點改變參戰國的經濟總量，成為一兆七千五百億美元（美國、英國及蘇聯）對六千億美元（德國、義大利及日本）。珍珠港事變後的黑暗時光裡，到處瀰漫著混淆的戰略觀，而邱吉爾一如他常常辦到地精煉出單一、最重要的真理，他說：「希特勒死定了。墨索里尼也死定了。至於日本人，他們會被碾為齏粉。接下來只要妥善運用泰山壓頂的力量。」

舉個大家熟悉的例子，中途島戰役經常被視為太平洋戰爭的轉捩點，或者是決定性的戰役。即使同盟國早已破解日軍密碼，認清敵人意圖，但戰役的結果並非美國注定獲勝。美國的攻擊行動很不協調，只是美國發現，日本四艘航空母艦裡的三艘居然在美軍俯衝轟炸機飛臨上空時，沒有防備，而飛行甲板上堆滿燃料及炸彈。戰爭史學家哈特（B. H. Liddell Hart）說中途島堪稱「新式的長程海空交戰開打以來，『偶然』的範例。」普遍的軍事看法認為，如果美國在中途島戰敗，將重挫同盟國在太平洋取勝的可能性，容許日本再戰個好些年，甚至逼迫美國求和。

然而，只要大致瞧一下相關數據，就會了解情形並非如此。兩國開戰以前，都有大約六艘大型艦隊航空母艦。日本在攻打珍珠港時，投入幾乎全數航母，其中四艘後來損失在中途島。到一九四二年底，美國也有四艘航母沉入海底（「列星頓號」[Lexington] 沉在珊瑚海；「胡蜂號」[Wasp] 被日軍潛艇擊沉；「大黃蜂號」[Hornet] 沉在瓜達康納爾群島附近；「約克鎮號」[Yorktown] 則在中途島海戰當中沉沒）。故此，到一九四二年底，兩邊都減到只剩幾艘艦隊航空母艦，無論何時，通常有一、兩艘在港內修理補給。接下來三年內，日本只再生產兩艘艦隊航空母艦，而美國造了十六艘。日本人另造了十四艘較小航空母艦，而美國量產出一百一十八艘（雖然其中很多都在大西洋進行護航任務）。

到了一九四三年尾，尼米茲海軍上將已能夠部署十二艘艦隊航空母艦，供進攻吉爾伯特群島（Gilbert Islands），讓美國取得海上與空中的絕對控制權。假設日本人斷然贏得中途島戰役，那麼算起來美國人也還有九艘艦隊航空母艦，而日本人只有五艘。無論如何，美國人能六個月內補足損失的三艘美國大型航空母艦，而日本花了各一年以上來製造他們最後兩艘航空母艦。另外，在製造其他主力艦、潛艇及戰機上，美國也有類似的餘裕，「妥善運用泰山壓頂的力量」注定日本必敗的下場。太平洋戰爭成敗，既決定於血腥的海島戰及公海作戰，也決定在美國造船廠上。

雖說勝利要求的可不只最後一枚金幣，但財富永遠占據戰爭的最重心。大國的命運，可以直接追溯到它們的經濟環境。

帝王的軍事愚行

傳說呂底亞富到不可思議的國王克羅伊斯，派他手下到德爾菲，向女祭司們請教，他是否該攻打波斯人。女祭司們回答，「假如他派兵攻打波斯人，他會摧毀一個偉大帝國。」因此壯了膽的克羅伊斯進攻了。他由戰陣學懂，女祭司們說的一切都對——只是被摧毀的是他的帝國。

霸權通常自帶毀滅的種子。經濟學家長久以來就曉得「贏家的詛咒」：拍賣會的得標者，往往付得太多，導致損失要比他當時若「流標」來得大。地緣政治裡，贏家的詛咒幾乎證實是自然律，理由很簡單：要動用並維持龐大軍力，得花天文數字的開支。沒錯，開疆拓土一開始能取得很棒的財寶，但劫掠漸漸平息之後，隨著「贏家」必須駐軍、鎮壓當地，以及保衛更遙遠的土地，開銷便以倍數增加——導致歷史學家甘迺迪（Paul Kennedy）所說的「帝國過度擴張」（imperial overstretch）。

由一五〇〇年到今天這段期間，戰爭只變得愈來愈貴。十六世紀戰爭的主要參戰國，打整起戰爭可能要花一千萬英鎊。到了拿破崙戰爭的時候，主要參戰國每一年都要花一億英鎊以上，而在一七九三年到一八一五年的「法國諸戰」（French Wars），英國總共花了超過十六億英鎊。[1]

戰爭開銷成長的速率，遠快於支撐打仗的經濟體成長率。一六〇〇年到一八二〇年間，英國經濟成長僅六倍，法國不到三倍，而西班牙甚至不到一倍。雖然現代以前，王公大人很少能知曉戰爭開銷過度的危險，但亞當．斯密在一七五五年一場演講確定，戰爭及支持戰爭的沉重賦稅害人不淺：

一個國家想由最低賤的野蠻狀態提升到最高等級的富庶，除了和平、易稅、具備正義底限標準的司法以外，真的不再需要什麼了。其他的只要順其自然，就能水道渠成。

1 在此所列的金額全以當代的英鎊幣值——也就是說，當時確實的總金額。打一場十六世紀戰爭花一千萬英鎊，大約等於今天的五億美元；而法國諸戰的十六億英鎊約等於今天的六百億美元。在這兩個時期間，相形下沒什麼通膨。

很不幸，哈布斯堡、波旁帝王們都沒聽見這位睿智寡言的蘇格蘭人之忠告。第八章談到西班牙飆上天的軍事負債及該國長期倒債。腓力二世駕崩的一五九八年，西班牙王室欠債一億金達克特，十倍於一五八八年無敵艦隊出征的開銷，也是新大陸銀兩收入最高峰時期的五十倍。

腓力花錢如流水的軍事冒險，證實只是個序曲，接下來發生悽慘的「三十年戰爭」（一六一八年—一六四八年）。那場宗教大屠殺把各造湧來的龐大人力及財寶，都吸進日耳曼及低地國家，叫資金短缺的哈布斯堡諸王下場悲慘。到了一六五〇年，新大陸流入的貴金屬減少逾八成，而且西班牙失去荷蘭來的歲入，剩下來的只有西班牙自己寒酸的國內經濟。

打仗的興趣及開銷迅速增長，但資源正快速減少，不管戰略多傑出，作戰多英勇（西班牙由盛而衰期間，這些可充裕得很），都無法拯救西班牙國庫耗盡的事實。很快地，葡萄牙及荷蘭都由西班牙取得獨立，而且在談和桌上羞辱它。再次引用甘迺迪的話：「哈布斯堡諸王簡言之想做得太多，太多敵人要打，太多防線……擁有這麼多領土的代價，便是四處樹敵。」

哈布斯堡諸王習慣超支他們的歲入達兩到三倍。性命有虞的時候，為了活下去，這麼猛花錢、超支打仗，或許有必要，但這麼做幾十年，不管戰役勝負，注定滅亡。

誰接替西班牙的地位？荷蘭太小，無法與周遭慢慢組成的較大民族國家爭雄。相對於較大的鄰國，荷蘭在三十年戰爭結束，取得獨立時，已經過了富強顛峰在走下坡。本該因為西班牙衰弱而獲利的英國，當時正著手清理自己血腥內戰的餘緒：一連串悲慘的國會、攝政王，後來斯圖亞特君主還復辟。

凡此種種，本該讓法國在哈布斯堡王朝垮台後，處於最佳地位，來填補權力真空。只是法國也一樣，長期戰爭而大量透支。一六四八年《西發利亞條約》簽訂之後，西班牙跟法國還打了十一年仗，到一六五九年兩國簽訂《庇里牛斯條約》（Treaty of Pyrenees）時，法國財政已垮台，徵稅失控，人民貧窮，債信已毀。

接下來好幾個世代，法國人還是學不會控制自己的戰爭胃口。路易十四證實跟哈布斯堡諸王一樣鹵莽愛揮霍。高瞻遠矚的柯爾貝爾很了解太陽王的軍事冒進行動，會讓財政受害多深，但一般而言百般勸阻都未能成功。財政大臣唯一一次支持的戰爭，是一六七二年發兵打荷蘭。荷蘭是法國重商主義大博弈的對手。

路易最大膽又最昂貴的愚行是西班牙王位繼承戰爭。哈布斯堡病懨懨的末代君主查理二世一七〇〇年駕崩時，路易把他孫子安茹公爵腓力（Philip of Anjou）安上西班牙王位，是為腓力五世（Philip V），並占領荷蘭南部，讓法國壟斷與西屬美洲的一切貿易。路易一下子就辦到不可能的事，讓幾乎全歐洲組成大聯盟——來反對他。免不了的戰爭讓法國失去大片領土，對新大陸貿易減讓，兩個波旁君主國不得合併，直布羅陀割讓給英國，另讓日薄崦嵫的太陽王政權揹上巨增的債務。

西班牙王位繼承戰爭後，法國金融紊亂，為當代金融大災難鋪好舞台。蘇格蘭人約翰．羅（John Law）說服法國王室，願意承擔法國巨大的債務，以交換他密西西比公司（Mississippi Company）的股票。密西西比公司的投機引發史上最大的金融風暴，也就是一七一九年至一七二〇年在巴黎及倫敦發生的密西西比及南海泡沫。[2]

三個世代後，太陽王的曾孫路易十五還邀英國打「七年戰爭」，那是世上第一次真正意義的全球衝突，再度叫法國國庫枯竭。英國則進一步從法國拿走加拿大其餘部分，也終結法國在西印度群島、印度的影響力。塔列朗（Talleyrand）王子特寫舊政權時說，「他們沒學到什麼，也什麼都忘不了。」這句話最能傳達波旁王室無法克制自己冒險之徒的天性。

英國也一樣，既沒避開財政窮困，也做了軍事愚行。即使它僅輕微捲入荷蘭的三十年戰爭，也叫英國弱小的經濟吃緊。國會及王室不時為軍事開銷吵架，而查理一世任性地挪用海軍工程款（名聲難聽的「船稅」[Ship Money]）時，他引發內戰，賠上自己腦袋。

半個世紀之後，西班牙王位繼承戰爭也叫英國揹上可觀債務。跟法國一樣，一個投機性的商業冒險事業南海公司，承擔起政府龐大的戰爭貸款重擔，而它跟約翰．羅的密西西比公司如出一轍，引發了金融泡沫。因為英國債務較少，資本市場較健全，所以一七二〇年的南海泡沫造成的傷害，比密西西比泡沫在巴黎造成的要小。英國也一樣，十八世紀打了一場昂貴而愚蠢的戰爭——美國獨立戰爭，其結果早因衝突的地理現實而注定。

法國忍不住介入美國獨立革命，而路易十六重犯祖父及高曾祖父的錯誤——法國與英國交戰（同時插手美國獨立革命）花掉的錢，跟它打的前三場戰爭總和一樣多。

英、法政府再度動用複雜的金融市場以提供貸款，填補現代戰爭龐大開銷及國家相形虛弱經濟之間的鴻溝。美國獨立戰爭打完時，英國跟法國所揹國債程度類似——大約是二億英鎊。

國家命運再次交由平凡的財政細節決定，本案例中指的是利率水準。英國資本市場優越，能以法國一半的利率借錢。故此，英國償還因打仗而生的貸款，成本只要法國的一半。英國能輕易挑起擔子，法國辦不到。法國無力償債，引發影響重大的一系列事件：一七八九年路易十六罕見地召開三級會議，而點燃法國大革命的火花。當代觀察家並非看不出財政與勝利之間的關係。據柏克萊主教（Bishop Berkeley）說，信用正是「英國對法國的主要優勢」。

大革命嚴重破壞法國資本市場，但它的市場即使在最好時光也不太穩。一七九七年，拿破崙拒絕承認三分之二的政府公債，此舉摧毀對政府信用的信心，讓利率飆高到超過三〇%。那麼，拿破崙是怎樣支付他龐大、大規模徵召而來的軍隊呢？用老套方法，征服及劫掠。這位大膽的科西嘉人，叫遭他擊敗的對手揹起沉重的賠款及賦稅，通常超過被征服國歲

2 若相對於GDP，南海泡沫甚至遠大於最近的網路股狂熱。最佳估計值把一七二〇年英國股市市場的總證券資本定在大約五億英鎊，大約是GDP的七倍。而在網路股狂熱的高峰，美國所有公開上市公司的總市值，只大約GDP的兩倍。

入的一半以上。拿破崙痛苦地了解自己的困境，他說，「如果我不能以新的戰績、勝利來滋養我的權力，那它就會被毀掉。征服造就了今天的我，而唯有征服才能讓我保有位子。」

這招管用上一段時間。法國因此繁榮，利率下降到幾乎跟英國相同，但法國無法逃脫歷史最古老的陷阱。等到劫掠品耗光，它的財政很快就乾癟，讓軍隊缺氧。當新式殘忍的全面戰隨著拿破崙撤回法國本土，帝國新近膽子壯起來的農民軍著名的「銳氣」也蒸發了。過不了多久，拿破崙就被流放到厄爾巴島。

十九、二十世紀，戰爭費用的成長速度，一直快於政府的收入。即使戰時加徵額外賦稅都無法支應開銷，政府得大舉借錢才能支持打仗。跟以往幾百年一樣，贏家與輸家的區別，在借錢能力。交易所重要性變得等同於軍營。

美國稱霸世界的原因

過去兩百年，英、美兩國資本市場讓它們軍事任務無後顧之憂，令人欽佩。二十世紀兩次大戰期間，美國金融機器的表現，絲毫不亞於它的戰爭機器。圖12-1大致畫出美國經濟體的面貌，其藉助良好信用及健全金融市場，成功吸收龐大的打仗成本。黑線顯示出軍事開銷占GDP的百分比（左尺）。首先，請注意美國軍費開支一向很低——縱觀大部分美國史，不到GDP的一％，而在冷戰期間不到一〇％。美國三次主要戰爭——內戰及兩次世界大戰期間，支出在一九四五年達到最高峰——GDP的四七％。

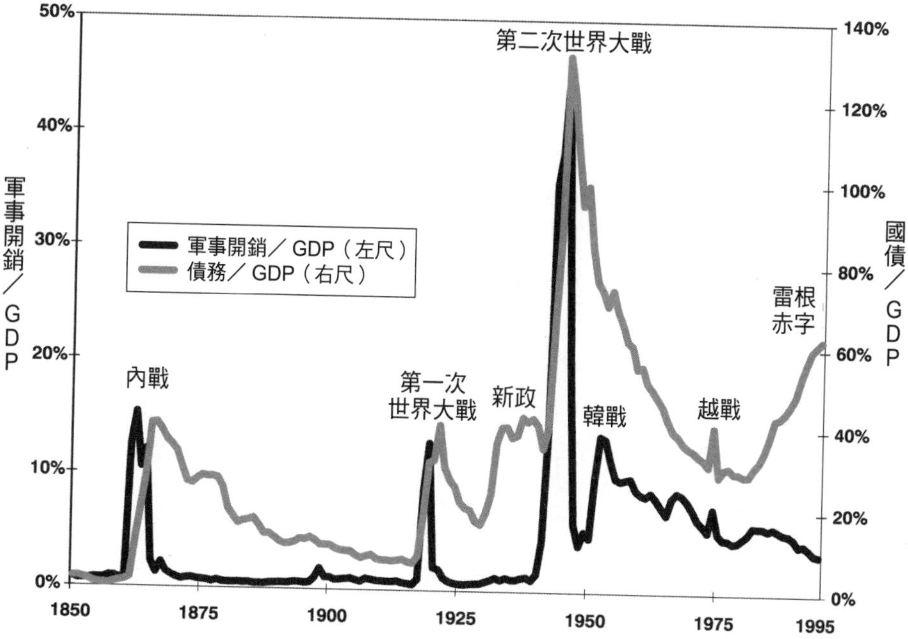

【圖 12-1】美國軍事開支及債務占 GDP 比率

資料來源：GDP數據來自美國商業部。軍事開銷數據來自密西根大學「戰爭相關計畫」（Correlates of War Project）的「物質戰力」（Material Capabilities）資料組。國債數據取得美國財政部。

軍費很高就得借錢了，而美國政府運用債市來補足短絀。灰線顯示債務占GDP的百分比（右尺），每次戰後需花幾十年來消化它。債務曲線顯示，有兩次增加與戰爭無關——第一次是為了支付新政的開銷，第二次為了支付雷根政府減稅兼輕微增加冷戰軍費。

端詳每次後起的戰爭，美國都辦到比起上一次戰爭，舉債更不擾亂資本市場，利率增幅更小。內戰時代，不習慣投放大量公債的政府，還得仰賴民間部門借款（主要是透過投資銀行家庫克，他的才華在建立龐大的券商網，再透過券商們把債券賣給尋常投資人）。政府能以較低廉的成本借貸，公債殖利率不過由戰前的四．五％增加到六％。

到了二十世紀，美國政府已嫻熟於販賣公債，不僅賣給機構買主，還直接賣給個別公民，形式有自由債券（支付一戰）及儲蓄債券（二戰及接下來）。結果便是一戰期間，利率僅由戰前基準的四％微微上升，而到了二戰，政府及大型企業都能在不影響利率的前提下，借到大量金額。國債於一九四五年驚人地升到占GDP的一三一％時，美國公債殖利率為二．五％，大約與戰爭伊始相同。

世界其他地方就沒那麼吃得開。幾乎其他每個國家，兩次世界大戰時，財政吃緊、枯竭依序無情地展開。在多重戰線持續打高強度戰爭，相應的財政需求真是要人命，侵蝕國家經濟，迫使較弱國家向較富盟友借錢。這些弱國（一戰的俄羅斯、奧匈帝國及義大利，二戰的義大利及日本）無法餵飽及裝備自己部隊，會被迫撤退，不然就得像一九一七年俄國，完全退出戰爭。

這種過程接下來會傳播給一開始貌似很強健的國家——到了一九一八年末，由於德國經濟過度集中在軍需品，使其GDP相形戰前水準，跌掉約三分之一。工業產出跌得更多，德國人民發現自己處於饑荒邊緣。圖12-2畫出德國二十世紀軍事開支占GDP的百分比。請注意，德國相形美國，戰時開支飆升許多——一戰時為八四％，二戰則為一三九％。此外，這樣的開支水準延續了很長一段時間——德國二戰打了約六年，而且早在一九三八年，軍事

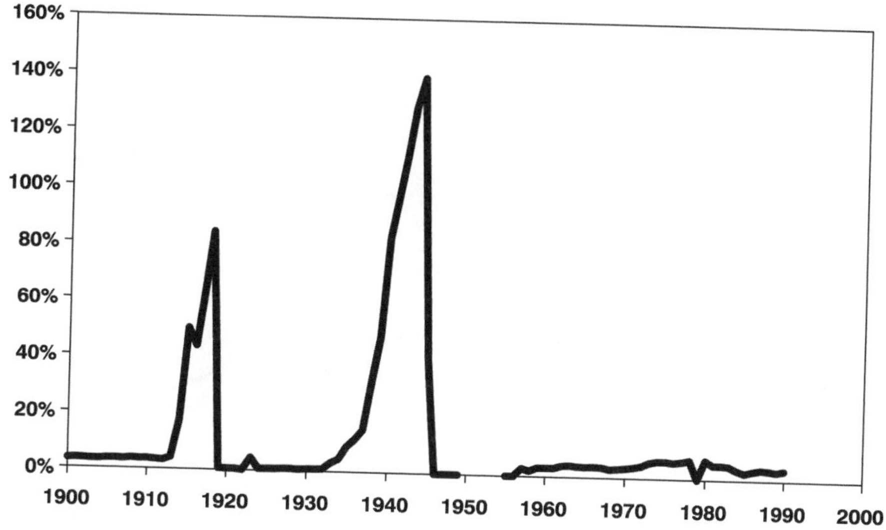

【圖 12-2】德國軍事開銷占 GDP 比率

資料來源：軍事開銷數據來自「戰爭相關計畫」的「物質戰力」資料組。德國GDP數據得自麥迪森《監控全球經濟：一八二〇到一九九二年》。平減指數取自「伊伯森聯合公司」（Ibbotson Associates）。

開支便消耗掉GDP的三分之一。即使巨大的美國資本市場，都無法支撐這樣的戰爭，而德國自身發展程度較低的資本市場，更肯定辦不到這項任務。

到了兩次世界大戰結束，美國是唯一於經濟及軍事面，都還挺得住的國家，而英國則積欠美國大筆債務。凱因斯爵士漫長而傑出一生的最後一站，是受罪地來美國召開的國際貨幣大會出差，爭取有利條件，以償還英國戰時貸款。

儘管他最後爭取成功，但回英國時已心力交瘁，兩個星期後就去世了。大英帝國不是在戰場炮聲隆隆中結束的，而是在破產的抽泣聲。

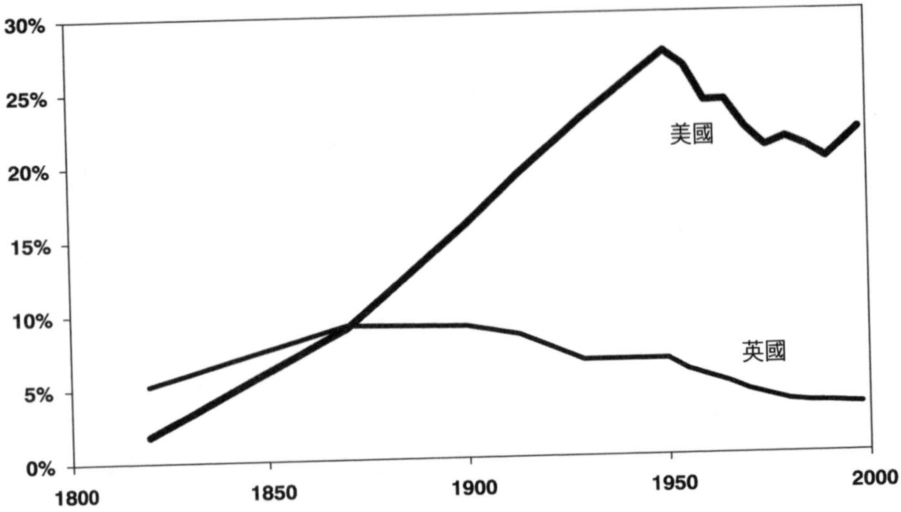

【圖 12-3】美國及英國 GDP 占全球 GDP 的比率

資料來源：麥迪森，《世界經濟：千年一觀》、《監控全球經濟：一八二〇到一九九二年》。

那麼，德．門多薩的警句就該稍加調整了。與其說勝利歸給擁有最後一枚金幣的人，還不如說是歸給能以最低利率向其公民借到最後一枚金幣的人。

民主及軍力都源自相同來源：廣泛散播在民間的經濟繁榮。創業活力與軍事創新緊密結合，強化財富與軍力的紐帶。最近展示這一點的，便是美國軍事機器在阿富汗及伊拉克的不凡表現。

英國霸權衰落的原因，由圖12-3看得很清楚。而它顯示出美、英GDP在全球的占比。一度是全球最大的英國經濟，其相對支配力慢慢消褪。這並不是說英國變窮了——遠非如此。一八七〇年，英國國力正值顛峰，到一九九八年其世界地位已大為削弱，這段期間，英國的實質人均GDP成長將近六倍。英國戰略上的不幸，乃是世界其他地方成長得更快。

圖12-3也清楚揭示美國權力蒸蒸日上的基石。它是由高生育率、大量移民及滾雪球般的生產力這三重徵兆形成的。添加一些實質史料到圖12-3的單一細線上，有助於我們理解它。內戰到美西戰爭之間，美國生產的穀物增幅逾三倍；鐵道里數增逾六倍；產煤則增為九倍。邁入二十世紀，歐洲領袖及記者們已開始嗥叫，說美國廉價食品及工業產品是不公平競爭。雖然國王、首相們公開討論要聯合對抗美國巨怪，但恐怕只有最悽慘的歷史災難，才能阻止美國二十世紀躍登全球至尊。

光是名目GDP無法充分透露地緣政治分量——若是想要在全球有舉足輕重的地位，那麼財富必須跟科技進展結合。俄羅斯與中國兩例即證明，沒有現代工業及軍事科技，那麼經濟規模只是擺著好看。十九世紀後半葉，俄羅斯是世上最大經濟體之一，而且軍隊總人數為史上最多。縱觀中國大部分歷史，它因為人口龐大，擁有世界最高的GDP，而且在工業時代以前的世界，人均財富差距相形很小。即使在今天，中國擁有世上最大常備軍隊，也為最大經濟體之一。

現代中東的軍事平衡也證明，科技先進能彌補名目GDP的不足。從一九四八年以色列在當地立國以來，它就比四個「邊境」鄰邦——埃及、約旦、敘利亞及黎巴嫩更占優勢，雖然那四個阿拉伯國家合計的經濟總量，要比那個猶太國度大上不止一倍。[3]想找個過於簡化的經濟公式來解釋地緣政治力量的人，必須得把科技先進及原始的經濟規模都納入考量。即使是一個相形單純的「權力指數」（power index），也應該把軍事開支乘以人均GDP。

美國二十世紀地緣政治力量崛起——所謂美國的世紀，是它經濟實力及科技本領高人一等，幾乎免不了的結果。在幾乎整個十九、二十世紀，英、美兩國擁有世上最高的人均GDP，以及伴隨而至的最精密軍力。圖12-3清楚揭示了一項訊息：在現代世界，地緣權力變成大型、繁榮、自由市場國家的領域。極權國家或能暫時取得領土及全球影響力，但缺乏只有自由市場經濟能提供的扎實經濟基礎，那種力量免不了崩潰。

民主跟國力有什麼關係？現代民主自由政體具備一種微妙但強大的地緣優勢：它們的政治結構提供一種有效的節制，可以避免發生哈布斯堡西班牙、法國舊體制、納粹德國及蘇聯的那種帝國過度擴張。雖說愛冒險的政客可以誘惑民主政體的選民，去打不智的戰爭，但選民不會無限容忍戰爭死傷、大規模加稅、政府服務縮減等長期密集戰爭的後果。最後，戰爭得停止。

現代自由民主政體另透過第二種機制，來節制軍事冒險行動。隨著財富及個人自由增加，人們對戰爭死傷的容忍度降低。美國內戰戰死人數為六十一萬八千人——將近四%的美國男性。這個數字超過接下來美國打的一切戰爭陣亡總人數。（又一個支持經濟決定論的例子，一旦戰爭變成消耗戰，南方邦聯弱小的工業根基注定它的軍隊最後敗北。）到了一九七〇年代，號稱對抗共產主義、決定其存亡的越戰，在美軍死了五萬八千人之後，變得令人無法容忍——雖然事實上美國人口已經是一八六五年時的八倍以上。

除開它能節制軍事冒進行為，財富與避免流血的聯繫還推動軍事革新。二十年前，美國就擊敗世上最大常備軍之一，比如伊拉克（不論其裝備及訓練多差）。美軍在作戰過程中投入大規模裝甲部隊、直升機攻擊、由航空母艦起飛數萬次的戰機（很多在夜間），使美軍只犧牲百來人，便成就這起武功，叫人下巴掉下來不敢置信。如此追求效率，令人目眩，其背後驅動力很大是來自，國防單位深知民眾愈來愈不喜歡看到軍人戰死。

二戰之後，圖12-3所示的美國相對世界的財富，令人好奇。美國占世界產出比率的最高峰是在一九四五年，當時它以二戰戰勝者之姿現身。麥迪森估計，二戰過後，美國占世界經濟產出約三成，而有些人認為占近五成。有人會認為，隨著戰後世界其他地方重建，美國經濟相對支配力會下降，但兩件始料未及的事發生了。首先，美國經濟獨尊的降幅相形很小。過去三十年，美國在世界GDP的占比，幾乎維持在大約二二%。第二也是更值得稱道的是，美國地緣政治重要性，似乎沒隨著當它必然由一九四五年經濟相對高峰地位下降，而有減損。

3 沒有跡象顯示這個差距縮小之中，原因在那四個阿拉伯經濟體，雖然其人均GDP遠來得低，但其經濟成長率透過「追趕」現象，大約跟以色列一樣。請見第十章以了解人均GDP與經濟成長的逆向關係。

達特茅斯學院教授布魯克斯（Stephen Brooks）與沃爾佛斯（William Wohlforth）在《外交》（*Foreign Affairs*）寫了篇很有影響力的文章，鮮明地描述一個史上前所未見的「單極」世界。而這個世界的特徵是美國的霸權，霸權的根基在高人一等的軍事機器，而替機器埋單的是世上最大又最有活力的經濟體。相形羅馬、哈布斯堡及波旁毀滅性的昂貴軍隊，美國的全球獨尊開支只占GDP的三．五%——比起美國在艾森豪時代，國防預算占GDP的一〇%還少。兩位作者還成功引用保羅．甘迺迪的名言來形容：「以沉重的代價成為第一名不難。然而以最小代價當上世界超強，才叫人驚愕。」此外，布魯克斯及沃爾佛斯也貶抑恐怖活動引發的社會及軍事影響，認為不過重演政治所驅動的大屠殺——有史以來就有的事。我們可以用別種方式來看待恐怖威脅。即使最糟糕的光景，如核子恐怖攻擊發生，也不會叫數千萬人喪命，一如二十世紀殺人魔王希特勒、史達林、毛澤東及波布所為。

繁榮、民主與霸權

阿拉伯「街頭」的憤怒被大肆渲染了。假如憤怒要有任何地緣政治意義，那它得透過有效的暴力載具來傳達。沒幾個人會認為，二〇〇一年九月十一日的事件，強迫美國人重估穆斯林世界。一個獻身意識形態的美國人，很容易可以透過應徵入伍遂行其信念，然而若拉瓦爾品第（Rawalpindi）、開羅或雅加達那些丟石頭傷人的同儕，想獻身傷害「大魔王」美國，則更為困難。

布魯克斯及沃爾佛斯估計，美國世界獨尊的地位，至少還會延續幾十年。美國經濟相對世上其他地方，已經走下坡，那麼美國如何維持其國力？答案相當簡單，其他國家要不是已放棄逐鹿天下，或者一開始就沒加入賽局。

第一類國家最突出的便是蘇聯，其經濟因一套走邪路的動機而蹣跚難行，而且由一批本性殘酷的意識形態狂徒來把持。長達兩個世代，蘇聯投注六分之一以上的寒酸國家產出，去養一支中看不中用的軍隊。美國有線電視新聞網（CNN）時代降臨，蘇聯再也藏不住自己的貧困，也無法掩飾西方的富裕，不讓士氣渙散的人民知道。

因為蘇聯財政隱而不宣，我們無法把前蘇聯的軍事開支轉化為美元計量，但看起來美、蘇「軍備大賽」勢均力敵。不管在哪一年，美國及蘇聯的軍費大致相等，而且，沒錯，整個冷戰時代軍力粗估也等量齊觀。此外，針對蘇聯GDP的測量同樣不精確。按最樂觀估計，蘇聯經濟規模約為美國四成。

圖12-4繪出蘇聯二十世紀的軍事開支占GDP的比率。要承認這幅圖的奠基數據有瑕疵。舉個例子，歷史學家只能揣測，蘇聯軍事開銷按比率，是否真的在冷戰時期比二戰來得高。不過基本結論倒是很清晰：蘇聯花GDP的一五％以上在國防，長達幾乎半個世紀。冷戰時期，蘇聯人擔心的不光是美國的威脅。到了一九六〇年代，蘇、中不睦迫使蘇聯屯兵四十多個陸軍師在兩國邊界。冷戰的開銷叫健壯的美國經濟系統都吃力——相同的擔子壓在遠小得多的蘇聯經濟長達數十年，其狀況如何，我們只能想像了。蘇聯最後的經濟支柱——石油收入，因一九八〇年代中葉全球汽油價格大跌，該政權終於崩潰。

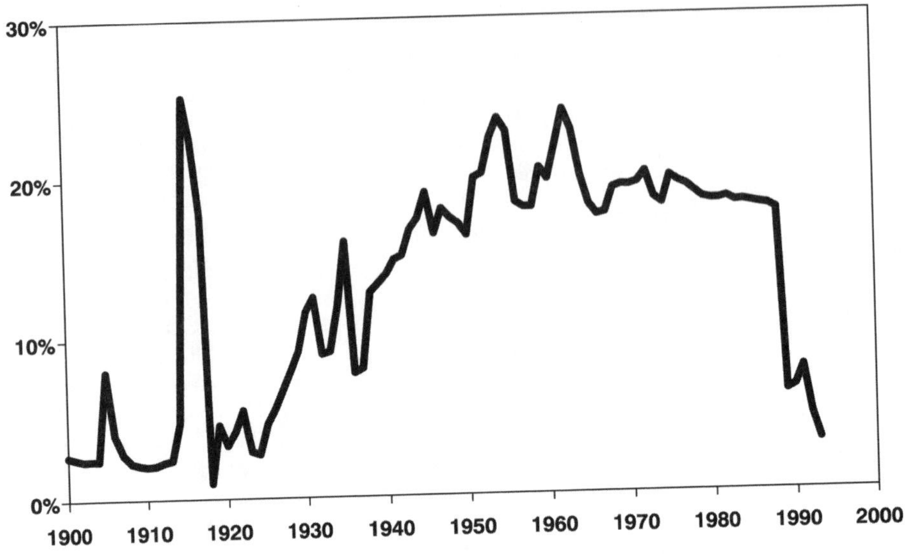

【圖 12-4】俄羅斯（前蘇聯）軍費占 GDP 比率

資料來源：軍事開銷數據來自「戰爭相關計畫」的「物質戰力」資料組。俄國GDP數字取自麥迪森，《監控全球經濟：一八二〇到一九九二年》。平減指數取自「伊伯森聯合公司」。

與此同時，歐洲國家因打了許多世代的戰爭而筋疲力竭，又不願把國家主權交給經費充足、號令全歐的軍事指揮中心，它們選擇不再追求與經濟實力相應的軍事實力，因此變成地緣政治的闇馬。近代史有個較奇異的意象，那便是繁榮、快樂而沒男子氣概的歐洲，竟然不願集體抬根小指頭，去阻止發生在身邊波士尼亞及科索沃的劫掠、姦淫及謀殺，還得把任務留給柯林頓總統，他最後派出F－18戰機解決。日本跟已開發的歐洲同儕一樣，都有強健、現代的自由市場經濟，以及亞當．斯密形容的「具備正義底限標準的司法」，另外它在可預見的未來，也會極力避免可觀的軍事衝突及開支。

其他國家比如中國及印度，肯定有志於成為區域強權，但兩國經濟及制度方面都很羸弱，擁有的部隊即使大也裝備很差，威力不強。它們不可能很快挑戰美國的全球霸權。中國軍事開銷相對於GDP的比率，是很引人入勝又經常遭忽略的事。毛澤東的接班人由蘇聯的例子學到教訓，在後鄧時期的經濟改革裡，他們不聲張地減少軍事開銷。任何中國國防預算占比的評估，都碰到跟前蘇聯一樣的困境——目前中國的軍事開支，估計值由一百五十億美元到六百億美元都有——但就算最高估計，也只占中國總和GDP的幾個百分點，與一九七〇年代初期估計達一七%相去甚遠。

布魯克斯及沃爾佛斯將分析範圍限定在美國霸權上，但除開他們對新「美國治世」（Pax Americana）熱情的預測外，更重要的一點浮現出來：世界強權的地位，開放給任何可以成功地建立起自由經濟市場，並能投入適當比例的創新精力及財富到國家軍事上的大國。由這麼單純的事實，就可以列出很多夠資格當強權的國家，未來夠格的國家會更多。未來一百年，很難想像不會有其他繁榮大國有志、並取得世界強國地位。

圖12-5總結繁榮、民主及軍力之間的關係。誠如第十章所述，脫胎於牢靠財產權及法治的繁榮，能推動民主發展。財富生出民主，反向則不然。同樣的繁榮另催生軍事及地緣政治強權。大略言之，重視法治及財產權的國家，往往同時變得既民主又強大。此外，富裕的民主政體，能抗拒史上荼毒極權國家的帝國過度擴張，因此它能保護自己的富強。最後，富裕民主政體因不想見到軍人戰死，而刺激先進軍事科技的發展。

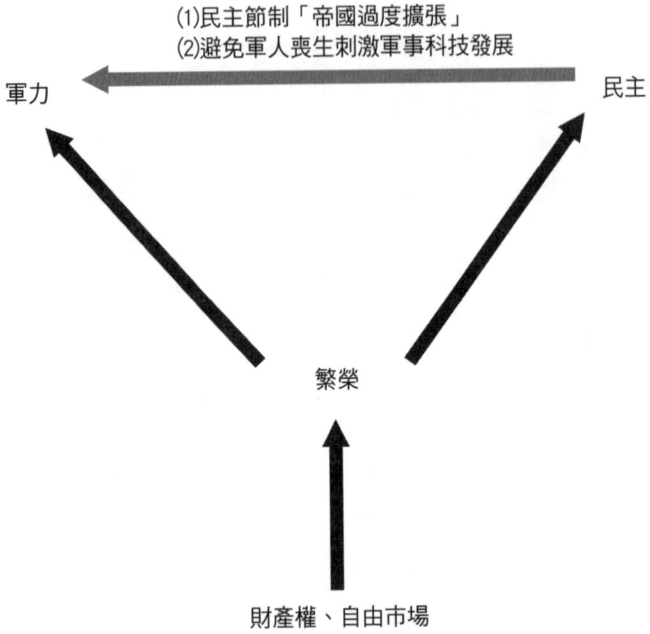

【圖 12-5】繁榮、民主與軍力的關係

自由市場經濟、民主及軍事效率間的關係，指出一個超越布魯克斯及沃爾佛斯的結論：不管美國霸權能撐多久，在可見的未來，能專擅長期強權地位的國家，總是人口多、創新力強的自由民主政體。而這些國家將有效地擴大經濟發展、開發武器，並為軍事發展提供經濟保障。此外，這些國家政治賦權的選民，會控制軍費在能忍受的水準——比如低於GDP的一〇%，因此抗拒帝國過度擴張。

福山用不同的析理路線，得出大致相似的結論。他指出在現代世界，民主自由政府沒有強勁的競爭對手，可見的未來裡也不可能有——因此他的書名才故意取得那麼挑釁。歷史已擊敗君主制，也證明法西斯及共產主義沒有用。雖說伊斯蘭在世上很多地方的力量在成長，但在穆斯林世界以外，魅力有限。然而，福山的解釋大致與經濟無關。他主張，唯有自由民主政體最能滿足人類要尊嚴、覺得自己有價值的欲望。作者經常（可以說太常）引用希臘語形容那些感受的字眼——thymos。

當然，「thymos」就是馬斯洛金字塔高階的另一個名字，指那些肚子填飽、有房子可住的人之領域。在僅能勉強餬口的社會裡，找不太到福山筆下滿足「thymos」的那些人。只有在基本物質及安全需求得以滿足（那並不簡單），「thymos」及終極的自由民主才能茁壯。一個尊重財產權但專制的國家，最後仍一定會繁榮，而繁榮最後會賦權給它的公民，鼓舞他們「thymos」的脈搏，而那些「thymos」脈搏最後一定會導致更民主。

極權國家或能暫時取得世界強國地位，只是在現代世界，這種狀況只會發生在政變劫持一個大型且成功的市場經濟體時，一如一九三〇年代的日本及德國。這兩個國家之間的歷史驚人地相似。兩國都在一八七〇年後不久，替原本落後的政權進行政治與經濟改革，結果都出現強勁的經濟成長。

雖說戰前的日本及德國，都不是傑佛遜式的民主政體，但轉入二十世紀之後，都大幅擴張人民投票權。一八七〇年到一九一三年，德國及日本分別見證了世上第二、第三快的人均GDP成長，只輸美國。結果便是兩國成為區域強權。在一戰之前，德國便已成為歐洲首屈一指的工業強國。一八七一年，德意志統一，年紀二十五歲以上的男性得到了投票權。一九三〇年到一九三四年間，希特勒透過用民主來反民主的複雜程序，集政治權於一身。接下來，德國及日本淪為獨裁政體，隨著民主政體本質上抗拒帝國過度擴張的力量消失，兩國猛衝上世界強權，直到二戰被碾碎為止。

現代軍事侵略型的極權國家跟拿破崙一樣，面臨恐怖的選擇。它要不是賭注於戰場，一如德國、日本所為，最後喚醒經濟比它更強的民主競爭者的警覺，進行武裝；不然就得冒著風險，讓經濟承受長期又過分的軍費開支重擔，而陷入停滯，一如蘇聯的遭遇。

假如中國及俄國繼續朝民主自由的方向邁進，那麼沒有什麼能阻止兩國以同為西式超強的身分，挑戰美國霸權。假使歐洲國家能認真看待自己的軍事，捐棄它們的主權，一如它們合併自己貨幣，那要成就相同地位甚至更快。雖說這些光景似乎不可能很快發生，但歷史教懂我們，一國不會永遠獨霸。很有可能在接下來五十年到一百年間，我們便瞧見美國的影響力式微，只是挑戰從哪個方向來，目前還不清楚。

看來較可能的事情是，只要世上大型民主自由政體能糾集意志力，則它們固有的經濟優勢，就能保障它們的總和地緣政治支配力。雖說很多人反對美國當前先發制人、單邊獨斷的地位，但至少有個自由民主強權願意挑戰世上的極權國度，光是這件事就令人安心。不管美國這頭八百磅大猩猩嚇到世上其他國家的程度有多大，但一個世界若沒有自由民主超級強權願意，且有能力起而對付免不了的極權挑戰，那麼世界會是更令人驚恐的地方。

第十三章
The End of Growth?
成長會結束嗎？

成長的極限

由過去幾百年來看，科技進步以及它造就的經濟成長似乎是一部堅定、從不停止的引擎——一部經濟恆動機，沒筋疲力竭的跡象，遑論停止。然而，即使我們對人類歷史只有初步了解，都得躊躇一下。放在更長的時間結構裡，兩百年不過是一瞥，某個世代裡看似永恆不變的東西，到下個世代已裂解成碎片。

德・弗里斯與德・伍德（Ad van der Woude）合著了一部精采的荷蘭經濟史《第一個現代經濟體》（*The First Modern Economy*），書的結尾有篇啟人深思的文章。兩位作者指出，荷蘭經濟於十六世紀中葉開始顯著成長，但僅兩百年便逐漸失色。「荷蘭十八世紀陷入停滯」是否為敲醒西方世界的一記警鐘？西方經濟自誕生迄今，持續成長快要兩百年了。按巴羅教授的闡述，二％及兩百年，是否就是一個富裕國家（或地球）的極限？

質問現代經濟成長堪稱一種奸詐的遊戲。一九七〇年代，一整世代的悲觀人士在「羅馬俱樂部」（Club of Rome）帶頭之下，指出資源有限，因此經濟成長必然受嚴格限制，結果糗大了。他們說，隨著人口成長，而土地、食物、柴火及汽油供應有限，經濟成長大戲一定會收場。俱樂部及它的信眾除了讓馬爾薩斯深感驕傲以外，卻忽略人類的調適能力及創造才華。一項大宗商品變少或變貴的時候，創新人士會設想出更好更便宜的替代品。直到一百年前，價值唯一可靠的儲藏品是地產及黃金。二十世紀一路下來，彷彿有魔法般，出現了土地及貴金屬外的衡量財富標準。一百五十年前，認真的思想家還預測，城市很快就要陷入黑暗，畢竟世上的鯨魚油（路燈用）快用完了。

即使粗略看一下經濟史，都可以了解大宗商品的實質價格總體上趨於下降。今天一般人把收入用在吃穿的比例，已經遠低於一百年前，同樣的事情也發生在工業用原物料的價格。

經濟史學家顧志耐指出，經濟成長走軟可能源自兩大基本經濟力量——供應或需求。他相信在人類天生的好奇心及勤勞驅動下，供應面應該不會是經濟停滯的起源。他判定，需求走軟才可能戕害成長。隨著個別人等變得愈富有，他們會寧可休息也不工作及消費——人類肯定會對空虛地追求物質財富失去興趣。顧志耐教授去世於一九八五年，同一年「家庭購物電視網」（Home Shopping Network）在全美有線電視出現——實為經濟史最妙反諷之一。

失敗模式

人口學力量威脅到成長則值得思量。未來幾十年內，平均餘命增長、教育及訓練年輕人的費用不斷增加，將會榨乾還在工作的人。生產者人數將會減少。勞動大軍占人口比率一直縮小，勞動人口得孤立無援地撫養愈來愈多的老幼待養人口。最近幾十年，世上最先進國家的全國預算，倒成為社福政策的附屬品。二〇〇三年，美國聯邦預算整整六成由「四大」社福開支組成：社會安全、聯邦醫療保險、低收入醫療補助保險計畫及「一般援助」（General Assistance）。至於剩下的四成，一八％用在國防，八％付國債利息，剩下一四％做「其他一切」——執法、司法、教育、退伍軍人福利及國家基礎設施項目（聯邦航空、氣象、公路及機場補助等等）。

接下來幾個世代，撥給「四大」社福施政的預算——其中半數以上涉及醫療開支，預計成長速度將遠快於整體經濟。不難想見以下的財政末日光景：政府面臨將近五十兆的資金缺口，被迫倒債，引發毀滅式的通膨，或者開徵破壞性極大的稅賦。

然而，更可能出現的是，由「痛苦菜單」組成的大拼盤。這道自助餐的組成菜色，是跨世代收入變低而起衝突、痛苦地降低社會安全及聯邦醫療保險，還有歐式的高課稅。

雖然短期動盪令人難受，但這種人口變化的長期效應不會太劇烈。阿諾特（Robert Arnott）及卡謝爾斯（Anne Casscells）運用複雜演算，已估計出實際的「依賴人口指數」

（dependency ratio）——每個工人撫養的老幼人數，二〇一〇年到二〇三〇年那二十年間，將由〇．五五上升到〇．七六，過後就會呈平穩狀態。這會暫時減緩每年的成長約〇．六％，為期二十年[1]——確實令人困擾，但只是一時，絕非我們所知的繁榮走到盡頭。

故此，生態、經濟及人口學力量似乎不太可能妨礙到成長。那麼，下一個明顯有望損及成長的便是戰爭大災難了。暴力殺人也經歷工業化，具備驚人毀滅力量的不僅是軍方，連個別人等都有。此外，成長本身也令社會不穩定。不論各國之內或國際之間，成長都造出贏家及輸家，隨著財富不均漸形擴大，社會不睦及戰爭就可能發生。一七〇〇年，最富國家荷蘭的人均ＧＤＰ是最窮國的五倍。到了一九九八年，西方最富國的人均ＧＤＰ，超過撒拉哈沙漠以南非洲最貧窮國家四十倍以上。

人類未來的命運

雖說國內外動盪理論上都會叫世界更危險，但事實上正在發生的似乎相反。一九五〇年以前的幾千年，歐洲國家之間發生武裝衝突是家常便飯。而今天要使「經濟合作暨發展組織」——世上最富最強的國家集團中，兩個會員國發生大型戰爭似乎極不可能。與此類似的還有恐怖威脅，雖說在感受層面叫人害怕，但數量方面並沒多到令人生憂。即使恐怖分子能經常遂行規模有如九一一的事件，他們所殺害人數的數量級，都不如死於愛滋病、酗酒、抽菸、車禍，甚至吃大麥克。二十世紀前半葉，造成的傷亡更為慘烈。一九三九年九月到一九四五年八月之間，平均一天死於戰火的人將近兩萬五千人，相當於每三小時發生一次九一一事件，一天二十四小時、長達六年不間斷。

簡單思考一下「未來世代生產力持續成長」的數學意義，會發現結果驚人——假使世界GDP自耶穌誕生以來，開始以每年二％成長，那麼今天的人均收入該是六十百京美元，也就是六之後加十九個〇，而非八千美元。就算成長率只一％，今天的人均GDP也大約兩千億美元。雖說人類可能仍處在開頭階段，而未來將長久享有難以想像的財富，用不著多麼憤世嫉俗（或者取得歷史學碩、博士學位）就能預言人類還會跌跤、失敗。只是會發生什麼大災難，目前實在看不出來。而且，誠如第十章指出，就算經濟強勁成長很久，它也不可能叫我們更快樂多少。

可能最大的威脅是來自成長本身必須履行的責任。隨著社會變得更富有，它們對風險及逆境的容忍度就下降。最早在前現代時期快結束之際，救貧扶困變成英國及荷蘭的公共負擔。一七五〇年的時候，人民全面受教育的想法，就算有人提及，對政府稀少的財力似乎也太奢侈。然而到一九〇〇年，它已成為標準規範。一八七〇年，只有社會主義者才提倡政府出資照顧失業者及退休人士。但到二〇〇〇年，所有西方國家都提供這些福利。不到一個世代之內，政府出資施行的全面健保，由嗑藥作夢變成西方花大錢在做的事實。（美國例外，但呼籲政府擴大強制健保普及全民的聲浪，變得震耳欲聾。）

1 每個工人撫養人數由一・五五人（包括他自己）上升到一・七六人，為期二十年，拖累人均GDP成長〇・六％的公式為 $(1.51/1.37)^{(1/20)} = 0.006$。

日漸富裕國家的人民，會不會認為全民健保就是政府最後該做的任務，實在令人懷疑。隨著財富成長，政府開支占ＧＤＰ的比率也增加（美國是三〇％，包括聯邦、州級與地方政府的開支，大多數其他西方國家更高），原因是追求應享受津貼的項目愈來愈多。這種人民應享福利愈來愈多而產生的經濟牽制力，或許會催生出一種馬爾薩斯式的「成長平衡」，任何財富增加，幾乎立刻就被對政府服務的要求升高所扼殺。

「二％速限」是必然的嗎？

我們該操心的，不止是扼殺經濟成長的罪魁禍首。巴羅的「二％速限」是經濟成長的極限，一如光速嗎？[2]要是人類這個物種經過生理修改，容許生產力的成長速度增加呢？最可能提高成長率之道，應該就是修改經濟成長的主要引擎——人類大腦了。

基因工程的進展，很快就容父母們——還有國家，提高後代的智商。試想一個ＯＥＣＤ國家得以藉由控制生小孩，把人民平均智商提升到一二〇或一四〇。此時難題便在如何保護個人自由及法治，以讓經濟動機完好無損。過不了多久，那個國家表現就會超越鄰國，每年ＧＤＰ多成長幾個百分點，每個世代經濟體相形競爭者增加一倍。到一定程度，其他國家或許就得在三個乏味的選項裡做個選擇：摧毀它、採納它的基因政策，或是什麼都不做，因此經濟及軍事地位漸漸矮它一截。[3]

老笑話說，預測實在很難，尤其談的是未來。前述的推想跟科幻小說相去無幾。雖說未來有多種可能的經濟失敗模式，你愛怎麼想就怎麼想，但是打賭說西方文明會失敗的人，在過去五百年間一直賭輸了。即使最有才華的反烏托邦先知——歐威爾、赫胥黎及布萊伯利，他們的準確度也一直不怎麼樣。今後一百年，地球可能變得遠為富庶。再過一千年，地球的居民可能會判定二十一世紀真是凋敝、凶殘又剝削的黑暗時代。未來一百年或一千年，人均GDP成長是否將維持現今的二％實質率？成長會更慢？還是更快？說實在我們不知道。

2 這個成長上限僅適用於是富裕、科技先進的國家。開發中國家，還有戰禍後復原中的已開發國家，它們的成長速率在一定時期內能快得多（追趕效應）。

3 也有可能為人父母的會自願採納提升智商的基因工程科技，讓政府不用參與其中，故此避開前述悲慘的地緣政治後果。

第十四章
繁榮的未來：何時、何地、何方
When, Where, and Whither

各國命運的輪廓

自亞當．斯密首次指出「和平、易稅、具備正義底限標準的司法」是繁榮的必要條件以來，已經過了二百五十年，經濟學家也已修訂他單純的處方。來到現代紀元，情勢很清楚：科技進展是成長的終極泉源。藉著考察追尋「構思、開發、生產到最後消費」這個創新過程，我們可以歸結出一個了解經濟成長的工作模型。假如我們能理解成長，那麼我們也能隱約瞥見各國命運的輪廓。

本書旨在說明：決定一國長期繁榮及其未來的是制度，而非它的天然資源或文化遺產，不是它的權力感或經濟及政治上的危機意識，更不是它的軍事本領。由第二章到第五章，我們已討論國家如何蜿蜒走過那四種制度而踏上繁榮之路。缺乏任何一個制度，就構成一道門或高牆，阻礙人類的進步。當四項制度全在一個國家就緒時，就能突破人類才華、創造力及雄心的障礙。創新會茁壯開花，而國家的繁榮跟隨而至。

首先，政府必須提供足夠的誘因給科技創造者。假如跟中國古代一樣，創新的獎勵是政府充公，那麼不會有什麼進展。故此，繁榮的首要之務便是保障財產權，即斯密說的「具備正義底限標準的司法」。

假如企業無法合理享有其事業成果，就沒有人會願意去創新、生產。要是勞工保不住他大多數工資，他就不會辛勤工作。可以危及財產權的來源很多——罪犯、獨裁者，還有在某些極端的案例裡，來自用意良善的福利國家官僚，或者沒能力控制開支及通貨膨脹的中央銀行。關鍵概念在，唯有權力分立、受法治限制的政府，才能有效率地捍衛財產權。原因很簡單，任何統治者赤裸裸的行政命令，無論多睿智、公正，都會腐蝕、流失財產權的合法性。沒有具正當性、獨立於統治機構的非個人司法機構，政府法令無法被執行。不能公平適用於全體公民（包括統治者）的法律，根本不是法律。

雖然古希臘及共和時代的羅馬首先施行法治，但羅馬共和隕滅讓法治遭扼殺逾五百年。要到中世紀英國，它才再出現。二十世紀悲慘的政治實驗，讓我們對斯密簡單到令人懷疑的話有更深一層的理解。光是有效率的司法機器並不夠，司法權也必須完全與統治者分離，而且法律必須一視同仁。

套用斯密的話，課稅必須「簡易」——國家不能拿太多。怎樣算是太多？美國的成功及北歐福利國的社會實驗，可以提供粗略值：繁榮的國度易於忍受政府消耗其經濟產出的三成，可是一旦如許多北歐政府取走約五成，便開始危及經濟成長。

第二，創新者必須擁有妥善的知識工具。假如技巧最好的雕刻家沒有鎚子、鋸子或水平尺，他就無技可施；發明家沒有詮釋周遭環境的管用知識模型，也無能為力。大約一六〇〇年以前，即使最有才華的希臘、羅馬、中國、印度及歐洲自然哲學家，都沒有正確的才智框架。西方人的靈魂，不在源自希臘羅馬根源的偉大文學、藝術及建築，而是在單純的願意把自己最珍愛的信仰，交付實證嚴厲審視——今天區分西方及世上其他地方的正是這一點。古希臘邏輯與科學如此燦爛，但經不起真實世界的嚴格檢驗，想當然爾便無法提供人類管用的自然知識。

單是合宜的工具——由科學方法支持實證取向的心智，並不足夠。社會及宗教包容也是必要條件。創新是極顛覆的過程，嚇阻不同意見的社會就是在自斷腳脛。長達五百多年，天主教會扼殺知識及科學創新。雖說馬丁．路德的宗教革命自己也有一套令人窒息的正統理論，但它打破教會對歐洲知識生命的壟斷，長期下來解放一整個大陸的創造精力，幫助他們探尋未來走向。

有個反事實的分析，說教會並沒有淪為希臘及羅馬知識遺產的管理人，此說倒是提供有趣的思想實驗。要稱許一下教會，它在中世紀早期設立歐洲第一批大學，傳承了古希臘—羅馬的知識。沒有教會來保護這批古代學問，四七六年以後降臨西方的黑暗時代，很可能拖得更久，更為深沉。只是要相反立論也一樣容易——教會壟斷學術探究，扼殺歐洲的知識發展。沒有教會的死亡之手，人類很可能早幾百年就登月漫遊了。

第三，一旦發明家及創業人士擁有足夠的誘因及知識工具，他們還必須有管道取得大量金融資本，才能把他們的發明帶給更多人。想做到那一點，必須贏得擁有資本者的信任。十六世紀開始，荷蘭各城市政府，以及後來的英國王室分別說服自己的投資大眾，認為把錢借給政府是一個不錯的點子。一旦民眾對於借錢給政府感到放心，尋常百姓也會開始供應資本給創業家。十九世紀，有限責任制公司誕生，讓創辦及注資給不帶個人因素的龐大公司成其可能，而它不管是更好還是更壞，總之推動了現代西方。

第四，也是最後一項，必須擁有可靠及快捷的通訊，來指揮資本的流動及宣傳新商品，同時還要有運輸，將這些有形商品輸送全國，漸漸地更運送到全世界。遠古以來，人類及牲口弱小的體力，限制了人類事業心的速度及力量。雖說在某些地利優越的地方，水車和風車確實有增加製造業可取用的動力，但它們並無加速貨物及資訊的流動。而瓦特的蒸汽機一下子就改變了歷史，增加運輸量及速度達十倍。一百年後，神奇的電報讓全球彈指之間就能通訊。

圖14-1標示出這四大制度——財產權、科學理性、有效率的資本市場，及現代動力運輸通訊的歷史演進，總結第二章到第五章的要旨。這幅歷史示意圖揭示，世界經濟在十九世紀初爆炸的原因——當時最後一項要素也成熟了。

由歷史來看，財產權及法治穩固雖是必要，但證實不足以確保繁榮出現。雅典人及中世紀末期的英國人都取得強大的法治及財產權，只是他們未經歷暢旺的經濟成長。事後看來，

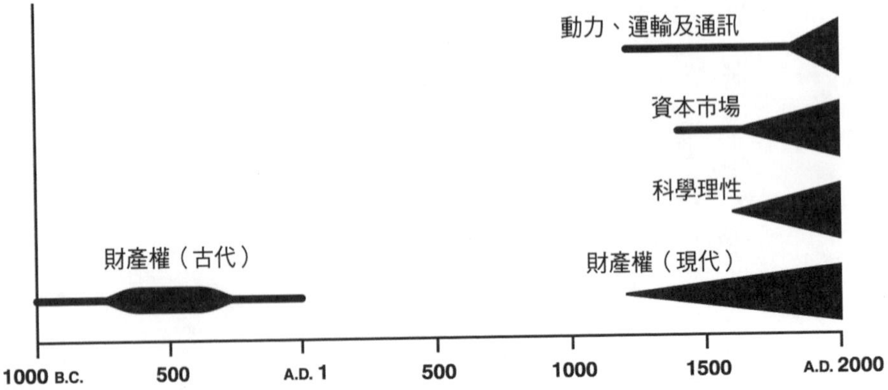

【圖 14-1】四大制度的歷史演進

他們欠缺其他三項要素：合宜的知識工具、充足的金融資本來大規模生產發明品，還有能運送及宣傳他們製成品的運輸通訊技術。

雖說成熟的財產權系統，帶給希臘人及中世紀英國人的經濟好處相形不多，但由於現代世界其他三要素——科學理性、資本市場及現代發電、運輸及通訊，卓然俱在，財產權就開始發揮最為關鍵的作用。現代其他三要素不僅「存在」，還能「取得」。任何大學都能教授物理學、工程學、經濟學及法律學，甚至到任一書店就能取得這些知識。資本可以在當地銀行取得，也可以向外國銀行借。公路可以修築，而汽車、飛機、電腦及手機都可以輕鬆買到。只是大多數西方世界享受的財產權保障，也是科克、洛克及斯密高度推崇的制度，並沒那麼簡單就得手。今日縱觀全球，財產權正是區分富國及窮國最可靠的要素。

繁榮的誕生地與匱乏之地

本書的第一部解釋何以成長發生在那個時間點。一旦我們為成長議題建立好四大要素架構，接下來就可解決何地的問題。本書第二部以四大要素，檢驗幾個國家的成長形態。我們幾乎可以一一對應，四大要素與國家經濟起飛之間的關係。

到了大約一五〇〇年，歐洲有幾百個國家及自治領地，無意間變成角逐制度及意識形態的溫床。有兩個國家——英國及荷蘭，具備這些因素最有優勢的組合，就成為現代繁榮的誕生地，這絕非意外。十六世紀荷蘭發展出財產權、科學理性、資本市場及運輸交通，雖說一切仍很初級，但經濟得以緩慢卻平穩地成長約達兩個世紀。儘管荷蘭經濟體未能取得蒸汽動力及運輸，但受惠於一個無疑有益經濟的自然特色——可航行水道縱橫交錯的平坦地形。與此相反的是，十九世紀末期以前，四項要素在日本及西班牙付之闕如，也無怪乎那兩個國家在此以前經濟未有發展。

今日世界一如一八〇〇年或一九〇〇年，四大要素盛行的地方，便會繁榮。香港及新加坡繼承了英國普通法遺產，接受西方理性主義，資本市場興旺，運輸也先進，於是財源滾滾。這兩個成功的地方，也中了有助於繁榮的地理彩券——兩個小島國都有優良、戰略地位重要的天然港。

就好比一定程度上，你能遺傳自父母好看的容貌、聰明才智及運動才華，一個國家也會受益於好的制度「基因」。制度遺產充盈豐沛的地方，比如英國屯墾的新大陸，還有好比香港、新加坡，其公民欣然採納普通法，那麼繁榮便跟隨而至。而那些「基因」不利的地方比如南美，擁有伊比利半島功能障礙的傳統，如征服、無端而殘忍、宗教狂熱、脫胎自礦物財富一時很豐富而來的競租心態，落後跟貧窮就是免不了的後果。

撒哈拉以南的非洲是個極端案例，當地四項要素幾乎全部闕如。非洲的部落結構賦予酋長行政及司法兩權力。缺乏分權制度讓這些國家無法取得法治、維繫財產權的根本基礎——獨立的司法機構。這種環境已經很不好了，再加上傳統文化惰於追求知識，事實上又沒有資本市場，結果便是經濟必然停滯。如此導致的貧窮必然釋放《啟示錄》的四騎士。愛滋病的悲劇在世上經濟最不先進的大陸最為嚴重，實非偶然。

非洲還有第五個不利點。雖說它礦產豐富令人又愛又恨，但非洲大陸缺乏對經濟很重要的大自然贈禮：可航行的水道。平滑的非洲海岸相形歐洲的海岸，前者提供的保護較少。而且非洲河流大多數都瀑布林立，入口有難以通行的沙洲，而且欠缺雪融的流水，不像歐洲、亞洲及北美，能保持河流水位全年都在高點。非洲河道有條通則，只有雨季才可航行。

科技創新驅動成長的新時代

當我們取得了解經濟成長的四要素框架，學懂如何用它分析特定國家及文化，那麼它又使我們如何領略世界持續繁榮、民主及地緣政治的前景？

我們的四大要素，目前全部屹立在世上已開發國家，而且必須發生毀天滅地的大災難——根本上就是把全人類都剷除於地表，才能毀掉它們深深的刻痕。

這麼說並沒誇大其詞。雖說二戰或曾毀掉有形的日本及德國，但它們西化的制度靈魂及知識根基絲毫未損，而且它們的經濟很快就復原。（誠如我們在第一章及第八章所見，日本及德國的「經濟奇蹟」不光是戰勝國寬宏大量的結果——德國就在一戰及報復式的《凡爾賽條約》之後，展示過類似的復原。）

人類再也不會失去這些精華的科技與制度「處方」。我們無法輕易地封存水泥知識，一如羅馬帝國隕滅後那一千三百年間的情形。水泥的配方，以及我們基本科技的設計圖，已散播在不知幾千萬幾百萬人、書籍及電腦硬碟當中，以防它們全然遺失，一如大多數先進工程科技在羅馬消亡後發生的狀況。此外，西方已將繁榮的制度基礎深深納入行為常則中，因此經濟必然持續成長，能夠抵禦幾乎所有的人類災難（除了最極端的）。

第十章極為樂觀地談論經濟成長與民主發展之間的關係。假如真如最近社會學研究所示，繁榮是民主發展的主要驅動力，那麼不僅可以提前蓋棺論定，自由民主將持續散布，而且這部發財機器賜予的地緣政治力量也一樣。這一點意味世上最大自由民主政體，將奉行相對仁善的霸權。《紐約時報》專欄作家佛里曼略帶挖苦地把這一點稱為「戰爭與和平的麥當勞理論」：沒有兩個擁有麥當勞連鎖店的國家兵戎相向。[1]當然，全球化不是不必付出代價。這個世界愈來愈相互依賴，讓它更無法抵抗各種「傳染病」——不管它是社會、環境、金融還是病菌，而變得更加脆弱。

第十章也提供沒那麼樂觀的預測，談人類在一個愈形繁榮的世界，總體幸福感不見得相應增加。只是，就算是那些譏諷日益講究物質文化的最憤世嫉俗的觀察家都該承認，相形一八二〇年以前，九九％人類活在勉強餬口等級，所承受的煩憂及不安，今日世界人們的煩憂及不安全感已銳減太多。

這還是人類有史以來第一次，世界上有如此廣闊地域，正經歷持續而強大的財富成長，及伴隨而來的生活水準改善。這種財富的泉源——牢靠的財產權、科學理性、暢旺的資本市場及現代運輸通訊，已如此深嵌於西方生活方式裡，使它們能輕易熬過二十世紀最慘的大災變而生存下來——即使有形損失最慘重的西方國家也一樣。不管變好或變壞，人類已進入一個新時代，由科技創新驅動的經濟成長，已成為世界舞台的主角。讓我們改寫一下桑塔亞那（Santayana）的名言：那些不能由經濟史學習的人，注定重蹈覆轍。

1 佛里曼的假說宣稱，「一個國家經濟發展到一定程度，擁有龐大到足以支撐一家麥當勞的中產階級，那時候它就變成麥當勞國度。而麥當勞國度的人民不愛打仗。他們喜歡排隊買漢堡。」那些質疑福克蘭戰爭的人該曉得，阿根廷直到一九八六年才開第一家麥當勞直營店，也就是戰爭結束後四年。要挑佛里曼假說的毛病很簡單。比如大家可以說，一九九〇年代末期，貝魯特及貝爾格勒分別遭以色列及北約空襲（兩城都有麥當勞授權店），佛里曼說法被戳破了。

The Birth of Plenty

How the Prosperity of the Modern World was Created

繁榮的背後

財富如何形塑世界，跨越千年的富饒之旅

作　　者　威廉・伯恩斯坦（William J. Bernstein）
譯　　者　潘勛
主　　編　呂佳昀
校　　對　林昌榮

總 編 輯　李映慧
執 行 長　陳旭華（steve@bookrep.com.tw）

印務協理　江域平
封面設計　莊謹銘
排　　版　新鑫電腦排版工作室
法律顧問　華洋法律事務所 蘇文生律師

定　　價　680 元
初　　版　2018 年 11 月
二　　版　2022 年 1 月

社　　長　郭重興
發行人兼出版總監　曾大福
出　　版　大牌出版／遠足文化事業股份有限公司
發　　行　遠足文化事業股份有限公司
地　　址　23141 新北市新店區民權路 108-2 號 9 樓
電　　話　+886- 2- 2218 1417
傳　　真　+886- 2- 8667 1851
合作出版　美商麥格羅・希爾國際股份有限公司台灣分公司

國家圖書館出版品預行編目（CIP）資料

繁榮的背後：財富如何形塑世界，跨越千年的富饒之旅 / 威廉 . 伯恩斯坦 (William J. Bernstein) 著 ; 潘勛 譯 .
-- 二版 . -- 台北市：麥格羅希爾出版；新北市：大牌出版，遠足文化發行 , 2022.01
面；　公分
譯自：The birth of plenty : how the prosperity of the modern world was created

ISBN 978-986-341-478-0 (平裝)

1. 財富　2. 經濟史

551.2　　　　110019531